39,90

ACCESO GRATIS *a la Lectura en la Nube*

Para visualizar el libro electrónico en la nube de lectura envíe junto a su nombre y apellidos una fotografía del código de barras situado en la contraportada del libro y otra del ticket de compra a la dirección:

ebooktirant@tirant.com

En un máximo de 72 horas laborales le enviaremos el código de acceso con sus instrucciones.

EL PROTECTORADO PÚBLICO DE LAS FUNDACIONES

Consideraciones sobre su posición orgánica y su modelo de supervisión desde el Derecho administrativo español y comparado

Procedimiento de selección de originales, ver página web:
www.tirant.net/index.php/editorial/procedimiento-de-seleccion-de-originales

EL PROTECTORADO PÚBLICO DE LAS FUNDACIONES

Consideraciones sobre su posición orgánica y su modelo de supervisión desde el Derecho administrativo español y comparado

JUAN-CRUZ ALLI TURRILLAS
Catedrático de Derecho administrativo (UNED)

Prólogo: **José Luis Piñar Mañas**
Catedrático de Derecho administrativo

tirant lo blanch
Valencia, 2024

En caso de erratas y actualizaciones, la Editorial Tirant lo Blanch publicará la pertinente corrección en la página web www.tirant.com.

La presente obra ha sido sometida a la revisión de pares ciegos según el protocolo de publicación de la editorial a efectos de ofrecer el rigor y calidad correspondiente tanto en su contenido como en su forma, aplicándose los criterios específicos aprobados por la Comisión Nacional E 016 (BOE núm. 286, de 26 de noviembre de 2016).

EDITA: TIRANT LO BLANCH
C/ Artes Gráficas, 14 - 46010 - Valencia
TELFS.: 96/361 00 48 - 50
FAX: 96/369 41 51
Email: tlb@tirant.com
www.tirant.com
Librería virtual: www.tirant.es
DEPÓSITO LEGAL: V-1238-2024
ISBN: 978-84-1056-436-7

Si tiene alguna queja o sugerencia, envíenos un mail a: *atencioncliente@tirant.com*. En caso de no ser atendida su sugerencia, por favor, lea en *www.tirant.net/index.php/empresa/politicas-de-empresa* nuestro procedimiento de quejas.

Responsabilidad Social Corporativa: http://www.tirant.net/Docs/RSCTirant.pdf

"Ne marche pas devant moi, je ne te suivrai peut-être pas. Ne marche pas derrière moi, je ne te guiderai peut-être pas. Marche à côté de moi et sois simplement mon amie" (A. Camus).

A mis queridos amigos Mariano & Raquel, Nicolás & Laura, por acompañarme en el camino de la vida, especialmente en los momentos complejos.

Índice

Capítulo II

Análisis del modelo general de supervisión en sistemas comparados

Capítulo III

Evaluación de los modelos y alternativas en el control público de fundaciones

Capítulo IV

Reflexiones sobre el modelo español de regulación y supervisión de fundaciones

Capítulo V

Consecuencias y propuestas para una transformación de la supervisión pública de las fundaciones

PRÓLOGO

Elaborar un prólogo no es tarea fácil. Menos aún si el libro prologado es una magnífica monografía sobre un tema esencial del que sin embargo las aportaciones doctrinales serias y rigurosas no abundan. Este es el caso del libro del profesor Juan-Cruz Alli Turrillas sobre el protectorado público de las fundaciones.

El vocablo Prólogo tiene al menos dos acepciones: texto preliminar de un libro que sirve de introducción a su lectura, o bien primera parte de una obra, en la que se refieren hechos anteriores a los recogidos en ella o reflexiones relacionadas con su tema central. El presente prólogo es, si se me permite, una mezcla de las dos. Por un lado, pretende introducir al lector en la lectura de este libro, pero al mismo tiempo no puedo, de alguna manera, dejar de dialogar con el autor sobre un tema que como digo es de enorme importancia.

En febrero de 2023 la Asociación Española de Fundaciones (AEF) dio a conocer el informe *Análisis de la contribución económica y social de las fundaciones españolas* realizado con los últimos datos entonces disponibles, los del 2020. El estudio, elaborado por AFI con el apoyo de varias fundaciones[1], "analiza [tal como señala la propia Web de la AEF[2]] el valor que genera el sector fundacional por sí mismo (impacto directo), el valor que generan sus proveedores de materias primas, aprovisionamientos y servicios externos (impacto indirecto), y el valor que se genera a través de los salarios que pagan tanto el sector fundacional como sus proveedores (impacto inducido)". Resalta que en 2020 las 10.511 fundaciones activas en España[3] generaron un 2,4% del PIB, empleaban al 3,4% de los trabajadores y tenían un impacto económico estimado en 27.000 millones de euros. Por otra parte, se calcula que las fundaciones promueven la creación de

---

1 La Fundación ONCE, la Fundación "la Caixa", la Fundación Mahou San Miguel y la Fundación Alfonso Martín Escudero.

2 https://www.fundaciones.org/es/sector-fundacional/inaef/analisis-de-la-contribucion-economica-y-social-de-las-fundaciones-espanolas

3 La AEF destaca que en España había en 2020 un total de 15.821 fundaciones registradas en alguno de los protectorados nacionales o autonómicos, de las que se consideraban como activas a 10.511.

589.000 puestos de trabajo y que el colectivo de beneficiarios asciende a más de 43 millones de personas[4].

Ya solo estos datos nos hacen caer en la cuenta de que no estamos ante un sector menor o poco relevante para la sociedad. Muy al contrario. El de las fundaciones es un sector siempre vivo, mucho menos conocido y reconocido de lo que debería, con un potencial incuestionable que nadie puede poner en duda, y constantemente al servicio de la sociedad. Por ello, repito, ocuparse con profundidad de alguno de los temas que afectan a las fundaciones ha de ser siempre positivamente valorado.

Juan-Cruz Alli es uno de los más profundos conocedores del derecho de fundaciones, tanto nacional como comparado. Sus aportaciones sobre el derecho francés, inglés o estadounidense (este último con especial intensidad) y sus monografías *La fundación, ¿una casa sin dueño?* y *Fundaciones y Derecho administrativo* son ya de lectura obligada para quienes nos sentimos cercanos a esta rama del Derecho. Aportaciones que ahora amplía con las reflexiones que ofrece en el presente libro sobre el Protectorado. Que es absolutamente oportuno.

Es lugar común hacer referencia en los prólogos a la oportunidad de la obra introducida. Lo afirmo ahora del libro de Alli Turrillas, pero con total justificación. El propio autor ha escrito no hace mucho (enero de 2023) sobre el "Protectorado ausente de fundaciones". Y no le falta razón para ello. Entonces, si como hace años señalé, la historia de las fundaciones es en gran medida la historia del control sobre ellas, es decir, la historia del Protectorado, y si todavía hoy su regulación ocupa gran parte de la normativa sobre Fundaciones, parece más que oportuno, necesario, dedicar una reflexión detenida y crítica a la situación del Protectorado, cuya existencia, como ya dijo hace años el Tribunal Constitucional (STC 49/1988, de 22 de marzo) es compatible con el reconocimiento constitucional del derecho de fundación. Pero ¿qué tipo de Protectorado? No olvidemos que la vigente Ley de Fundaciones es de 2002, que como es de sobra sabi-

[4] En su condición tanto de usuarios frecuentes de los servicios provistos por las fundaciones, como de usuarios puntuales o visitantes de las actividades fundacionales. Cabe señalar que no son usuarios únicos y que una misma persona, beneficiaria de más de una actividad fundacional, es contabilizada cada vez que recibe el bien o el servicio provisto.

do bebe hasta saciarse de la anterior ley de 1994 y que hasta entonces, con la Constitución por medio, seguían vigentes viejas normas de finales del siglo XIX, con la honrosa excepción del Decreto de julio de 1972, muy avanzado para su época, de Protectorado sobre Fundaciones culturales y docentes. Mi buen amigo Juan Francisco Blanco Ruiz, tristemente fallecido ya hace años, publicó en 1987 un magnífico libro, desgraciadamente no bien distribuido, sobre el Protectorado de Fundaciones en el Real Decreto e Instrucción de 14 de marzo de 1899[5]. Paco Blanco, funcionario del Protectorado sobre fundaciones benéfico asistenciales puras y mixtas, desgranó el Protectorado como nadie, lo analizó hasta el último detalle. Casi diez años después de ser aprobada la Constitución y con ella su absolutamente novedoso artículo 34, seguíamos contando con un Protectorado literalmente decimonónico, que entre otras cosas exigía que las fundaciones tuviesen que contar con su autorización para recurrir ante los Tribunales (la autorización para litigar, que los Tribunales habían considerado acorde a la Constitución) y que actuaba de modo disperso orgánica y jurídicamente, con disparidad de criterios (cuando no contradicción) entre los diferentes Protectorados y con un marco jurídico que dejaba a la Administración un amplio margen de discrecionalidad que se traducía en un igualmente amplio margen de incertidumbre para las fundaciones. Antes he citado las leyes de 1994 y de 2002, leyes que, sin perjuicio de otras normas autonómicas anteriores, como la Ley catalana de fundaciones privadas de 1982[6], modernizaron casi de un plumazo la legislación de fundaciones. Y dieron pasos de gigante para reconfigurar el Protectorado, que debió pasar de ser un órgano y función de control y supervisión a un órgano con esas mismas funciones pero en un marco totalmente diferente: el del derecho fundamental de fundación. Lo que le hacía pasar a ser también un órgano de apoyo y garantía, de modo que las

---

5 El Protectorado de Fundaciones en el Real Decreto e Instrucción de 14 de marzo de 1899. Estudio crítico, comentarios y concordancias, Centro de Publicaciones del Ministerio de Trabajo y Seguridad Social, Madrid, 1987.

6 Ley que fue recurrida por el entonces Gobierno de UCD ante el Tribunal Constitucional, pero que no llegó a ser objeto de sentencia porque el siguiente Gobierno, del PSOE, retiró el recurso como gesto de buena voluntad ante Convergencia i Unió, lo que nos privó de contar con un pronunciamiento al más alto nivel y temprano, sobre el marco constitucional del derecho de fundaciones.

funciones de policía, fomento y servicio público debían concurrir en un Protectorado que pasó a tener como misión la garantía del recto ejercicio del derecho de fundación, del respeto a la voluntad del fundador y del cumplimiento de los fines de interés general que en todo caso deben perseguir las fundaciones.

Pero el Protectorado no terminaba de funcionar. Seguía habiendo múltiples Protectorados, a los que se sumaron los de las Comunidades Autónomas. Fuimos testigos de verdaderos conflictos entre el Estado y alguna Comunidad Autónoma (por cierto del mismo color político, como en cierto momento el Gobierno central y la Comunidad de Madrid) que se enfrentaron para retener o apropiarse del control de determinadas fundaciones, tensiones entre Protectorados, niveles no menores de incertidumbre por parte de las fundaciones, que seguían sin tener muy claro qué podían o no hacer, carencias en el control de fundaciones advenedizas cuando no claramente fraudulentas que (por qué no decirlo) no fueron frenadas por la Administración correspondiente. Parecía evidente que era necesario revisar de nuevo la regulación del Protectorado. Cuando menos para unificarlo, en el ámbito del Estado, en un solo departamento ministerial para de este modo, como reclamaba desde hacía tiempo el sector, poder contar con unidad de criterio. Incluso en la Comisión General de Codificación se constituyó en 2013 una ponencia especial, que tuve el honor de presidir, para redactar una propuesta normativa de Protectorado y Registro únicos, cuyos trabajos finalmente naufragaron sin llegar a buen puerto, en parte por la dificultad de determinar cómo y dónde se estructuraba orgánicamente ese Protectorado único y qué funciones debían corresponderle[7]. A todo esto, las fundaciones de iniciativa pública se multiplican sin control y se crean las fundaciones bancarias, lo que termina, por ahora, de complicar el tema.

Con un panorama como el anterior, ¿cómo no decir que el libro de Juan-Cruz Alli es más que oportuno? Hace mucho que tendría que haberse acometido la reforma del Protectorado; un nuevo Protectorado es necesario. Este libro demuestra que así debe ser, y lo hace desde un conocimiento exhaustivo de las normas, del derecho

---

7 La propuesta puede consultarse en el *Anuario de Derecho de Fundaciones*, editado por la Asociación Española de Fundaciones, 2013, págs. 577 y ss.

nacional, del derecho comparado y de la situación real de las fundaciones. Manejando además herramientas jurídicas de Derecho público con total solvencia (no en vano el autor es Catedrático de Derecho Administrativo) y planteando propuestas que obligan a la reflexión y que no deberían dejar impasibles ni a los legisladores, ni al sector fundacional ni a las Administraciones Públicas. La cuestión es clara: ¿qué hacemos con el Protectorado?

Dicho lo anterior parece lógico que no es ni oportuno ni procedente hacer ahora un resumen del libro. Resumen difícil cuando no imposible dada la entidad de los análisis y propuestas que recoge y que en cualquier caso correspondería al lector. Pero sí quiero resaltar varias cuestiones. En primer lugar el hecho de que estamos ante una exhaustiva investigación del Protectorado y de la figura fundacional. Como todas las obras de Alli, la sistemática es impecable y las fuentes enormemente amplias. La reflexión conceptual convive con propuestas de regulación y supervisión de enorme interés (Capítulo VI) a las que luego me referiré brevemente. Parte de un análisis imprescindible de la figura fundacional (Capítulo I) centrándose en el necesario fin general que han de perseguir las fundaciones para, tras un selectivo análisis de Derecho comparado (capítulos II y III) y del modelo español de regulación y supervisión de fundaciones (Capitulo IV) proponer una profunda transformación del modelo y analizar lo que ello implica para la configuración misma de las fundaciones (Capítulo V).

Las conclusiones desde luego son audaces, muy audaces. Exprime al máximo la interpretación del concepto de fundación y del Protectorado y concluye que la supervisión pública sobre las fundaciones debe considerarse un elemento esencial en la propia existencia y esencia de la fundación, no como un factor externo, de modo que la institución fundacional no puede entenderse sin la concurrencia de las voluntades pública y privada. No oculto que la propuesta de Juan-Cruz Alli es rompedora e innovadora, de tal modo que el propio autor advierte que la misma no convierte a la fundación en una entidad pública (algo sobre lo que ya reflexionó Ramón Parada hace años). Lo que sí conlleva es la necesidad, ya no demorable, de reconfigurar totalmente el Protectorado. Coincido plenamente con el análisis y la propuesta del autor: es imprescindible superar el modelo tradicional de supervisión y considerar un nuevo órgano administrativo independiente (Capítulo IV.2), una Agencia de Fundaciones[8] que acabe de una vez por todas con las limitaciones de todo tipo del modelo actual de Protectorado, que ya está agotado. Quienes de alguna manera nos hemos movido por el mundo fundacional y hemos conocido y vivido su evolución desde la aprobación de la Constitución de 1978 podemos dar fe de que el modelo no funciona. De que el modelo de supervisión requiere una profunda y valiente remodelación. No es necesario coincidir con todas las propuestas del profesor Alli, pero sí con la esencial: es necesario revisar de arriba abajo el régimen del Protectorado de Fundaciones.

¿Hasta qué punto esa revisión afecta al concepto mismo de fundación? Esa es otra cuestión que merece una reflexión de fondo y sobre cuya pista nos sitúa con solvencia el presente libro. Hace casi treinta años fui amablemente invitado a reflexionar sobre "teoría del conocimiento aplicada a las fundaciones"[9]. No oculto que al principio sentí una enorme perplejidad, pero pronto caí en la cuenta de que lo que se me pedía era especular acerca del concepto mismo de fundación: ¿hay un concepto de fundación ajeno al Derecho o el único concepto con que contamos es el jurídico? ¿Existe la "fundación" o lo que existe es una idea de fundación configurada legalmente y modificable según el tiempo y el espacio en que se desenvuelva? ¿Es posible "conocer" la evidencia "fundación" o por el contrario lo que sólo es posible es "explicar" qué se entiende por fundación en un momento y lugar? Dicho con otras palabras: si consideramos un concepto que responde a determinadas características en el cual integramos los objetos que las reúnen, podemos hacer varias cosas: o petrificar el objeto o modificarlo de acuerdo a las variaciones que su evolución produzca. El concepto puede condicionar al objeto. O si se prefiere, el objeto se configura de acuerdo al concepto. El concepto no resulta condicionado por el objeto, sino al contrario: el objeto resulta condicionado por el concepto. El concepto puede evolucionar y en su evolución modifica al objeto. Se trata de un juego peculiar de influencias y condicionantes: el objeto evoluciona, lo que hace modifi-

---

8 El autor habla de una Agencia protectora nacional de fundaciones.

9 Reflexiones luego publicadas como "Teoría del conocimiento aplicada a las fundaciones", en *II Encontro Internacional de Fundaçoes Privadas*, Anais FIJO, Porto Alegre, Brasil, 1997, págs. 32 y ss.

car el concepto, que a su vez hace evolucionar algo más el objeto. Lo que de nuevo plantea el problema de determinar hasta dónde puede llegar esa espiral de evoluciones sin alterar sustancialmente el objeto, de modo que deja de ser lo que era para pasar a ser otra cosa diferente. En el caso de las fundaciones el tema sería el siguiente: a partir de una realidad social se enuncia el concepto de obra pía que evoluciona hacia el de fundación (primera evolución en el objeto que conlleva una evolución del concepto). La necesaria participación del poder público en la constitución de la fundación (en la creación formal y material del objeto) fuerza un concepto eminentemente jurídico: o si prefiere, el concepto más universal de este objeto aprehensible (la fundación) nos viene dado por el Derecho, pues el Derecho debe conceptualizar los objetos que tienen relevancia jurídica. El Derecho "inventa" un concepto para definir jurídicamente un objeto de la realidad social. El concepto es jurídico porque la trascendencia es jurídica. Lo que ocurre es que la evolución del concepto puede incidir en la evolución del objeto. La flexibilización del concepto puede hacer que el objeto resulte afectado y sufra mutaciones.

La propuesta de Juan-Cruz Alli es, como decía más atrás, muy audaz, valiente como pocas. Y nos obliga a reflexionar acerca de lo que es una Fundación. Precisamente a partir de la figura del Protectorado, que sin duda condiciona el concepto mismo de Fundación. En definitiva, de lo que se trata es de progresar en un concepto referido a una institución, la Fundación, que siempre ha demostrado ser capaz de adaptarse a los avances de la sociedad. Y que el profesor Alli conoce como pocos. Este magnífico libro, que no dejara indiferente a nadie, es buena prueba de ello.

José Luis Piñar Mañas.
Catedrático de Derecho Administrativo.
Vocal Permanente y Presidente de la Sección de Derecho Público de la Comisión General de Codificación.

INTRODUCCIÓN: ¿QUÉ VAMOS A ANALIZAR?

El estudio de las formas jurídicas resulta muy seductor. No solo porque permite acercarnos a las soluciones jurídico-formales que se han dado a problemas reales, posibilitando, así, reproducir otras fórmulas por vía analógica. Sino, también, porque su estudio "arqueológico" posibilita aproximarse a la formación de la propia sociedad, humana y política, que en su devenir histórico ha ingeniado y mantenido cada una de tales formas. De tal manera que su análisis permite —la vez que explica— cómo se ha formado tanto una sociedad, como una determinada estructura y qué factores han permitido su construcción como entidad jurídica; permitiendo, así, una mejor comprensión del propio problema o conflicto tal forma pretendía solventar. Es así, en gran medida, como puede entenderse que tales fórmulas devengan en *instituciones*, en el sentido que pronto señalaré.

Del interesante tapiz de formas jurídicas institucionalizadas, la fundación es, quizá, una de las más atractivas. Tanto desde esa apuntada perspectiva histórico-política, como desde su proyección institucional como parte del "sector no lucrativo" —también denominado "tercer sector" o "sector voluntario", según la caracterización dada en diversos países—, que está formado por asociaciones, ONGs, cooperativas, formas mutuales y otras; siendo la fundación el epitome de tal panoplia. Campo que se ha convertido en un área de estudio en gran medida independiente bajo el cual se analiza el origen, los elementos, las causas y los efectos que tales figuras tienen sobre todo el sistema social.

Inicialmente, cuando todavía no estaba dentro de ese *nuevo* marco conceptual, la fundación y la cola socio-jurídica que traía consigo fueron objeto histórico de la teoría de las "personas jurídicas". En particular desde la óptica constructiva del Derecho privado, donde se moldeó de una manera completa y profunda; fijándose, particularmente, en la forma jurídico-institucional y en su régimen creativo y en su existencia. En cambio, solo en tiempos relativamente recientes tal sector ha ido siendo objeto de análisis desde otras ramas del Derecho. En particular, dentro del área jurídica se ha producido el estudio de la *regulación/ordenación*[1] de sus fines, del uso de sus fondos, la fiscalidad tributaria y otro un sinfín de aspectos correlativos: buen gobierno, finanzas, rol social y público dentro del panorama de la sociedad civil, etc.[2].

No obstante desde muy pronto, tanto la fundación como esas otras formas fueron objeto de diversos tratadistas de Derecho público. Estos ultimos analizaron la fundación como forma y su actividad —de beneficencia, de acción social y otras concurrentes con el puro servicio público—, como fin de aquellas. Abriendo, así, el marco conceptual desde la figura hacia su entorno operativo y, así, su relación con la propia actividad pública. Incluso puede decirse que su recepción por parte de la Constitución vino precisamente de la mano de iusadministrativistas, determinando, a la par que reforzando, la carta de naturaleza *pública* otorgada que ha permitido su existencia actual[3].

---

1 Utilizo el término regulación en un sentido muy lato: *"Ajustar el funcionamiento de un sistema a determinados fines"* (DRAE en su tercera acepción). Lo utilizo sin perjuicio de que, como señalaré, pretendo adecuar el concepto "regulación" como símil al de "supervisión" para las fundaciones. En cualquier caso no utilizaré en este estudio, de manera general, el término *regulación* en su sentido "económico-administrativo", es decir, como la actuación ordenadora (pública) bajo el específico sistema de ordenación jurídico-administrativa de tal sector, sus organismos y las potestades públicas concurrentes.

2 E. Rúa Alonso de Corrales, *Las fundaciones como canalizadoras del interés general y del bien común,* Ediciones CEU, 2022, in toto.

3 Véase el pionero y señero estudio de R. Gómez-Ferrer Morant, "Aspectos de la nueva regulación de las fundaciones culturales privadas", en *RAP* 70 (1973), 396-397. Tanto Martín-Retortillo como Garrido Falla tuvieron mucho que ver con la elaboración del art. 34 de la Constitución (sobre ello, como puede verse F. García Mengual, *El derecho de fundación: perfiles constitucionales,* Tesis doctoral inédita, Universidad de Valencia, 2015, pp. 70 y ss.). Véase, también: García de Enterría, E., "Constitución, Fundaciones y sociedad civil", en *RAP* 122 (mayo-agosto 1990); y Lorenzo, R. de, *El nuevo derecho de fundaciones,* Marcial Pons, Madrid, 1993; y J. García-Andrade Gómez, *La fundación: Un estudio jurídico,* Escuela Libre Editorial, Madrid, 1997. Por supuesto estos estudios en particular: Piñar Mañas, J. L., "Las fundaciones y la Constitución española", en *Estudios sobre la Constitución española. Homenaje al profesor Eduardo García de Enterría,* tomo II, Civitas, Madrid, 1991; *Régimen jurídico de las fundaciones. Jurisprudencia del Tribunal Constitucional y del Tribunal Supremo,* Ministerio de Asuntos Sociales, Madrid, 1992; con A. Real Pérez), *Derecho de fundaciones y voluntad del fundador,* Banco de Santander & Marcial Pons, Madrid, 2001. J. C. Alli Turrillas, *Fundaciones y Derecho administrativo,* Marcial Pons, 2010.

Pero tanto a la luz de los textos publicados como de la actual regulación formal de la forma fundacional, puede afirmarse que esta forma está conceptualmente *congelada*. Desde la óptica civil, otrora fundamental, solo se aportan "variaciones con repetición" de aquellas ideas primigenias que fueran plasmadas en importantes estudios[4]. De manera que parece que para tal visión ni la Constitución ni las leyes derivadas han aportado elementos identitarios verdaderamente transformadores a tal figura civil —pretérita y perfecta—, donde manda todavía el sistema privado constitutivo, la patrimonialización y una intangible voluntad del fundador[5]. Tal perspectiva —insisto: un tanto entumecida— se ha contagiado al panorama regulatorio, a sus órganos y normas administrativas (o ausencia de ellas).

Pues bien, tal *petrificación* conceptual choca tanto con la realidad como, derivadamente, con el análisis avanzado que se ha hecho desde otras perspectivas, como la mercantil, la economía social u otras[6].

---

4 Para ello me remito globalmente a los principales tratados de Derecho civil del siglo XX y, en particular, al maravilloso estudio que sobre el iter jurídico de la entidad jurídica "fundación" y otras personas jurídicas de carácter vinculatorio y amortizadotiro de C. Maluquer de Motes, *La fundación como persona jurídica en la Codificación civil: de vinculación a persona (estudio de un proceso)*, Publicaciones de la Universidad de Barcelona, 1983, *in toto*. Evidentemente autores como Lacruz, Albadelejo, Bádenes Gasset, Caffarena, Durán Rivacoba, entre otros, son clave para un estudio profundo de la figura.

5 Una muestra de ello son estudios recientes como los estudios "Las fundaciones" y el "La organización y dirección de las fundaciones" en el nº 32 (julio 2018) de la RJESC (CIRIEC); o el libro *Fundaciones: dotación y patrimonio* de 2005 (Civitas); "La necesaria renovación del Derecho de fundaciones" (2017), el libro *Las actividades económicas de las fundaciones* (2012), y *La fundación* (2022). Todos ellos de diversos autores vinculados al Derecho civil y con una pobreza de argumentos y análisis general y concreto sobre este tema que, por lo repetitivos, resultan muy poco convincentes. No se puede seguir escribiendo textos que estén tan completamente ajenos a estudios agudos y señeros como los de García-Andrade, Embid Irujo, García Mengual, entre otros recientes lectores del tema; incluso que no recogan, en lectura profunda, los textos pioneros de Valero Agúndez y de López-Jacoisti, entre otros autores primigenios; como tampoco desconociendo todo lo que se ha escrito sobre el Derecho comparado de fundaciones desde 2010 hasta la fecha.

6 En estos tres ámbitos, los estudios son someros, poco profundos y son pocos en sí mismo considerados. Desde el ámbito jurídico, tres son las revistas que han dedicado algo de esfuerzo a este tema: el *Anuario de Derecho de fundaciones* (2009-2018); la *Revista Española del Tercer Sector*, que ha dedicado algún número mono-

Así, solo por poner un ejemplo, la que viene de los modelos de "corporativización" de su gobierno y funcionamiento provenientes de la gobernanza de las fundaciones bancarias, las corporativas o los modelos económico-fiscales que pretende la "nueva filantropía"[7]. La propia evolución de la fundación, como institución, ha venido de la mano de una gran variación en sus formas de ser y actuar; aunque no lo sea tanto en los fines, siempre de interés general bajo diversas caras. Así, en las últimas décadas han aparecido, entre otras, fórmulas peculiares como las fundaciones universitarias, las hospitalarias las fundaciones "en mano pública"[8] y las fundaciones bancarias, cobrando últimamente fuerza peculiares formas sociales como las "fundaciones comunitarias".

Particularmente y en lo que atañe al objeto principal de este libro, tal variabilidad formal y operativa hubiera exigido —y exige— una evolución pareja del propio modelo de supervisión/participación por parte de la autoridad pública. En este campo apenas han existido, aquí, estudios completos y actualizados que razonen tal elemento, crucial en la vida de la fundación desde su más tierna infancia y sin la cual la fundación privada —al menos entre nosotros— no

gráfico al Derecho de fundaciones y tercer sector (alrededor de dos números entre 2006-2018, cuando se ha cerrado; aunque es una revista muy interesante en su conjunto) y la *Revista CIRIEC jurídica de Economía social y colaborativa*, en la que apenas hay tres o cuatro artículos dedicados a las fundaciones desde su creación en 1988 hasta la fecha. En otras publicaciones de la búsqueda de todo ello en Dialnet apenas aporta treinta estudios (libros, tesis y artículos) en las tres áreas de Derecho, Economía y Sociología que tengan directamente como objeto las fundaciones entre 2010 y 2020.

7 En particular los trabajos de J. M. Embid Irujo, "Aproximación a la figura de la fundación empresaria", en *Lex Mercatoria* nº 10 (2018), 57-80; y A. Emparanza Sobejano, "La influencia del Derecho de sociedades en el gobierno corporativo de las fundaciones", en *Comentarios a la Ley de Cajas de Ahorro y fundaciones bancarias,* Thomson-Reuters, 2015. Sobre las fundaciones bancarias, véase: J. C. Alli Turrillas, "Filantropía a través de la privatización o "Privatización filantrópica". Un modelo, un caso (las Cajas de Ahorro) y una solución", *Anuario de Derecho de fundaciones 2019-2020,* AEF & La Caixa & Iustel, 2023, pp. 31-102.

8 Salvo el particular caso de las fundaciones públicas, a las que el Derecho administrativo ha prestado bastante atención, con una conclusión clara: es una figura profundamente criticada. Por todos (en cuanto que recoge la doctrina sobre el tema): J. García-Andrade, "La restructuración del sector público fundacional", en *Anuario de Fundaciones 2012,* AEF & Iustel, 2013.

existiría. Dicho sin desmérito de los análisis relativos a la supervisión fiscal y, en muy menor medida, del régimen penal por delitos que se cometen en y desde las fundaciones y su gobierno[9].

Así, el crecimiento del sector en cantidad, calidad, volumen y estructuras no ha corrido parejo a una mejor regulación de su régimen de supervisión y control. Más bien al contrario, se aprecian —como ocurre en otros ámbitos de la estructura y dinámica público-administrativa— una cierta obsolescencia de estructuras, poderes y técnicas, medios y capacidades del sistema público encargado de su supervisión. Resulta llamativo, así, que este apenas llegue a realizar una supervisión de mínimos y con parámetros muy anticuados y descompensados para atender el número, el volumen y la naturaleza propia de la actividad realizada por las fundaciones y, cuando corresponde, por los otros entes del tercer sector[10]. Dicho de otro modo, la antedicha estaticidad *civilística* ha contagiado a la razón y modelo de supervisión pública, el cual resulta obsoleto y está anquilosado.

¿Qué ha pasado para que esto ocurra? ¿Cuáles son los motivos y los fallos que están resultando de este hecho, globalmente considerado y sin perjuicio de ulteriores aclaraciones? ¿Está ocurriendo lo mismo en otros países? ¿Podemos obtener alguna lección de los modelos de ordenación y supervisión pública que se están utilizando en otras jurisdicciones nacionales según sus resultados y formas? ¿Existe alguna experiencia extrapolable de lo que ha ido ocurriendo con los mecanismos jurídico-administrativos que se están utilizando *en* y *para* otras fórmulas institucionales "reguladas" (entre ellas algunas de tipo

---

9 Más allá de los comenarios a los correspondientes artículos de las Leyes de fundaciones de 1994 y 2002 y muy poco más que algún artículo en el *Anuario de Derecho de fundaciones*. Mása recientemente, esto sí, con muy diferente factura según cada estudio (algunos realmente vacuos): Martínez Garrido, S., (coord.) et aliq, *Buen gobierno de las fundaciones*, Iberdrola & La Ley, 2015. En cuanto a la fiscalidad, véanse, casi en exclusividad, entre nosotros, los análisis de conjunto global —no los relativos a la imponibilidad 'de detalle' de: A. Blázquez Lidoy & Peñalosa Esteban, I., "El régimen fiscal del mecenazgo en el derecho comparado: Alemania, Reino Unido, Francia y Estados Unidos" en *ICE, Revista De Economía*, nº *1* (872) (2013), 29-44.

10 Así lo pongo de relieve, recientemente en "El protectorado (ausente) de fundaciones": https://www.hayderecho.com/2022/11/06/el-protectorado-ausente-sobre-las-fundaciones/ (11/2022).

fundacional, pero también las corporativas empresariales bancarias privadas y las que existen en y para otros sectores regulados)?

Por tales razones, entre otras, este estudio resulta muy necesario. De un lado para justificar la razonabilidad de supervisión pública que se realiza sobre su ser y su funcionamiento; los órganos de control, su status y sus poderes de ordenación y regulación[11]. De otro lado, para adaptar esos modelos a las nuevas perspectivas y realidades.

Antes de exponer el objeto estricto de análisis, resulta pertinente señalar los aspectos sobres los que no versa este estudio. No es el propósito de este trabajo realizar una conceptualización de qué es la fundación ni en general, ni dentro de cada uno de los países que recorreré: Alemania, Francia, Inglaterra y los EE. UU[12]., con alguna nota añadida sobre Italia y Canadá. Aunque es inevitable y necesario explicar la vinculación que en cada lugar se produjo entre sus soluciones particulares y el origen histórico y jurídico de su institución fundacional. No es tampoco un análisis dogmático en el que justifique, en términos de teoría general del Derecho, todas y cada una de las afirmaciones que se exponen sobre la naturaleza de la fundación o de los instrumentos públicos de intervención. Sí que, en cambio, en línea de otros análisis recientes, se parte de ciertas bases históricas para, después, abstraer el modelo resultante en cada país. Base imprescindible desde la cual analizaremos los límites de nuestra organización y finalizaremos con algunas propuestas *de lege ferenda* para nuestro ordenamiento.

Tampoco pretendo realizar un análisis completo y exhaustivo del régimen general de supervisión y su estructura legal regulatoria, más bien centrará la atención en la organización que lo realiza y solo a partir de esta, analizar la regulación general. Por eso mismo este estudio no se detiene, salvo con una finalidad introductoria, en aspectos

---

11 Pues, como señala J. J. Fishman, dos de los mitos del sector no lucrativo (en USA) son, de un lado su "independencia" y, de otro y parejamente, la supuesta autonomía por una ausencia de supervisión pública y privada sobre el mismo: "The Nonprofit Sector: Myths and Realities", en *Pace Law Faculty Publications*, paper 493 (2006), in toto.

12 Todo lo cual está estudiado en extenso en J. C. Alli Turrillas, *La fundación, ¿Una casa sin dueño? (Gobierno, control público y responsabilidad de fundaciones en Inglaterra, Estados Unidos, Alemania y Francia)*, Iustel, Madrid, 2012, *in toto*.

del régimen general y la naturaleza de las fundaciones. Lógicamente, tampoco es el propósito de este análisis volver a recorrer qué es una fundación ni, menos aún, otros entes del tercer sector, como tampoco justificar por qué debido a su naturaleza, resulta preciso contar con tal régimen de supervisión. Tampoco se analizarán aspectos derivados, como la fiscalidad, ni todo lo relativo a las capacidades mercantiles y financieras. Aunque algo se dirá, derivadamente, con respecto a todo lo expuesto cuanto resulte necesario para la comprensión del conjunto.

El fin último de este estudio es explorar la naturaleza, fines, formas y capacidades jurídico-administrativas de las entidades supervisoras de las fundaciones en España, tanto en su nivel central como en el autonómico. En particular se analizará empíricamente y hasta donde hemos podido obtener información, la situación, en particular, de la estructura, personal y medios de los protectorados de fundaciones, estatal y autonómicos. Asimismo se valorarán aspectos colaterales a este, como su régimen regulador en materia económica, fiscal y penal; pues resulta el complemento a lo primeramente apuntado. Se hará desde una cierta perspectiva histórica, que se integrará con tales datos, y también desde un ángulo comparado, que formará secciones separadas. De ellas se extraerán resultados que se pondrán en relación con nuestro régimen de supervisión e institución. Para ello caminaré por estas vías que ahora expongo:

En el capítulo I analizaré, revisando la doctrina civil tradicional sobre el "negocio jurídico" fundacional, la institución desde una perspectiva novedosa que no quiero calificar como público-administrativa, pero donde se revisa profundamente el papel de las voluntades *privada* y *pública* que concurren en la fundación y, por tanto, su identidad. Particularmente el fin público que la define y justifica. La finalidad es justificar radicalmente el régimen propuesto.

En el capítulo II estudiaré los motivos, estructura y los sistemas de supervisión pública de las fundaciones en varios países, realizando, en todo momento, dicho análisis sobre la base de lo que de comparable tiene con España. Aunque sin perder de vista que el estudio de tales casos solo puede hacerse intentando hacer comprender, debidamente, cuál es el contexto histórico, social y jurídico de cada país; especialmente el de los más señeros, pues otros van a la zaga de varias grandes trazas: es el caso, en este análisis, de Italia con respecto a Francia (y España); y el de Canadá con respecto a USA e Inglaterra.

El capítulo III realizo una abstracción comparada de las lecciones aprendidas en cada uno de esos lugares y obtienen conclusiones con propuestas. Para dicho análisis no sólo se utiliza el factor jurídico o político-histórico de cada lugar, sino las cifras que he considerado más importantes en el contexto del "sector no lucrativo" de cada país.

Finalmente, el cuarto y quinto capítulos se dedican a analizar cómo es el régimen de las fundaciones y su supervisión pública en España y qué consecuencias se derivan para el modelo fundacional nacional. En tales lugares se proponen líneas de transformación, siempre a la luz de lo analizado en los anteriores capítulos. Todo ello conduce, finalmente, a una conclusión crítica y relatada.

Aunque no pretendo atar este estudio a un área concreta del saber jurídico, no cabe duda que tiene un especial vínculo con el Derecho administrativo. Indudable y prioritariamente el análisis de la estructura orgánica de la Administración pública. Pero más allá de todo ello, se analizan factores vertebradores del Derecho administrativo: el "interés general" o "público" —y sus posibles diferencias—, el concepto y desarrollo de "servicio público", la concurrencia privada en la prestación de bienes de interés general; la naturaleza de las estructuras públicas reguladoras y, con ello el régimen sancionador e incluso la propia identidad del Derecho administrativo y las fronteras entre público y privado que manifiestan, como figura-epitome, las fundaciones privadas y, en su caso, otras formas aledañas.

Todo ello nos expresa muy a las claras que nos encontramos ante un sector que lejos de ser, como se ha dicho, el sector de la independencia, depende entre otras cosas, tanto de lo público como de lo privado en unas relaciones complejas que vamos a ir desentrañando. Por lo que esa primera cualidad que de él se predica —su independencia— es uno más de los mitos que lo acompañan[13].

* * *

Este libro también pretende cerrar un ciclo personal y académico. En el año 2005 realicé mi primera estancia, de un cuatrimestre, en la

---

[13] J. J. Fishman, "The Nonprofit Sector: Myths and Realities", cit., pp. 11-12.

Universidad de Nueva York para empezar a estudiar lo que, entonces, se me antojaba un 'ente' complejo y disímil: la fundación americana. Todo comenzó con muchos cursos y lecturas que no acabaron de clarificarme su compleja existencia y naturaleza; máxime en un ámbito tan distinto al nuestro como eran y son los EE.UU. No consiguió clarificarlo del todo aunque me sirvió para desbrozar la selva de ideas que aparecían. Pero el magnetismo de la figura era enorme, así que 2007 durante otro largo periodo, para tratar de cerrar el tema, fue realmente cuando entendí del todo la(s) figura(s) de tipo fundación en USA y, así, pude acometer el estudio de la figura fundacional en otros países (singularmente me sirvió para entender el caso de Inglaterra). Más allá de la fundación, esas estancias y el año como *visiting professor* en Fordham University (2012/2013) me sirvió para entender, al menos desde esta dirección, la historia y la sociedad americana.

Comprendida la figura, establecido un modelo de análisis, a modo de mapa-mental y configurado un plan de búsqueda de sus elementos clave, pude encarar el estudio —de lo más complejo a lo más sencillo— de esta misma figura en Alemania, Inglaterra y, finalmente, Francia. De modo que ya con una plantilla más definida, que me sirviera de guía, las estancias de investigación más breves en esos tres lugares me permitieron conocer muy bien las figuras fundacionales de todos ellos y poner las bases para, después, analizar también los casos de Canadá o Italia. Desde aquel momento, la pertenencia a ARNOVA y la asistencia a numerosos seminarios internacionales posibilitaron conocer su desarrollo desde 2005 hasta la fecha presente.

A la par de tal análisis, en el que pretendía entender qué y por qué de la figura en cada uno de esos lugares —para entender, luego, cuál y cómo era su régimen jurídico— estaba trabajando y escribiendo el libro *Fundaciones y Derecho administrativo* (Marcial Pons). Este libro, empezado en 2002 y prácticamente acabado en 2009 fue prologado por D. Francisco González Navarro, que había sido mi director de tesis en 1998. Aunque a sugerencia suya retiré el subtítulo "Una reconsideración conceptual de la figura fundacional desde el Derecho administrativo", es esta la descripción más clara de su contenido. Recuerdo bien que señaló que aunque fuera un primer análisis, debería continuar con una suerte de "Tratado" por entregas sobre la fundación: la institución histórica y legal en España; la figura y su ordenación en el extranjero; y su regulación futura para España.

Finalizado este libro volqué las energías restantes y el estudio comparado que había realizado en finalizar el libro *La fundación, ¿una casa sin dueño? (gobierno, responsabilidad y control público de fundaciones en USA, Inglaterra, Francia y Alemania)* (Iustel), publicado a finales de 2012. Desde entonces, y como atestigua la bibliografía, he ido publicando unos quince estudios que han actualizado y completado el contenido de ambos libros en cuanto a la evolución de las fundaciones en UK, USA, Francia; también sobre las fundaciones de origen bancario y la transformación de las Cajas de Ahorro —con un estudio señero publicado junto con Lester Salamon— y otros aspectos sobre el régimen de las fundaciones en general. Entre ellos, al menos tres análisis comparativos de todos los modelos. Al igual que he sido lector sobre estos temas con más de veinte lecciones y seminarios impartidos en muchos lugares (Argentina, Inglaterra, España, México, Colombia, USA), recibiendo, así, mucha información sobre lo expuesto.

Pero no pretendo, con esta exposición, hacer un alegato a mí favor ni realizar un ejercicio de auto-complacencia, sino simplemente poner de relieve que todo ello tiene un itinerario forjado con un continuado y profundo estudio, realizado durante prácticamente dos décadas y en el que he combinado lectura, asistencia a seminarios, etc. Esto me permite, así, cerrar este ciclo que, como apuntará clarividentemente González Navarro, se completa con una propuesta regulatoria. Para hacerlo me parece, precisamente, muy idóneo realizarlo precisamente mediante un análisis conclusivo, crítico, comparado y reivindicativo sobre lo que, considero, necesita más urgentemente la fundación —el sector fundacional— en España: una supervisión pública con sistemas y órganos idóneos y capaces. Cosa que, vergonzosamente, no ocurre. Señalando los pros y contras de unas aproximaciones u otras; las soluciones comparadas y sus posibles virtudes (o fallas). Indicando el por qué considero que esto debe hacerse y cuáles serían sus bases conceptuales de tipo teórico y práctico. En cierta manera este análisis recoge todo lo anterior, lo remodela y lo reconfigura hacia tal propósito. Por eso bebe de todas esas fuentes. También por eso mismo entiendo que no quiero ya decir nada más por la vía doctrinal y académica y, por eso, cierro este objeto y objetivo.

Este estudio, como conclusión mejor o peor armada —cosa que corre de mi cuenta—, no podría haberse realizado sin todo ese análisis anterior. Pero, como dijera en esos otros libros, tal estudio, y sus resultados, no hubieran nacido sin el impulso inequívoco de D. Ramón Parada Vázquez quien, por su historia personal, devino en el hombre clave para salvar una fundación en particular y, a raíz de ello —y arrostrando las dificultades que eso produjo en su vida—, impulsar unos cambios en su régimen y supervisión general que son ya urgentes y necesarios. A él, principalmente, se debe tanto este estudio como todos los anteriores.

Junto con él, me han acompañado, orientado, ayudado y criticado en el mejor de los sentidos, muchos colegas que han ayudado a un mejor entendimiento y exposición de la figura, tanto en España como en otros países, gracias a su escucha y al debate con ellos: Marian A. Salvador, Jorge García-Andrade, Isabel Peñalosa, Marta Montero-Simó, José Miguel Embid Irujo, Javier Martín Cavanna, Marta Rey; James J. Fishman, Lester M. Salomon (in memoriam), Evelyn Brody, Oonahg Breen, Claire Gaudiani, Isabel Combes, Debra Morris y Richard Marker, particularmente. Gracias a todos ellos por su compañía durante estos años de trabajo y por su propio esfuerzo en pro de esta misma figura en sus respectivas áreas y países. Especialmente importantes han sido las observaciones y notas derivadas de las apreciaciones que, como tribunal de cátedra, realizaran Iñigo de Guayo, Silvia del Saz, Mercedes Fuertes, Jesús Angel Fuentetaja y Carmen Fernández, a quienes agradezco sobremanera sus indicaciones para que ese texto primigenio deviniera en libro. Estoy particularmente agradecido a José Luis Piñar por haberse prestado a prologar este libro, pues no existe, en España y no sólo desde la estricta perspectiva del Derecho público, una persona que, como académico y como gestor, conozca mejor el sector y la figura de la fundación.

Capítulo I

LA FUNDACIÓN: ENTE BIFRONTE PÚBLICO-PRIVADO

1. LA FUNDACIÓN COMO INSTITUCIÓN JURÍDICO-SOCIAL

1.1. La formación histórica de la fundación como institución

Hace varias décadas F. EMERSON ANDREWS, uno de los pioneros en el estudio la "fundación privada" americana, afirmó que *"the foundation is, paradoxically, both private and public in its nature"*, una suerte de girafa, animal singular que habita en un mundo socio-económico que, en principio, no parece proclive a permitir su existencia, pero en el que, sin embargo, la fundación prospera[1]. Esto la dota de ciertas notas peculiares: su institucionalidad, su historicidad evolutiva, su genialidad universal y, por supuesto, su carácter bifronte público-privado.

La fundación se ha consolidado, con diversas formas y regímenes, como una auténtica *institución*, con todo el carácter que Santi ROMANO predicó de tal concepto[2]. Así ha sido porque esta institución —en un complejo juego causal y consecuencial—, se ha constituido en un

---

1 Aunque su fundación privada, stricto sensu, está muy alejada de nuestra figura, veremos cómo, de entre su panoplia de figuras "fundacionales" es la más genuina y distintiva de entre sus fórmulas: F. EMERSON ANDREWS, *Philanthropic Foundations*, Rusell Sage Foundation, New York, 1956, p. 11 y ss.

2 "Una unidad delimitada y permanente; es decir, que no pierde su identidad, al menos necesariamente, siempre que cambian sus elementos concretos, las personas que la integran, el patrimonio, sus medios, sus intereses, sus destinatarios, sus normas, etcétera. Puede renovarse continuamente siendo la misma y manteniendo siempre su propia individualidad; de aquí la posibilidad de considerarla como un ente en sí mismo independiente, y de no identificarla con aquello que pueda ser necesario para darle vida, pero que al dársela se integra en ella": S. ROMANO, *El ordenamiento jurídico*, Instituto de Estudios Políticos, 1963, p. 127 y 157, entre otras.

genuino testigo en miniatura de la evolución histórica, la geografía humana y social, la política y regulación jurídica de los países en los que esta existe. Visto de otro modo, el ente abstracto "fundación" expresa de manera muy clara cómo se ha ido conformado la relación entre sociedad-mercado-estado dentro de cada país en su evolución política-histórica en los últimos siglos.

Lo cual añade otra nota de especial interés a la figura. Aún con formas y regulaciones muy heterogéneas según los diversos países, la realidad es que la "fundación" contiene, en todos ellos una suerte de alma común[3]. Esto es así, precisamente porque existe ese sustrato metafísico unívoco, fruto de un *élan* vital bergonsoniano de origen primigenio y común: el ánimo filantrópico-caritativo y la necesidad de perpetuar un legado (material y espiritual). De manera que la regulación sobre su ser y quehacer de cada país es, también, mucho más similar de lo que pudieran aparentar las diferencias que también existen.

Por eso esta peculiar forma institucional y jurídica que, como vamos a tratar de demostrar, se sitúa en una posición singular tanto en su propio origen como en su ser y en su naturaleza, contiene una primigenia imbricación entre la esfera de lo "público" y la de lo "privado"[4]. Así, analizándola bajo una perspectiva histórica y evolutiva —que por ahora simplifico en su concepción— antes de que se produjera la moderna disyuntiva entre lo público y lo privado, la

---

3 J. C. Alli Turrillas, "Charities and Foundations in the U.S.A., England, Germany, France and Spain (differences and similarities in the governance, accountability and public control)", en *Revista General de Derecho Público Comparado* nº 12 (julio 2014), *in toto*.

4 Así lo consideraron los *founding fathers* de Estados Unidos en relación a la participación privada en pro del interés general, tal y como señala, en todo su texto: H. S. Miller, *The Legal Foundations of American Philanthropy 1776-1844,* The State Historical Society of Wisconsin, Madison escrito en 1961, reeditado por the Hauser Center, Harvard University, 2006, p. xi. Más recientemente y recogiendo estas ideas, el filósofo-politólogo Gomá ha señalado que la fundación *"participa de una naturaleza mixta, es una especie de centauro metafísico de cuerpo privado y torso de interés general"*. Por tal razón, continúa diciendo, estudiarlas *"implica tratar de delimitar teóricamente un espacio fundacional en la intersección entre el Estado y el mercado, ese justo medio entre los poderes y las empresas":* J. Gomá Lanzón, "La esfera de las fundaciones", en *Carta a la fundaciones españolas,* Real Maestranza de Caballería de Ronda & Pre-textos, Valencia, 2014, p. 91.

fundación —o, mejor dicho, cada una de las fundaciones existentes como entes singulares— conformaban formas, instituciones, *privadas* en pro del interés general o *público*; haciéndolo de un modo precursor a las muchas funciones que, luego, se convertirían en el fin propio del ser de lo público y, en particular, del propio "servicio público"[5].

De tal manera que, vistas tales notas, la fundación conforma, así, una suerte de un peculiar punto de encuentro —y, en cierta manera, también un *melting pot*— entre lo público y lo privado, de modo que su propio ser y su quehacer están marcando el paso a una revisión de muchas formas conceptuales generales; como veremos al tratar del "interés general" y su papel de colaboración con lo público.

1.2. La transformación social, del poder público y la participación privada

¿Se ha convertido, así, la fundación en un elemento importante, cuando no esencial —quizá su epitome— dentro de ese espacio *civil* de tránsito en un nuevo modelo de sociedad y de la denominada "economía del bien común"? Analizar ese rol y ese papel transformador y representativo de todo este cambio puede exigir un análisis, condensado, del contexto social en que nos encontramos, poniéndolo en relación directa precisamente con este nuevo juego entre lo público y lo privado; en particular dentro del cambio social del propio Estado-sociedad. Tema sobre el que tan solo cabe aquí un análisis de urgencia que, como tal, quizá sea una reflexión general que sirve de marco, más que un estudio exhaustivo y sistemático.

Los factores de cambio social son enormes y están omnipresentes: cambio del marco moral proveniente del siglo XIX, sociedad someti-

---

5 Consideraciones más matizadas llevarían a lugares para los que me remito a la doctrina científica que, al respecto, ha resultado más señera: R. Parada Vázquez, "Las fundaciones desde el Derecho público", en *Boletín de la Facultad de Derecho de la UNED,* segunda época 4 (verano-otoño 1993); F. Tomás y Valiente, "Estudio previo" a VV. AA., *Comentarios a la Ley de fundaciones y de incentivos fiscales,* ELE & Marcial Pons, Madrid, 1995; y, por último y con bibliografía completa al respecto: M. Vaquer Caballería, *La acción social (Un estudio sobre la actualidad del Estado social de Derecho),* IDP & Tirant lo Blanch, Valencia, 2001.

da a una hiper-información, cambio en los fundamentos de la comunicación humana, vuelta a lo primitivo en muchos aspectos vitales, desconfianza en las estructuras clásicas, erosión de las formas-clases sociales que nos venían acompañando desde mediado el siglo XX, sometimiento al capitalismo de la vigilancia, hiper-tecnologización y transhumanismo científico-técnico (con la equivalente mejora en la calidad de la salud), hiper-responsabilidad y sensibilidad afectiva, envejecimiento, descentralización, etc. En tal sentido, en las últimas décadas —y desde muchos sectores—, se ha señalado la muerte de la sociedad civil, tanto en términos de agrupación observable, más o menos organizada ("comunidad")[6], como en su propia auto-percepción[7]. Aunque, desde otras posiciones, más bien se habla de su transformación en nuevas formas y fórmulas que abren campos particularmente interesantes, en especial para formas como la fundación[8].

Es aceptado, en cualquier caso, que estamos ante una sociedad que se ha transformado profundamente desde su origen modelizado a partir, por establecer un punto, de las revoluciones del siglo XIX y el modelo socio-político y económico que en tal momento se construyó. Un cambio crítico del que todavía solo vislumbramos algunos elementos[9]. Una sociedad en red, hipercompleja, policontextual y heterárquica; reflejo y espejo de un modelo global poliárquico en el que el propio poder y su quehacer se distribuyen en muchos núcleos[10].

Todo en ese marco justifica la utilización del término VUCA: *Volatility (V), Uncertainty (U), Complexity (C)* y *Ambiguity (A)* para expresar el entorno en el que se mueven todas y cada una de las estructuras u organizaciones, públicas y privadas. Así, bajo tal panorama, el eje

---

6 Crítico, en tal sentido, fue el libro, muy ceñido a la realidad estadounidense (y que luego ha comparado con comunidades de Italia y Francia para señalar que las redes en esos lugares son más complejas): D. Putnam, *Bowling Alone. The collapse and revival of American Community*, Simon & Schuster, 2001.

7 C. Guilly, *No society. El fin de la clase media occidental*, Taurus, 2019.

8 C. Hovel, "Sentido, posibilidades y riesgos de la sociedad civil", en *Revista Valores en la Sociedad Industrial* nº 23 (62) (2005), 35-50.

9 I. Sotelo, *El Estado social. Antecedentes, origen, desarrollo y declive*, Trota & Fundación Alfonso martín Escudero, 2010, in toto.

10 D. Innerarity, *Una teoría de la democracia compleja. Gobernar el siglo XXI*, Galaxia Gutemberg, 2020, pp. 121-125.

articulador de la sociedad, otrora muy centrado en el poder público —más o menos centralizado—, ha transmutado en algo policéntrico y segmentado.

En este marco es muy difícil encontrar una visión más o menos unívoca de qué sea el "bien común" y/o el "interés general" y, así, también de que el propio incluso el poder público encuentre su propio "interés público". Aunque la sociedad no ha ofrecido una alternativa racional a la del Estado, éste tampoco encuentra soluciones a los problemas que su 'debilidad' genera entre sus mecanismos tradicionales o, al menos, estos le dan un sustento poco firme[11]. Se encuentra des-conectado de un único núcleo de poder y, así, de servicio público; las estructuras intelectuales de tipo unívoco y jerárquico, organizativamente burocrático, que ha sido lo (aparentemente) propio de los poderes públicos, también hacen agua[12]. Crisis como la del COVID, las económicas, energéticas y ambientales ponen de relieve esta realidad con muchos matices que no podemos comentar.

No es el objeto de este estudio el análisis proyectivo del posible rearme del poder público y, por tanto, del Derecho público y, en particular, de los poderes público-administrativos y sus ordenamiento. Pero sí resulta imprescindible recoger la idea de que este es un elemento imprescindible para una nueva determinación, paccionada quizá con toda la sociedad, de ese "interés público"; como preconizador del propio "interés general" al que, como veremos, las fundaciones se deben. Evidentemente, concepciones en torno al Estado, sus poderes públicos y el Derecho administrativo centrado en su papel de "regulador" y de "garante" pretenden arbolar una nueva forma de convenir el interés general entre lo público y lo privado[13].

---

11 J. Esteve Pardo, "La extensión del Derecho público. Una reacción necesaria", en *RAP* 189 (septiembre-diciembre 2012), pp. 16-18.

12 G. Lipovesky, *La era del vacío*, Anagrama, 2006, in toto.

13 S. Muñoz Machado, "Hacia un nuevo Derecho administrativo", en *El Derecho público de la crisis económica. Transparencia y Sector público. Hacia un nuevo Derecho administrativo, Actas VI Congreso AEPDA*, INAP, 2012, pp. 206-210; J. L. Carro Fernández-Valmayor, "Reflexiones sobre las transformaciones actuales del Derecho público, en especial del Derecho administrativo", en *RAP* 193 (2014), 24-26; y J. Esteve Pardo, "La extensión del Derecho público…", cit., in toto.

Tampoco es su objetivo un estudio global sobre la sociedad civil y por dónde va. Aunque no sobra decir que por más que se predique la desaparición de tal "sociedad civil", como vimos, pareja al apagón que también se predica de lo público, existe una importante "tercer sector" creciente en formas y números que, de un modo u otro, la representa y contradice esta percepción[14].

Pero, a la postre, la relación entre ambos factores —lo público, en cuanto estatal, y la sociedad—, es determinante, pues la descrita labilidad entre las fronteras público-privado también dificulta la comprensión de las formas tradicionales de prestación pública y de los propios servicios públicos. Tanto en su cantidad, como particularmente en su cualidad e identidad (como la denominada *uberización* del mundo está contribuyendo a manifestar); incidiendo en la identidad e —incluso auto-comprensión— del poder público. Pues aunque es del todo evidente que la razón de ser del poder público es, indudablemente, la búsqueda del interés general[15], también es nítido que busca un nuevo título que justifique mejor toda su acción político-pública. Tal título no estaría basado en la *potestas*, pero tampoco en la *auctoritas*, sino en nuevas claves, como la gobernanza, la transparencia para una búsqueda de legitimidad nueva, todavía *líqui-*

---

14 J. J. Rubio Guerrero (coord.), *El Sector fundacional en España. Atributos fundamentales 2008-2019 (Cuarto estudio)*, AEF & IAEF, 2020. Para V. Pérez Díaz estamos ante un "reflujo de la sociedad civil", en una traza que viene desde los años 90 del siglo XX, que ha venido tras el "gran flujo" del Estado de mediado el siglo XX, robustecido por la construcción del Estado social y el crecimiento del Tercer sector social (*El retorno de la sociedad civil. Respuestas sociales a la transición política, la crisis económica y los cambios culturales de España 1975-1985*, IEE, Madrid, 1987, p. 14. En efecto: ¿No estaremos, más bien, ante una transformación más o menos dolorosa dentro de un iter complejo que han tenido nuestros modelos sociales? ¿No es más fácil tener una idea sobre ella que saber qué es ella misma?: J. Ehrenberg, *Civil society. The Critical History of an Idea*, NYU Press, 1999, in toto. Quien señala que en tiempos de grandes estructuras y organizaciones (NAFTA, UE), se produce un proceso de identificación en grupos menores, casi tribales y familiares (pp. 225-227). También que estamos ante un concepto heurístico que, en realidad, dice más de lo que hay fuera, que de lo que hay dentro (pp. 235 y ss.).

15 L de Morena y de la Morena, "Derecho administrativo e interés público: correlaciones básicas", *RAP* 100-102 (enero-diciembre 1983), vol. I, pp. 847-880.

da o *gaseosa*[16]. De manera que el supuesto papel monopolísico de las Administraciones públicas como valedoras —conceptual, orgánica y funcionalmente— del "interés general" queda todavía más en entredicho. Máxime cuando el propio "interés general" es un concepto demasiado atomizado y cada día más evanescente como para radicarse en un único poder[17].

Un importante sector doctrinal apuntó desde hace años que el Estado ha pasado a tener una "responsabilidad compartida", no absorbente en materia de necesidades colectivas[18]. Esto tiene que ver con el Estado social —tal y como ya Forstoff señaló[19]—, con el derecho de propiedad —del que el art. 34 arranca—, pero también concurre con el principio democrático de participación y la nueva legitimidad social que exige una mayor concurrencia en el bien común. La realidad de las crisis recientes no ha hecho sino confirmar esta visión, más allá de valoraciones políticas inmediatas: la existencia de un ente único y totalmente preeminente —el Estado— y otros periféricos, de mayor o menor importancia, ha pasado a ser historia; como se ve en este ámbito en el que estamos[20].

Por eso se sostiene que al paradigma del conflicto o contraposición de intereses le (debería) estar siguiendo el de la colaboración de intereses[21]. Para lo cual es preciso señalar que el monopolio del "interés general" no lo tiene ni el Estado ni, como consecuencia, las

---

16 Descritos, sin necesidad de aclaraciones por nuestra parte en: Z. Bauman, *Vida líquida,* Austral, 2001, in toto; y D. Innerarity, *La sociedad invisible,* Planeta, 2005, in toto. Más recientemente y de otro modo por Han, B.-C., *Infocracia. La digitalización y la crisis de la democracia,* Taurus, 2022; y desde una perspectiva más jurídico-política por P. Rosanvallon, *Legitimidad democrática. Imparcialidad, parcialidad y proximidad,* Paidós Estado y sociedad 176, 2010.

17 M. Naím, *El fin del poder,* Debate, 2013, in toto.

18 L. Morell Ocaña, "La organización y las formas de gestión de los servicios en los últimos cincuenta años", en *RAP* 150 (septiembre-diciembre 1999), 379-411.

19 J. L. Meilán Gil, "Prologo" a *La suspensión del acto administrativo* (Rodríguez Arana, J.), Montecorvo, 1986, p. 75.

20 E. Schmidt-Assmann, *La teoría general del Derecho administrativo como sistema,* INAP & Marcial Pons, 1998, pp. 38 y ss.; y, en general, D. Innerarity, *Una teoría de la democracia compleja....,* cit., pp. 116 y ss.

21 L. Morell Ocaña, "La organización y las formas de gestión...", cit., p. 384.

Administraciones públicas[22]. Lo cual, en cierta medida, obliga a una revisión de la (supuesta) dicotomía prístina entre el fin público y el privado, lo general y lo particular, en la prestación de servicios. De un lado debido al paulatino control público sobre su fin y resultados; siendo, tal control, absolutamente necesario —otra cosa será ver los medios y grados—, tal y como lo ha sido durante toda la historia y existe en prácticamente todos los países, en diverso grado[23]. Y, de otro, porque en el concreto caso de las fundaciones —como tendremos ocasión de concluir en este capítulo— no estamos ante una mera participación de un sujeto privado en el interés general, sino en una concurrencia, *dentro de su propia naturaleza interna*, de la voluntad pública y privada en la concurrencia de tal actividad, bajo una fórmula jurídica de naturaleza singular y, en cierto modo, *indisponible* desde lo puramente público.

Por eso, tal búsqueda no debe limitar la concurrencia de sujetos privados en su consecución, sino incentivarla como algo sano, saludable y, además, como señala Sáez de Miera "necesario"[24]. Evidentemente, en la medida en que incida en cuestiones que son, en cualquier caso, medulares para la comunidad social, también habrá que buscar fórmulas de supervisión y prestación segura del servicio[25].

---

22 A. Sáez de Miera, *La sociedad necesaria*, Centro de Estudios Ramón Areces, Madrid, 1992, pp. 47 y ss. En este sentido, la idea de *gobernanza* tan en boga pone de relieve la necesidad de que Estado y sociedad se compenetren más y mejor (sobre la gobernanza, en general, puede verse: J. C. Alli Aranguren, *Derecho administrativo y globalización*, cit., p. 314-341).

23 Así lo ponen de relieve análisis reconceptualizadores del Derecho administrativo, desde una perspectiva actual y general, como, por ejemplo: E. Gamero Casado, *Desafíos del Derecho administrativo ante un mundo en disrupción*, Comares, 2015; y en J. Barnes, *Transformaciones (científicas) del Derecho administrativo. Historia y retos del Derecho administrativo contemporáneo*, Global Law Press, 2011.

24 A. Sáez de Miera, *La sociedad necesaria*, cit., pp. 47-49.

25 Pero no sería del todo impertinente abogar por un menor recelo hacia el principio de subsidiariedad que establece el sistema de derecho de la UE, tanto en este ámbito como, en general, en de los servicios económicos de interés general, tal y como, de alguna manera, se recoge por G. Fernández Farreres, "El principio de subsidiariedad y la Administración económica", en VV. AA. (dir. L. Cosculluela Montaner), *Estudios de Derecho público económico. Libro homenaje al Prof. Dr. D. Sebastián Martín-Retortillo*, Civitas, 2003, pp. 165-284.

Entre ellas un mejor acomodo de la supervisión pública de la prestación social de bienes comunes[26].

Es aquí donde reaparece, así, la fundación como epitome organizativo-institucional de la "sociedad civil"; más allá de su papel como colaborador puntual o como prestador de servicios públicos en régimen concesional, como se evalúa más adelante (capítulo V, epígrafe 3.2). Dicho todo lo cual, una precisión deviene imprescindible. En particular en la medida en que hemos relacionando una concreta institución —la fundación—, con un análisis sobre el poder, el interés general y la sociedad: no deberíamos confundir la "sociedad civil" como ente abstracto, con una de sus fórmulas organizadas, pues son muchas otras las que lo acompañan en este ámbito, con elementos identitarios y efectos jurídicos, en sus distintos niveles, muy distintos a los que plantea la fundación.

1.3. El por qué del sector fundacional y su contexto de tensión

Por los intersticios que se fueron producido, a lo largo de la historia y de los diversos países —quizá en cierto momento, sociedades embrionarias y pioneras—, entre lo público y lo privado, se introdujeron aquellas instituciones que recogían ambas cualidades: lo público y lo privado. Conforme todo se fue decantando, unas funciones y otras se fueron, también, separando y reformulando. Así que, en un momento dado, nos vimos en la necesidad de explicarnos por qué existieron, y existen, esos diversos ámbitos prestatorios. En tal coyuntura surgieron teorías que han tratado de explicar la creciente presencia de este conjunto de instituciones altruístas y su lugar tan remarcado dentro de las sociedades occidentales, particularmente en los Estados Unidos.

Aunque la explicación global deviene complicada por cuanto engloban un conjunto suficientemente amplio de estructuras —e incluso tradiciones— que permiten poner algunas dudas sobre esa

---

26 S. D. Phillips & S. R. Smith, "Public Policy for Philanthropy: Catching the Wave or Creating a Backwater?", *The Routledg Companion to Philanthropy* (Edited by Tobias Jung, Susan D. Phiilips and Jenny Harrow), Routledge, 2016, pp. 213-228.

identidad del conjunto[27]: el fallo prestatorio privado; el fallo prestatorio público; el carácter común y básico, humano, de los bienes que prestan; la economía del temor y del amor; la teoría del fallo de la contratación, etc. (véanse el capítulo II, epígrafe 1.1.2.). Todas estas teorías explican desde diversos ángulos la realidad de este sector. También nos permiten entenderlo y, desde un punto de vista muy interesante para completar este panorama identitario complejo, posibilitan evaluar su situación actual y, así, la situación en que se encuentra. En todo caso, deben ponerse siempre en relación con la coyuntura propia de cada país para entenderlas debidamente. Todas ellas conforman un tapiz instituciones que, junto con tales explicaciones, aportan luces sobre este panorama —bien existencial, bien circunstancial (quizá de crisis)— que también marca el paso a una necesaria re-evaluación de su ser y existir.

En tal sentido, SALAMON señala que su funcionamiento está sometido a cuatro tensores que, por así decirlo, *tiran* del modelo en diversas direcciones y obligan a las instituciones que lo forman a adoptar mecanismos adecuados para su gestión y, así, para su auto-

---

27 S. MORRIS, "Defining the Non Profit Sector: Some Lesson from History", *Voluntas*, 11:1 (March, 2000), in toto. La identidad conceptual y jurídica del denominado "tercer sector", resulta muy difícil de trazar, pues estamos ante una noción más sociológica que jurídica. El "Tercer sector" aquí y en otros lugares, carece tanto de un régimen jurídico unívoco cuanto, como base de tal vacío, es difícil la propia identificación de sus actores y formas y, con ello, de las instituciones que agruparía. Estamos, como pone de relieve una de sus mayores expertas, ante una fórmula de tipo socio-económico (A. SAJARDO MORENO: https://dialnet.unirioja.es/servlet/autor?codigo=38019). Pese a los esfuerzos realizados sobre todo por ANHEIER y SALAMON —expuestos en la nota 56 de este mismo capítulo— especialmente con la búsqueda de una definición común: *Defining the Nonprofit sector* (citados en la bibliografía). Así, en EE. UU. donde tal sector está más considerado, su identidad viene por la vía del derecho tributario y su normativa definitoria tiene que ver con la fiscalidad beneficiosa de que goza: ese es, pues, el punto de conexión entre fundaciones, asociaciones, ONGs, etc. Todos los intentos elaborados aquí apenas tienen eco jurídico, tal y como exponen: T. GONZÁLEZ CUETO, "Concepto de fundación" en *Tratado de fundaciones*, tomo I, Bosch, 2007, p. 143. J. L. PIÑAR MAÑAS, "Tercer sector, sector público y fundaciones", en *La enseñanza del Derecho administrativo. Tercer sector y fundaciones, XIII Congreso Italo-Español de profesores de Derecho administrativo (Salamanca, 2000)*, Cedecs, Barcelona, 2002 p. 300.

responsabilidad[28]. Tales factores son la disyuntiva entre el altruismo y el profesionalismo; y el dilema entre el activismo y el mercantilismo.

También son otras las tensiones que concurren: 1) la *fiscal*, el Estado busca más dinero y tiene la tentación de eliminar los beneficios a las *charities*; 2) la *económica*, pues el principio de competencia se infiltra en las prestaciones del sector (y le hace mirar en exceso al sector lucrativo); 3) la de *efectividad*, pues el propio sector se ve forzado a adoptar técnicas "empresariales" para ser efectivo y eficiente y estas deslegitiman su altruismo; y 4) la de *legitimidad*, cuando no se entiende su razón de ser al compartir sus prestaciones con los "servicios públicos" *stricto sensu* que presta de modo indirecto[29]. Lógicamente, estos factores ponen en una situación crítica a cada modelo fundacional según las notas nacionales que lo acompañan. De hecho, también en España se han analizado desde esta perspectiva por MARBÁN y RODRÍGUEZ: mimetización (con otros sectores); valores diversos entre sus propias estructuras; segmentación, etc.[30]

Volviendo a la señalada por SALAMON, que engloba en cierto sentido a todas subsiguientes, en el terreno identitario está, de un lado, el *altruismo* siempre presente en el ser y el actuar típicamente voluntarista de estos entes, que deriva, por ejemplo, en la gratuidad de su gobierno o patronato y en la presencia de voluntarios en la realización de sus fines, así como en las ventajas fiscales por tal forma; nota que tiene como consecuencia más o menos directa cierto amateurismo en su gobernanza y en el fin que presta. Este factor tiene, como vector contrario, el *profesionalismo* que el mundo actual —y por lo tanto al sector— exige para mejorar su gestión y que, en cierta medida, también viene demandado por el propio sistema económico

---

28 L. M. SALAMON, *The resilient Sector Revisited. The New Challenges to Nonprofit America*, 2ª edition, Brookings Institution, Washington, 2015, in toto.

29 Así se puso de relieve con respecto al modelo inglés: H. K. ANHEIER & J. KENDALL, *Third Sector Politics at the Crossroads. An International Non Profit Analysis*, Routledge, London, 2001, pp. 5-6.

30 V. MARBÁN GALLEGO & G. RODRÍGUEZ-CABRERO, "El Tercer Sector de Acción Social en las Comunidades Autónomas: ¿modelos de Tercer Sector o singularidades territoriales?", *CIRIEC-España, Revista de Econo-mía Pública, Social y Cooperativa*, 103 (2016), 9-40.

general, la competitividad y las exigencias derivadas de la legislación de supervisión pública, entre ellas la fiscal[31].

En el campo más organizativo-prestacional, concurren otros dos factores contrapuestos. De un lado está el rol de *activismo social* que ha sido propio del sector —quizá menos importante en países como el nuestro[32]— y ha impulsado que acometiera, tradicionalmente, fines que ni el sector público ni el privado-lucrativo querían o podían hacer (lo cual nos entronca con la teoría del fallo prestatorio y de su origen)[33]. Tal factor somete a estos entes a cierta pugna con los otros sectores, aunque precisamente su independencia les permitiría acceder a donaciones y legados de quienes, precisamente, quieren ver esos fines prestados sin ataduras públicas o lucrativas. Como contraparte, actúa el factor del *comercialismo* en el sentido de que la buena gestión financiera y/o económica y la capacidad de competir en mercados (*managerialism*), bien con sus fines filantrópicos —en los cuales concurren, ahora, también los entes lucrativos a través de al RSC—, bien con *productos* mediales cuya finalidad es nutrir el patrimonio necesario para tal fin lucrativo.

La combinación de profesionalismo y comercialismo generan —en contrapunto a la mejora que pueden suponer en cuanto a su funcionamiento y responsabilidad—, fácilmente, de un lado una captura de mecanismos del regulado por el regulador y, de otro, una imitación de modelos de gobierno y gestión corporativos. Ambos caracterizados como posibles caras isomórficas entre entes públicos, privado-lucrativo y privado-no lucrativos. La combinación de voluntarismo y activismo, en contraparte a su nota "altruista", pueden derivar en particularismos, falta de foco, ineficiencia y exclusión.

---

31 Como ya venía ocurriendo en el tercer sector en general: P. D. Hall, *Inventing the Nonprofit Sector*, John Hopkins University Press, Baltimore, 1992, pp. 25 y ss.

32 Es cierto que, en nuestro caso, así como los dos primeros factores se presentan de modo claro, los dos siguientes elementos han quedado diluidos por una legislación general y tributaria que, en general, limita tanto las actividades "de lobby" como las puramente mercantiles de los entes del tercer sector.

33 L. M. Salamon & S. Toepler, "Government-nonprofit cooperation: Anomaly or necessity?", *International Journal of Voluntary and Nonprofit Organizations*, 26(6) (2015), 2155-2177.

En la descripción mejor abstraída hasta la fecha sobre el sector español de fundaciones Rey Garcia destaca su importante posición en el contexto europeo, su carácter de instrumento fundamental en el tercer sector (español), su modernización en términos de organización, medios y uso de fondos; al igual que su cambio desde un papel subsidiario al Estado y la Iglesia, en papeles de acción social y beneficencia, hacia nuevos roles centrados en la investigación, la educación, el patrimonio y el mecenazgo cultural. Sin ocultar, tampoco, los problemas derivados de su debilidad estructural bajo una normativa excesivamente patrimonialista y una supervisión pública burocratizada en exceso. Al igual que el excesivo peso corporativo que tienen, sobre todo las fundaciones grandes. Todo lo cual lo ha convertido en un sector que, pese a su tamaño, es complejo en su identidad y en el que confluyen muchas de las tensiones expuestas arriba[34].

La realidad es que todo ello se enmarca dentro de una profunda transformación de todos los vectores "clásicos" que han enmarcado la filantropía y a las fundaciones, al menos desde mediado el siglo XX —como el del mundo corporativo, político y social—; serían demasiado complejos como para analizarlos aquí, pero, en todo caso, exigen nuevas fórmulas de organización interna de las instituciones y, también —en lo que es objeto propio de este estudio— del apoyo y supervisión por parte de la estructura pública (y de la mercantil, también), tal y como han señalado, con numerosos datos empíricos expertos como Anheier y Toepler[35].

2. LA FUNDACIÓN COMO PERSONA JURÍDICO-FORMAL

2.1. Aproximación general: cómo fue su desarrollo histórico-jurídico

Exponer qué es una fundación y explicar por qué he apuntado que en los países que vamos a visitar comparativamente esta figura

---

34 M. Rey García, "Foundations in Spain: An International Comparison of a Dynamic Nonprofit Subsector", *American Behavioral Scientist* No. 62 (12) (November 2018), 1873-1875.

35 H. Anheier, M. Lang & S. Toepler, "Civil society in times of change: Shrinking, changing and expanding spaces and the need for new regulatory approaches", *Economics E-Journal.* N° 13 (2019), 1-27.

tiene alma común, aunque sea de un modo introductorio, exige un primer razonamiento conceptual bajo una perspectiva histórica. Para ello expondré, de manera algo descriptiva, una suerte de recorrido a través de tres pasos jurídico-históricos que han conformado las notas que, a modo de *conglomerado* o *precipitado* permitieron finalmente el nacimiento de la "fundación", tanto como concepto como en su definitiva institución jurídico-formal[36].

La situación comienza, en gran medida, como consecuencia de aquellos tiempos en que tanto el sistema jurídico —como los remedios a los problemas humanos básicos— pudieron haber sido más homogéneos en todas partes. Por lo que las soluciones pudieron haber sido más básicas y similares de lo que pudiera ser actualmente, con sociedades que han devenido en modelos muy diversos en términos sociales, políticos, económicos y, por tanto, jurídicos[37].

El primer paso puede decirse que fue la *patrimonialización* primero durable, luego perpetua y/o permanente —en todo caso vinculada—, establece bajo una intención altruista un fundador a cuya voluntad pretende superar institucionalmente en el tiempo. Esto se manifiesta ya de modo claro en el Derecho romano tardío, concurriendo con otras fórmulas germánicas que, aparentemente, también tenían un objetivo similar, si bien bajo un origen formativo diverso[38].

---

36 J. C. Alli Turrillas, *Fundaciones y Derecho administrativo*, cit., pp. 45-112.

37 De modo que eran soluciones romano-canónicas que acometía la Iglesia con sus instrumentos ascéticos, sacramentales y jurídico-canónicos, por ejemplo, para solucionar muchos de los problemas sociales con que se encontraba en las sociedades paganas que iba cristianizando, tal y como nos describe P. Brown, *Por el ojo de una aguja. La riqueza, la caída de Roma y la construcción del cristianismo en Occidente (350-550 d.C.)*, el Acantilado, 2016, en su totalidad.

38 De manera que, como resumidamente señalan los textos a los que hago referencia, la "fundación" no existe en Derecho romano. Como tampoco la "fiducia", ni tampoco el *treuhand* (germánico), o el *feoffe* (anglosajón) son "fundaciones", sino figuras ancestrales que evolucionaron hacia la *fiducia* medieval y esta, con un fin caritativo y altruista, hacia la *charity* y la fundación. J. Mª. Blanch nougués, *Régimen jurídico de las fundaciones en Derecho romano*, Dykinson & UIAM, 2007; y R. Zimmerman, *Itinera Fiduciae. Trust and Treuhand in Historical Perspective*, Duncker & Humblot, Berlín 1998.

Lógicamente figuras semejantes también existieron y subsisten en otras culturas sociales y jurídicas, aunque por itinerarios diferentes a los europeos. Cuestión que nos llevaría muy lejos del propósito de este libro. Puede verse, entre otros muchos: H. Grönlund, H., & A. B. Pessi, "The influence of religion on phi-

Ese carácter *vinculatorio* que marcó tal fórmula y sus avatares históricos, convergió muy pronto con otra nota que da lugar a un segundo paso: la intención benéfica, caritativa o "causa pia" que aportara el cristianismo[39]. Tales amortizaciones encontraron en la "caridad" el vector principal de su altruismo; llevándola más allá del magnanimidad personal para convertirla en un fenómeno social y colectivo *"proper regnum coelorum"*. Por eso la atará a una estructuración prestatoria más global, sistémica y omni-comprensiva que también le otorga, como institución superior, una patente, unos sistemas de gestión y de control: la Iglesia[40].

Durante la larga Edad media y bajo tal paradigma eclesiástico, tales patrimonios, vinculados a un fin caritativo o *causa pia* —principalmente basados en tierras y otros bienes inmuebles, instituidos o que sirven a tales fines establecidos como Iglesias, Hospitales, obras pías, establecimientos educativos y Universidades—, fueron confluyendo con otras fórmulas germánicas. Todos ellos fueron configurando numerosas instituciones de tipo *fundacional*. Y, a la vez, a largo de tales siglos, tales fórmulas amortizatorias bajo Derecho canónico y civil, en la medida en que no eran, todavía, instituciones jurídico-formales identificadas, se fueron *confundiendo* con otras amortizaciones realizadas para fines puramente particulares: mayorazgos, capellanías, etc.; o grupales, gremiales-mutuales: pósitos, montes de piedad, comunales, etc. Tal fenómeno de vinculación y amortización de bienes

lanthropy across nations", F. Handy & P. Wiepking (Eds.), *The Palgrave Handbook of Global Philanthropy*, Palgrave Macmillan, London, 2015, pp. 558-569

39 Una evolución está recogida en J. C. Alli Turrillas, *Fundaciones y Derecho administrativo*, cit., pp. 45 a 76. Para una perspectiva histórica más germánica: R. Helmholz & R. Zimmermann (eds.), *Itinera Fiduciae...*, cit., in toto.

40 Para todo ello, véase: Mª. del M. Martín, *Las fundaciones religiosas en el Derecho español*, Univ. de Almería, 1995. Y, más en general: E. Woods, *Cómo la Iglesia construyó la civilización occidental*, Ciudadela, 2007. Esto ocurre aquí como ocurrió en países como Italia y Francia, Inglaterra e Italia. Como veremos no fue así en los EE. UU., que aunque heredó la tradición británica, su institución fundación no transcurrió por el mismo proceso histórico y además, se enriqueció con otras formas, provenientes de otras culturas sociales y religiosas: L. M. Friedman, *A History of American Law*, Touchstone Books, Simon & Schuster, 2ª ed., 1985; y también puede verse su evolución general en: G. A. Billias, *Law and Authority in Colonial America*, Barre publishers, New York, 1965.

inmuebles, principalmente la propia *tierra*[41], fue globalmente denominado "manos muertas".

En un momento dado y por diversas causas que no podemos recorrer, la enorme cantidad de bienes amortizados y vinculados como tales "manos muertas" se convirtieron en un factor determinante en el estancamiento económico de una sociedad que, pasado ese largo periodo del feudalismo y el despertar moderno e ilustrado, trataba de romper esas antiguas ataduras[42]. De modo que la lucha contra las amortizaciones se convirtió en el gran caballo de batalla de los Reyes absolutistas durante el siglo XVIII, cuyos ministros fisiócratas y librecambistas pretendieron liberalizar *tales* bienes como gran la fuente de riqueza que serían si se abrieran a un mercado más global.

Pero si bien las monarquías absolutas pretendieron llevar a cabo cierto control de todo ello y pusieron las bases conceptuales para su reforma[43], fue realmente la Revolución francesa de 1789 —y sus posteriores ecos en los esfuerzos liberales de España, Italia y parte de

---

41 ¿Por qué la tierra, el bien inmueble, en sí misma? Hoy día, tras siglos de riqueza basada en el comercio y, ahora, en el capital financiero y otros derivados, nos resulta un tanto difícil entender por qué tal elemento como propiedad estática tuvo tanta importancia, siendo el componente central de la riqueza de las personas, las colectividades y las naciones al menos hasta los siglo XVII-XVIII. Muy simplificadamente, la ruptura del orden romano hizo que todo lo que era seguro y ordenado —entre ellos sus redes de comercio— se convirtiera en caótico y complejo. De manera que la salida lo fue a través, principalmente, de un nuevo orden feudal (o similar), local, estático, territorial y proteccionista y asegurado a través de un Derecho romano —como una suerte de moral civil— que estableció un orden estático social y económico que duró durante todo ese tiempo y en el que la riqueza físico-terráquea era el componente permante y estable, garantía de existencia personal y global: A. Schavione, *Ius: la invención del Derecho en occidente*, AH ediciones, 2009, pp. 46-47, 50-53; y C. Wickham, *Una historia nueva de la Alta Edad media. Europa y el mundo mediterráneo 400-800*, Crítica, 2016, in toto. Desde el punto de vista económico, puede verse, M. Mazzucatto, *The Value of Everything: Makings and Talking in the Global Economy*, Penguin Random House, 2019, pp. 50 y ss.

42 F. Tomás y Valiente, "Estudio previo", cit., *in toto*. Para entender el contexto histórico-económico, "una breve historia del valor", en M. Mazzucatto, *The Value of Everything…*, cit., p. 40 y ss.

43 Es bien aceptado que muchas de las cuestiones que, teñidas de sangre y tensión explotaron en la Revolución francesa, estaban siendo acometidas por las monarquías absolutas de un modo un tanto más progresivo y pacífico: A. de Tocqueville, *El Antiguo régimen y la Revolución*, Istmo, 2004, *in toto*.

Alemania— las que liquidaron ese "entramado" formado por una sociedad civil, estratificada y estática, junto con las instituciones de tipo fundacional y las miles de amortizaciones de fines privados. Mucho se jugó en aquel campo: las fundaciones de la Iglesia para fines benéficos, educativos, culturales y religiosos; los pósitos y bienes comunales, las fundaciones nobiliarias de muy diverso tipo y fin.

Por debajo de tal fenómeno concreto, existía además todo cambio de paradigma político-social. Así, la pugna contra los cuerpos intermedios entre el Estado y el ciudadano. También la influencia —y sustento— que tenía la Nobleza y la Iglesia a través de tales obras pias, las cuales también servían para sostener amortizaciones y vinculaciones puramente privadas (mayorazgos, señoríos, capellanías, etc.). Finalmente, en un trasfondo de gran importancia, también aparece la lucha entre las nacientes estructuras públicas, naciones y Estados, con la Iglesia, institución más estructurada y auténtica modelizadora de la sociedad[44]. Una pugna de poder entre el naciente Estado, con sus nuevos valores, y las antiguas estructuras —en particular la sociedad estamental, la monarquía y la Iglesia— con sus propios ethos; una profunda transformación de *topoi* sociales, en definitiva[45].

Así llega el tercer paso. A raíz de todo lo descrito, la conversión de tal causa pia en un fin de interés general; con la eliminación, coetánea, de las amortizaciones de fines privados. El tradicional fin caritativo —decantado, en la legislación, conforme a otros fines privados— se *civiliniza* y transforma en un "fin público", con diversas denominaciones y no pocos matices derivados, según cada país y fruto de una historia evolutiva propia de cada uno de ellos. Desde aquel apuntado tronco común de la institución de la edad antigua, en aquel marco cultural greco-latino pan-europeo, ya habían pasado suficientes siglos como para que cada balbuciente nación hubiera ido construyendo una cultura político-jurídica singularizada. Tanto

---

44 Magníficamente expuesto por F. Tomás y Valiente, "Estudio previo" cit., *in toto.* Corroborado, en términos más jurídicos, en: E. García de Enterría, "Constitución, Fundaciones y sociedad civil", cit., in toto. Para un contexto general que explica toda la situación descrita: M. Burleigh, *Poder terrenal. I. Religión y política en Europa: de la Revolucuión francesa a la primera guerra mundial,* Taurus, 2005, pp. 39-67 y 359 y ss.

45 M. Burleigh, *Poder terrenal. Religión y política en Europa...*, cit., pp. 40-50.

en general como en particular, para acometer formas nuevas de regulación del altruismo, las cuales se fueron identificando y diferenciando con matices que veremos: *utilité publique-oeuvre d'intérêt général* en Francia; *la causa pubblica* italiana; *el public benefit* anglosajón; y el *Mildtätige-Gemeinnützige Zwecke* alemán.

De modo que tras un largo proceso de casi quince siglos, al finalizar el siglo XIX y alborear el XX, nace la institución como figura jurídica cartesiana —"clara y distinta"— denominada "fundación". Una forma que se diferencia tanto de otras *universitas rerum* —como el fideicomiso u otras figuras civiles análogas—, cuanto de las *universitas personarum*: asociaciones, gremios, etc. Así ocurre precisamente porque cuenta con un "fin de interés general". De modo que soslaya la legislación anti-amortizatoria, permitiéndole vincular bienes a perpetuidad; aunque bajo ciertos límites que eviten su "privatización" (lucro privado, fines particulares, etc.). Así, los códigos civiles o fórmulas equivalentes, empezaron a dar carta de naturaleza institucional a esta figura, ya depurada[46]. Lo cual exigirá que un ente público supervisor de algún tipo autorice, mediante un otorgamiento de "personalidad" jurídica, su existencia.

La realidad resultante de todos esos pasos histórico-jurídicos, condujo a la situación generadora de la institución actual. La fundación moderna se origina así bajo tal proceso de institucionalización *secularizada* de un vector moral —la caridad y/o filantropía— hacia una estructuralización patrimonial de tal fin altruista mediante una "decantación" de los fines privados —plasmados mediante la desvinculación y desamortización— y de eliminación de fines puramente religiosos, de modo que se produce la conversión de la "fundación" en una institución *de* y *para* un "fin público" o "de interés general"[47]. Proceso que, de un modo u otro según cada evolución histórica, pero de un modo similar, ocurrió en todos los países europeos occidentales.

Todo ese conjunto de pasos se producen en cascada y concurriendo con otra característica que, de un modo u otro y como consecuen-

---

46 C. Maluquer de Motes, *La fundación como persona jurídica en la Codificación civil...*, cit., in toto.

47 J. C. Alli Turrillas, *Fundaciones y Derecho administrativo*, cit., pp. 98-106, específicamente.

cia directa —aunque se hará algún matiz al respecto al tratar sobre USA— , también apareció en todas partes: la ineludible presencia de la autoridad pública, que interviene en la esencia y existencia de la "fundación". Primero, grosso modo, fue la Iglesia, luego las autoridades locales y la monarquía, ahora es el Estado a través de una o varias estructuras de su poder administrativo. Por ser esto el objeto principal de este análisis, lo dejaré, precisamente, para su desarrollo[48].

2.2. La construcción conceptual de la persona jurídica fundación

2.2.1. Los elementos definidores de la fundación vistos desde su itinerario histórico-conceptual

Tras estos apuntes históricos parece razonable proponer una conceptualización de la fundación. Aunque esto ni es tan fácil ni tiene un resultado tan sencillo como quisiéramos. Esta primera premisa lógica se enfrenta inicialmente a una serie de cuestionamientos como la posibilidad de que exista una sola concepción —y conceptualización— sobre qué sea una fundación. Y eso solo por referirnos a la pura denominación, pues largo habría que hablar de la propia identidad más esencial de la institución y los componentes que la configuran. Es decir, de cuál sea su *alma.* Si es que puede hablarse en estos términos de una figura aparentemente inanimada en sentido humano[49].

La fundación, tal y como está comúnmente aceptada en nuestro ordenamiento, podría, por el momento, describirse como *el patrimonio entregado de manera duradera y altruista para un fin de interés general por parte de un fundador que, así constituido, se convierte en una institución jurídico-social dotada de personalidad jurídica*[50]. Lógicamente, dejo

---

48 Ibidem nota anterior pp. 103-111, entre otros lugares.

49 Todo concepto, como condensación y abstracción de realidades mucho más ricas y profundas, nos permite buscar los orígenes, excluir las circunstancias inocuas y encajar las necesarias, las que realmente adjetivan el sustantivo al que acompañan y ver en qué sentido lo hacen. En definitiva, nos posibilita recomponer las bases conceptuales de esta insondable institución jurídica que denominamos fundación.

50 Esta afirmación considero que la firmarían, con los matices debidos, Lacruz Berdejo, De Castro, Díaz-Picazo en los textos que están siendo citados y que-

de lado en gran medida las disquisiciones teoréticas más complejas sobre el concepto de fundación propuesto, al que también podría darse la vuelta de un modo más literario como *la personificación de un fin general de carácter perpetuo, institucionalizado —organizado y dotado de personalidad— a través de la voluntad del fundador afectando establemente un patrimonio a aquél*[51].

Esta definición puede derivar en varias preguntas razonables, dado que aparentemente, faltan elementos que pueden estar más o menos aceptados en la modelización jurídico-social que se percibe actualmente: ¿Por qué no señala su carácter de ente no-lucrativo? ¿Por qué utiliza el término *duradero* en vez de el que fuera más común: *permanente*[52]? ¿Por qué decir *altruista*, en vez de caritativo o filantrópico? ¿Qué añade la nota del "interés general" sobre la idea de *publica utilitas* (máxime cuando son conceptos distintos e incluso acumulativos y concurrentes)?; ¿Por qué no se recoge de algún modo

---

dan recogidos en la bibliografía. Este concepto es, en el fondo, el que ha sido aprobado, tras no pocas consideraciones, por la doctrina internacional más señera cuando se ha tenido que enfrentar a la necesidad de buscar la identidad común de los múltiples vocablos en lenguas europeas que acogen la institución "fundación": H. K. ANHEIER, "Foundations in Europe: a Comparative Perspective", en VV. AA. (Eds. A. SCHLÜTER, V. THEN & P. WALKENHORST) *Foundations in Europe*, Bertelsmann Foundation & CAF-Directory of Social Change, London 2001, p. 40.

51 Para DE CASTRO, "puede considerarse la fundación como la personificación de la organización, instituida y reglada por el fundador, para realizar un fin benéfico al que destina una masa de bienes": F. DE CASTRO, "La persona jurídica", en *La persona jurídica*, 2ª edición, Civitas, Madrid, 1991, p. 293.
La búsqueda de un concepto es siempre muy difícil. Si se pretende un concepto más descriptivo y completo, sería posible establecer el siguiente: *La fundación es la búsqueda y consecución de un fin general de carácter perpetuo, a través de la voluntad del fundador, quien afecta establemente un patrimonio a aquél, institucionalizada —organizada y dotada de personalidad— y que actúa económicamente, aunque sin lucro subjetivo, para el beneficio y aprovechamiento de una generalidad de personas.* No creo que estos conceptos se pierdan en aspectos formales (aunque recogen algunos de ellos) sino que buscan la esencia del verdadero —y moderno— término de fundación. Tales son las visiones adjetivas que GARCÍA-ANDRADE maneja en su crítica del concepto utilizado en las normas y el resto de la doctrina: "Algunas acotaciones al concepto formal de fundación en la Constitución española", en *RAP* 155 (mayo-agosto 2001), pp. 107 a 125.

52 Vid nota nº 188 de este mismo capítulo.

su forma o estructura organizativa (cuya importancia, como en seguida veremos, no niego[53])?

Tres son los motivos que nos llevan a tal concepto y a través de los que se explica por qué, aun aceptando otras visiones iguales o incluso más válidas, la definición propuesta es útil en cuanto que engloba otras notas comúnmente admitidas como parte del concepto fundación. Pues incluso las recogen de una mejor medida a si las incluyéramos como meros caracteres derivados.

El primer motivo es que se trata de un concepto moderno, evolucionado y, sobre todo, abstraído mediante un proceso de decantación de las notas esenciales sobre las características secundarias que se fueron adhiriendo con el tiempo. Una evolución, además, producida a lo largo de los quince siglos que vienen desde el final del Imperio romano hasta la consolidación de los códigos civiles europeos en el siglo XIX-XX.

> Históricamente, la "fundación" no hubiera podido ser definida tal y como ahora se hace; es más, seguramente era imposible por cuanto, en puridad, existían muchos tipos de instituciones con elementos que hoy inspiran el ente abstracto fundación, y que incluso se llamaban así, pero no eran *la* forma jurídico-formal actualmente denominada fundación[54].
>
> Por ceñirnos al final del itinerario, la realidad es que el factor sobre el que poner el corazón definitorio ha cambiado mucho[55]. Si hace unos años, en consonancia con el carácter civilístico que tuvo esta figura, el patrimonio, junto con el impulso dado por la liberalidad del fundador —y, con ello, su autonomía y la garantía a ésta—, eran el epicentro definitorio, se fue pasando a una consideración más estructural: la necesidad

---

53 Sobre el peso que la organización y su patronato tiene en su gobierno puede verse: R. DURÁN RIVACOBA, *El negocio jurídico fundacional,* Aranzadi, Pamplona, 1996, *in toto*; y en "La voluntad del fundador" en VV. AA., *Fundaciones. Problemas actuales y reforma legal,* Aranzadi, 2011, pp. 249 a 305.

54 Esta afirmación debe aceptarse como algo muy claro a la vista, especialmente, del estudio histórico C. MALUQUER DE MOTES, *La fundación como persona jurídica...*, op. cit., *in toto.* Más aún, tampoco ha existido, ni existe, una fundación idéntica en sus elementos y en su definición a la nuestra en otros países como Francia, Italia, Alemania, Inglaterra y los Estados Unidos. Lo cual no es óbice para señalar, también, que existen figuras más que equiparables en cuanto que tienen cierta alma común, como seguiré insistiendo.

55 Para conocer tal itinerario en la legislación y, sobre todo, en la jurisprudencia, debe verse el señero estudio, de J. L. PIÑAR MAÑAS & A. REAL PÉREZ, *Derecho de fundaciones y voluntad del fundador,* cit., *in toto.*

de tener un reconocimiento público a través de un control patrimonial y del otorgamiento de la personalidad pública. Luego, el énfasis se puso en su identidad como organización en pro del interés general. En la segunda mitad del siglo XX, las exenciones fiscales debidas su fin de interés general han marcado mucho su ser y existir.

Desde los años noventa del siglo XX, al socaire de la construcción doctrinal, más bien de origen socio-político, del sector de las "organizaciones no-lucrativas" y de la protección fiscal que tales fueron recibiendo, se ha acentuado en su identidad como "organizaciones no lucrativas basadas en (este caso) un patrimonio"; formando parte de ese sector más amplio que, aunque no tiene una clara identidad jurídica, se ha abierto paso con cierta fuerza, como iremos viendo[56].

---

56 Especialmente fuerte fue tal identidad con su inicio por la serie de estudios dirigida por ANHEIER y SALAMON denominada *Non profit studies* y comenzada en el año 1995. A partir de ahí ya no aparece en ningún libro otro término que no sea *Nonprofit*, como se puede ver en todos los citados (entre nosotros, aún existe un libro de 1998 cuyo título recoge la idea de tercer sector). Ambas notas —la no lucratividad y su carácter civil—, no obstante su interés, unidos a otros factores han producido cierta confusión con el conjunto cada vez más construido de los entes no lucrativos, como se aprecia en la aparición de los estudios sobre *non profit organizations* en EE. UU. y Europa a partir de los años ochenta del pasado siglo. Lo cual, siendo importante porque enmarca las fundaciones en un conjunto mayor, puede someterlas a una niebla por centrar su identidad no tanto en su forma jurídico-social, sino en su finalidad social distinta del gobierno y del sector lucrativo. Puede verse cierta crítica de todo ello en J. J. FISHMAN, "The Nonprofit Sector: Myths and Realities", cit., pp. 303-305. Así como en USA el denominado "sector no-lucrativo" ha cobrado identidad jurídica propia —sobre todo jurídico-fiscal—, en Europa y otros lugares, sigue pensando más la forma jurídico-legal de cada una de las figuras que la componen (asociaciones, cooperativas, fundaciones, ONGs., etc.; lo cual es especialmente claro en aquellos países que, como el nuestro (e Italia, Alemania y Francia), frente al modelo anglosajón, la "personalidad jurídica" es un componente fuerte: A. A. DIRUSSO, "American Law in Comparative Perspective", en *Washington University Global Law Review* 39 (2011), in toto.

No obstante lo cual, esa confusión identitaria se vislumbra. En todo caso, aunque una especie jurídico-social no puede ni debe confundirse con el género omniabarcante de las organizaciones (sociales) no lucrativas, esta situación pone de relieve el empuje de la tendencia actual de valorar la economía social y la responsabilidad social corporativa (RSC), así como la importancia que ha ido cobrando del denominado "tercer sector" como fenómeno que constituye ya un paradigma interpretativo de primera categoría, que rompe, además, con la dicotomía público-privado y, por lo tanto, con las "fundaciones" —junto con otras instituciones— como unos entes *raros*, exclusivos y limitados que se "cuelan" (colaban) entre los intersticios de semejantes y tan grandes sectores (F.

El segundo motivo se apoya en términos jurídicos más tangibles, los cuales recogen las notas de una compleja institución jurídica, peculiar por la conjunción de tres componentes que la configuran, como si fueran las causas aristotélicas:

a) De un lado comprende, como elemento impulsor, un *fin*: caritativo, filantrópico o como queramos adjetivarlo según la motivación moral interna que lo preconice. El cual deviene en la causa de interés general. Ese fin que, además, conlleva el carácter altruista y la liberalidad que supone desde el punto de vista de su aliento interno: se dota un patrimonio, o incluso una simple idea con una finalidad que trasciende la propia intención y vida de la persona, física o jurídica, que lo impulsa, personificándolo en un ente nuevo y diferente[57]. Esta sería la llamada *causa final* aristotélica.

> En gran medida omito de intento la realidad íntima que es ese *élan vital* que se une al fin (externo) o causa que promueve la fundación. El aliento de un ánimo —altruista y egoísta a un tiempo— que impulsa la figura[58]: se dona y se funda también por un deseo íntimo, personal o colectivo, de guardar para la posteridad una cierta memoria determinada (externamente) en un fin público general, un bien común. De modo que esos tres componentes anteriores se unen a otro que subyace bajo todos ellos y que es la presencia de un fundador —antaño más bien una persona física o una *ficta*: el fundador sr/sra., o una iglesia, o un monarca— hoy más bien una persona jurídica: corporativa o social, incluso pública. Pero tal elemento no debería entenderse como definitorio, puesto que ni ob-

Carpintero Benítez, *La crisis del Estado en la Edad postmoderna*, Aranzadi, 2012, especialmente a partir de las páginas 200 a 280).
Tan lábil identidad jurídica se pone de relieve, en nuestro caso, en la Ley 43/2015 del Tercer sector y la Acción social (con apenas nueve artículos), frente a la solidez de la propia fundación como institución también señera en su apoyo la acción social: J. M. Embid Irujo, “La fundación como modelo para la colaboración público-privada”, en J. M. Embid Irujo & A. Emparanza Sobejano (dirs.), *El gobierno y la gestión de las entidades no lucrativas público-privadas*, Marcial Pons, 2012, pp. 27-70.

57 A tal respecto, la duda que puede caber viene dada porque en algunos países subsisten fundaciones, con tal nombre, de finalidad y aprovechamiento puramente privado. Pero, realmente, entre nosotros solo caben las fundaciones “de interés general” y esa es la cualidad que las ha configurado de modo completo. Aunque exista alguna voz discrepante, puede aceptarse esta afirmación como algo asentado en nuestro país; de modo global y por todos, F. de Castro y Bravo, *La persona jurídica*, cit., in toto.

58 K. E. Boulding, *La economía del amor y del temor*, Alianza Universidad, 1973.

jetiva ni subjetivamente puede considerarse al "fundador" como un elemento constitutivo de la fundación-institución, sino que lo es de su origen moral y así el negocio jurídico que la origina[59]; constituyendo una causa eficiente y, por tanto, necesaria; pero no estructural en la visibilidad final de la institución.

b) De otro lado, tal fin se hace vida dotándolo de un patrimonio suficiente. O buscando, hoy día que esto es mucho más volátil, los fondos adecuados para sostenerlo mediante donaciones, cuestaciones, operaciones o incluso contraprestaciones. Pero siempre con idea de que tal dotación-patrimonio sea en gran medida su epicentro existencial y sirva a tal interés general, haciéndolo de una manera vocacionalmente *duradera* o *perpetua*, si así se prefiere. Lo cual constituye la *causa material*, según señalaría el Estagirita.

c) También, finalmente, de modo necesario nos encontramos con una "estructura" jurídico-formal bajo la forma legal "fundación", así personificada jurídicamente, y formada por un gobierno fundacional —el patronato—, cuya finalidad es *vicaria* o servicial al fin propio de la fundación, a la intención del fundador y al patrimonio dotado a tal fin. Función estructural de la que aunque no forme parte el sistema de protectorado, este cumple una función existencial para su propia subsistencia, por cuanto concurre en su constitución autorizatoria y en su vida operativa. Lo cual lo hace una estructura organizativa compleja, como veremos. Tal es la *causa formal* de la fundación.

Derivado de tal peso en la estructura organizativa y su modo de ser, concurre otra cualidad teorética, que no es tanto una nota radical de la fundación, cuanto una singularidad especial con respecto a otras *universitas* (en particular las *personarum)*: la heteronomia fundacional. La fundación no es *un* o *el* patrimonio, no es *una* o *la* organización que la dirige,

59 Por todo lo cual no es, en absoluto, un factor inocuo o poco importante, pero tampoco es jurídicamente sustancial sino en cuanto induce una intención teleológica que debe tenerse en cuenta en la vida (operativa) de la fundación y su gobierno. Para ello, a modo de reflexión sustancial, no tanto jurídica: J. Gomá Lanzón, *Carta a las fundaciones españolas*, cit., pp. 23 y ss. Frente a esta idea de que estamos ante una suerte de momento estelar que impulsa y, si acaso, cristaliza en los Estatutos de una fundación concreta, pero no determina definitoriamente a la institución, Piñar Mañas y Real Pérez otorgan a tal factor un papel esencial en la fundación (*Derecho de fundaciones y voluntad del fundador*, cit., p. 29).

no es *el* fundador que la constituya (aunque lleve su nombre). El fundador dota la fundación y, en gran medida, pierde su control. El gobierno fundacional *posee* o *administra* ese fin inmediato, pero se debe al fin público y a la voluntad del fundador (y al patrimonio). El patrimonio —ser inanimado, añado— esta supeditado a ambos. La autoridad pública supervisora no sustituye al gobierno fundacional en su actuar aunque controla que lo haga conforme a todo lo anterior[60].

La fundación es una entidad aparte de todos los elementos concurrentes, aunque necesitada de todos ellos para serlo así[61]. Tales componentes son, por tanto, vicarios a la institución autónoma; institución que no puede ser sin ellos, aunque no es ninguno de ellos en particular. De ahí, también, que la fundación sea solo si esos elementos existen y están juntos: patrimonio, fin, y estructura-organización. Por eso es, así, un claro ejemplo de institución sistémica que es más que la mera suma de las partes que la componen.

Para algunos autores estamos, por tanto, ante un ejemplo de persona organicista[62]; de modo que ha de aceptarse, a la vez, que es un ente *heterónomo*, por cuanto las decisiones que se toman *por* y *en* el patronato, siempre quedan, en puridad, fuera de él, pues afectan a la fundación[63]. Pero, en todo caso, el patronato lo representa, por lo que asumen un importante papel que ha de ser fiscalizado, controlado y permitido por el poder público como garante del fin general al que la fundación está llamada. Por eso también es preciso que queden sometidos a un especial régimen de responsabilidad.

Todavía existe un tercer motivo por el que la definición señalada resulta adecuada. Este deriva de algunas notas conceptuales *añadidas* que clarifican por qué esos otros factores no son criterios sustanciales

---

60 Sobre ello el señero, brillante y temprano estudio de J. J. López-Jacoiste, "La fundación y su estructura a la luz de sus nuevas funciones" en *Revista de Derecho Privado* nº 49 (1965), *in toto*.

61 Y por lo tanto en el ejercicio de su gobierno (por eso mismo heterónomo): U. Valero Agúndez, *La fundación como forma de empresa*, Universidad de Valladolid, 1969, pp. 67-68.

62 L. Díez-Picazo y A. Gullón Ballesteros, *Sistema de Derecho civil*, I, Tecnos, 2002, p. 466.

63 I. Nart, "La fundación", en *Revista de Derecho Privado*, tomo XXXV, nº 411 (junio 1951), p. 34.

para su definición, aunque acompañen derivadamente a los expuestos.

– La nota de la no-lucratividad es consecuente a la naturaleza altruista de la institución, en realidad, una cualidad estrictamente predicable de las personas que la gobiernan. De ahí que sea más exacta la apreciación de que no hay reparto de beneficios entre sus componentes[64].

– Así, la fiscalidad ventajosa que reciben —justificada en diversos títulos jurídicos (régimen subvencional, beneficio fiscal de base, incentivo tributario, etc.)— lo es precisamente porque realiza estos fines de interés público. Pero tampoco es una nota esencial a su identidad[65].

Por tanto, la no-lucratividad, la exención o alivio fiscal de que una fundación o sus donantes puedan tener por razón de tal fin de interés general, la mayor o menor discrecionalidad operativa del gobierno fundacional, la naturaleza vital y jurídica del fundador, la mayor o menor persistencia del fin y del patrimonio (así como su posible transformación), la propia estructura de gobierno fundacional y, por supuesto, los mecanismos de control público, son elementos derivados de todo lo anterior, pero no son componentes esencialmente constitutivos de la fundación.

De esta manera, la fundación se distingue de otras instituciones jurídicas —algunas muy señeras— en las que no existe ese trinomio

---

64 En tal sentido me uno a las voces que lo excluyen como elemento identitario por ofrecer dudas substanciales: primero de qué sea exactamente el ánimo de lucro; luego de cómo sea: si subjetiva o de reparto entre los patronos; u objetiva o beneficios para la institución. Puede verse, por todos: C. Paz-Ares, "Ánimo de lucro y concepto de sociedad (breves consideraciones acerca del artículo 2.2. LAIE)", en *Derecho mercantil de la CEE. Estudios en homenaje al profesor José Girón Tena*, tomo III, Civitas, Madrid, 1991.

65 Por tal razón son criticados cuando se convierten en elementos centrales del debate identitario por: E. Brody & J. Tyler, *Private Philanthropy? Separating Reality from Myth*, 2ª Edition, The Philanthropy Roundtable, 2012, *in toto*. Sobre la confusión entre el "sector no lucrativo" y el "sector tax-exempt", ha dedicado su análisis B. R, Hopkins (en particular, *The law of tax-exempt organizations*, J. Wiley & Sons, New York, 8ª ed., 2003). Para un resumen moderno de todo ello con el que pueda entenderse esta distinción: J. Casey, *The Nonprofit World. Civil Society and the Rise of the Nonprofit Sector*, Kumarian Press, 2016, pp. 10 y 23-48.

estructural ni la nota de la heteronomia; y ello aunque se parezcan a la fundación o, más bien, al negocio constitutivo de la fundación, como es el caso de los fideicomisos, *trusts*, fiducias, *donor-advise funds* anglosajones, *fonds de dotation* franceses, etc.[66]. Estas no son, propiamente, organizaciones personificadas y autónomas, aunque haya patrimonio y dotación, incluso pueda existir orientación caritativa y/o filantrópica.

Tampoco sería una fundación una organización —como las asociaciones y otras estructuras también no-lucrativas, centradas en las personas que las forman o en su identidad como una forma que, pese a su fin trascendente, es un ente no-público (ONGs)—; pues estas no tienen su fundamento institucional en la dotación-patrimonio que, en alguna de sus fórmulas posibles, lo sostenga ni concurre en ellas la identidad formal estricta que estamos viendo[67].

* * *

Para el TC, cuya opinión no resulta inadecuada cuando estamos, al fin y a la postre, conceptualizando una institución recogida en la propia Constitución, también tal identidad ha ido variando, en un iter interpretativo complejo: desde una visión muy patrimonialista hacia una mucho más institucional-estructural, siempre bajo el claro parámetro del interés público al cual sirve y la justifica. Trasladando, también, el peso desde esa visión patrimonialista basada en la libertad de propiedad, hacia el criterio finalista y, con él, una configuración claramente conectada con el Estado social y participado en el que vivimos[68].

---

66 Sobre la distinción de la fundación, desde su origen, con otras instituciones de Derecho civil, puede verse: J. J. López-Jacoiste, "La fundación y su estructura...", cit.; e I. Nart, "La fundación", cit., in toto.

67 Y precisamente con todo lo expuesto en la nota superior 51 (De Castro).

68 Apoyado, así, en un rol de las fundaciones mucho más coherente con su figura institucional: Sentencias del TC número 164/1990, de 29 octubre, con respecto a la autorización previa del Protectorado para litigar bajo la LF 1994 (*Tol 81840);* 49/1988, de 22 de marzo, sobre la regulación de las Cajas de Ahorros (*Tol 80160*); 341/2005, de 21 de diciembre (*Tol 792051*) y 120/2011, de 6 de julio (*Tol 2209750*), ambas sobre la LF de la Comunidad de Madrid; y finalmente 98/2013, de 23 de abril (*Tol 3711264*), contra la Ley de Fundaciones de La Rioja. Para un resumen de todo ello, así como de todas las visiones doctrinales y

2.2.2. La propuesta definitoria desde la visión comparada

El análisis realizado durante los últimos doce años tanto de los modelos de control público de los diversos países, como, para tal fin, de la búsqueda de esa apuntada identidad o *alma* común de la fundación, como de los esfuerzos por lograr una institución común en el ámbito europeo[69], permiten partir de tal análisis para abstraer esas notas comunes en la regulación de la institución tal y como se ha producido casi todos los países que utilizo como referencia.

Evidentemente la evolución de la fundación y de la intervención pública durante este siglo pasado ha sido dispar según distintos lugares por diversos motivos: el propio origen histórico, común pero evolucionado de modo distinto en cada lugar según sus avatares sociales; los diversos modelos y evoluciones del sistema jurídico; la modelización distinta del Estado y su papel en cada lugar y las relaciones sociedad-Estado; el diverso modelo de distribución territorial y jerárquico del poder y la distribución de competencias, etc. Esto es, en definitiva, lo que justifica este análisis: evaluar las *diversas* soluciones que cada país ha dado a este problema *semejante* de supervisar esta institución de alma común.

Así las cosas aunque en algunos países cercanos en términos culturales (sic) como Francia, Italia, Alemania, Inglaterra y Estados Unidos, la "fundación" haya adoptado una forma propia derivada, como

---

las más complejas, por estar más alargadas en el tiempo, del TS, véase: F. García Mengual, *El derecho de fundación: perfiles constitucionales*, cit., pp. 111-140.

69 En el intento de crear un Estatuto jurídico común para las fundaciones europeas, se elaboró un importante estudio que, finalmente, no derivó en un proyecto legal. Tal Estatuto trató de buscar un cierto concepto de fundación válido para todos los países. Entre otras cosas, de tal análisis se concluye que estamos ante una institución de esencia común, pero con grandes diferencias en su existencia, debido al peso histórico. Tal esencia común es la que permitió llegar al punto de presentar ese (paradójicamente) fallido estatuto común. *The Feasibility full report for the EU Commission on a European Foundation Statute*, CSI-Heildeberg Universität-Max Planck Institute, 2009. Puede verse el proyecto en: http://archiv.ub.uni-heidelberg.de/volltextserver/18688/1/feasibilitystudy_en.pdf (última consulta: I/2024). Un análisis, puede verse: B. García Álvarez, "Aproximación a la propuesta de Estatuto de la fundación europea", en A. Emparanza Sobejano (dir.), *Nuevas orientaciones en la organización y estructuración jurídica de las fundaciones*, Marcial Pons, 2014, pp. 287 a 316.

veremos, de su historia jurídico-política, en todos ellas existe tal institución con *esa* alma común[70].

Así lo señalan, buscando el conjunto de elementos que describiera todas estas instituciones, DALY y ANHEIER[71]:

1) Organizaciones *basadas en un patrimonio*, no en un conjunto de personas;

2) Organizaciones *privadas*, por lo tanto separadas e independientes de otras posibles formas públicas;

3) Son *estructuras auto-organizadas*, es decir, dotadas de algún tipo de órgano de dirección y gobierno;

4) No distribuyen beneficios con ánimo lucrativo;

5) Sirven a un interés general (*public benefit, for the public good)*; y

6) Tiene, bajo alguna forma jurídica, cierta identidad como tales.

* * *

Analizado todo este panorama desde estos ángulos, este estudio parte así de dos premisas objetivas, ineludibles y casi indiscutibles, por más que son, a la vez, el objeto que se analiza cuya última explicación se justifica a lo largo del texto.

– La primera es la nota de la naturaleza público-privada de la fundación que, de un lado existe como ente autónomo y, de otro, también ha quedado regulada por el ordenamiento jurídico, enmarcado en un contexto socio-económico complejo —"*vucólico*"— en la línea expuesta. Con el indudable factor de tensionamiento jurídico-conceptual de lo público y lo privado que tal situación produce[72].

– La segunda, es que en todos los países que recorreré, y durante toda su historia, ha existido un sistema público de supervisión y con-

---

70 J. C. ALLI TURRILLAS, "Charities and Foundations (...)", p. 3.

71 He utilizado la definición expuesta en: H. K. ANHEIER, "Foundations in Europe: a Comparative Perspective", cit., p. 40. Frente a ello, como he dicho, el concepto de NP dice que son entes "organizados, privados, auto-gobernados, sin distribución de beneficios y no-obligatorios" (J. CASEY, *The Nonprofit World...*, cit., pp. 23-24).

72 Véanse los libros citados en las notas precedentes. En particular, a todo ello se refiere, en su conjunto, el libro: J. C. ALLI TURRILLAS, *Fundaciones y Derecho administrativo*, cit., in toto.

trol de su esencia y su existencia[73]. Con unos mecanismos u otros, una forma u otra, unos resultados u otros, la realidad es que ningún país ha dejado las fundaciones a su albur, sino que ha contado con un sistema más o menos potente de supervisión; en algunos casos, incluso, con un sistema muy fuerte[74].

Remarco, por último, que todos los casos de instituciones semejantes que señalé en el epígrafe anterior comparten los elementos no-determinantes: no-lucratividad, fiscalidad ventajosa (en algún caso), asociatividad e incluso altruismo; pero no comparten el conjunto de los tres elementos determinantes. De tal manera que, desentrelazando conceptualmente el concepto de fundación que se ha decantado, nos encontramos con los elementos descritos; pero no con todos los posteriormente expuestos. Los principales son sustanciales, los demás son accidentales (en cuanto derivados de la causa sustancial de los primeros). El concepto ha acrisolado para que, ahora, lo podamos ver de esta manera.

No obstante, no se puede omitir la necesidad de enmarcarlo hoy día en el más amplio grupo denominado "tercer sector" y por eso el epígrafe I trataba sobre el nuevo contexto social. Por eso, como remarcaré a lo largo de este libro, el sistema regulatorio de las fundaciones debe ir dando pasos para acomodarse a las transformaciones de fondo y de forma que están sufriendo las fundaciones como parte de toda la sociedad civil y el propio Estado. Así también, la evolución de la forma fundación nos marca un nuevo camino exploratorio en el análisis de lo público y lo privado que, como veremos, se encuentra en su propia médula.

---

73 Algunos apuntes históricos generales pueden verse en: K. J. Hopt & T. V. Hippel (dirs.), *Comparative Corporate Governance of Non-profit Orgatizations*, Cambridge University Press, 2010, in toto. Haremos, no obstante, un análisis de los componentes concretos dentro de cada país en el capítulo dedicado a tal cuestión.

74 Por si alguien pudiera pensar que en Inglaterra o especialmente los Estados Unidos esto no ha ocurrido, puede verse: J. J. Fishman, *The Faithless Fiduciary and the Elusive Quest for Nonprofit Accountability 1200-2005*, Carolina Academic Press, 2007, *in toto*. No obstante considero que quedará justificado en el capítulo correspondiente.

3. ¿ES LA PRESENCIA SUPERVISORA PÚBLICA UN ELEMENTO EXTERNO A LA FUNDACIÓN?

3.1. La evolución de la presencia pública en la fundación bajo la perspectiva evolutivo-comparada

En el debate conceptual, dejábamos prácticamente de lado el elemento de la presencia pública como definitorio de la fundación. Ahora explicaré por qué lo considero dentro del halo intrínseco de la estructura (conceptual) de la fundación a través de su fin. Pero antes de explicar las dos grandes matrices de motivos que avalan dicha afirmación: el fin de interés general, y la "vida íntima" de la forma fundación, analizaré la presencia pública "externa" supervisora; descartándola como elemento justificatorio y definitorio, al menos en cuanto a esa parte estructural-institucional de la fundación.

Consideramos que la fundación hunde sus raíces en un complejo proceso histórico por el cual una (proto) institución de origen tardo romano, acrisolada por la caridad cristiana, que evoluciona —junto con otras formas de amortización y vinculación de bienes durante la Edad media y moderna— hasta su auténtica *implosión* durante la Revolución francesa y el comienzo del siglo XIX. Situación que, en España, se produjo por una combinación, larvada al menos desde un siglo antes a la Revolución —y a las posteriores desamortizaciones de Mendizábal y Madoz—, de doctrinas fisiocráticas, ideas ilustradas anti-amortizatorias y las más o menos latentes tendencias anti-eclesiásticas y anti-nobiliarias. Tal lucha contra la nobleza, la iglesia y las amortizaciones en general, que fue su objetivo más directo, también dañaron las obras y corporaciones fundacionales que tales entes prestaban. Es decir, aquella suerte de "servicios públicos" —educativos, asistenciales y sanitarios, etc.– que la Iglesia, la Monarquía o la nobleza prestaban; bajo una naturaleza y unos fines calificables como mixtos público-privados. Destruyendo, así, gran parte del complejo el tejido fundacional-prestacional que existía en sociedades como las de Francia o España[75].

---

[75] Por todos y en el entendimiento de que no podemos hacer un completo análisis histórico: F. TOMAS Y VALIENTE, "Estudio previo" a VV. AA., *Comentarios a la Ley de fundaciones y de incentivos fiscales*, cit., in toto. E. GARCÍA DE ENTERRÍA,

Esto produjo la paulatina ordenación de la forma jurídica fundación bajo el paradigma de los códigos civiles europeos del siglo XIX. El caso de Francia, de un lado, optó por su total desaparición: el monopolio del interés general lo ostenta el Estado y solo concede, expressis verbis, su prestación privada *ad casum*, bajo un estricto régimen concesional. Preterió el *Code*, como estructuras dotadas de personalidad jurídica, cualquiera de las figuras que supusieran una vinculación/amortización de bienes[76]. Lo mismo ocurre entre nosotros en el siglo XIX y, aunque en su manera, en algunos de los Estados alemanes y de los territorios que luego compusieron la Alemania o la Italia unificadas (especialmente los que fueron más herederos de la doctrina francesa construida en la Revolución y el Imperio napoleónico). En otro contexto histórico también "revolucionario", la reforma anglicana de Inglaterra de los siglos XVI y XVII también produjo la eclosión decantada de la *charity* —su fundación— como una institución socio-jurídica. Una situación pareja a la expuesta en Francia o España, aunque en un proceso afín y, a la vez, disímil, como veremos.

Así, la fundación reapareció en los códigos civiles u en otras normas de manera progresiva y, en cierto sentido, subrepticia; por mor de una paulatina relajación en las doctrinas anti-amortizatorias, gracias a la progresiva aceptación de las otras *universitas*, las *personarum*. Así como por el hecho histórico, también expresado de modo simplificado, de que las figuras tipo fundacional subsistentes se labraron un gran prestigio por hacer aquello que el Estado no llegaba. Todo lo cual, en nuestro país, es tremendamente claro, por la práctica imposibilidad del Estado de prestar numerosos servicios sanitarios, educativos o benéfico-asistenciales de manera eficiente e inmediata[77]. De tal manera que la fundación acabó siendo recogida de manera algo tímida en nuestro Código civil de finales del siglo XIX y, sobre todo,

---

"Constitución, Fundaciones y sociedad civil", cit., in toto; y los citados estudios de MALUQUER DE MOTES y F. DE CASTRO.

76 M. POMEY, *Traité des fondations d'utilité publique*, Presses Universitaires de France (PUF), Paris, 1980, pp. 285 y ss.

77 Como pone de manifiesto, de diversas maneras, M. VAQUER CABALLERÍA, *La acción social…*, cit., pp. 40 y ss.; en un contexto general, pueden verse estas situaciones, desde un punto de vista más político en I. SOTELO, *El Estado social*, cit., pp. 139-160.

en las normas administrativas anteriores y posteriores a este, especialmente las relativas a la cultura, la educación y particularmente beneficencia (en sucesivas normas administrativas de 1849, 1873, 1885, 1927)[78]. Todas las cuales acabaron siendo "unificadas" en la Ley de fundaciones 1994.

En similar sentido se produce su reaparición, legalmente hablando, en el BGB alemán unificado, bien entrado el siglo XX (si bien el caso de Alemania, a tal respecto es muy singular). En el Código civil italiano del siglo XX. Y, finalmente, en Francia en la ley de mecenazgo de ¡1987!

> En medio de todo ese proceso *la fundación* se forjará una identidad fuerte y propia en la que se combinan los elementos tradicionales con un claro *"un fin de interés general"* o para el "bien común", si se prefiere. Las notas características de la fundación se consolidan, configurando la institución jurídica que, al aparecer en la normativa, obtendrá finalmente carta de naturaleza, de forma distinta a cualquier otra amortización de bienes (las cuales, si excluían sus bienes del mercado por dejarlos vinculados a fines privados quedaban totalmente vedadas). Solo esta es aceptable, permisible, porque el fin que justifica la amortización —por tal razón, especialmente vigilada— es el interés general.

En todo este proceso siempre —y digo *siempre* en un sentido enterizo— existió una autoridad externa, superior, y frecuentemente pública; la cual no solo autoriza la existencia de estas instituciones, otorgándoles su existencia mediante un proceso de reconocimiento público y otorgamiento de la personalidad jurídica —así como regulando normativamente este conjunto de fines, etc.—, sino que, además, las somete a una supervisión vital más o menos constante[79]. Incluso en los largos periodos en los que el Fisco —y una tributación beneficiosa— todavía no había casado con la fundación como institución —y, por lo tanto, no podemos justificar tal control público mediante la supervisión debida a la acomodación operativa de la

---

78 J. C. Alli Turrillas, *Fundaciones y Derecho administrativo*, cit., pp. 101-107.

79 Y si esto es fácil de trazar en las fundaciones de la Iglesia católica desde sus comienzos, o en las fundaciones benéficas británicas posteriores al siglo XVI, también en las fundaciones establecidas en América: J. J. Fishman, *The Faithless Fiduciary...*, cit., *in toto*.

fundación a su fin porque goza de tal alivio tributario[80]—, las autoridades primero eclesiásticas y luego gubernativas, ya realizaban tal labor de vigilancia. Insisto, todo ello ocurre incluso antes del proceso anti-amortizatorio descrito arriba[81].

Tal o tales autoridades en primer lugar, otorgan una personalidad jurídica; es decir, en el fondo permiten la existencia de una institución privada que realiza fines públicos porque así lo hace y, como tal, es buena para la comunidad. En segundo lugar, velan porque tal fin de interés general, caritativo o filantrópico al que está adscrito ese patrimonio desvinculado del fundador, sirva a ese fin y no a otro —más o menos loable o incluso fraudulento—; y que la propia intención del fundador se mantiene, en lo que así deba ser, vigente y no se tergiversa. Finalmente, en tercer lugar, supervisan si el "servicio público" —educativo, asistencial, sanitario, principalmente— que una determinada institución realizaba, se realiza en unas condiciones adecuadas de seguridad, gratuidad, universalidad y, en la medida de lo posible, adecuada o buena realización.

> Los poderes públicos, ya en el siglo XIX y XX, velan de manera particular para que esta institución sea la que debe ser. Cosa que no ocurría, al menos de un modo tan fuerte, por ejemplo, con las asociaciones, ni con las cooperativas, ni siquiera con las Cajas y pósitos, y otras formas mutuales que han compartido notas e iter histórico con la forma fundación propiamente dicha. La presencia de una autoridad pública extrínseca ha marcado la existencia y subsistencia —el propio ser esencial, incluso— de la fundación. Tanto entre nosotros desde el siglo XIX, como en Francia, Italia, Alemania, Inglaterra e, incluso —con muchos más matices— en el caso de los Estados Unidos. Por más que una afirmación de este tenor pueda resultar aparentemente osada y exija unos matices que se irán desgranando, es un hecho indiscutible.

---

80 Pues la fiscalidad progresiva y la fiscalidad como método subvencional de esta actividad filantrópica (supletoria o sustitutiva de los servicios públicos) o como "premio" por el bien prestado no es algo previo a bien entrado el siglo XX, tanto en Europa como en los Estados Unidos. Por todos: E. Brody & J. Cordes, "Tax Treatment of NPO: A Two Edged Sword", en E. T. Boris y C. E. Steuerle, *Non Profit Organizations and Government. Collaboration and Conflict*, Urban Institute, 1999, 200 y ss.

81 Esto es algo que se aprecia, también, de modo muy claro en Inglaterra y, en gran medida y como derivado de ésta, en los Estados Unidos primigenios, como también muestra el citado magno estudio de J. J. Fishman, *The Faithless Fiduciary…*, cit., in toto.

* * *

La autoridad pública —o eclesiástica, con anterioridad— ordena la institución mediante la posibilidad legal de perpetuar la vinculación de bienes; le otorga la personalidad jurídica que le permite actuar; le obliga a tener una estructura de gobierno determinada, servida por personas (a veces también sometidas a un control, y hechas especialmente responsables por ello); la controla operativamente —e incluso autoriza— las actividades que realiza para que se acomode a su fin propio, a la voluntad del fundador y a los límites sobre el uso de su patrimonio intangible y la dotación en sus diversas formas; le permite obtener un beneficio fiscal y a cambio la somete a un escrutinio de fines y operaciones; por no hablar, también, de los controles por razón de actividad (social, educativa, sanitaria, etc.), y modernamente de controles laborales, de seguridad social y de acción voluntaria (así como de "cuestaciones" y publicidad). Aunque no constituya un criterio interno a la naturaleza de la institución, es también la autoridad pública quien, en el caso de encargarle la prestación de un servicio público, la somete a unos especiales escrutinios por esa suerte de patente de actividad pública que realiza[82].

Es importante, además, destacar que además de supervisar sus finalidades específicas, sobre todo vela por su fin y su ser más existencial (el patrimonio y la *voluntas fundatoris* como parte de esa esencia existencial) y por lo tanto le otorga la personalidad y le permite ser durable.

Así, sin perjuicio de que la institución, de voluntad y origen privado, existiera de antemano mediante la combinación de los tres componentes sustanciales —fin altruista, patrimonio y estructura—, la figura jurídica fundación nace cuando tales elementos se unen con la voluntad pública que lo convierte en un ente jurídico regulado y autorizado[83]. La fundación que recoge nuestro Código civil y nuestra

---

[82] Por todo ello: K. L. Hopt & T. V. Hippel (eds.), *Comparative Corporate Governance of Non-profit Organizations*, cit., en su conjunto.

[83] Como veremos, en Francia la fundación es un ente estrictamente concedido mediante *octroi* o pase estatal, posteriormente vigilado por los Prefectos; y con un funcionario insertado en su estructura interna de gobierno. En Inglaterra mediante un *chart* regio supervisado por el Fiscal del Reino, luego supervisado por los *Charity commissioners*. En USA recaba también una autorización constitu-

Constitución, al reconocer la validez de esta institución "solamente" para o a los *"fines de interés general"*, la construye como una suerte de loable pacto —o de marco pactista, entendido como lugar "de pacificación"— entre lo público y lo privado, entre el Estado y los individuos, o entre el Estado y la sociedad; superando tanto las dicotomías economicistas entre mercado y Estado como las socio-políticas entre público y privado[84].

Por todo ello —queramoslo o no, pareciéndonos mejor o peor— debemos poner en tela de juicio aquella pretendida visión de la fundación —y del fundador— como un ente originariamente omnímodo, dotado de una voluntad autónoma y soberana al que, luego, se le añade sobreimpreso lo público como un factor ajeno; inmiscusión indebida e indigesta[85]. Así pues sin perjuicio de que una mayor autonomía es posible e incluso deseable, de que una mejor regulación sea necesaria, y de otros muchos factores concurrentes, la realidad es que la fundación gira, como veremos, desde siempre en torno al encuentro de la voluntad privada con la voluntad pública[86].

---

tiva por una autoridad estatal y está bajo supervisión del Fiscal General de cada Estado (además del IRS en sus efectos fiscales).

84 M. A. Cabra de Luna, "Perspectivas de futuro", en *Tratado de fundaciones*, tomo II, Bosch, 2007, p. 1591. V. Pérez Díaz, *El retorno de la sociedad civil…*, cit., p. 14. A. Sáez de Miera, *La sociedad necesaria*, cit., pp. 47-49.

85 Visión que subyace en algunos estudios civiles cada vez más superados por la realidad antes expuesta. Curiosamente, los pioneros y profundos análisis sobre las fundaciones (De Castro, López-Jacoiste, Valero Agúndez) no abonan precisamente tal tesis de la autonomía omnímoda o soberana de la fundación; más bien exploran, intuyen y valoran su naturaleza *mixta* o singular, bajo el prisma público-privado.

86 Lo cual trae causa del mismo origen del negocio fundacional, en cuyo epígrafe trato de demostrar el por qué de las afirmaciones globales expuestas en el párrafo de esta cita. Piñar Mañas, J. L., "El derecho de fundación como derecho constitucional", en *Derecho privado y Constitución* nº 9 (1996), in toto.

3.2. La intervención pública, una realidad debatida, pero no rebatida

3.2.1. La justificación de la supervisión desde la ordenación y policía general

Como puede resultar más o menos evidente, aunque la supervisión o intervención pública haya sido una constante comparada en la historia de las fundaciones, también es una cuestión sometida a cierto debate[87]. Como no es menos que la propia discusión que la origina: ¿Por qué deben controlarse públicamente las fundaciones? Dicho de otro modo: ¿Qué justifica que los poderes públicos intervengan en la fundación, entendida como el patrimonio privado dotado duraderamente para un fin altruista? Por tanto: ¿Cómo se motiva jurídicamente tal intervención pública?

Tal y como desarrollaré en los siguientes epígrafes, la razón última de este hecho va más allá de la necesidad de orden y policía general. En tal sentido no podría alegarse como razón o justificación —en un bucle ilógico propio de la falacia de Hume que convierte el hecho-de-ser en un deber-ser— que tal intervención, por el hecho de existir "desde siempre", sea válida. La lógica elemental impide alegar como razón de que esa supervisión pública deba-ser el hecho de que sea e incluso de que esté, de facto, recogida en una norma. Esto implica, pues, explorar razones profundas y poderosas justifican el deber-ser o el por qué existe —y es así— históricamente en la vida y la regulación.

En realidad, como luego trataré, esta justificación hunde sus raíces en la naturaleza íntima de la fundación. Pero, antes, parece necesario razonar mínimamente la supuesta validez y la legitimidad de la supervisión-control público de las fundaciones de modo externo. De tal modo que —también adelantándome a lo que se dirá (epígrafe 4.5 de este capítulo)— esta intervención encuentra cierto apoyo en una interpretación bajo el parámetro de la co-participación en el in-

---

87 Un interesante estudio de las complejas relaciones entre el Estado y el tercer sector, moderno, ceñido a los EE. UU., pero visto bajo muchas perspectivas (colaboración, conflicto, influencia, relaciones económicas, políticas, comerciales, etc.): L. M. SALAMON, *The State of Non Profit America,* cit., in toto.

terés público que se abre paso con la constitucionalización del derecho de fundación y, por tanto, en la *ordenatio* de toda actividad social.

Pero y aún no siendo razones radicales, expondré las razones de policía o intervención general, vinculadas a la naturaleza propia de estas instituciones, que explican la mayor parte de las competencias de control *regulatorio* que utiliza la LF estatal y otras tantas autonómicas[88], podemos seguir a Ware para encontrar los marcos de intervención[89]:

– En primer lugar, las autoridades públicas, como una suerte de deriva de las autoridades eclesiásticas y las regias, se arrogaron la competencia para la autorización histórica de que puedan realizarse patrimonializaciones perpetuas para un fin —público o privado—, y su personalización jurídica consecuente.

– En segundo, realiza un control del fin público o general que presta: si tal fin es "de interés general" se ha hecho razonable que sea el ente público por antonomasia, el Estado, quien lo autorice o conceda.

– En tercer lugar parece preciso supervisar en el día a día que ese fin público —caritativo, altruista, benéfico, filantrópico— se está acometiendo o realizando.

– Como una deriva de la anterior y en cuarto, casi todos los ordenamientos exigen que una fundación para demostrar que tiene un "fin público", debe dirigirse, bajo diversas fórmulas, a una "colectividad suficientemente grande e indeterminada" —aunque no

---

88 Más allá de un recorrido según lo que establece la ley (ya expuesto en trabajos anteriores: J. C. Alli Turrillas, *Fundaciones y Derecho administrativo*, cit., pp. 229-233.). Para una evaluación completa de todas ellas, puede verse: M. Pérez Escolar, "El protectorado de las fundaciones: hacia una renovación de sus facultades de actuación", en *Boletín del Ministerio de Justicia*, nº 2140 (2012), 1-28. No existen muchos más análisis sobre las competencias del protectorado (al menos incisivos) y los que existen son muy someros: Bengoechea Bartolomé, A. & López García, J. M. "El Protectorado" en *Tratado de Fundaciones*, Vol I. Bosch, 2007; M. Font i Mas, "Coexistencia de protectorados en la normativa sobre fundaciones en Derecho interterritorial español", A. Emparanza Sobejano (dir.), *Nuevas orientaciones en la organización y estructuración jurídica de las fundaciones*, Marcial Pons, 2014, pp. 259-286

89 A. Ware, *Between Nonprofit and State: Intermediate Organizations in Britain and the United States*, Politi Press, 1989, pp. 200-203.

totalmente abstracta—; es decir que no discrimine inicialmente a los posibles "beneficiarios" del fin que presta.

- En quinto lugar, la autoridad vela porque se cumpla la voluntad del fundador o quien, dota, dona o realiza un legado —da fondos, en definitiva— a tal institución; como el hecho de que este lo haga hacia un fin general permisible.

- En sexto lugar parece preciso supervisar de algún modo que tal patrimonio no se dilapida en operaciones, objetivos o fines impropios o inadecuados o se gestiona indebidamente.

- En séptimo, como en cualquier institución, la Administración pública es quien debe velar en última instancia por los derechos sociales y laborales de los empleados directos o indirectos (voluntarios, entre ellos), así como, incluso, con matices de los posibles "beneficiarios" de tal fin.

> Se podría añadir un matiz, no pequeño: la ausencia de tales "interesados" o beneficiarios exclusivos, identificables y más o menos pre-determinados, traslada la cuestión del control de la prestación del fin (público) a la autoridad pública, como valedora de ese "interés común" (*public at a large*)[90].

- En octavo lugar, si esa institución presta un servicio público, la supervisión debe ser —máxime si lo hace mediante concesión de servicio público *stricto sensu*— realizada por la autoridad pública correspondiente.

- En noveno, en su caso, por el régimen de subvenciones que reciba. En cierto sentido, su fiscalidad beneficiosa es una subvención que otorga un título especial de intervención-supervisión, de todo lo anterior, a una parte específica del Estado como es el Fisco. De lo anterior derivaría una razón novena (bis): el control específico de que no se produzca un reparto de beneficios entre sus miembros (lucro privado).

- En décimo lugar, dado todo lo anterior, que no utiliza este status social, jurídico e impositivamente ventajoso para sacar provecho en términos mercantiles o políticos; o que, si obtiene alguno, al menos

---

90 Sobre todo ello, entre todos: J. W. NASON, *Foundation Trusteeship. Service in the Public Interest,* The Foundation Centre, NY, 1989, pp. 12-18.

cumple con los requisitos que la legislación haya establecido para no ser una "competencia desleal", que falsee el mercado o que produzca una influencia desmesurada en la agenda política de los gobiernos y autoridades públicas.

– Finalmente, en undécima posición, que sea transparente hacia toda la sociedad; su fin, sus objetivos, su fiscalidad, la necesidad de ser *accountable*, su fiscalidad beneficiosa, exigen esa transparencia. A tal fin se han derivado multitud de formas de impulso del auto-gobierno (buen gobierno, gobernanza), responsabilidad y *compliance*, con supervisiones internalizadas o externalizadas.

Todo este cúmulo de "intervenciones" nos conducen, pues, a evaluar si estamos o no estamos ante un sector regulado, máxime cuando se ha sostenido que sí estamos ante una institución en la que el poder público participa en su más íntima naturaleza.

3.2.2. La internalización de la supervisión: traslación moderna del control a la (auto) responsabilidad

a) La realidad creciente del traslado de la supervisión hacia la auto-regulación

Recién y a duras penas estamos aplicando, en España, mecanismos auto-regulación (regulada) y otras fórmulas de auto-control o auto-supervisión de sectores[91]: el bancario, los sectores económicos de interés general, algunos ámbitos comercial-financieros, el transporte, etc.

En un panorama de ausencia de medios suficientes por parte de las autoridades y de crisis de legitimidad de éstas —e incluso de impericia y ausencia de mecanismos legales y materiales adecuados para la disciplina[92]—, parece una solución pertinente para que muchas de

---

91 M. M. Darnaculleta i Gardella, *Autorregulación y Derecho público. La autorregulación regulada,* Marcial Pons, 2005.

92 En medio de una crisis de transformación particularmente importante para el Derecho administrativo, las Administraciones públicas, sus técnicas y sus potestades; con un proceso de revisión conceptual que está avanzando en medio de grandes incertidumbres. De tal manera que los estudios al uso se mantienen, todavía, sobre esquemas muy clásicos, aunque traten sobre esta transformación (Muñoz Machado, S., "Hacia un nuevo Derecho administrativo", cit., pp. 200-

las prestaciones que tales sectores ofrecen a la sociedad se realicen de un modo suficientemente garantizado según sus principios propios. En gran medida, muchas de las crisis económico-sociales últimas han concurrido, en complejos juegos causa-efecto, con problemas de legitimidad de tales sectores cruciales y, con ellos, dudas sobre si fueron adecuadamente supervisados. Derivando en una demanda social de que lo fueran mejor. Es el caso de las empresas Punto.Com en la primera década del siglo; de las empresas contables con el caso Enron, de la Banca en la crisis de 2008-2012 y, actualmente y en otra medida, de la sanidad general desde la crisis del Covid. Por eso, con tales panorama crítico también ha venido una crisis de legitimidad en el regulador público o privado que las realizaba[93].

En este panorama complejo y todavía abierto, se plantea la necesidad de establecer mecanismos más o menos directos de supervisión del sector no-lucrativo, tanto en su conjunto como en aquellos aspectos donde no llegan ni las autoridades supervisoras ordinarias ni las fiscales. Mecanismos, como veremos, basados en códigos de auto-gobierno, códigos éticos, transparencia, regulación por agencias privadas (*watchdog agencies*), puntuación en rankings dados por organismos independientes, etc.; cuyas primeras evaluaciones generales se están empezando a conocer ahora[94].

En cierto sentido, se ha ido yendo más allá de la clásica función que Fishman denomina de "gatekeeper", o portero que, mediante el examen del fin y de la estructura organizativa que se presenta para su "aprobación", realiza la autoridad pública correspondiente, continuándola con una función de mantenimiento de la institución en tal

---

20), sin perjuicio de ensayos "disruptivos", como algunos que están siendo profusamente citados: J. Barnes, *Transformaciones (científicas) del Derecho administrativo…*, cit., in toto.; y E. Gamero Casado, *Desafíos del Derecho administrativo ante un mundo en disrupción*, cit., in toto.

93 J. Esteve Pardo, "La extensión del Derecho público. Una reacción necesaria", cit., in toto.

94 Breen, O. B., A. Dunn & M. Sidel (eds.), *Regulatory Waves. Comparative Perspectives on State Regulation and Self-Regulation Policies in the Nonprofit Sector*, Cambridge University Press, 2017.

propósito (como corresponde, supuestamente, a todo buen portero-mantenedor)[95].

b) La "aproximación (fiscal) indirecta" de supervisión

Aunque muchos países llevan años caminando en esta dirección, esta traslación del peso de la ordenación desde lo propiamente público hacia un sistema mixto auto-regulado fraguó en el sistema norteamericano. En 1969 ese pidió a su agencia tributaria que realizara una "aproximación indirecta" en la supervisión de las fundaciones privadas; federalizando uniformemente el sistema, de un lado y, de otro lado, generando un sistema no-sustantivo, sino tributario —que no es sinónimo de no-intrusivo—, frente al sistema más interno e intenso que se suponía propio de los modelos europeos. La paulatina colaboración de las autoridades fiscales con reguladores privados en la revisión de libros de contabilidad, informes de auditoría, etc., fue el siguiente paso.

Desde entonces se configuró tal sistema que se puede abstraer en las grandes funciones que, de algún modo, resultan de la actividad reguladora indirecta de su autoridad fiscal-tributaria (IRS)[96]:

- Fomenta el crecimiento del sector mediante la legislación de alivio tributario que, así, ampara su función social o general (función de soporte o apoyo).
- Apoya el equilibrio y la igualdad económica y social de bienes y oportunidades, que, bajo este alivio, es realizada por entes privados; de modo que no la debe prestar el Estado sino que,

95 J. J. Fishman, *The Faithless Fiduciary*..., cit., pp. 264-265. Para la *Charity Commission* británica todo se agrupa en las funciones que esta institución cumple: *gatekeeper* (portero que controla la entrada) y *wachtdog* (vigilante que supervisa el orden público), de un lado; y, de otro, *trusteeship promoter* (coalaborador promotor de la confianza mediante la educación), y *adviser* (consejero para las buenas prácticas).

96 J. Simón & H. P. Dale & L. Chisolm, "The Federal Tax Treatment of Charitable Organizations", en *The Nonprofit Sector Research Handbook*, 2ª ed., Yale University Press, New Haven, 2006, pp. 293-295.

indirectamente, lo hace mediante la fiscalidad ordenadora y beneficiosa (función de equilibrio o redistribución)[97].

- Regula y ordena mediante los denominados deberes fiduciarios el buen gobierno y administración de las instituciones que obtienen tales beneficios; lo cual genera la confianza sistémica suficiente (función regulatoria, stricto sensu).
- Finalmente, constriñe o, al menos, ordena, con sus limitaciones, las actividades comerciales y políticas de estos entes en el conjunto de la sociedad, evitando las ventajas competitivas ilícitas o disfunciones con otros sectores (función de policía de fronteras).

Esta fiscalidad beneficiosa como parámetro regulatorio entronca con la tradición liberal americana (y en menor medida, la británica): no más controles que los mínimos posibles. Pero también toca un punto medular en la sociedad americana: el dinero. Dicho de otro modo, se ha discutido el tema desde la perspectiva de que si la fundación utiliza "dinero público" —que obtiene, indirectamente, mediante una fiscalidad ventajosa—, entonces estamos ante una suerte de subvención indirecta por la vía de una imposición negativa. Por lo que el control deviene necesario. Otra razón ha sido la necesidad de un mayor control democrático de una institución privada que participa en la sociedad invirtiendo en ideas, procesos y otras formas de quehacer público; el dinero que usa para ello, que-debiera-ser-público, debe quedar pues sometido a un escrutinio público, puesto que propugna acciones y agendas de interés general[98].

---

97 Muy criticada por J. Wolpert, "Redistributional Effects of America's Private Foundations", en VV. AA., *The Legitimacy of Philanthropic Foundations: United States and European Perspectives*, Russell Sage Foundation, New York, 2006, pp. 123 y ss.

98 La gran crítica progresista de los años 60-70 fue precisamente esa: ese dinero privado exento fiscalmente realizando servicios públicos genera "agendas privadas", no democratizadas, resta poder público y es particularista (frente a todo ello el Estado lo prestaría de modo universal y de acuerdo con agendas democratizadas): J. W. Nason, *Foundation Trusteeship...*, cit., pp. 12 y ss. Según R. G. Holcome, ese dinero que no-se-recauda por quedar eximido, es auténtico dinero público que se emplea en sufragar ideas y proyectos privados, realizados de modo privado aunque sean para el bien común: *Writing off Ideas on Taxation, Foundations & Philanthropy in America*, Transaction Pubs, 2000 pp. 3-5. Desde un

Resulta bastante complejo resumir tantos años de discusiones históricas, económicas, sociales y políticas producidas al respecto en los EE. UU., donde precisamente no ha existido un proceso histórico tan fuerte de recelo y revisión completa del modelo fundacional como la que se produjo en los países europeos durante los siglos XVIII-XIX. Antes al contrario: su sociedad política se construyó, en gran medida, sobre la roca de la prestación privada de estos bienes generales a través de estas instituciones de tipo caritativo/fundacional[99]. De tal manera que su justificación ha quedado más vinculada a motivos más modernos, pero no a la histórica eliminación de las manos muertas y la lucha contra los otros poderes distintos al Estado. Lo cual no es óbice, antes al contrario, de un control también intenso.

Pero frente a las críticas sistémicas recibidas a tal modelo, tanto Frumkin como Brody & Tyler a rechazar *a radice* la idea de que este sector sea algo "público" y por tanto de que ese dinero que reciben por la vía indirecta de no tasar debiera-ser calificado también como público. Para ellos, que obtienen indirectamente vía exención impositiva ni son ni serían bajo ninguna circunstancia "dinero público"[100]. Hopkins añade que si esa prestación no fuera realizada por las fundaciones tendría que ser prestada por el Estado, haciéndolo de un modo, seguramente, mucho más costoso; o incluso no se prestaría por ser un bien público de carácter secundario. Lo cual hace de la exención tributaria un incentivo a la participación, pero no es un acto intrínsecamente necesario[101]. Tampoco, propiamente, entienden que las fundaciones presten "servicios públicos", sino que promueven privadamente y libremente el bien común; entendiendo que el interés general es también, un *melting pot* de actuaciones públicas y

---

ángulo más histórico en O. Zunz, *Philanthropy in Amercia: A History*, Princenton University Press, 2012, pp. 290 y ss.

99 M. J. Sandel, *Public Philosophy. Essays on morality in Politics,* Harvard University Press, 2007, pp. 25-36, 200 y ss.

100 Frente a las ideas expuestas en la anterior nota 98 y el texto, P. Frumkin (*Strategic Giving. The Art and Science of Philanthropy*, University of Chicago Press, 2006, pp. 1-5), abunda en que precisamente para eso se somete —y de manera particular lo hizo a partir de la reforma de 1969— al control indirecto fiscal: que no hace otra cosa que comprobar, por diversas formas, que realizan el fin público que deben realizar. También: E. Brody & J. Tyler, *Private Philanthropy?...*, cit., pp. 573 y ss.

101 Argumento que, con mucho más detalle y motivación, está muy extendido en los EE. UU., como parte de su argumentarlo anti-burocrático y liberal. *"(Foundations) perform functions which in these organization's absence, government would have to perform... "*: B. R. Hopkins, *Charity under siege. Government regulation of fundraising,* Ronald Press, New York, 1980. p. 4.

privadas, sin unas distinciones tan nítidas como las que pueden existir entre nosotros[102].

c) *La traslación del debate de la supervisión hacia la búsqueda de una legitimidad auto-regulada*

Este proceso de ampliación en el propósito ordenador hacia un modelo más indirecto y amplio ha creado un lazo propio con la *confianza* que necesita el sector como eje de su legitimidad. Tal lazo deja de ser sólo una función determinada por ese control público directo y sustantivo, para ser un elemento de auto-afirmación el que la supervisión pública se mantienen como actor principal, pero acompañado de otros dos: la auto-regulación y la participación de entes externos a ambos.

Por eso desde los años ochenta del siglo XX, el sector no lucrativo ha puesto un gran esfuerzo en que legitimar su existencia fortaleciendo el trinomio formado por la legalidad (socio-política), efectividad económico-prestatoria y transparencia jurídico-mediática. De modo que este sirva como valladar para demostrar que son un sector necesario e imprescindible. Hace lo que está llamado a hacer y que ya está suficientemente supervisado públicamente por las autoridades[103].

Gran parte de la regulación se internalizó y, desde muy pronto, traslado su control social hacia mecanismos de transparencia; en lógica interna con el hecho de la libertad institucional y patrimonial americana y el entendimiento de que debe ser la sociedad la mayor interesada en mantener ese equilibro entre confianza y libertad. Pese al mayor peso de la supervisión sea realizado, en los países europeos, por parte del Estado en su papel de garante de lo público, también

---

102 S. C. Mendel & Brudney, G. L., "Doing Good, Public Good, and Public Value. Why the differences matter", en *Nonprofit Management & Leadership*, vol. 25, no. 1, Fall 2014, pp. 23-40.

103 Razones históricas, económicas, prestatorias, ideológicas y de muy diverso tipo justifican tanto su presencia como la intervención pública; pero cada uno en su casa y con sus modos, cuidando mucho que la intervención no sea interferencia ni contagio de técnicas propias. L. Hytoshi Mayer, "The 'independent' Sector: Fee-for-Service Charity and the Limits of Autonomy", *Vanderbilt Law Review* 65 n° 51 (2012), 53 y ss., y B. Galle, "Keep Charity Charitable", *Texas Law Review* 88, (2010); y U. Rodrigues, "Entity & Identity", *Emory Law Journal* n° 60 (2011).

se han ido trasladando algunos controles a fórmulas de auto-responsabilidad mediante códigos de buen gobierno y agencias privadas e independiente de supervisión que actúan formando un sistema de "autorregulación regulada" (UK, Alemania)[104].

Visto de este modo, en cambio, el peso del "control" se traslada al de la "responsabilidad" (*responsability/liabilty*) y "rendición de cuentas" (*accountability*) autónoma, autoformada y autoaprendida del propio sector, dejando a la intervención pública en un papel de policía especial. Así, cobran realce las ideas de que su funcionamiento correcto y, por tanto, su mejor "economía" vienen de la mano de paradigmas como la legitimidad, efectividad y transparencia; que son los elementos que deben cumplir las fundaciones para justificar tal situación privilegiada en términos tributarios y sociales.

* * *

Entre nosotros, y como iremos desarrollando, el Protectorado —entendiéndolo ahora como un único órgano institucionalizado, por más que sean muchos— es el órgano que encarna todo el sistema supervisor de las fundaciones. Indagar sobre su propósito y naturaleza nos interesa a los efectos de entender cómo es la relación con las fundaciones: si internalizada o externalizada. Por eso, y enlazando con todo lo señalado en este epígrafe II, es necesario acotar un poco su naturaleza propia según la doctrina que ha pensado, en profundidad, sobre su ser.

A modo de resumen de este papel en manos del Protectorado administrativo, y según López Serrano, este personifica tres grandes funciones, bajo las cuales se amparan todas estas formas de intervención expuestas:

> *Como ya hemos señalado, el concepto de Protectorado ha sido, como su evolución, variable, comprendiendo, al menos, tres significados que, si bien diferentes, puede considerarse que son expresiones o manifestaciones del mismo elemento común que ha permanecido inalterable y que constituye la esencia de esta institución: la intervención pública en la ac-*

---

[104] J. Esteve Pardo, "Decidir y regular en la incertidumbre. Respuestas y estrategias del Derecho público", en M. M. Darnaculleta i Gardella, J. Esteve Pardo & I. Spiecker gen. Döhmann (eds.), *Estrategias del Derecho ante la incertidumbre y la globalización*, Marcial Pons, 2016, pp. 33 y ss.

> *tividad de las fundaciones. Como primer significado, cabe afirmar que el Protectorado es la materialización de una potestad constituida por el conjunto de facultades que las Administraciones Públicas ostentan sobre las fundaciones, ejerciendo sobre las mismas una función de tutela o control. Desde otra perspectiva, el Protectorado podría conceptualizarse como el órgano o unidad administrativa a quien, de conformidad con la normativa vigente, se encomienda el ejercicio de la potestad de tutela sobre las fundaciones y, finalmente, el Protectorado también podría definirse como el instrumento a través del cual se ejercitan las antedichas facultades, permitiendo así a los poderes públicos incidir en la actividad de la entidad fundacional*[105].

Para Valero Agúndez con su siempre fina y aguda pluma de entendimiento de las fundaciones —tanto más interesante todavía, por cuanto lo escribió en 1962—, el protectorado es varias cosas a un tiempo: el conjunto de facultades de tutela y control del Estado sobre las fundaciones; las concretas competencias y funciones que tiene en tal sentido; y, por último y como cierre —y esto es lo importante— implica tanto una peculiar participación del Estado sobre las fundaciones cuanto de estas sobre él (que señala como "sumisión")[106]. Indagar, precisamente, en esta "peculiar" participación es el objeto y objetivo basal para explicar, mejor, el ser y funcionar del protectorado.

Muchas de tales funciones de supervisión ordenadora, por importante que puedan llegar a ser y lo sean, son a la vez circunstanciales, mudables, recomponibles y sustituibles por otras fórmulas que no sean la presencia de una autoridad pública especializada[107]. Es, a tal respecto, sintomático precisamente que como reflejo del subepígrafe al que ato esta conclusión, muchas de ellas estén, de hecho, siendo sustituidas por la auto-regulación, la transparencia y la gobernanza responsable (buen gobierno). Aunque, a los hechos me remito, esto no ha retirado a la autoridad pública en ningún lado —desde luego no en nuestro ordenamiento—, por lo que este proceso de indagación de su naturaleza profunda exige dar más pasos. En cualquier

---

105 A. López Serrano, *El gobierno de las fundaciones: Patronato y Protectorado*, tesis doctoral inédita, Universidad de Córdoba, 2018, p. 237.

106 U. Valero Agúndez, *La fundación como forma de empresa*, cit., pp. 54-55.

107 Piñar Mañas, J. L., "El derecho de fundación como derecho constitucional", cit., pp. 179-180.

caso, como veremos en el capítulo final, esta auto-regulación exige unos parámetros para los cuales también el Protectorado tiene que prepararse.

4. EL FIN PÚBLICO O GENERAL DE LAS FUNDACIONES

4.1. La perspectiva externa es indicio de una cuestión medular

Tal y como hemos dicho, la existencia y desarrollo de la intervención pública sobre las fundaciones se ha justificado en muchas ocasiones desde el punto de vista, llamémosle, "externo" —un enfoque muy administrativista— bajo los dos ángulos expuestos en el punto anterior, que ahora recapitulo brevemente.

El primero es el conjunto de motivos por el cual esta institución queda bajo un ámbito regulado y necesitado de ordenación de un modo prácticamente igual al de cualquier ente que opera en la sociedad; especialmente por cuanto realiza "fines generales". A el se puede unir —y se une— el hecho de que reciban ciertas exenciones fiscales por ese fin; además que sus donantes y donaciones también puedan tenerlas. También se añade el hecho de que sus fines concurran con la regulación típica de la actividad de servicio social, la educación, sanidad; o incluso concurra de un modo u otro con el principio de competencia dentro o cerca de un sector (económicamente) regulado[108].

El segundo bajo la perspectiva de que así ha ocurrido histórica y comparativamente convirtiéndose, así, en parte de su ADN. Externa en la medida en que aparece atado al hecho histórico-comparado que ha devenido en la existencia de un conjunto de estructuras públicas de control de las fundaciones. Podría añadir, no obstante, que el solo hecho de que esta "externalidad" exista en tantos lugares es prueba —pero no causa, ni justificación— de la causa radical que buscamos. Como he apuntado, no puede convertirse el hecho-de-ser

---

[108] Lo cual, a decir de Muñoz Machado, se está convirtiendo, no obstante, en un elemento central en la concepción (nueva) del Derecho administrativo: "Hacia un nuevo Derecho administrativo", en *El Derecho público de la crisis económica. Transparencia y Sector público. Hacia un nuevo Derecho administrativo, Actas VI Congreso AEPDA*, INAP, 2012, pp. 206-208.

en justificación de un deber jurídico; aunque, en todo caso, a la postre es una prueba de esta necesidad.

Pero estas razones extrínsecas no existirían si no hubiera, como causa de todas ellas, varios factores internos y profundos que justifican por qué estamos ante una institución que está así ordenada y regulada *por* y *mediante* una intervención concreta del poder público. La cual va más allá de esa mera ordenación/regulación externa, para tocar la medula institucional mediante una intervención "protectiva" que, muy simplificadamente, se establece en dos mecanismos: 1) *Recepción* mediante la aceptación, otorgamiento de la personalidad y registro, revisando su fin propio; y 2) protectorado *continuo* sobre el fin, el patrimonio y la gobernanza de la fundación[109]. Este doble ángulo muestra la radicalidad de la intervención.

De entre los muchos aspectos que necesitaríamos tomar en consideración al respecto, hay dos grandes ámbitos que justifican y explican esta intervención: primero el fin general que realizan las fundaciones; segundo, la naturaleza del "negocio" jurídico fundacional en cuanto a su creación o establecimiento. Concurrentemente existen factores derivados: la protección del patrimonio dotado a tal fin (en el fondo deriva del fin); la protección de la voluntad del fundador y de la intención de los donantes frente a posibles "desvíos" de fin, operaciones o gestión patrimonial previsto para la fundación (lo cual también deriva del fin); y la conexión —notablemente más colateral— del fin general con el fin público y de todo ello con la pura actividad de servicio público como elemento definitorio del ser de la Administración.

Existen razones para omitir un estudio profundo de cada una de aquellos factores concurrentes. La primera razón es que el control del fin y el otorgamiento de la personalidad actúa como control-de-entrada. Se convierte, así, en la puerta del resto de factores: patrimonio (dotación); voluntad del fundador; estatutos... e incluso determinante en el gobierno diario de la fundación sobre su fin-patrimonio-estatutos. Segundo el propio hecho de que aún siendo el patrimonio-dotación y la intención del fundador (constitución de

---

109 Bengoechea Bartolomé, A. & López García, J. M. "El Protectorado", cit., 764-774.

la fundación y elaboración de los Estatutos), elementos cruciales en la vida fundacional, lo son en cuanto atados a la institución una vez creada y en funcionamiento y, por tanto, derivados de ese control de entrada. Tercero porque resultan, en tal sentido, factores colaterales que modulan, pero no determinan la causa radical de tal intervención. Por eso, su aparición legal no es determinante, sino concurrente.

> No puede omitirse decir en un estudio comparado, que en otros lugares como Alemania, USA, Holanda y algunos otros el control del fin es menos determinante, dada su amplitud de objeto fundacional[110]. Pero entre nosotros, como Francia, Italia y UK, este factor es determinante y preclusivo de todo lo demás. Lo es por un conjunto de razones histórico-jurídicas que se verán, en gran medida, al evaluar cada país concreto, pero que, de manera general, se explican a continuación.

Es por ello que ahora, entrando en un ámbito algo más dogmático del que hasta ahora se ha producido, evaluaremos de manera resumida, las razones que considero más profundas de esta intervención. Primero, en este epígrafe, el concepto y realidad de su fin de interés general y luego, en otro epígrafe, el examen de la biología íntima o celular de la fundación. De modo y manera, concluyo, que este cúmulo de factores históricos que han convergido en el ser de la institución fundación es lo que explica cómo ahora es y cómo, en consecuencia, está regulada. No pudiéndose idealizarse un concepto congelado en otro momento socio-temporal, sino entendiéndolo bajo los elementos que concurren en este momento histórico[111].

4.2. El fin general, el interés público y las fundaciones

4.2.1. El fin de las fundaciones. Algunas "obviedades" necesarias

La fundación, entre nosotros, está indefectiblemente unida a sus fines de "interés general". Esto dicen tanto el art. 34 de la Constitución como el art. 2 de la LF y antes señalara —calificándolo como "interés público"— el Código civil. En tal sentido, es casi ineludible

---

110 Cuestión tratada extensamente en J. C. Alli Turrillas, *La fundación, ¿Una casa sin dueño?...*, cit., en cada capítulo correspondiente a cada país.

111 Como expongo en *Fundaciones y Derecho admnistrativo*, cit., in toto.

considerar los conceptos que, frecuentemente, se han asimilado, o de los cuales proviene el "interés general", para acercarnos mejor a la teleología de la fiscalización pública sobre las fundaciones, omitiendo detalles que puedan resultar estériles y, sobre todo, mecanismos o dinámicas de control que no interesan aquí y ahora, aunque algo se trate cuando recoja el surgimiento del negocio fundacional[112].

Dado que he analizado en otras ocasiones, in extenso, la confusa, por erudita y quizá inconsecuente, relación entre el concepto de interés público e interés general, y de la relación de estos con la "utilidad pública" *(publica utilitas)*[113] —y su más o menos analógico concepto *public value*[114]—, este tema no será tratado en esta ocasión. Tampoco será examinada toda la relación doctrinal, también compleja, entre el interés general, el interés público y los fines propios de la identidad de las Administraciones y otros poderes del Estado en la realización de su propio fin[115]; ni el análisis de todo ello dentro

---

112 No se trata de analizar las fórmulas concretas de intervención, sino de hacer unas reflexiones generales sobre la finalidad de estos sistemas que nos permita comprender los mecanismos que se han establecido para el control. Para un estudio completo y particularizado de los sistemas públicos de control en España, puede verse en los capítulos correspondientes de VV. AA., *Tratado de Fundaciones,* tomo I, Bosch, 2007.

113 J. J. SEBASTIÁN LÓPEZ, *De la "Utilitas pública" al interés público del artículo 35 del Código Civil español,* Tesis doctoral inédita, Universidad Complutense, 1985, in toto. Concepto en gran medida vinculado a la idea medieval-cristiana del "bien común", con toda su carga histórica y que sirvió de salvaguarda en particular de las fundaciones más vinculadas a la beneficencia, educación y otros nítidos bienes comunes. Pero no ha sido su patente moderna: IBIDEM, pp. 805 y ss. y M. AZNAR LÓPEZ, "En torno a la beneficencia y su régimen jurídico", en *REDA* 92 (oct-dic 1992), 558-559, entre otros muchos.

114 Idea todavía más intangible que casa poco con nuestro modelo socio-político. Sobre ello, S. C. MENDEL & BRUDNEY, G. L., "Doing Good, Public Good, and Public Value. Why the differences matter?", cit., pp. 23-40

115 Para su vínculo con las fundaciones y su existencia: F. TOMÁS Y VALIENTE, "Estudio previo", en *Comentarios...*, cit., p. XXX. LÓPEZ-PEÑA, E. L., *El interés público como concepto jurídico. Teoría de la determinación en sentido general,* Tesis doctoral inédia, UDC, 2016, pp. 40-50. Tal tesis muestra que la propia utilización de ambos términos, sin demasiados distingos, en la propia Constitución solo permite aproximaciones teórico-dogmáticas voluntaristas, (aunque no exentas ni de interés ni de atractivo). Aproximaciones, añado que son, normalmente, de carácter más político y sociológico que de valor jurídico: A. SÁEZ DE MIERA, *La sociedad necesaria,* cit., *in toto*; y V. MARBÁN GALLEGO, "La importancia de la

del marco global del Estado social[116]. Tema que colinda con el que tenemos en estas páginas y que solo en cuanto esté directamente relacionado, será examinado; siempre bajo un criterio de pertinencia al objeto principal de este estudio.

Es cierto que este análisis nos permitiría, entre otras cosas, distinguir con profundidad la "empresa" fundacional de las empresas mercantiles como fórmulas en pro del bien común y de la utilidad pública, aunque no bajo los parámetros altruistas y de fin de interés general que define al sector fundacional y, por tanto, genera sus específicas características[117]. Pero esto tampoco es objeto directo de este estudio, aunque linde con el tema de las fundaciones-empresa; tema hoy revalorizado con la aparición, interesante en este punto, de las fundaciones-bancarias[118].

No obstante tales exclusiones, es imprescindible preguntarse, de inmediato qué significación tiene el legalmente acogido carácter de interés "público" o "general" del fin fundacional, pues sobre tal fin pivota el resto de notas de la fundación y se justifica en gran medida este estudio. Por eso todo examen de la intervención pública debe comenzar en él y, consecuentemente, sobre quien debe velar por él. Es decir, el adjetivo de "público" o "general", hace imprescindible el estudio de tal elemento como criterio para su supervisión[119].

La jurisprudencia no ha podido sustraerse de este debate, añadiendo algún elemento de gran valor para esta introducción basal. Así, según el Tribunal Supremo:

"La intromisión de la Administración Pública en las fundaciones benéficas tiene su justificación en el hecho de que a través de esas fundaciones un bien patrimonial o conjunto de bienes se adscriben a un fin de carácter

---

actividad del tercer sector" y J. Cerrato Allende, "Aspectos sociológicos de la fundaciones; el interés general entre la estructura jurídico-formal y la actitud psicosocial", ambos en el tomo II del *Tratado de fundaciones* (Bosch, 2007).

116 I. Sotelo, *El Estado social,* cit., in toto.

117 R. de Lorenzo, *El nuevo derecho de fundaciones,* cit., p. 102; J. García-Andrade, *La fundación…,* cit., pp. 223 a 232

118 Mª A. Salvador Armendáriz & J. C. Alli Turrillas, "The transformation of (old) Spanish Saving Banks into (new) Corporate Banks and Charitable foundations. A comparative case for "Philanthropication thru Privatization", en *Washington University Global Law Review,* para publicar (2024).

119 Es la visión del citado libro de U. Valero Agúndez, *La fundación como forma de empresa,* cit., pp. 25 y ss.

> *social y al bien común, lo que les sitúa en un ámbito semejante al reservado a ciertos bienes públicos, circunstancia que explica que los poderes públicos sean casi tan rigurosos como los que constituyen la natural tutela que surge de nexo entre la Administración del Estado y los establecimientos públicos"*[120].

El fin es importante porque justifica ab initio, el primer control que se produce en el tiempo y el más preciso en cuanto al existir de la fundación. La Administración pública actúa, en el reconocimiento de la personalidad, atendiendo a si la fundación cumple con tal requisito constitucional y legalmente recogido: el fin *de interés público.* El control del fin no es, por tanto, un examen arbitrario ni graciable por parte del poder público. Ni se trata, en consecuencia, de un examen totalmente extrínseco, separado o *añadido*, pues sin fin "de interés público" no hay ni asomo de fundación[121].

La identidad jurídico-legal de la fundación —y pese a que sostendré que no debe serlo más, en el sentido de que deberían existir

---

120 STS de 28 de septiembre de 1984 (Sala 4ª), reiterando doctrina de otra sentencia de 17 de abril de 1979, que justificaba la intromisión de la Administración pública con mayor amplitud si cabe. En similares términos: "Una suerte de acción de policía que tiene su justificación en el hecho de que a través de estas Fundaciones *bienes patrimoniales son apartados de su dedicación a satisfacer necesidades o conveniencias particulares y egoístas, adscribiéndose a un fin de carácter social y al bien común, lo que les sitúa en un ámbito semejante al reservado a ciertos bienes públicos a cargo de la Administración*": STS de 31 de mayo de 1984 (Sala 4ª). Por esto, entre otros motivos, algunos se han preguntado sobre el posible carácter público de las fundaciones; pues así se ha aceptado para estos mismos fines con carácter general: J. A. Santamaría Pastor, *Principios de Derecho administrativo*, II, Ceura, 2001, p. 297.

121 J. J. López-Jacoiste, "La fundación y su estructura a la luz...", cit., p. 598; y U. Valero Agúndez, *La fundación como forma de empresa*, cit., pp. 25-37. El resquemor hacia la intervención pública subyace en muchos planteamientos que, bajo nuestro punto de vista, no aciertan a comprender y, por lo tanto, a explicar el por qué —el por qué existencial, finalístico— de la existencia de tan *exorbitante* control administrativo. Es cierto que la historia y la normativa muestran su existencia, pero no explican su razonabilidad sin una racionalización comprensiva. En el fondo se nos aparece una cierta vinculación de la fundación con el servicio público prestado por el Estado. Hipótesis que surge de la esencia misma de la justificación del Estado como prestador de los servicios públicos primarios o básicos. Sobre tales teorizaciones, véase M. Vaquer Caballería, *La acción social*, cit., pp. 25 a 30.

modelos disímiles sobre una identidad única— es actualmente un concepto unívoco. Esto por más que en las últimas décadas han aparecido modelos que matizan dicho tipo: las fundaciones bancarias, las "fundaciones" públicas y, en menor medida, las fundaciones comunitarias (dejo de lado, por tanto, la simple categorización de fundaciones según sus cifras y según la tipología de fundadores)[122]. Pese a ello, insisto, formalmente solo existe un único ente "fundación": la comúnmente aceptada bajo unos perfiles doctrinales bastante configurados y cuyo régimen está regulado por las normas vigentes. Son fundaciones las que tienen un fin de interés público o general, que para nuestro caso son términos muy homologables.

Todo lo expuesto se manifiesta fáctica-jurídicamente en varias consecuencias fundamentales que surgen al atar ese antedicho carácter único y unívoco de la fundación con el fin público al que todas ellas están llamadas:

– La *primera* es que, según recogen un importante número de autores (Garrido Falla, Parada Vázquez, Morell Ocaña y Ruiz Ojeda), se trata de fundaciones que, desde antiguo: *"vienen concebidas en el Derecho positivo, ante todo y sobre todo,* como una modalidad de colaboración social en el *desarrollo de los fines de interés general"*[123]. Obviedad positivizada que no puede omitirse.

Nuestro sistema jurídico-político no admite, como es sabido, las fundaciones para fines particulares o privados. Tampoco se permiten los interesados "únicos" del objeto prestatorio de la fundación; pues no lo son ninguno de sus partícipes, ni sus beneficiarios ni, según la Ley de mecenazgo debe quedar pre-determinado más allá de una lógica general (vgr. personas discapacitadas, instituciones de cuidado ambiental, personas vulnerables, niños de determinado arco de edad, etc.). Esta es la consecuencia del carácter desinteresado, altruista y libertariamente prestado que es propio de la fundación.

---

[122] Sobre este tema: J. C. Alli Turrillas, "Las conexiones —y desconexiones— de las fundaciones privadas con el Derecho público" en *Ius Canonicum,* Vol. 55, N° 109 (2015), pp. 115-154.

[123] L. Morell Ocaña y A. Ruiz Ojeda, "La técnica fundacional como instrumento de gestión administrativa en el Derecho público", en *Manual de Fundaciones. Régimen jurídico, fiscal y contable,* Civitas & Forum Galicia, 1999, p. 227.

– La *segunda* es que, por mor de ese determinante fin público, el poder público ha intervenido en y sobre ellas de una manera intensa y extensa que se ha consolidado a través de la historia de muy diversas formas, pero todas ellas con presencia de un poder superior que las delimita, supervisa y controla:

> *"Por ello, el hecho de que haya un momento, relativamente tardío, en la historia de las fundaciones, en que tal control comienza a ser ejercido precisamente por la autoridad estatal, no debe llevar a concluir que el mismo sea un elemento nuevo en la ordenación jurídica de aquéllas. Lo nuevo en este fenómeno no es la introducción del control de una autoridad pública sobre la fundación, que existe desde los comienzos de la misma, sino únicamente el hecho de que aquél sea ejercido precisamente por la autoridad estatal"*[124].

Por lo tanto, para que un negocio fundacional, aparentemente "privado", se convierta en una fundación con personalidad jurídica debe ser aceptado por el Estado (que utilizo en su sentido más profundo y omniabarcante: como ente-matriz). A tal fin la solicitud de constitución de una fundación es llevada al Registro de fundaciones y este solicita del Protectorado un informe de "viabilidad" bajo los parámetros más o menos reglados de la LF y su acomodo al fin público, la dotación patrimonial necesaria y colateralmente, la evaluación de su no lucratividad y su conveniencia a efectos de la Ley de mecenazgo, esta vez bajo el paraguas de la autoridad fiscal-tributaria.

– Así, *tercera*, el fin público determina toda la fundación, tanto en sus elementos estáticos como dinámicos: estructura, funcionamiento, operatividad, gobierno, responsabilidad, vida. La fundación pivota, en todo momento, sobre este principio y realidad, exigencia hoy del artículo 34 CE (antes recogido en el Código civil), del que ha derivado el art. 2 de la Ley de Fundaciones.

En lo que se refiere a la estructura-organización de la fundación hay que entender que ésta se acepta precisamente porque existe un fin público[125]. Es este elemente el que la dota de personalidad mediante su inscripción en el registro fundacional previo informe del

---

124 U. Valero Agúndez, *La fundación como forma de empresa*, cit., p. 396.

125 U. Valero Agúndez, *La fundación como forma de empresa*, cit., pp. 396 a 398; y J. J. López-Jacoiste, "La fundación y su estructura...", cit., p. 567 y ss.

protectorado autorizándolo mediante el examen de ese fin fundacional y de la dotación necesaria. Esto implica que desde el nacimiento de la fundación se produce una intervención pública. Lo cual tiene una importante consecuencia sobre el negocio fundacional, como veremos en el punto 5 de este capítulo.

4.2.2. El fin general de las fundaciones: conceptualización y concreción

a) Aportaciones conceptuales: pistas no concluyentes

Lógicamente, las primeras preguntas deben derivar del hecho encontrado, en la realidad y en la ley: la vinculación entre tal(es) fines de interés general y el existir de las fundaciones. ¿Qué y cuál es el fin general o público que configura las fundaciones? ¿Cómo y por qué lo forma y qué consecuencias tiene? Las preguntas son doblemente pertinentes porque, al igual que ha ocurrido con otras afirmaciones legalmente establecidas, ni el Código civil, ni el art. 34 de la Constitución realizan una conceptualización teórico-abstracta del fin público o general de la fundación[126]. Lo cual obliga a indagar en interpretación doctrinal y académica, por si alguna de ellas arrojara luces al respecto.

Según temprana doctrina del Tribunal Constitucional,

> *"(en cuanto al) reconocimiento constitucional de entes asociativos o fundacionales, de carácter social y con relevancia pública. Esta relevancia pública no conduce sin embargo necesariamente a su publificación, sino que es propio del Estado social de Derecho la existencia de entes de carácter social no público, que cumplen fines de relevancia constitucional o de interés general".*
>
> *La configuración del Estado como social de Derecho, viene así a culminar una evolución en la que la consecución de los fines de interés general no es absorbida por el Estado, sino que se armoniza en una acción mutua Estado-Sociedad, que difumina la dicotomía Derecho público-privado,*

---

126 La mayor parte de la doctrina ha pasado por encima de este cambio nominal, por entender que es una cuestión de poca trascendencia, aunque pueda tener implicaciones, las cuales podrían ser analizadas caso por caso, muchas veces sin un resultado interesante. A. Nieto, "La Administración sirve con objetividad a los objetivos generales", en *Estudios sobre la Constitución española. Homenaje al profesor Eduardo García de Enterría,* tomo III, Civitas, 1991, p. 2192.

y agudiza la dificultad, tanto de calificar determinados entes cuando no existe una calificación legal, como de valorar la incidencia de una nueva regulación sobre su naturaleza jurídica[127].

Formulación que circunvala la cuestión, sin definirla exactamente a nuestros efectos (y por más que no queramos acudir a la doctrina general de "interés general" que el TC establece en otros ámbitos). En esta búsqueda de vinculaciones, ninguna otra sentencia aporta elementos sustanciales. Lo cual nos dirige a la doctrina académico-científica de este ámbito[128].

García de Enterría admite la presencia de una multitud de fines de interés general que, sin ser de tipo benéfico-altruista, pueden quedar englobados en tan amplio concepto jurídico indeterminado, que constituye el "interés general"[129]. Para Lacruz, tal interés general es todo aquel que no es individual o de un grupo de personas determinadas y que representa, así, un valor apetecible para la comunidad, a lo que se une *"que la actividad señalada como objetivo de la fundación sea puramente filantrópica en el sentido de no perseguir la ganancia"*[130]. Esto, como puede apreciarse, restringiría bastante el fin fundacional.

A continuación, algunas concepciones añaden matices que resultan interesantes, al menos para más adelante. Tomás y valiente señala que,

«no es indiferente sustituir, como hizo el constituyente, la expresión "interés público" del artículo 35 del Código civil, por la de "interés general" atribuida a los fines propios de las fundaciones. Es lo general, lo común a muchos, lo que interesa a un amplio grupo de ciudadanos o en hipótesis a todos ellos, lo que se justifica por la Constitución como ámbito

---

127 STC 18/1984, de 7 de febrero (F. J. 3°) (*Tol 79308*). Si bien es cierto que hay numerosísimas Sentencias que recogen el "interés general" de las fundaciones como necesidad, como muy bien condensa y explica: J. C. Moreno Piñero, *El tiempo de las fundaciones. Análisis jurídico presente y futuro*, Tesis doctoral inédita (Universidad de Extremadura), 2016, pp. 422-423.

128 J. García-Andrade, "Algunas acotaciones al concepto(...)", cit., in toto.

129 E. García de Enterría, "Constitución, Fundaciones y sociedad civil", cit., p. 245; y también en "Una nota sobre el interés general como concepto jurídico indeterminado", en *REDA* 89 (enero-marzo 1996), *in toto*.

130 J. L. Lacruz, "Las fundaciones en la Constitución española de 1978", en *Anuario de Derecho Civil* tomo XXXVI (1984), volumen II, pp. 1461-1462.

> *de los fines propios de las fundaciones: no lo público, que hace referencia a la esfera de los poderes del Estado»*[131].

Este autor continúa diciendo que esta transformación es importante por cuanto desgaja a las fundaciones de un deseo de *publificación* excesivo, que vendría expresado por el término "interés público" —que estaría, según él, mejor referido al interés que buscan estrictamente las Administraciones públicas—, en similar sentido a como recogía el TC en la sentencia antes citada[132].

Para López-Jacoiste, el interés público de la fundación se caracteriza por ser aquél que beneficia a la sociedad como tal, por constituir en el fondo una suerte de 'propiedad popular' debido a la indeterminación inicial de los beneficiarios:

> *"Interés público es el compartible por cualquiera o por un amplio círculo de personas; lo cual supone destinatarios indeterminados o, al menos, relativamente indeterminados. En esto consiste la despersonalización del beneficio conferido por la fundación; se ofrece a las personas no en su individual consideración, sino en tanto se encuentren en una determinada situación o necesidad. En esta situación o necesidad, apreciada precisamente en cuanto común a un círculo de personas considerable radica y consiste el interés público que la fundación atiende"*[133].

Tal perspectiva abre una vía que es la que han utilizado muchos países para determinar el fin público; haciéndolo de un modo "indirecto". Particularmente los Estados Unidos. Pero también otros como Inglaterra y Francia, que se sirven del criterio de la generalidad de beneficiarios para el otorgamiento del beneficio fiscal. Se vincula, así, el interés general con la no-discriminación social del beneficio, pese a que su fin esté determinado. Lo cual une una serie de reglas que sirven para la concreción del interés general, como son que beneficie a toda la comunidad, aunque admita determinación en su población-objeto, sin caer en una individualización. Así lo establece el art. 3 números 4º y 6º de la Ley 49/2002, de mecenazgo.

---

131 Tomás y Valiente, F., «Estudio previo», cit., p. XXX.

132 En este sentido, adopto una visión integradora entre ambos, en la línea moderna expresada por I. Del Guayo, *Regulación*, Marcial Pons, 2017, pp. 89 y ss.

133 J. J. López-Jacoiste, "La fundación y su estructura...", cit., p. 578; en análogo sentido U. Valero Agúndez, *La fundación como forma de empresa*, cit., pp. 25 a 31.

De tales concepciones en cuanto al tipo de interés general conceptual de las fundaciones pueden derivarse algunas consecuencias teórico-jurídicas. Si se acepta —como hace la mayor parte de la doctrina— este como un elemento esencial del ser fundacional; el cual permite a esta *trascender* los intereses de los particulares, entonces es lógico que pueda imponerse sobre ellos en caso de conflicto. Si, en cambio, se acepta que los intereses privados son *inmanentes* al fin público porque lo conforman mediante su yuxtaposición, existe una mayor necesidad de ponderar ambos cuando se produce un conflicto, existiendo, por tanto, una cierta presunción de validez del interés privado, cuya invalidez deberá demostrarse[134].

Pues bien, el interés general de las fundaciones constituye un típico ejemplo de *trascendencia*, por cuanto el fin público se impone de una manera efectiva en muchos momentos de la vida fundacional. Así, la inscripción registral no se realiza —por lo que no se le otorga personalidad y no se le da existencia— si contiene disposiciones contrarias a la ley (art. 9. 2 LF). El fundador está supeditado al interés general a la hora de formar su voluntad fundacional, y el patronato actúa, en todo momento, bajo la supervisión del protectorado para que ese fin fundacional y público se cumplan (art. 35 LF). En los casos más extremos se llega a la intervención, bajo mandato judicial (art. 42 LF) y, por supuesto, el fin público se manifiesta prístinamente en el destino de los bienes fundacionales al extinguirse la fundación (art. 33 LF)[135].

---

134 Esto es lo que parece ocurre en sociedades como la inglesa y, en menor medida, la norteamericana, donde los tribunales han de suplir, con su función dirimente e interpretadora, la ausencia de un claro interés público, marcado por las leyes y por una intensa actividad administrativa. Papel legal y actividad administrativa que, aun existiendo, tienen una forma muy diferente a las que tienen en la mayor parte de la Europa continental: G. Radbruch, *El espíritu del Derecho inglés*, Marcial Pons, 2001, pp. 41-50 y 59-61, entre otras.

135 Sobre todo ello, C. Barrero Rodríguez, «Algunas consideraciones sobre los fines de las Fundaciones y su garantía por la Administración», en *Revista de Administración Pública* nº 183 (septiembre-diciembre 2010), 73-97.

b) La aproximación a través de los concretos fines públicos fundacionales

Cabe un análisis del concepto general a través de los concretos fines fundacionales que la normativa vigente ha señalado. Así, De Lorenzo recogía algunas materias que se corresponden con las que ha recogido la Ley de Fundaciones[136]. Se trata de fines esencialmente públicos por ser una concreción de los fines que ha de perseguir, de manera particular, el "Estado *social* (y democrático)", aunque también van algo más allá de lo estrictamente social (medioambiente, cultura, patrimonio, investigación como actividad, etc.)[137]. Esto resulta interesante bajo la perspectiva del "interés general" pues casi todos los artículos citados se encuentren recogidos, como fines generales aceptables dentro del artículo 3. 1 LF: asistencia social, cívicos, educativos, culturales, científicos, deportivos, sanitarios, de cooperación para el desarrollo, de defensa del medio ambiente o de fomento de la economía o de la investigación, de promoción del voluntariado, defensa de los derechos humanos, inclusión social, laborales, de fortalecimiento institucional, promoción de la acción social, fomento de la economía, desarrollo de la sociedad de la información y desarrollo tecnológico[138]. A ello hay que unir el de "conservación y restauración de bienes del patrimonio histórico artístico español, constituidos conforme a la Ley 16/1985 del Patrimonio histórico-artístico español[139].

---

136 R. de Lorenzo, *El nuevo derecho de fundaciones*, cit., p. 414 y ss.

137 J. Mª. Rodríguez de Santiago, *La administración del Estado social*, Marcial Pons, 2007, pp. 47-50.

138 En este sentido es de aplicación todo lo señalado por J. Mª. Rodríguez de Santiago, *La administración del Estado social*, cit., 30-50, con respecto a la similitud enorme de derechos constitucionales involucrados en uno y otro lugar.

139 Desde este punto de vista es indiferente la interpretación que quiera darse a la búsqueda de esos fines, como algo dinámico, según la cual deben buscar fines de interés general (visión *estricta*). O estática, según la cual basta con que sirvan a intereses generales (visión *amplia*). Cuando se da con un nicho de interés general es que se está actuando a favor del mismo (porque resulta claro que quien persigue el fin general así lo sirve). Pero ¿basta con estar estáticamente en una situación de interés general? No creo que quepan dudas de que una cosa no es posible sin la otra: J. García-Andrade, *La fundación: un estudio jurídico*, cit., p. 34.

Quizá más interesante, al respecto es que la LF finalice diciendo *"o cualesquiera otros de naturaleza análoga"*, pues genera cierta dinamicidad en esta cláusula tan debatida y compleja de interpretar, en la línea apuntada al respecto por García de Enterría[140]. Hemos entrado, así, como señala Nieto, en una visión que no se nutre tanto de grandes teorías cuanto de casos concretos: se prefiere este sistema de catálogo de "intereses generales" o "públicos" a un gran sistema teórico[141]. Esto también implica, como es lógico, que el sistema garantizador por los tribunales se haya convertido en un sistema mucho más casuístico.

En tal sentido, la esencia de la fundación, como organización dotada de un patrimonio afectado a fin altruista la convierte, sin duda, en una institución que permite formas idóneas de colaborar en estos fines sociales, culturales, asistenciales, educativos, sanitarios, que la propia Constitución ha regulado. Así aparece en todo el Título I, capítulo III: artículos 39, 40, 41, 42, 43, 44, 45 46, 47, 48, 49, 50, 51 CE Todo lo cual posibilitó a De Lorenzo, a raíz de diversos pronunciamientos del Tribunal Constitucional sobre el derecho de fundación, a establecer tres pautas interpretativas que, como cláusula de cierre, sirven en la determinación del interés general de las fundaciones[142]:

---

140 "Que la idea de interés público o de interés general, es un 'concepto legal' (mejor que 'jurídico', para evitar el equívoco de que se trate de cualquier construcción intelectual y abstracta, como podría dejarse de suponer) de alcance indeterminado, es la evidencia misma, desde el momento en que las leyes lo emplean con frecuencia y porque se alcance es, evidentemente, indeterminado, pues no permite una aplicación precisa, determinada e inequívoca en un supuesto dado". Aunque, continuará diciendo: "podemos provisionalmente concluir, sin gran esfuerzo, que el concepto legal de interés público e interés general está utilizado por la Constitución, como por las Leyes, con una inequívoca intención delimitadora que ciertamente es muy amplia (...), pero que es efectiva": E. García de Enterría, "Una nota sobre el interés general como concepto jurídico indeterminado", cit., pp. 71-72. En similar sentido se manifiesta A. Nieto, "La Administración sirve con objetividad los intereses generales", cit., p. 222-2226).

141 De nuevo me remito a las últimas consideraciones de A. Nieto, "La Administración sirve con objetividad los intereses generales", cit., pp. 2252-2253.

142 R. de Lorenzo, *El nuevo derecho de fundaciones*, cit., p. 143.

- Podrían catalogarse como fines de interés general todo lo que el TC denomina "servicios esenciales para la comunidad"[143].
- También podrían catalogarse como tales todos los bienes, valores o derechos reconocidos como dignos de protección en el "bloque de la constitucionalidad" (art. 28 de la LOTC).
- Como criterio residual sería necesario aceptar los nuevos fines y retos que la evolución social catalogue como de interés general, al igual que le ocurre a la Administración pública (art. 103 CE).

4.2.3. Interés público e interés general del Estado y las fundaciones: una dicotomía convergente en el interés general

a) La visión histórica de la convergencia y sus divergencias

Como he apuntado el art. 35 del Código civil recogió en su redacción original el "interés público" para aceptar las fundaciones y justi-

---

[143] Servicios esenciales que, a continuación, resulta muy difícil delimitar cuáles son, aunque todos tengamos en nuestra cabeza unos cuantos: servicios públicos *uti universi* y soberanos (defensa, seguridad, acción social, etc.) y *uti singuli* (educación, sanidad, etc.), lo servicios económicos de interés general (agua, transporte, energía, etc.); pero, en seguida podría comenzar el debate de cuáles son los siguientes. Para el debate general sobre esta cláusula: L. Martín-Retorillo, *Derecho administrativo económico*, I, La Ley, 1988, p. 78; y, en sentido diferente: G. Ariño, *Economía y Estado. Crisis y reforma del sector público*, Marcial Pons, 1993, pp. 115 y ss. El problema de la concepción de "servicio esencial" es que la Constitución lo utiliza en lo que nos parece son dos grupos muy diferentes de ideas. En primer lugar los artículos 28. 2 y 37. 2 donde se reconoce un concepto sociopolítico de amplio espectro. Y, el segundo, el art. 128. 2º párrafo, que parece adoptar una visión mucho más restrictiva.
El propio TC ha realizado una interpretación ambivalente: de un lado, como servicios económicos de interés crucial: SSTC 26/1981 (*Tol 110829*), 53/1986 (*Tol 79600*), 233/1997 (*Tol 599946*), entre otras. En segundo como servicios de satisfacción de derechos fundamentales: STC 51/1986, FJ 2º (*Tol 79598*). Quizá las fundaciones encajaran mejor bajo esta segunda acepción que, en cierto modo, deja de lado si se trata de una actividad económica para centrarse en su vinculación con los derechos fundamentales. Con todo nos parece una concepción excesivamente inaprensible. Para apreciar, precisamente, su indeterminación constitucional en Mª. Y. Fernández García, "El concepto jurídico indeterminado de *servicio esencial* en al Constitución española", en *RAP* 170 (mayo-agosto 2006), 325-338.

ficar la intervención sobre el ejercicio de esta liberalidad privada[144]. Desde entonces son muchos los fines públicos que se fueron aceptando, en un proceso superador del primero de ellos —el puramente benéfico—, llegando hasta el ámbito social, cultural, educativo y asistencial, etc.[145]. El paso siguiente no tardó mucho en darse. Fue la aparición de un marco jurídico-conceptual —el "interés general"— que abstrajera y englobara a todos ellos, permitiendo, luego, ser una patente para homologar otros fines, como en seguida veremos[146]. Este proceso se produce porque se acaba realizando una cierta distinción entre "público" y "general" a estos propósitos. ¿Podemos llegar a encontrar ese fino hilo en la penumbra de nuestro ordenamiento y de la doctrina?

El Estado del siglo XIX (y también del XX) fue recogiendo funciones de interés "público" (*publica utilitas*) que preexistían a éste, tanto en su lado de actividad —y justificación de su ser—, como, en ocasiones, en los medios para realizarla. Cual es el caso histórico de las fundaciones benéficas, educativas, culturales que fueron desamortizadas y, con tales beneficios, se construyeron otras nuevas o se mantuvieron éstas. Resulta curioso, desde esta perspectiva, que las fundaciones quedaran conectadas tanto a la idea de servicio público como a la de interés público, a modo de un doble cierre que demuestra su íntima vinculación con la Administración y con el Derecho público. Idea que, como veremos, repunta con las nuevas formas de colaboración público-privada mediante la acción social y el Tercer sector, que englobaría a las fundaciones (epígrafe 3 capítulo V).

---

144 También hubo exigencias de este tipo en momentos anteriores, aunque puede decirse ue solo fue a partir de tal momento, de manera general y absoluta, cuando se permitieron las fundaciones, siempre de interés general, cerrando el paso a las fundaciones de interés privado: F. de Castro, "Sobre la pretendida validez de las fundaciones familiares", en *La persona jurídica*, cit., pp. 79 a 135.

145 Así lo destaca, remarcando que se trata de uno de los cambios fundamentales en las fundaciones del siglo XX: R. de Lorenzo, *El nuevo derecho de fundaciones*, cit., pp. 118-119.

146 Hasta la *revolución* actual que está suponiendo el fenómeno de la globalización y los cambios en los paradigmas del Derecho, el Estado y la legalidad: J. C. Alli Aranguren, *Derecho administrativo y globalización*, Civitas, 2004, *in toto*; y J. Habermas, *Facticidad y validez. Sobre el Derecho y el Estado democrático de Derecho en términos de teoría del discurso*, Trotta, 1998, *in toto*.

> La construcción del paradigma del "servicio público", en concreto, se debe a esta realidad, en general: *uti universi*, defensa, seguridad, gobernación, y también *uti singuli*, instrucción, sanidad, fomento, etc. Pero también el servicio público subjetivamente, considerado; de ahí el nacimiento de la beneficencia, la educación y la sanidad pública —y de los múltiples establecimientos públicos que la prestan— precisamente cuando se produjo la "gran sima" de las instituciones privadas que prestaban esos servicios en el siglo XIX. Principalmente fundaciones privadas de distinto origen[147]. Ahí surge tal interés general —y sus instrumentos— como justificación del ser público y el servicio público; sin que, a la par, hubiese desaparecido, al menos del todo, la participación privada en tales fines públicos, con toda lógica.

El Estado social avanzó a lo largo del siglo XX —en nuestro caso de manera más palmaria a partir de la Constitución— sustituyendo o supliendo la ausencia paulatina de prestaciones privadas de fines públicos y, a la vez señalando los intereses privados pueden y deben ser, al menos, controlados por el poder público, particularmente cuando muestran una faceta de estricta *publica utilitas*[148]. Esto se aprecia en la propiedad, la riqueza, las fundaciones y muchos otros derechos que ya la propia Constitución delimita, particularmente en los artículos 47, 44 y 128. 1 y 2[149].

Bajo tal iter, un fenómeno derivado fue que precisamente tal construcción del Estado, proveniente de la Revolución francesa y del liberalismo en nuestro particular modelo, junto con la normativa e historia reciente de España —frente al modelo estadounidense, el británico y, por otras razones, incluso el alemán (o el nórdico)—, determinó enormemente que el Estado se convirtiera en el paradigma garantizador del interés general a través de sus numerosos meca-

---

147 M. Vaquer Caballería, *La acción social*, cit., *in toto.*

148 Sobre todo ello, resulta de lectura obligada, por el análisis que hace sobre esta afirmación, J. Mª Rodríguez de Santiago, *La administración del Estado social*, cit., pp. 60 y ss.

149 A. Nieto, "La Administración sirve con objetividad los intereses generales", cit., 2230-33. Para un estudio de la Constitución en relación a estos elementos económicos a los que, globalmente, me adhiero, G. Ariño Ortiz et aliq., *Principios de Derecho público económico. Modelo de Estado, gestión pública, regulación económica*, 2ª edición, Fundación de Estudios de regulación & editorial Comares, Granada, 2001, pp. 127 a 154.

nismos[150]: ostentó el monopolio de su prestación (aunque luego, la realidad, no lo acompañara); se apropió de su titularidad; y conservó el título de legitimidad en la autorización y supervisión de la posible intervención privada a tales fines.

En tal sentido, en Francia —y esto fue un elemento crucial en la práctica obliteración de sus fundaciones— el monopolio de toda prestación de este tipo se otorgó al Estado naciente de la Revolución y, por tanto, la participación privada, en régimen fundacional, quedó, expressis verbis, "concedida" históricamente bajo un régimen severo. En Italia y España tal consideración ha sobrevolado, como una sombra, nuestros respectivos regímenes jurídico-políticos, aunque no de un modo tan radical como en Francia.

No obstante lo cual, fenómenos como la empresa pública, o los propios organismos autónomos y la participación concesional en ellos, ponen de relieve la permanente mixtificación de instituciones, regímenes jurídicos y la participación privadas en el propiamente hablando, y casi exclusivo, interés público (no general). Por no hablar de las "fundaciones públicas"[151] o, como luego veremos, de la nueva modelización de "tercer sector de la acción social".

* * *

Uno de los debates que podría derivar de las consideraciones anteriores podría ser si, en el fondo, las fundaciones están socavando la necesaria prestación de bienes y servicios de "interés general" por parte del Estado, supliéndolo o sirviendo como patente para su re-

---

150 A este respecto, puede verse, el interesante estudio de L de Morena y de la Morena, "Derecho administrativo e interés público...", cit., 847-880; en el cual se marca claramente como elemento identitario del actuar pública la búsqueda del interés público o general. En una línea similar, aún con muchos matices de interés: L. Parejo Alfonso, "Público y privado en la Administración pública", en *Derecho mercantil de la CEE. Estudios en homenaje al profesor José Girón Tena*, tomo IV, Civitas, Madrid, 1991, pp. 4669-4716.

151 Puesta de relieve, de algún modo, en el fenómeno de las fundaciones "en mano pública" y en todas sus derivadas jurídico institucionales posteriores al Informe CORA (2013). Sobre ello puede verse. J. García-Andrade, "La restructuración del sector público funcional", en *Anuario de Derecho de fundaciones 2012*, Iustel, 2013, pp 19-56.

tirada o, por el contrario, están concurriendo con él o, al menos, convergen en estos fines y, por tanto, qué régimen se deriva de ello.

Bajo el punto de vista que estoy considerando, nos encontramos con que los particulares *participaron* y *participan* en tales fines generales, si bien, en tal situación es el poder público quien vela en última instancia porque así sea y continúe siendo. El Estado parece verse llamado, cada vez más, a una función de coordinación y ordenación de determinados bienes públicos, aunque no como su prestador único. En efecto —aunque los términos descriptivos varían del ángulo que se adopte (sociológico, económico, jurídico-político)[152]— del llamado Estado policía (o gendarme) propio del embrionario modelo liberal, se pasó al Estado propulsor y el Estado social, de bienestar y, ahora, se camina por nuevos paradigmas: Estado reflexivo (HABERMAS) y Estado "incitador"[153]. En todos ellos, también se aprecia una nueva valoración de la confluencia del esfuerzo público y el privado en la búsqueda de ese interés general, en lo que SCHMIT-ASSMANN calificara como uno de los paradigmas del nuevo Estado administrativo: un modelo de acción cooperativa entre ambos, manifestado en un menor peso de lo jerárquico-burocrático y su traslación hacia un modelo de horizontalidad en la prestación de los servicios e incluso en el uso de las potestades administrativas típicas[154].

---

[152] Dicho sea, por un lado, en el sentido de que nunca ha existido, al menos en Europa, un Estado liberal puro, sino que siempre se ha producido una relación, tensiones y conflictos incluidos, entre Estado de Derecho y Estado social. Y, de otro lado, porque El Estado social es una vertiente más juridificada del Estado de bienestar, en tanto que la Administración "de policía" sería el correlato de ese hipotético Estado liberal. Y, finalmente, porque dentro de los propios Estados europeos, a los que esta afirmación tan genérica podría aplicarse, también se produce un complejo juego de interacción entre público y privado, cooperación interadministrativa, solapamientos entre poderes con diferentes formas de ver la acción de lo público sobre el interés general, etc. Para todo ello puede consultarse, también, J. Mª. RODRÍGUEZ DE SANTIAGO, *La administración del Estado social*, cit., pp. 19-22, 60 y ss.; e I. DEL GUAYO, *Regulación*, cit., in toto.

[153] J. HABERMAS, *Facticidad y validez...*, cit., pp. 400 y ss. J. C. ALLI, *Derecho administrativo y globalización*, cit., pp. 32-94.

[154] E. SCHMIDT-ASSMANN, *La teoría general del Derecho administrativo como sistema*, cit., pp. 37-40.

b) Conclusión (parcial): la vinculación del fin (público) de interés general y papel del Estado

Tal y como puede colegirse de todo lo antedicho, en modo alguno sostengo que las Administraciones públicas sean las únicas encargadas de prestar tal interés público o general, tanto mediante servicio público que deben realizar, cuanto mediante su posición de valedora del bien común; aunque sí se deba ineludiblemente tanto a tal servicio, como a tal interés[155]. En cuanto a su posición preeminente de servicio, tres son, al menos, las razones que justifican su no-monopolio real. Primera porque cabe la descentralización funcional de ésta en organismos autónomos que la presten, dentro de su propio universo jurídico-organizativo, por tanto[156]. Segunda —y, en cierto modo derivada de lo anterior— porque por la vía de la concesión de los servicios públicos puede involucrar contractualmente a entes privados para su prestación. Y, en tercer y principalísimo lugar, porque es posible la concurrencia privada en la búsqueda y prestación de fines de interés general, así como en la generación de nuevas vías, cauces y formas de "interés general". Es decir, tanto en la prestación privada como la creación del "interés general", como vamos a ir viendo[157].

Por eso considero importante destacar que en ningún modo el artículo 103 CE, ciña exclusivamente el "interés general" a una acción monopolística del Estado y las Administraciones públicas. Lo que realmente establece es un régimen de actuación en pro de tal interés general, un status específico de ser y funcionar en tal senti-

---

155 L de Morena y de la Morena, "Derecho administrativo e interés público...", cit. p. 847 y ss.; y J. Mª Rodríguez de Santiago, *La administración del Estado social*, cit., pp. 30-37.

156 R. Parada, *Derecho administrativo*, II, cit., pp. 45 y ss. Aunque puede decirse que esto es servicio público descentralizado funcionalmente (o, incluso, realizado en régimen virtual o impropio).

157 No compartimos completamente la visión dicotómica entre Estado-sociedad como entes completamente separados, al menos en cuanto a la negación del papel de la sociedad en la búsqueda de fines de interés general, del que solamente sería depositario el Estado, aunque sí aceptemos su principal papel, con sus fórmulas jurídicas derivadas, en la línea de lo señalado por el TC en la Sentencia 18/1984, de 7 de febrero (*Tol 79308*) y de la 49/1988, sobre las Cajas de Ahorro (*Tol 80160*): L. Parejo Alfonso, "Público y privado en la Administración pública", cit., pp. 4681-4688.

do que, en cambio, no lo tiene igual el sujeto privado que concurre en este (salvo regímenes regulados específicos[158]). En tal sentido, la aparición de tales conceptos —sobre todo del "interés público" (arts. 30.3., 44, 47, 128.1, 128.2 de la Constitución)—, en un lectura un tanto a vuelapluma, sería definible como algo que es *"de toda la colectividad y para toda la colectividad"*. Sirve esto, así, para desmitificar la distinción entre público-general funcional como monopolístico de lo público estructural-orgánico[159].

Para Sainz Moreno, en el terreno operativo todas estas fórmulas significan que el fin del Estado y, por tanto, de sus poderes —entre ellos del brazo administrativo—, es promover el bien de todos los ciudadanos, tanto legal, como judicial, como en cuanto a la prestación de bienes o servicios públicos[160]. Por todas esas razones, parece adecuado tratar sobre el interés general como lo que "a todos afecta" y, por ello, debe de hacerse valer mediante una actividad directa o indirecta, pero así pretendida y bajo cierto amparo del poder público[161].

En fin, en cualquier caso, nos parece que el interés público es algo eminentemente trascendente a los particulares, los supera y, en cierto modo, los arrastra, aunque estén implicados en él. Por eso

---

158 Del Guayo, I., *Regulación*, cit., pp. 98-109.

159 Ibidem, p. 91-96.

160 Concurriendo todo en el bien común y generando, como veremos, problemas en cuanto a la forma de sopesar los intereses en conflicto: F. Sainz-Moreno, *Conceptos jurídicos, interpretación y discrecionalidad administrativa*, Civitas, 1976, pp. 316-325.

161 "Cuando se trata de derechos que afectan a colectividades indeterminadas, a los huérfanos, por ejemplo, a la viudas, a los enfermos o a los pobres de más o menos extensa demarcación, ya no hay la posibilidad legal que en el anterior caso [intereses, derechos y deberes particulares], de encomendar sus controversias al fallo de los Tribunales de Justicia. *Entonces el derecho al beneficio no está vinculado en ninguna individualidad, sino que se relaciona con el derecho de muchos, y con él y a él como que se subordina.* Entonces se hace indispensable acudir al Poder público, supremo regulador de las variadas y a veces hasta encontradas conveniencias que allí pueden surgir. *De otra parte, hay intereses de carácter y condición tan generales que sólo al Gobierno le es dado inspeccionarlos convenientemente.* El orden, la moral y la salubridad pública que afectan de ordinario en las fundaciones de beneficencia, siquiera sean particulares, y ningún Gobierno que de tal se precie, cualquiera que haya sido su forma, debe ni puede abandonarlos": F. Hernández Iglesias, *La beneficencia en España*, tomo II, Imprenta de Manuel Minuesa, 1876, pp. 694-695 (los subrayados son míos).

aceptamos, más bien, una visión del Estado como director del "interés general", como coordinador del sistema y prestador, aunque no único, de muchas de sus manifestaciones concretas. En efecto, el "interés general" o "interés público" son parte epidural del ser y actuar de lo público: *"la definición del interés general es, en suma, la gran misión y responsabilidad de un Estado que no se ha 'privatizado' y que debe hacerlo efectivo mediante el establecimiento de los objetivos que, para ello, han de alcanzarse"*, según un complejo juego político-sociológico e histórico para la determinación de tales fines de satisfacción necesaria[162].

El Estado y la Administración se deben, en primer y básico lugar, a tal interés[163]. Tal título sirve para justificar la acción legislativa superior, por tanto con valor normativo-jurídico y, también, político (hay varias opciones, según modelos, de política legislativa); justifica la actuación de la administración y, especialmente, de su control jurisdiccional mediante un sinfín de procedimientos y procesos que velan porque tal fin se cumpla en las acciones concretas (frente a la no-objetividad, a la arbitrariedad o a la desviación de poder, incluso a la inactividad pública y privada). En todo caso, todo ello sí que permite sostener la validez interventiva de los poderes públicos sobre el actuar, en pro de tal interés general, por parte de las fundaciones privadas. Pero también, por eso mismo es, también, resulta en un valladar fundamental para delimitar su propia actividad y en tal sentido es entendible, también, como título de propiedad y recognoscibilidad de la iniciativa privada para fundar prevista en el art. 34 de la Constitución[164].

---

162 J. L Carro Fernández-Valmayor, "Reflexiones sobre las transformaciones actuales…", cit., 24-25. Aunque estoy en profundo desacuerdo con él cuando, luego, señala que el Derecho administrativo pasaría, precisamente por esta razón, a ser el Dercho de la sociedad (organizada), en el sentido expuesto por Corso (Ibidem, p. 26).

163 L. de Morena y de la Morena, "Derecho administrativo e interés público…", cit., pp. 847-880. El cual no debe considerarse como un "instrumento descarnado de manipulación ideológica" o de justificación de unos intereses de clase dominante. Ideas que en algún momento sirvieron como base crítica del interés general que debía buscar la Administración pública, recogidas en A. Nieto, "La Administración sirve con objetividad…", cit., pp. 2211-2213.

164 La libertad fundacional como participación en el interés general es, así, un derecho promovido por la Constitución de manera directa; y en este caso muy concreta, por la vía de un artículo que así lo establece (Sánchez Morón). Aunque,

4.2.4. El "servicio público" y el fin general de las fundaciones

a) ¿Por qué hablar de fundaciones y "servicio público"?

A lo largo de las páginas precedentes ha aparecido, de varias maneras, la vinculación del concepto de interés público a la idea de "servicio público" y, derivada y concurrentemente, del servicio y el interés públicos que son propios de la figura fundacional. Tanto desde el punto de vista de su origen histórico, como de la prestación de tales servicios. Adelanto que no hablo, estrictamente, de la fundación como prestadora, en régimen concesional, contractual o por otras fórmulas (vgr. contratos tipo in-house), de un servicio público; sino el propio servicio público —en cuanto que de interés general— que haga toda fundación.

Lo expuesto acerca de la similitud y concurrencia de los "intereses generales" de las fundaciones con el "interés general" del Estado y la difícil demarcación estricta que hemos visto entre todo ello abundan, también, en esta posible similitud, analogía e incluso indistinción. En tal caso: ¿es el concepto y desarrollo de "servicio público" el nexo de unión para entender el concepto de "interés general" de la fundación? Si así fuera en algún modo: ¿sería equiparable y/o asimilable la idea de servicio público con las fundaciones? ¿Serían, así, las fundaciones una suerte servicio público (impropio)? Y si así fuera ¿bajo un régimen distinto a la dogmática de tal sistema, dado su anclaje en otro punto, cual es el art. 34 de la Constitución?

Debe partir este análisis, por razones de economía, de cierta visión o concepción de que sea el servicio público. Se acoge este a una visión objetiva y, en cierto sentido funcional; en vez de una visión subjetiva y/o material del servicio público[165]. Tal visión posibilita

---

recientemente, se ha puesto de relieve bajo el paradigma de la participación en las potestades. Cuánto más en la participación en la búsqueda del interés general a través de los intereses (serviciales) públicos: D. González Gil, "El interés general, presupuesto de atribución y ejercicio de la potestad administrativa", en E. Gamero (dir.), *La potestad administrativa. Concepto y alcance práctico de un criterio clave para la aplicación del Derecho administrativo,* Tirant lo Blanch, 2023, pp. 214-224.

165 J. Mª. Souvirón, *La actividad de la Administración y el servicio público, La actividad de la Administración y el servicio público,* Comares, Granada, 1998, in toto. En otro sentido, García de Enterría señaló como nota esencial del servicio público la

entroncar el mandato y concurrencia en su prestación tanto a las Administraciones públicas (art. 103), como a otros entes privados, cual sería el caso de las fundaciones y otras instancias, sin barreras ni fronteras dogmáticamente cerradas de antemano[166]. En tal sentido, considero que el propio concepto de servicio público no debe servir como patente o fórmula para sostener el exclusivo papel del Estado en la búsqueda del fin general, concediendo como a regañadientes las migas a la sociedad civil[167]. Dicho sea sin perjuicio de que los poderes públicos deben garantizar que se cumplen las características dogmáticamente configuradas como "actividad de servicio público" tanto cuando lo presta directamente, cuanto cuando lo prestan sujetos privados (incluso no concesionales)[168].

Aceptada tal visión objetiva del servicio público, se producen algunas distorsiones necesitadas de evaluarse. La primera y más importante es la concurrencia en numerosos servicios públicos por parte de fundaciones, desde una perspectiva de la respuesta *natural*, y propia de tales instituciones desde la iniciativa civil. La segunda, es la existencia de fundaciones que prestan un servicio público estricto, bajo un régimen concesional. La tercera, como matiz derivado de la

---

imposibilidad de concurrencia con entes privados. Quizá desde un ángulo subjetivista puro esto puede ser así. Pero, bajo la visión objetiva, no existe —ni de hecho ni de derecho— un monopolio, sino si acaso una suerte de exclusividad derivada de la eminente capacidad ordenadora y reguladora de la actividad que tiene el poder público (sería esta, considero, una afirmación del gran autor, sobre la que han pasado, claramente, demasiadas lunas como para darle validez hoy día): E. García de Enterría, "La actividad industrial y mercantil de los municipios", en *RAP* 17 (1955).

166 La propia adjetivación de "propio" o "impropio", según quien preste tal servicio público y de cuál sea éste —es decir, la materia concreta sobre la que incide—, manifiesta una visión patrimonialista del interés general que no parece plausible sostener, ni jurídicamente, ni a la vista de los hechos. En tal sentido, G. Ariño (*Principios de Derecho público económico*..., cit., pp. 516-517) aboga por una visión objetiva o material del servicio público, alejada de una concepción subjetiva y, por ello, considera que el servicio público impropio no es un concepto ni válido ni aceptable.

167 J. Mª. Souvirón, *La actividad de la Administración y el servicio público*..., cit., pp. 138-149.

168 Arrumbo, en parte, por resultar un tanto estéril en este ámbito, la división servicio público propio frente al impropio (o virtual); por más que, como estamos viendo, esta distinción permita afinar el dibujo que estamos presentando.

anterior, sería que si una determinada fundación presta un servicio público determinado —sanidad, educación, etc.— queda reguladas y/u ordenadas por los principios que marcan este concreto servicio público. La cuarta, contrapunto que en absoluto podemos obviar, es la existencia de cientos o miles de fundaciones cuya prestación es de interés general no tiene nada que ver con los servicios públicos, incluso visto bajo su círculo más amplio[169].

Un análisis mucho más completo permitiría realizar distinciones más claras y tener una más profunda comprensión teorética de los complejos conceptos que apenas he hilvanando. De manera que pudiera quedar todo mucho más cerrado dogmáticamente. Pero, según Innerarity esto deviene cada vez más complicado, pues estamos en una época de confusión vital derivada de la profunda poliarquía política, administrativa y estructural[170]. Esto hace que no sea posible una distinción nítida como lo hubiera podido ser en otro momento entre qué es público y qué es privado. Pero la clarificación de tales aspectos demanda alguna explicación adicional.

b) La fundación y el servicio público en perspectiva dogmática

La gestión privada de los fines públicos ha permitido el acomodo de la institución fundacional en su conjunto y de muchas de ellas en particular a un régimen similar —cuando no idéntico— al del concesionario de servicio público, según el modelo de la descentralización por colaboración. En tal sentido, T. R. Fernández vio admisible el otorgamiento de ese *status* de modo general a las fundaciones[171]. También Santamaría Pastor calificó directamente a la fundación como un servicio público impropio[172], con base en: a) la continuidad-regularidad en la prestación del servicio; y b) su apertura al pú-

---

169 Incluso en las algunas se puede poner en tela de juicio su propio fin de interés general, tal y como expone C. Barrero, «Algunas consideraciones sobre los fines de las Fundaciones...», cit., in toto. Tal y como ocurriera en Alemania según se expone en la nota 58 del capítulo II.

170 D. Innerarity, *Una teoría de la democracia compleja....*, cit., pp. 117-152.

171 T. R. Fernández, *Derecho administrativo, sindicatos y autoadministración*, Civitas, 1972, pp. 22-31.

172 J. A. Santamaría Pastor, *Principios de Derecho administrativo*, II, cit., pp. 508 y ss.

blico (tanto colectivo como mediante un régimen controlado y no graciable) (RUIZ OJEDA)[173].

Para tal triada de autores sería, por tanto, aceptable que en la medida en que las fundaciones prestan servicios "de interés general" que, bajo tal fin, coinciden con la actividad pública "de servicio público", estas queden bajo el amparo de los principios objetivos que configuran tal actividad: continuidad, universalidad, gratuidad, etc. PARADA añade, en tal dirección, que las fundaciones serían un verdadero "ejercicio privado de funciones públicas"[174]. Esto debe situarlas, técnicamente, bien como *concesionarias*, bien como prestadoras de un servicio público *impropio*, según cuál fuera la prestación de servicio público que prestara cada fundación en particular.

Pero no sólo en estas funciones. La existencia, como hemos visto, de unos caracteres en el régimen de prestación del servicio, la permanencia de un patrimonio de destino afectado a ese fin servicial y la presencia de un gran número de actividades administrativas dirigidas a que la fundación se adecue a ese fin público, permitirían colegir la existencia de ese servicio público peculiar, *tertium genus* tanto entre el servicio público propio y la pura gestión privada de sus intereses como en la propia naturaleza de los bienes, que no son estrictamente demaniales, pero tampoco son concesionarios privados (ARIÑO ORTIZ)[175].

Frente a tales posturas, no obstante, la mayor parte de la doctrina no ha mostrado —por motivos que expongo en otros trabajos a los que me remito[176]— especial interés en realizar esta conexión. Entre otros motivos porque establece una fractura para las propias las fundaciones como conjunto: las sometería a un escrutinio desde lo público en su ser y su quehacer que, desde luego no existe ahora y no parece idóneo, ni proporcionado, ni adecuado; ni es universal con respecto a los fines que prestan.

---

173 A. RUIZ OJEDA, "Las fundaciones privadas como colaboradores de la Administración y el régimen jurídico del patrimonio fundacional: un comentario con ocasión de la nueva Ley de Fundaciones", *Revista Española de Derecho Administrativo* nº 93 (enero-marzo 1997), 45 y ss.

174 R. PARADA, "Las fundaciones desde el Derecho público", cit., pp. 144-145.

175 G. ARIÑO ORTIZ, *La afectación de bienes a un servicio público*, cit., p. 17.

176 J. C. ALLI TURRILLAS, *Fundaciones y Derecho administrativo*, cit., pp. 269-274.

c) Las fundaciones y el servicio público. Reflexión final

Pero la fundación es una forma-institución que permite a la sociedad civil concurrir en la búsqueda y consecución de tal "interés general" que a todos compete. Son, por tanto, una institución que, dicho sea en sentido más positivo de los posibles, *niega* la separación estricta público-privado, pues nos muestra la realidad de la iniciativa privada en la búsqueda y consecución del fin general, de lo "público" como lo que a todos interesa[177]. Y, por todo ello y su configuración histórica, exige una especial presencia de vigilancia pública.

Todo lo cual no es óbice para extender, por similitud, muchos de los aspectos propios de la actividad (pública) más definitoria en la búsqueda del "interés general", cual es la actividad de servicio público, a las fundaciones "privadas": en la prestación (las notas de regularidad, continuidad, universalidad), en sus bienes adscritos, a los cuales se les puede dotar de cierta protección (*¿inembargabilidad?*) y, por supuesto, en los aspectos relativos al gran punto de conexión.

Este último no es otro que el fin público o general que ambas buscan y que, en ocasiones, se identifica totalmente. Aunque la diferencia en cuanto a la motivación, el motor y su funcionamiento hace que la aplicación del estricto régimen de servicio público resultara exorbitante y, quizá absurda (pensemos, por ejemplo, en las fundaciones-empresa o en las fundaciones con finalidades de pensamiento tipo think-tank, por ejemplo). Ese régimen, al menos desde el punto de vista adoptado —el objetivo—, pero también desde una perspectiva subjetiva, no implica aplicar, por ejemplo, la nota de la *indispensabilidad* de la actividad realizada, como consecuencia de la variabilidad de funciones entre la institución "fundación" y la actividad "servicio público"[178]. Por eso es concurrente y es subsecuente a la finalidad propia de servicio público propia del Estado.

---

177 Como se entiende en Norteamérica o en Alemania, frente al mayor recelo que esto causa en Francia, España e Inglaterra. Cfrs. J. STEVE OTT, *The nature of the nonprofit sector*, Westview Publishers, Boulding (Co.), 2001, *in toto*.

178 Aunque, indudablemente, la nota exigida fiscalmente de generalidad, indiscriminación —dentro de su objeto propio—, la relativa gratuidad y universalidad que son necesarias, por parte de la fundación para obtener las ventajas fiscales por su acción filantrópica remedan, un tanto, estos criterios propios del servicio público.

* * *

En definitiva, la fundación como figura apunta tanto una superación de la concepción del servicio público propio-impropio, cuanto incluso de una concepción cerrada del "servicio público" vigente en los términos generalmente reconocidos[179]. Supone la consolidación de una prestación, la que sea, de "interés general" —y no sólo de servicio público en el sentido tradicional— en la que se imbrican el sector público y el privado en su determinación, colaboración, prestación y, en cualquier caso, bajo un sistema de control público o mixto[180]. No se trata de devolver, concesionalmente, y *graciosamente,* lo que la Administración pública —o el poder público, de manera más general— en su momento arrebatara de la sociedad civil, sino de entender que pueden colaborar, de pleno derecho, en régimen de convergencia, en la búsqueda del bien público más general.

La fundación es —como voy a seguir señalando una y otra vez; desde ángulos distintos— una figura que supone la superación de la dicotomía público-privado en la consecución del "interés general". En todo el ser y existencia de la fundación se produce una concurrencia de voluntad pública y privada en pro del "interés general". Así podemos entender su posible vinculación con la actividad servicial del poder público y con los elementos objetivos que tal actividad guarda para todo colaborador privado; sea este en régimen conce-

---

179 Según la cual, resumidamente, la participación privada en la prestación pública es o bien *impropia,* como se dijo, o bien *concesional,* concedida graciosamente. Situación que, insisto, choca con lo que la propia Constitución recoge para derechos como la educación, la sanidad o la asistencia social. Derechos que, siendo servicios públicos —¡y qué servicios públicos!— admiten la concurrencia libre privada, lucrativa o no lucrativa. Que, desde luego, son más servicios públicos que otros tantos que, en cambio, se han mantenido en un régimen de monopolio o cuasi-monopolio que nos ha asemejado a un Estado de otros bloques y épocas. Esa concurrencia está sometida, lógicamente, a otras actividades de policía y fomento (claro caso en la sanidad y la educación, pero también en la asistencia social, incluso, y en la cultura). *"La única referencia común a que remite la idea de servicio público es la típicamente teleológica de 'interés público' como elemento interpretativo sobresaliente de la mayoría de las instituciones administrativas",* dice M. Bassols Coma en "Servicio público y empresa pública: reflexiones sobre las llamadas sociedades estatales", en *RAP* 84 (septiembre-diciembre 1977), 47.

180 Muy en la línea de las propuestas teóricas que, sobre el poder administrativo que señalan Esteve Pardo, Gamero y Barnés expuestos en notas precedentes.

sional —u otras fórmulas derivadas[181]— como en régimen de simple participante en el fin general de la sociedad. Solo así se comprenderá adecuadamente porque, como he expuesto, no son lo mismo y porque, en cambio, participan en su propio interior de esa doble identidad público-privado. Y solo así se combatirán los recelos históricos hacia la búsqueda privada de fines públicos[182].

Por eso debo insistir en que la justificación de la intervención pública está en la finalidad fundacional, en su "interés general". Y, así, se le dota por obra de la ley de una personalidad jurídica propia y reconocida. A todo lo cual se ata, también, el régimen de exenciones y ventajas fiscales —preterido en el anterior análisis de la cuestión— y, finalmente, un régimen de protección de sus bienes. Pero todo esto —especialmente lo último— no podemos verlo como elementos para identificar las fundaciones y sus actividades con la actividad de servicio público; sino que son consecuencias derivadas de su vinculación al "interés general", nota en la que concurre con el servicio público estricto.

Entonces, si la actividad de servicio público es un medio para la consecución del "interés general" y las fundaciones son para y por el "interés general", tal es el punto de conexión, aunque sean, como son, instituciones jurídico-formales diferentes. La fundación no es el prestador privado de un servicio público, sino un colaborador privado en el interés general; y los matices no son menores. Por todo ello parece más adecuado renunciar a situar las fundaciones bajo el debate dogmático del "servicio público" y dejarlas en su verdadera posición: la de figura modal o la de institución jurídica singular que concurre en el "interés general" que, visto como se vea, no se diferencia mucho del "interés público".

Lo dicho, no obstante, no sirve para equiparar el concepto objetivo y subjetivo de "servicio público" ni tal actividad con las fundaciones. Por lo tanto tampoco nos permite establecer que estas sean

---

181 L. Miguez Macho, "Las formas de colaboración público-privada en el Derecho español", en *RAP* 175 (enero-abril 2008), pp. 157-215; y, más completo: J. Mª. Souvirón Morenilla, *La actividad de la Administración y el servicio público...*, cit., *in toto.*

182 Me remito, también, a la excelente parte final del estudio de M. Vaquer Caballería, *La acción social*, cit., pp. 216 y ss.

entes públicos de servicio público[183]. Aunque si nos señala que es indudable que existen enormes vínculos y que tales lazos arrojan cierta luz sobre lo que estamos evaluando: la necesidad de que el "interés general" que prestan las fundaciones sea visto desde una perspectiva mucho más integral e integrada, tal y como hemos estamos evaluando en este epígrafe en su conjunto.

4.4. La fundación y su peculiar forma de prestar y quedar definida bajo el interés general

Esta visión, primero la conceptual jurídico-administrativa sobre el fin público o general y, luego, sobre el servicio público, unida a la discusión, más filosófico-política, sobre la dilución de las fronteras público-privado, deriva en efectos concretos y permite explorar mejor la identidad de la figura fundacional y su regulación actual. Pero antes de pasar a concluir sus consecuencias directas sobre el ser fundacional, resulta precisa una mínima recapitulación sobre la posición adoptada.

El fin general de las fundaciones no es el fin público de la Administración pública, ni siquiera un reflejo permitido por esta bajo el paradigma, más o menos amplio, del servicio público. Pero es un fin que concurre, desde su origen civil —que no *privado* en su sentido más 'economicista'—, con el fin público, en un entramado histórico que busca el bien común de toda la sociedad. Si bien lo hacer bajo unos parámetros distintos que no han quedado tan fijados y determinados como cuando esa búsqueda —que es su elemento identificatorio— la realiza el poder público (administrativo).

Ese fin público o general de las fundaciones no se confunde, por tanto, ni con su ánimo no-lucrativo, ni con su carácter altruista, benevolente, caritativo y filantrópico. Tampoco con su carácter indeterminado en cuanto al público-objeto y la generalidad de sus beneficiarios aún dentro de un objeto determinado (vgr. los minusválidos, o los investigadores científicos). Tampoco con la *utilidad social* general como la que tiene cualquier institución humana conforme a Derecho. Ni se confunde, en un sentido más estricto, con la concurrencia en el

183 J. C. ALLI TURRILLAS, *Fundaciones y Derecho administrativo*, cit., pp. 257 y ss.

"interés público" particular cuando, bajo cualquier régimen jurídico, actúa como servicio público. Pero pese a esa no-confusión, todo ese conjunto de factores explica y explicita el carácter de interés general que marca el ser y la existencia de la fundación como ente abstracto y de cada fundación particularmente considerada[184].

Es, y con esto cierro esta cuestión, tal finalidad exclusiva de interés general la que determina su existencia y, con ella, impele a los poderes públicos a su autorización, participación y supervisión en todos y cada uno de los momentos y lugares vitales de la existencia de la fundación. Haciéndolo en representación de toda la sociedad, de un modo equiparable —aunque no equivalente— a cómo la participación y representación democrática se inserta en los poderes públicos para supervisar que realizan su fin público propio; y los tribunales lo hacen sobre todos. No olvidemos que también el art. 34 de la Constitución —y seguramente merced a lo delicado de la cuestión— obliga a que cualquier disolución de una fundación —y por tanto del fin general que cumple— sea, finalmente, realizada por los tribunales como árbitros supremos y finales de la justicia como columna vertebral del bien común[185].

Así, tanto la identidad conceptual de la fundación como su régimen interno y de supervisión son factores determinados esa vinculación con el interés general y/o público y, en tal sentido, es preciso no abandonar tal parámetro. Porque todo deriva en la propia identidad formal de la fundación vigente desde hace ya un largo recorrido.

4.5. Los efectos de tal concepción sobre el ser de la fundación

Aunque no resulta pertinente verlo detalladamente, todo lo expuesto nos conduce a entender el por qué de la "readmisión" de las fundaciones en nuestro ordenamiento y cómo este fin general caracterizó el ser de las fundaciones.

---

184 En este sentido, en general (y de modo un tanto confuso), F. García Mengual, *El derecho de fundación: perfiles constitucionales*, cit., pp. 165-175.

185 Piñar Mañas, J. L., "Las fundaciones y la Constitución española", cit., pp. 24 y ss.

En primer lugar, este fin "de interés general" es el elemento conceptual esencial para comprender toda la divisoria que se produjo en el siglo XIX —en la implosión del fenómeno fundacional— entre fundaciones privadas, con vinculación de bienes a unos fines familiares, y las fundaciones de fines benéfico-asistenciales (públicas o privadas), que son las que acabarían configurando el actual fenómeno fundacional. Tras las enormemente complejas vicisitudes que todas sufrirán, únicamente subsistirán aquellas que cumplen un fin público (sanidad, instrucción y la beneficencia, básicamente).

Incluso tales instituciones existirán, al principio, con recelos, aunque pronto llegará la aquiescencia y, finalmente, con su recepción explícita, aún cuando estuvieran en manos privadas. Pero, además, ese tipo de personas jurídicas fundacionales serán, cuando quedan bajo manos públicas, el embrión de los establecimientos públicos, origen —a su vez— de la administración prestacional de servicios públicos y, en concreto, de una importante Administración institucional desconcentrada[186].

---

186 R. Parada, *Derecho administrativo*, I, cit., pp. 411-419. En el fondo, dice, se trata de una trasposición incorrecta del término *etablissemet public* francés por el nuestro fundación, aunque ya aquí se aceptaba el primero. La administración "del servicio público" estuvo formada por una amplia miríada de "organismos públicos", cuyo origen, según Albi, estuvo, precisamente en los establecimientos públicos derivados de las fundaciones benéficas. Este autor, en su extensa e intensa obra, trata con gran precisión toda la cuestión del establecimiento público, del que señala muchas ideas interesantes que no podemos recoger. Pero resulta válido, como resumen, aceptar que el "establecimiento público" tiene su origen, precisamente, en el fenómeno de asistencia benéfica y social que era el fin propio de las fundaciones en cierto momento histórico (siglo XIX) y por su *fagocitación* pública. Los entes locales han utilizado (y abusado) de la figura fundacional a lo largo del siglo XX. Pero la utilización de este nombre no puede ocultar otros fines concretos diversos —causas formales—, un aprovechamiento de una figura que no encajaba del todo —pero que era muy dúctil— y, sobre todo, una forma de escapar de la égida pública, embrión de la hoy denominada "huida del Derecho administrativo". Y por último demuestra muy convincentemente que aunque se utiliza el nombre "fundación" nada tiene que ver los establecimientos públicos descentralizados de prestación de servicios públicos locales con las fundaciones —ya las de aquel momento—; por lo que resulta confuso, inapropiado y desacertado llamarlas así. En fin, que no estamos hablando de verdaderas fundaciones, aun cuando los, hoy, organismos autónomos tienen su origen remoto en ellas: F. Albi, *Tratado de los modos de gestión de las Corporaciones locales*, cit., pp. 312, 320 y ss.

Tal identidad permite una explicación cabal a la nota de la perpetuidad del fin fundacional; tal fin —como la energía— no desaparece sino que, si acaso, se transforma. En efecto, nunca finaliza el fin o interés general o público al que la fundación se vincula. Puede desaparecer la fundación concreta por desaparición de su fin específico; pero el fin de "interés general", como elemento teleológico abstracto, siempre se mantiene, lo que hace preciso que los bienes resultantes se mantengan en dicho fin, mediante su adscripción a un objetivo concreto de similar categoría. Por eso la forma concreta, las voluntades y el patrimonio han de ser *estables* con relación a ese fin, *duraderos* para que tenga cierta lógica, pero *limitados* en su propia existencia[187]. En definitiva, el fin es *perpetuo*, no tanto, *permanente*[188].

---

187 O, por lo menos, que se extienda en el tiempo lo bastante como para justificar la creación de una persona jurídica: J. L. LACRUZ BERDEJO y F. DE ASÍS SANCHO REBULLIDA, *Elementos de Derecho civil*, I-2, Bosch, 1990, p. 316; también J. CAFFARENA, "Comentario al artículo 29", en VV. AA., *Comentarios a la ley de fundaciones y de incentivos fiscales*, Marcial Pons & ELE, Madrid, 1995, p. 261.

188 Según sus significados comunes, *perpetuo* significa "que dura o permanece para siempre". *Permanente* es que se "mantiene sin mutación en un mismo lugar, estado o calidad". Parece que todo lo perpetuo es permanente, si bien no todo lo permanente tiene que ser perpetuo. *Durable* o *duradero* significa cuando "*permanece* por un tiempo". Y *estable* significa "que se mantiene sin peligro de cambiar, caer o desaparecer" o "permanece en un lugar durante mucho tiempo" (Todos son significados del *Diccionario de la Real Academia de la Lengua española*, 22ª edición, RALE, 2001). Siendo términos menos precisos, pues hablan de una temporalidad no determinada, parece que los segundos (durable y estable) son más idóneos al tratar de las fundaciones modernas. Sobre todo en la medida en que no se puede entender solo el aspecto patrimonial, sino que ha de entenderse unido al fin. Para FERRARA no es un requisito esencial que el fin fundacional sea permanente, pues cabría una fundación *temporal* para un fin efímero al que, eso sí, tuviese *duraderamente* vinculados una serie de bienes; por lo que lo considera un falso elemento de la persona jurídica (F. FERRARA, *Teoría de las personas jurídicas*, (1915), reed. por Comares, Colección Crítica del Derecho, Granada, 2006, pp. 304-305). Sería aceptable, por tanto, que un fin duradero tuviese vinculados bienes de una manera perpetua. Pero también es admisible que un fin estable tuviese duradera o establemente vinculados bienes. Lo que no resulta ya tan tolerable es utilizar el carácter de *perpetuo* para el patrimonio o el de *permanente* para el fin, por cuanto ambos significan una inmutabilidad imposible. El fin puede ser perpetuo, pero no inmutable (permanente); el patrimonio puede durable o estable, pero nunca permanente o perpetuo.

En segundo lugar, todo ello produce, como nota-efecto, la irreversibilidad o irrevocabilidad de la afectación de la dotación patrimonial de la fundación a tales fines y, por tanto, la imposibilidad de que el fundador o sus herederos recuperen su propiedad. La fundación nace para durar y, así, cumplir su fin. Dice Lacruz que es preciso que la finalidad de la fundación se extienda en el tiempo lo bastante como para justificar la creación de tal persona jurídica[189]. Para Martín-Retortillo:

> *"Si es tan relevante el fin de la fundación, consecuencia de la libertad del fundador, lo es sobre todo desde la perspectiva de que la fundación se mantenga, condición sine qua non para que aquel fin y aquella voluntad lleguen a realizarse. La fundación surge para durar, y durando, realizar el fin previsto. Porque es obvio que si la fundación se disuelve, ya no va a poder realizarse el fin fundacional"*[190].

Tercero, también como nota-efecto, la vinculación de tal patrimonio a otros fines de interés general cuando por cualquier motivo, se extingue la fundación (art. 33 LF).

Finalmente, en cuarto lugar, esta vez como nota orientadora, la necesidad de una mejor protección patrimonial de tales bienes afectos[191].

Atando tales notas, Ruiz Ojeda señala —en idea de fuerte atractivo— sobre reversión de bienes a los particulares una vez extinta la fundación que el "interés general" —la perpetuidad de tal causa final— actuaría como una suerte de persona superior a las manifestaciones de intereses generales de tal o cual fundación[192]. Lo cual

---

189 J. L. Lacruz Berdejo y F. de Asís Sancho Rebullida, *Elementos de Derecho civil*, cit., pp. 316-317; también J. Caffarena, "Comentario al artículo 29", cit., p. 261.

190 L. Martín-Retortillo, "El inequívoco sentido de permanencia de las fundaciones" en *RAP* 89 (1979), p. 327.

191 Cuestión que llevó a R. Parada a propugnar la demanialización completa de los mismos y su posible garantía penal como bienes públicos impropios: "Las fundaciones desde el Derecho público", cit., pp. 140-141.

192 De tal manera que cuando una de ellas acaba, su patrimonio resultante revierte al ese "interés general" que lo redistribuye entre *otros* concretos intereses generales: A. Ruiz Ojeda, *La ejecución de créditos pecuniarios contra entes públicos. La responsabilidad contractual de la Administración y el embargo de dinero público*, Universidad de Málaga, 1993, pp. 16 y ss.

abona la necesidad de personificación del papel de contraparte del negocio que realiza el Estado, vía Protectorado-Registro.

La cual permite la indagación de si existe cierto gobierno colegiado o co-gobierno entre el protectorado y patronato en y a lo largo de la vida fundacional —o, si se adopta una visión estática, sobre la estructura de gobierno fundacional—[193]; el cual vendría abonado por dos ideas: a) El concepto fundacional tan sólo habla de la necesidad de una organización. Esta es imprescindible y es parte de la fundación, pero no hay ningún modelo histórico consolidado y, por lo tanto, serían válidas formas extrínsecas o intrínsecas de supervisión. Y b) tampoco la tiene, por la misma razón anterior, que establecer un único modelo, pudiendo elegir diversas opciones entras las que se propongan según la diversa tipología de fundaciones posibles[194].

Más, como resulta problemático y dificultoso hablar de tal régimen de cogobierno, que no encuentra aquí, actualmente, un molde conceptual idóneo, al menos se podría consolidar la idea de relación jerárquica o de tutela, tal y como fue aceptado tempranamente por nuestra jurisprudencia[195]. Tampoco es fácil encajar este sistema de tutela, intervención, control y policía en los moldes dogmáticos presentes, por estar todos ellos muy preformados[196]. Por eso, en pu-

---

193 Por eso, *de lege ferenda* sería precisa una mayor imbricación entre ellos precisamente para hacer más efectivo este cogobierno que incluso podría adoptar fórmulas importadas de otros moldes organizativos (Administración corporativa, Administración institucional), tal y como señala R. Parada, "Las fundaciones desde el Derecho público", cit., p. 147.

194 De hecho había muchos modelos antes de la Ley de Fundaciones de 1994, diversos según la norma, el tiempo histórico de su nacimiento y la propia fundación a la que se dirigía, tal y como puede verse en U. Valero Agúndez, *La fundación como forma de empresa*, cit., pp. 373 y ss. Y, en cambio, la ley optó por uno de ellos, abandonando los demás.

195 SSTS de 22 de octubre de 1957 y de 6 de junio de 1987. Así lo sostiene, también, J. A. García-Trevijano Fos, *Tratado de Derecho administrativo*, II, volumen 1, 2ª edición, Edersa, 1971, pp. 426 y ss.

196 En este sentido es un término que rechaza la STS de 17 de abril de 1979, por entender que la tutela es una relación "reservada a la ejercitada de forma interorgánica y jerárquica, o con relación a entes de la descentralización funcional o administración indirecta". Aunque, a continuación, entra en contradicción con esta afirmación al señalar que los poderes que ejercita el protectorado son "casi tan rigurosos como los que constituye la natural tutela que sirve de nexo entre la Administración central del Estado y los establecimientos públicos".

ridad, ni podría hablarse de tutela, ni de fiscalización, ni de policía o limitación.

Es decir, descartando tal visión, estamos ante una forma de participación público-privada que, abonada en esta compleja naturaleza de la relación del interés general con las fundaciones, deviene, una vez más, en una tierra en continua exploración. Podemos ampararnos en la afirmación de GARRIDO FALLA, quien señala que fenómenos como el presente "seguramente autorizan a una revisión de las categorías jurídicas generales"[197].

* * *

Entonces, finalmente y como conclusión de este epígrafe 4, ¿cómo circunscribimos, a la par que circundamos, el factor del interés general en las fundaciones? Mi propuesta es hacerlo con estos parámetros, expuestos en modo muy telegráfico y con un orden pretendidamente cabal:

1) Sin fines constitucionalmente impropios (ilícitos o prohibidos); como parámetro negativo.

2) Sin fines privados o de interés privatístico; sentido altruísta y/o benevolente.

3) Con una suficiente indeterminación colectiva de su objetivo; no reñida con una concreción de su fin.

4) Sin reparto de beneficios entre las personas que forman parte de la estructura organizativa; sentido filantrópico.

5) Con una patrimonialización flexible, pero dirigida a tal fin de manera efectiva.

6) Bajo parámetros de proporcionalidad, tendencia a la gratuidad y universalidad en la prestación a la que su fin se dirige.

7) Con mecanismos de transparencia y responsabilidad pública en el cumplimiento de sus fines, su patrimonialización y su gobierno.

8) Acomodada con gradualidad a posibles beneficios fiscales, bajo su específica supervisión, según el fin público que prestan.

---

197 F. GARRIDO FALLA, "La acción administrativa sobre la beneficencia privada y en especial sobre las fundaciones de ese carácter", en *Centenario de la Ley del Notariado,* Sección 3ª, volumen IV, DGRN, 1963, p. 376.

En el fondo y como debiera explorarse con mayor intensidad, se trata de valorar ese parámetro de "interés general" en todos los componentes de la fundación: los finales (la intención) —1, 2 y 6—; los subjetivos (la persona jurídica) —3 y 4—; y los materiales (patrimonio y estructura-organización) —5, 7 y 8—.

5. EL NEGOCIO JURÍDICO DE LA FUNDACIÓN: ¿UN NEGOCIO UNILATERAL PRIVADO?

5.1. El planteamiento de la hipótesis: el negocio jurídico fundacional como indicio de su peculiar naturaleza público-privada

Analizadas las razones y causas externas de la presencia de este sistema público de supervisión y control sobre las fundaciones, hemos visto como todas ellas concurren en el interés general como *causa causarum*. Las causas externas serían, pues, las manifestaciones —y a veces tangenciales— que, de por sí, no justifican la intervención; aunque sean matrices de esa causa principal, de calado más identitario. El fin general que cumplen las fundaciones y, consecuencialmente, las notas que se derivan de este, incluyendo todas las líneas de convergencia con otras fórmulas e instituciones jurídicas: singularmente la permisión de la perpetuidad existencial de la fundaciones; las conexiones con la idea del servicio público; la irrevocabilidad de los bienes fundacionales, etc.[198].

De esa principal causa, deriva otra subsecuente, que ahora voy a analizar. Se trata de una causa que resulta más concreta en cuanto a la operativa jurídica: la discusión en torno a cómo es el negocio jurídico constitutivo de la fundación desde tal premisa del interés general. Discusión teoricista que, no obstante, tiene indudables efectos jurídicos en caso de conflictos constitutivos y de la operativa de cada fundación. Está, en todo caso, vinculada a la elucubración —en modo alguno irreal o falta de efectos— que ha sido expuesta, acerca del interés general y la concreción de tal interés en los fines peculiares que realiza cada fundación.

---

198 L. MARTÍN-RETORTILLO, "El inequívoco sentido ...", cit., p. 34.

Ambas son las razones profundas que, junto con todas las 'no-razones' —pero sí consecuencias—, de tal intervención pública, concurren, al fin y a la postre, en la aparición de un ente público-supervisorio.

En efecto, la aparición del protectorado manifiesta y, a la par, exige la necesidad de cuestionar su presencia e modo más radical que su mera presencia física. En tal sentido, SAINZ MORENO señaló con acierto y muy tempranamente que la posición del protectorado evocaba, *«quizá el tema central de la ordenación jurídica de las Fundaciones privadas sea el de determinar el valor que respectivamente tienen a lo largo de su existencia la voluntad del testador y el interés público»*[199].

Es, pues, en la presencia de tal órgano de supervisión —de este o de cualquier otro que existiera (como el que propondré al final)—, donde convergen tres factores: el "interés general", como elemento teleológico; la organización como ente-jurídico real; y el negocio jurídico constitutivo de la fundación, como fórmula procesal-constitutiva. Habiendo analizado ya primera, considero importante evaluar la tercera para entender este segundo. Dicho de otra manera. La evaluación de cómo sea este negocio a la luz de la presencia de un órgano que vela por el interés público, nos dará las claves finales determinantes a la hora de justificar, con más solidez, la presencia supervisora pública. En tal sentido, propongo como hipótesis que tal presencia *interna* es parte inescindible de la institución. Lo que, en pura lógica, constituye un hecho de tal naturaleza que se convierte en un factor radical en el ser y la vida de la fundación.

Todo ello, dada la magnitud de la hipótesis, exige iniciar la exposición evaluando las características del negocio jurídico fundacional tal y como ha sido tratado por la doctrina civil. Si bien omitiré muchos detalles y aspectos para centrarme solo en las consecuencias que resultan decisivas en el objeto del análisis planteado[200]. Tal análisis exige caminar por varios lugares. Primero estudiar el carácter unívo-

---

199 F. SAINZ-MORENO, "Fundaciones benéficas: algunas consideraciones sobre la intervención del protectorado y la voluntad del fundador", en *REDA* octubre-diciembre 1979, pág. 651.

200 Un análisis mucho más completo de todo este proceso negocial y sus características y efectos completos ha sido expuesto en J. C. ALLI TURRILLAS, *Fundaciones y Derecho administrativo*, cit., pp. 342-406.

co del negocio fundacional; de lo que deriva si tal negocio es unilateral o bilateral y, consecuencialmente, si es recepticio o no. Segundo, examinar las consecuencias derivadas de tal naturaleza y su crítica, analizando qué otras notas configuran el negocio y dan prueba de su naturaleza mixta.

5.2. Análisis (breve) de la naturaleza del negocio fundacional como prueba de su carácter mixto

5.2.1. La univocidad o unicidad del negocio fundacional

Bajo la visión tradicional, tanto la dotación patrimonial como la propia la determinación de fin fundacional y, así, el otorgamiento de la personalidad y establecimiento de la organización son requisitos ineludibles y totalmente imbricados —conceptualmente imbricados— para que nazca la fundación. Lo son de un modo, en cierto sentido, autónomo a cualquier otra voluntad que no sea la de quien forma la fundación[201]. Todos esos elementos se manifiestan conforman *por obra de la historia y de las leyes* en la voluntad del fundador, que establece un negocio *inter vivos* o *mortis causa* para la creación de la fundación[202]. En tal sentido estaríamos ante un negocio calificable como único y unívoco, pues no se divide pese a conformarse en varias fases o pasos escalonados en un iter complejo.

Por lo tanto, para esa doctrina, mayoritaria en el ámbito civil, estamos ante un negocio único y autónomo. Así, la participación de "lo público" —el Estado o cualquier autoridad derivada— ni reconfigura su naturaleza propia, ni forma otro negocio aparte de tal negocio fundacional único y primigenio, ni tampoco actúa en una fase posterior que valide tal negocio. De hecho, dirán, sus los efectos de su participación retrotraen la constitución fundacional final, con la

---

201 La determinación del fin configura el resto de elementos a su derredor, unificándolos para hacer nacer la figura fundacional. El fin (causa final), marca la destinación y "el efecto patrimonial atributivo queda incluido e incorporado a la destinación", siendo preciso para ello que se genere una organización para su gestión y que, todo ello, se dirija a la vida, para lo que necesita la personalidad jurídica que otorga el Estado (J. J. López-Jacoiste, "La fundación y su estructura a la luz de sus nuevas funciones", cit., pp. 596-606).

202 U. Valero Agúndez, *La fundación como forma de empresa*, cit., p. 268.

autorización-otorgamiento de la personalidad, precisamente a ese momento negocial único[203].

Algunas voces, adicionalmente, señalan que la necesidad del otorgamiento de la personalidad jurídica es una fórmula —evaluada según diversas formas—, tal solo precisa para permitir la vida fundacional; pero, normalmente, como un elemento *extrínseco*, ajeno, al propio ser fundacional[204].

Tal visión está lejos de ser real. Como debemos tener ya claro por haber aparecido en el epígrafe anterior, para que la fundación pueda iniciar su actividad debe plantearse, de inmediato, la existencia de un fin público o general determinado —o concretado, mejor— en la ley. Para ello, la intervención pública —con diversos nombres, de diversas maneras y con diferentes formas—, siempre ha estado en ese momento inicial desde que la fundación es una figura modal clara y distinta. No hay otra posibilidad. De hecho, GARCÍA-TREVIJANO señalaba al decir que tal existencia y, en consecuencia, este otorgamiento de la personalidad liga irremediablemente a las fundaciones al Estado y al Derecho público[205]. Luego, además y como también vimos, aunque derivadamente de ello, el poder público establece otras muchas formas de intervención: supervisión del fin público y de la dotación, registro, clasificación, protectorado, fiscalidad, etc.; cuyas actuaciones tienen lugar en el periodo de la fundación naciente y en su desarrollo. Pero no cuando ya existe sino cuando quiere desarrollarse.

Pero de toda la visión antes expuesta no se deba colegir que la fundación sea —en cuanto característica general predicable abstractamente de tal— una institución cuyo negocio formativo sea unilateral. Máxime cuando no pocas veces se confunde unicidad con la unilateralidad del negocio. Pero, como vamos a ver, unicidad y unilateralidad no son lo mismo; por eso considero que más allá de

---

203 Por todos, REAL PÉREZ, DURÁN RIVACOBA (ALLI TURRILLAS, *Fundaciones y Derecho administrativo*, p. 342-343).

204 Véase las posiciones de CAFFARENA o RUBIO TORRANO (ALLI TURRILLAS, *Ibidem.*, pp. 343-344).

205 J. A. GARCÍA-TREVIJANO FOS, *Principios jurídicos de la organización administrativa*, IEP, 1957, p. 152.

posibles confusiones, en realidad no de debe poner en duda la univocidad o unicidad del negocio, sino su unilateralidad/bilateralidad.

Así las cosas, son varias las preguntas que debemos hacernos. De un lado ante tal presencia pública exigida para su propia constitución —y por tanto existencial, además de operativa— cabe preguntarse, como hipótesis, si es cierto que la fundación nacerían de un acto de liberalidad del fundador de carácter único o unívoco. O, por el contrario, si esa presencia de otro sujeto, el público, pudiera ser indiciaria de una naturaleza bifronte, bilateral, bipolar en la constitución y operatividad de la fundación. Adicionalmente cabría preguntarse qué posición ocupa la fase de aceptación y *personalización* y, con ella, la intervención pública, en el caso de que hablemos de la unicidad: ¿Es parte, también, unívoca o es otra fase temporal?

5.2.2. La unilateralidad del negocio fundacional

a) La posición de la doctrina civil acerca tal característica

En el momento actual y en las décadas que nos han precedido, ha sido prácticamente unánime la idea de que estamos ante un negocio unilateral: existe esa única voluntad del fundador que determina todo: el impulso inicial, el fin y bases estatutarias, la dotación y el proceso-negocial[206]. Lo fundamental para tal doctrina es la libre voluntad del fundador quien, bajo el amparo del art. 34 del Código civil, determina toda la vida de la fundación. De modo y manera, que todos los demás elementos son accesorios y, en gran medida, derivan del acto de liberalidad que produce tal voluntad.[207]. Tal doctrina, fraguada entre finales del siglo XIX y comienzos del XX se fue transmitiendo de forma acrítica; durante un periodo en el que las fun-

206 Aunque, algo tímidamente, y a los efectos del examen de la *conditio pendet* para las fundaciones "a fe y conciencia" se manifiesta en contra de esta unilateralidad, calificándola de "artificiosa": J. A. del Campo Arbulo, "Las fundaciones a fe y conciencia en el ordenamiento jurídico español", en *La Ley* de 6 de junio de 1995, p. 2.

207 Puede analizarse, en detalle, las posiciones civilísticas de la segunda mitad del siglo XX, frente a las nuevas provenientes del Derecho público y del mercantil, en F. García Mengual, *El derecho de fundación: perfiles constitucionales*, cit., pp. 110 y ss.; y Alli Turrillas, *Fundaciones y Derecho administrativo*, cit., pp. 342 y ss.

daciones eran, en efecto, entes muy libres. Muchos estudios civiles modernos tan solo repiten miméticamente la afirmación de VALERO AGÚNDEZ en el estricto sentido de que la unilateralidad del negocio fundacional "no ofrece problema alguno"[208].

No fue esta la doctrina aceptada en otros momentos también muy tempranos. Al parecer, pues su rastro ha quedado desvanecido, en la doctrina civil llegó a existir la concepción según la cual el negocio fundacional era un negocio bilateral. De un lado estaría el acto fundacional promovido por fundador-persona, de naturaleza puramente patrimonial; y de otro el Estado como sujeto representante de la fundación-institución como ente abstracto, aún por erigirse, formado por un fin en pro del bien común (KARLOWA)[209]. Estaría imbuida, de seguro, con las concepciones ilustradas y revolucionarias francesas (TURGOT, MIRABEAU, LAPRADELLE), según las cuales la fundación en un puro negocio *recepticio* de donación o legado al Estado para atender a cierto fin; lo cual permite la constitución de cuerpos privados como delegados del Estado o simples distribuidores de una facultad pública (o, mejor dicho, *publificada* por obra de la Revolución)[210].

Aunque dada la falta de justificación y apoyo que suscitó modernamente, parece que esta visión bilateral desapareció debido a un *freudiano* deseo de remarcar claramente que lo importante, una vez más, es la pura voluntad del fundador y la autonomía del negocio fundacional[211].

---

208 U. VALERO AGÚNDEZ, *La fundación...*, cit., pp. 12 y 266.

209 R. BADENES GASSET, *Las fundaciones de Derecho privado*, cit., p. 122.

210 Aunque son concepciones más doctrinarias que doctrinales. TURGOT, en DIDEROT Y D'ALEMBERT, *Encyclopédie ou Dictionnaire Raisoneé des Sciences, des Arts et des Métiers*, tomo VII (FO-GY), Paris, 1757, pp. 106-109; MIRABEAU, recogido en G. DE LAPRADELLE, *Théorie et practique des fondations perpetuelles*, París, 1895, pp. 441 y ss. Tal doctrina es recogida, de un modo brillantemente crítico, entre nosotros con respecto al Derecho societario por J. GIRÓN Y TENA, *Derecho de sociedades*, tomo I, GT, Madrid, 197, p. 45. En tales concepciones se aceptaba, al menos, que el Estado *recepciona* la voluntad privada (DEJUST, De LAPRADELLE, ROMANELLI). Por todos, V. Mª. ROMANELLI, *Il negozio di fondazione nel Diritto privato e nel Diritto publico*, Nápoles, 1935, pp. 88 y ss. Así aparece en Francia (art. 18 de la Ley 90-559, de 4 de julio de 1990, sobre fundaciones).

211 Por todos: V. DE PRIEGO FERNÁNDEZ, *El negocio fundacional y la adquisición de personalidad jurídica de las fundaciones*, Universidad Rey Juan Carlos & Dykinson,

Tal doctrina de la unilateralidad olvida, casi sin matices, la continua aparición de *la* voluntad pública, manifestada en el registro, el otorgamiento de la personalidad jurídica, la recepción negocial, su autorización y la parición del protectorado. Para ellos tan insignes y determinantes momentos no son ni razones ni motivos suficientes como para vislumbrar, de un modo u otro, que pueda existir una voluntad diferente *en* —o dentro del— el propio negocio; la cual daría lugar a al debate sobre la bilateralidad. Tal presencia sería, para ellos, una suerte de actuación *entrometida* que, por un impuesto imperativo legal, debe limitarse prácticamente a *consentir* la aparición de tan *perfecto* negocio privado[212]. Se rechaza, así, la naturaleza presente de una verdadera voluntad detrás de la aparición del poder público. Sin considerar siquiera por un momento la radicalidad de tal presencia como prueba de una civilización perdida.

En gran medida, y como voy a ir desglosando un poco más, textos que sostienen la pura unilateralidad parece que, en realidad, confunden tal bilateralidad con el antes señalado carácter unívoco o unifásico del negocio[213]. Aunque el hecho de que sea un negocio único no empece su bilateralidad.

2004, pp. 237 y ss.

212 L. Ennecerus, *Tratado de Derecho civil*, tomo I, 1943, p. 508; I. Nart, "La función", cit., p. 496; U. Valero Agúndez, *La fundación como forma de empresa*, cit., pp. 265-266; M. Albadalejo, *Derecho civil*, I, cit., p. 406; J. Badenes Gasset, *Las fundaciones de Derecho privado*, Eds. Acervo, 1977, p. 59; y J. Caffarena, *El régimen jurídico de las fundaciones*, Ministerio de Asuntos Sociales, Madrid, 1991, p. 42.

213 Este es el problema de los estudios de L. Linares Andrés (*Las fundaciones. Patrimonio, funcionamiento y actividades*, Tirant lo Blanch, 1998, pp. 54-55) y de Serrano Chamorro (*Las fundaciones: dotación y patrimonio*, Civitas, 2003, pp. 65 a 83-84) quienes, además de copiar literalmente las ideas de Valero Agúndez y de Caffarena, no las justifican, cómo estos últimos hicieran. Ni siquiera parecen comprender la diferencia entre las dos fases y las dos lateralidades en el negocio, lo cual induce a una profunda confusión al leer su estudio. Más recientemente —y siempre con las mismas palabras: "superadas las teorías bilaterales"— nos encontramos esta visión en H. Pérez Castaño, "La personalidad jurídica de las fundaciones", en *Tratado de Fundaciones*, t. I, Bosch, Barcelona, 2007, pp. 359-360. Lo llamativo en que nadie explica por qué están superadas y todos chocan, además, con la presencia del poder público en el registro, autorización y protectorado para aceptar el pretendidamente *perfecto* negocio jurídico privado del fundador.

* * *

No obstante esa aparentemente pureza de la unicidad-unilateralidad, unas veces directamente manifestada como cualidad, otras consecuente de una definición muy privatista y autonomista de la fundación, es lógico que orbite cierta sombra de duda cuando se aprecia la importancia, esencial y existencial, que deriva del otorgamiento de la personalidad por parte de la autoridad pública en razón del único fin posible: el de interés general. De hecho, como apuntara muy tempranamente, entre otros GARCÍA-TREVIJANO señaló que la forma fundación —como, entonces, la de corporación— deben estar aceptados por el Estado y, por eso, quedan ligados a través de una relación de Derecho público[214]; opción radical que transformaría la relación jurídica de modo mucho más profundo al que existe hoy día (pero que puede decirse no es el que el art. 34 de la Constitución acogió).

Decía que esa sombra de duda ha existido. Así, ALBADALEJO señaló que *"mientras la inscripción no se da, no alcanza personalidad la fundación lo mismo sea fundación no constituida en testamento no elevado todavía a documento público, que fundación constituida en escritura pública aún no inscrita, que fundación no creada todavía sino simplemente ordenada crear"*[215].

Adicionalmente, el propio VALERO AGÚNDEZ expone en una nota —a continuación de su aparente aceptación de la unilateralidad—, unas consideraciones de enorme interés. Pues aún cuando sostuviera que el elemento público no determinaba el modo (unilateral) de ser fundacional, esto ocurre… *"En aquellos ordenamientos, que, como el nuestro, no requieren la aprobación del Estado para que la fundación quede constituida* [situación que, de un modo tenue, existía cuando VALERO publica su libro, pero que dejó de ocurrir, ope lege, en 1972, consolidándose con la Constitución de 1978 y quedando confirmada en

214 J. A. GARCÍA-TREVIJANO, *Principios jurídicos de la organización administrativa*, cit., pp. 152-153.

215 M. ALBADALEJO, *Derecho civil*, tomo I *, cit., p. 419. Pero esto, como veremos, no es del todo cierto porque no es lo mismo que la fundación esté en la mente de alguien a que exista un negocio de creación, pese a que no se haya reconocido todavía por el poder público. Ahora vamos a verlo. Reconozco, por tanto, el papel determinante del Estado —no he parado de insistir en ello— pero por otras razones

las Leyes de fundaciones de 1994 y 2002]. [Pero] *En los ordenamientos en los que esto no sucede, también se considera unánimemente al negocio fundacional como una manifestación de voluntad unilateral,* planteándose entonces la necesidad de calificar la relación entre el acto administrativo de aceptación y la declaración de la voluntad privada"[216]. (Los subrayados y los corchetes son míos).

Es decir, en los ordenamientos que, como es el nuestro desde la Constitución y las sucesivas Leyes de fundaciones, tal voluntad pública concurrre y existe, es exigible examinar la naturaleza y posición de tan importante factor como es la intervención con respecto a la fundación como (pretendido) ente autónomo y negocio unilateral perfecto. Es decir, si existe una aprobación por parte del Estado, esto nos obliga a evaluar bilateralidad o, al menos, a explicar y justificar cabalmente cómo es —su naturaleza jurídica— y por qué existe esta otra voluntad concurrente. Cosa que, como estoy señalando, la doctrina civil olvida hacer pese a la fuerza y consistencia de los hechos y de las leyes.

b) Una reflexión que los hechos plantean a tal doctrina

Aunque esto hubiera podido ser como pretendía tal doctrina, tal situación cambió profunda y radicalmente en 1994 y 2002, en las sucesivas leyes autonómicas y en la Ley de fundaciones bancarias de 2012. En todas ellas —quizá salvo la normativa foral de Navarra[217]—, la voluntad del Protectorado y del Registro correspondiente constituyen un elemento esencial en la propia constitución y vida de la fundación. Y así se ha consolidado paulatinamente en la recepción doctrinal de los cambios con respecto a la gobernanza de las fundaciones, los cuales hacen pivotar las fundaciones sobre este acto soberano de creación pública.

En tal sentido, lo importante no es tanto el hecho de que existan muchas maneras de supervisión/control público sobre el funcionamiento operativo de las fundaciones y el uso de su patrimonio. Lo

---

216 U. Valero Agúndez, *La fundación...*, cit., p. 266.

217 Domingo Oslé, F., "Régimen jurídico de las fundaciones en Navarra", en *Tratado de fundaciones* (coord. Rafael de Lorenzo García, José Luis Piñar Mañas, Teresa Sanjurjo, José Ramón Barrera Hernández), Aranzadi, 2010, pp. 613-638.

importante es situarse en el momento en el que tal fundación pretende existir y constituirse; el momento de tránsito del *in fieri* al *in facto esse* de la fundación y, por tanto, de su propia esencia, previa a su existencia (pero también en esta última). Por eso este factor es determinante a la hora de considerar la posición del factor público y, por ende, de la Administración o poder público que lo represente. No pudiendo soslayarse este debate del propio del ser fundacional.

En efecto, entre la idea-intención —la *ilusión*— del fundador y el subsecuente otorgamiento de la escritura pública y, con ella y concatenadamente, de la constitución completa fundación, concurre —de facto y de iure—, otro elemento imprescindible que actúa sobre ese mismo fin y existir de la fundación. Este paso y elemento crucial se produce mediante la convergencia jurídica de dos voluntades: *Primera,* como he dicho, la del fundador que la establece en el negocio fundacional previsto en la ley (arts. 8 a 11 LF). Y *segunda,* e ineludible, la del Estado (arts. 4, 11. 2, 13, y 33, 34 y 36 LF), el cual autoriza el registro y admite la dotación patrimonial de la fundación, otorgándole la personalidad jurídica válida, mediante un único acto administrativo *complejo* y *reglado de tracto sucesivo*[218]:

- El Protectorado analiza el interés general de la fundación y la suficiencia en la dotación e informa "preceptiva y vinculante" al registro para su inscripción (art. 35 a) LF).
- El Registro, a su vez doblemente, inscribe la fundación si el Protectorado informa positivamente y si cumple los requisitos formales y documentales —entre los cuales está la forma constitutiva— exigidos y, con ello, le otorga la personalidad (o no lo hace si no es así: art. 11. 2 LF *in fine,* y 37. 5 LF, como ense-

---

218 Hay un acto porque, pese a que existen dos órganos administrativos diferentes (registro y protectorado), que actúan conforme a sus propias normas, estas están recogidas en la Ley de Fundaciones y reguladas por la Ley 39/2015 y se refieren a un único objeto: el registro constitutivo de la fundación con su otorgamiento de la personalidad. El protectorado informa sobre la dotación y la finalidad y el registro aprecia si cumple los requisitos de constitución y dotación. Si así se hace el acto es único: se registra la fundación. Sobre los actos administrativos, cfrs. F. González Navarro, *Derecho administrativo español ***,* Eunsa, 1999, pp. 304 y ss.

guida vemos). Es decir comprueba los elementos formales, las cláusulas y, por esta vía, la propia legalidad de la fundación.

- Corresponde, también, al Protectorado la determinación de la necesidad de acrecentar —y evaluar su montante si es en bienes no pecuniarios— la dotación si esta es insuficiente y garantizarla durante su periodo de formación (art. 35 letras b, c, e, y f) LF).
- El Registro puede pedir la subsanación, suspender o denegar dicha inscripción.
  - La cualidad de tal informe es que es preceptivo, vinculante y *paralizante* del proceso; su ausencia como tal requisito de validez hace el negocio nulo de pleno derecho y, a más, su silencio es negativo.
  - Si el "fundador" —sea cual sea su naturaleza— no se está conforme, puede acudir a la jurisdicción contencioso-administrativa, otra prueba de que esta segunda voluntad es una manifestación jurídica plena, no algo meramente colateral.

Si solo hay voluntad de uno —el fundador—, pero no de otro —el Estado—, simplemente no hay fundación. Sin tal actuación del poder público, por tanto, no hay inscripción, no hay personalidad, no hay fundación[219]. Por eso no hay una fuente autónoma de obligaciones, como hubiera ocurrido en el caso de ser un ente formado mediante negocio unilateral; cosa que ninguna norma actual ni sentencia contempla.

En tal caso, las consecuencias con respecto a los bienes que iban a dotar esa fundación es que estos no entrarían, por tanto, bajo el régimen de reversión por extinción del art. 33 LF, ni tampoco bajo el régimen provisional previsto para las fundaciones "en proceso de formación" del art. 13 LF. Es decir, ni revierten ni se retrotraen, sino que se reintegran en su patrimonio. No se construye el negocio jurídico,

---

219 "El reconocimiento no es simple legalización del sustrato, no es el *nulla osta* oficial frente al ente ya formado, o un registro de su nacimiento, sino que es concesión de personalidad, creación del sujeto jurídico (…)": F. Ferrara, *Teoría de las personas jurídicas*, cit., pp. 525, entre otras; y F. Capilla Roncero, *La persona jurídica: funciones y disfunciones*, Tecnos, 1993 pp. 61-62.

completo y perfecto que la ley prevé, motivo por el cual no entran en juego ni la irrevocabilidad, ni la retroactividad ni otros efectos.

Esta visión postura arrumba las antiguas teorías sobre la naturaleza del acto de inscripción en relación con el negocio: a) inexistencia de figura alguna antes de su inscripción (no es válida porque la inscripción no es constitutiva); b) condición suspensiva del negocio fundacional (no hay negocio hasta su perfección bilateral); c) *condictio iuris* o requisito de eficacia legalmente establecido (la aceptación-inscripción no es una condición, es un elemento esencial); d) la inscripción confirma una personalidad ya reconocida, aunque solo fuese de manera provisional y limitadamente (tampoco es correcto, porque la inscripción no es el momento clave)[220]. Si el negocio es bilateral y único —como mantengo—, entonces no es precisa ninguna de estas posturas, pues es simplemente la unión de la otra voluntad precisa para que el negocio exista plenamente con la adquisición por la fundación de la personalidad jurídica.

Desde tal perspectiva, tanto la dotación, como el patrimonio, como todo el régimen de donaciones —y, al fin y a la postre, el gobierno fundacional conforme a tales medios y según el fin fundacional, la voluntad del fundador y los estatutos— requieren una continua actividad *policial*. Esta será de mera comunicación unas veces, y otras muchas, las más importantes, de inspección y autorización. Porque es a partir de esa concurrencia de voluntades cuando se produce no solo el negocio, sino, en consecuencia, el ente fundación. Siendo una parte de la doble voluntad en juego en el ser y existir de la institución fundacional para siempre. Por todo ello también entendemos que no existe la fundación irregular y sí, en cambio, esa suerte de fundación "en proceso de formación", tal y como la reconoce la LF[221].

c) Las objeciones a la bilateralidad y su respuesta

Pudiera objetarse, en primer lugar, que el Estado no cuenta con esa capacidad negocial autónoma y diferenciada, por no estar *expresamente* reconocida o no constituir un acto negocial particularizado. Menos aún, por tanto, la tendría un determinado órgano interno de

---

220 Sucintamente cfrs: A. PÉREZ REAL, "Las fundaciones en proceso de formación", en *Derecho Privado y Constitución* 8 (1996), pp. 205 y ss.

221 A este particular le he dedicado un análisis completo en el apartado señalado de: J. C. ALLI TURRILLAS, *Fundaciones y Derecho administrativo*, cit., pp. 353 y ss.

la Administración pública, cual fuera el protectorado o el registro (aunque la actual configuración de un registro y protectorado únicos dota de una mayor "organicidad" administrativa estricta, frente al supuesto anterior en el que cada Registro y Protectorado eran una sección/subsección dentro de la SGT de cada Ministerio).

Si cada Administración territorial, así establecida, "actúa con personalidad jurídica única" según el art. 2 Ley 40/2015 y no está expresamente recogida como tal órgano con personalidad ni el Registro ni el Protectorado (nacional) único de fundaciones[222], esta voluntad particularizada no existiría. Además, se señala, ninguna norma permite vincular al Estado en cada uno de los negocios *privados* fundacionales como representantes sin que esto estuviera bajo el régimen derivado de la compleja normativa de contratación pública (en su caso a través de conciertos o convenios, como apuntaré luego). Sería, por tanto, un efecto normativo y general, un poder general de regulación/intervención general que es indistinguible de todo los demás que tienen los poderes públicos; pero que no casa bien con este singular sistema supervisor tan específico y radical que, de hecho, tiene el poder público sobre las fundaciones. Poder, además, que no lo es tanto sobre la actividad y su prestación —que también— sino sobre la propia figura institucional, desde su élan hasta su ser (y, por eso, su quehacer).

Cabría, en segundo lugar, otra objeción subsiguiente: ¿Se puede hablar de voluntad en la actividad registral *reglada* que ejerce la Administración pública? Cuestión que nos llevaría, irremediablemente, a analizar la continuación de actos administrativos derivados de ese momento; en los cuales entra el examen del fin público, la documentación pertinente, el gobierno, el patrimonio, etc.; todo ello obra del protectorado correspondiente (estatal o autonómico, centralizado o por áreas).

---

222 Esta idea normativa es, para algunos autores, un mito que no resiste ya ninguna crítica, pues la realidad manifiesta que —con excepción de la respuesta patrimonial a la responsabilidad aquiliana— la Administración actúa con múltiples personalidades, casi tantas como órganos tiene. Y eso por no hablar de su desconcentración funcional y otros múltiples factores distorsionadores de ese principio. J. A. Santamaría Pastor, *Principios de Derecho Administrativo*, I, cit., pp. 342 y ss.; y R. Parada Vázquez, *Derecho administrativo*, II, p. 29.

Pues bien, respondiendo paulatinamente a esas objeciones, la voluntad pública es perfectamente capaz de comprometerse con otra voluntad privada y, de hecho, lo hace. Cosa que ocurre por varias razones y según su propio régimen. *Primero,* porque así lo prevé la ley (y todo fin y elemento negocial trae causa de la ley[223]). *Segundo,* porque no se trata de un contrato —público o privado— con tráfico de bienes ente ambas partes, sino de la aceptación de creación de una institución en el mundo jurídico establecida por una ley que exige la revisión del interés general que cumple la fundación y que, a tal efecto, otorga a la Administración —y eventualmente al poder judicial— su aceptación. *Tercero,* porque actúa con potestad soberana otorgada por razón del fin propio y admisible para constituir tal negocio, formando una voluntad que puede ser debatida y discutida en los tribunales posteriormente.

En efecto, el acto de creación de una fundación se realiza mediante una forma negocial. Pero no es un contrato por cuanto no hay propiamente tráfico de bienes y servicios entre ambas partes. Hay una actuación relacional y jurídica; imprescindible, pero esta no es comercial. Por eso no tiene porque verse subsumido —y de hecho y de derecho nada dice la LF al respecto porque cuanto no es preciso— por ninguna de las leyes de contratos públicos o por las que lo excluyen (vgr. los convenios administrativos de la Ley 40/2015). Pues, en efecto, si existe convenio o concierto —como ocurre en caso de prestación indirecta de servicios públicos de interés general bajo régimen de la normativa social— se trata de un intercambio de 'servicios' bajo tal régimen específico y determinado por normas específicas vinculadas, radicalmente, por la naturaleza y contenido del bien en cuestión —la prestación social (humana)—, su tipología prestaroria, y el carácter vicarial de la fundación a ese específico servicio, dada la naturaleza altruista de esta; pero no al contrario[224].

---

223 Esto lo admite la mayor parte de la doctrina civil, por todos: L. Díez-Picazo & A. Gullón Ballesteros, *Sistema de Derecho civil,* I, cit., p. 462.

224 Comunicación de la Comisión, de 26 de abril de 2006, «Aplicación del programa comunitario de Lisboa. Servicios sociales de interés general en la Unión: https://eur-lex.europa.eu/LexUriServ/LexUriServ.do?uri=COM:2006:0177:FIN:ES:PDF (junio 2023).

En tal sentido, resultan interesante valorar el —amplio, por atractivo, a la par que vago— panorama que abrió la Ley 43/2015 de acción social del Tercer Sector y que se combina en gran medida con los artículos 47.1 y 48.7, ambos de la 39/2015 LRJPAC y el art. 11. 6 de la 9/2017 LCSP. A través de ese amparo —y aunque esté directamente referido a la prestación privada, por el tercer sector, de prestaciones sociales (y por tanto, derivadas de tal servicio público amplio sensu—, se abre la puerta a nuevas fórmulas legales (externalización, concertación, consorcialización y, en su caso, de fórmulas contractuales tipo "in house providing"). Lo interesante, a los más estrictos efectos que estamos estudiando y aún señalando la necesidad de un análisis más pausado y profundo, es también en este caso, la existencia de una formación de voluntades —pública y privada— en la prestación de bienes de interés general en una forma negocial distinta y diferenciada de los contratos puros, públicos o privados; y, por tanto, abundando en la idea de que es posible tal negocio sin compraventa comercial de bienes o servicios, pero con un indudable intercambio de bienes prestacionales, en este caso en pro del bien común.

Tampoco es desdeñable, por estar vinculado a esta contraprestación descrita, la consideración de que la voluntad pública formada por el registro y protectorado tiene, además, un posterior "aliado" en el Fisco, cuando éste evalúa el status fiscal de la fundación y, así, tanto el ser cuanto el cumplimiento de su fin justificativo de interés público. En tal sentido, la fiscalidad beneficiosa se asimila jurídicamente a una subvención indirecta, la cual justifica tal intervención y, también, refuerza el alejamiento descrito en cuanto al régimen contractual, para acercarse al consorcial-subvencional; pues por esta vía se apoya el fin de interés general que presta (y el posible servicio público *virtual* que realice). No siendo de naturaleza contractual, tampoco, esta voluntad del Fisco, en la medida en que tampoco hay una contraprestación monetaria, directa o indirecta a la estructura de la fundación, sino al servicio y/o usuarios que se benefician de él; motivo por el cual, existe tal vigilancia fiscal de que tal prestación se realiza y cómo se hace.

Así, en cuanto a la posibilidad subjetiva de "negociar" y dejando aparte la crítica al mito de la "personalidad jurídica única" y el hecho, ya consolidado, de que la Administración pública sea ya el Sector público (y por tanto el Derecho administrativo encuentre un ámbito expansivo en otras personas cuasi-públicas)[225], el mismo órgano que representa esta competencia está dotado, precisamente, de tal potestad *precisamente en la norma* que acoge las fundaciones y en toda su normativa derivada (tanto a nivel estatal como autonómica); y esto porque la Constitución así lo ha establecido al señalar la admisión de esta figura privada en pro del "interés general"[226], con todo el sentido que ha sido explicitado en el anterior epígrafe.

Finalmente, ¿Se puede negar expresamente que exista tal voluntad pública cuando —pese a que esta sea reglada y tenga un margen de discrecionalidad, en toda lógica, bastante limitado— esté previsto adicionalmente un régimen de recursos ante el juez de lo contencioso-administrativo (al igual que lo está, civilmente, ante los posibles fallos en la formación de la voluntad privada del negocio)?

Parece perfectamente admisible precisamente porque esta voluntad pública también participa ¡y de qué modo! en el proceso obre según sus propios intereses e interpretación de los fines de "interés general". Y así evalúe el patrimonio, los estatutos, la denominación de la fundación, incluso los nombres y cualidad de los futuros miembros del patronato. Esto aunque actúe siempre conforme al principio de legalidad; en tal sentido el órgano judicial revisor que corresponda tiene la competencia para dirimir cualquier controversia que se plantea al respecto.

> En algunos casos —como el previsto en el art. 9. 4, con escritura pública otorgada por el propio Patronato—, la voluntad pública entra incluso en una valoración profunda de *esa* propia voluntad del fundador[227]. Aquí, como en todo negocio bilateral, las personas implicadas

---

225 J. García-Andrade Gómez, "El 'sector público' como referente actual del Derecho administrativo", en *RAP* nº 209 (2019), 175-208.

226 J. L. Piñar Mañas, "El derecho de fundación ...", cit., in toto.

227 La actividad pública no es un acto cerrado, reglado de una manera completa, ni una manifestación puramente formal, declarativa, meramente "receptora", registradora de un acto privado totalmente completo de antemano. Es, sostengo, una verdadera participación en el negocio. Situación que se modeliza a través de un auténtico acto administrativo, con todos sus elementos definitorios. Entre los cuales está la manifestación declarativa de la voluntad pública, de acuerdo con unos elementos reglados en el marco procedimiental previsto, que afecta a la esfera de derechos del sujeto receptivo y controlable por la jurisdicción contencioso-administrativa. Acto reglado y de tracto sucesivo. R. Parada, *Dere-*

tienen sus propios intereses, contrapuestos en ocasiones, que originan conflictos de voluntades, derechos y deberes. Es lógico que, precisamente porque existen ambas voluntades, también exista un sistema de dirimir posibles conflictos.

Con respecto, en particular a la segunda objeción planteada —la relativa a la voluntad pública del y en el Registro de fundaciones— este fue y ha sido de carácter mixto, a caballo entre lo meramente declarativo y un registro constitutivo (administrativo) —no tipo Registro de la propiedad y el civil, claro está— y, como veremos, funciona como uno de los elementos del proceso *constitutivo* y bilateral de aceptación y otorgamiento de la personalidad jurídica que es la cara de la existencia fundacional. En todo caso, el Registro necesita, antes, la voluntad del protectorado en un amplio análisis del fin, estructura y dotación patrimonial de la fundación. Por eso todo está concatenado en un acto sucesivo.

* * *

En definitiva, existe una nítida formación jurídica de la voluntad administrativa porque ésta —la establezca quien la establezca (en este caso la ley, como *casi* siempre en el caso de la Administración pública)— existe y se manifiesta en el acto administrativo de inscripción y subsiguiente otorgamiento de la personalidad tras toda la revisión del ser constitutivo de la fundación. Si no se necesitase tal voluntad, bien podría sustituirse todo por un mecanismo informático —no digamos ya de algoritmos complejos bajo Inteligencia Artificial— de convalidación de documentos en el que no fuese preciso ni que existiese un sistema denegatorio (art. 9. 2 LF), ni siquiera que el protectorado tuviese luego que actuar para revisar la vida operativa de la fundación. O se hubiese dejado en manos de la "escritura pública" otorgada ante notario el otorgamiento de la validez completa de la fundación; o en la apertura de la herencia tras el acta de defunción, aceptada por tal notario. Un registro, de algún tipo, hubiera actuado en tal sentido como mero registro nominal de tipo publicitario.

---

cho administrativo, I, cit., pp. 99-103; F. González Navarro, *Derecho administrativo español,* ***; cit., pp. 540 y ss.

d) Conclusión: estamos ante negocio unívoco de naturaleza bilateral

En fin y a la postre, no hay fundación sin personalidad reconocida en el propio art. 35 Código civil y, sobre todo, en la Constitución; y, así, en toda la normativa sucesiva, estatal y autonómica, de la que las sucesivas redacciones de la Ley de fundaciones constituye su norma básica. Esto aunque haya, no pueda haber, personalidad sin que exista "algo" que lo pretenda y lo que dársela, como admitiría la más básica regla de la lógica.

Para que exista este reconocimiento es preciso que exista una mutual actuación *bilateral*, formada por la (una) voluntad manifestada en el negocio privado y la (otra) voluntad manifestada en acto complejo de naturaleza administrativa que es la forma de constitución de esa voluntad negocial por parte del Estado. Todo ello forma un negocio único en sí, aunque perfectible en un proceso jurídico y temporal complejo de concurrencia de ambas voluntades

> No estamos, por tanto, ante dos negocios que se entrelazan de cualquier otra forma; teóricamente inexistente. La actividad pública no constituye en sí misma otro negocio que se une a la voluntad privada; sino que es una actuación administrativa con voluntad específica y determinada a la concurrencia en ese negocio fundacional. En tal sentido no hay rastros de otro negocio diferente al que inicia el fundador al crear la fundación. Así, cómo forme y exteriorice cada una de las voluntades concurrentes resulta, en gran medida y desde este plano, algo relativamente indiferente. Es de la esencia privada, propia del origen de la liberalidad, hacerlo libremente dentro del marco de la LF y el Código civil; y es de la esencia pública hacerlo regladamente conforme a la normativa administrativa que lo vincula.
>
> El sujeto privado —en ejercicio de su libertad amparada por el art. 34 CE, siempre por este artículo vinculada al "interés general" manifiesta su voluntad mediante la escritura constitutiva; en tanto que, insisto, la Administración —como receptora, esencialmente, de ese "interés público"— establece, a su vez, su voluntad mediante un acto administrativo complejo, de tracto sucesivo y, por supuesto, eminentemente reglado conforme a lo establecido, principalmente, en la LF.

Por lo tanto, no es un negocio unilateral, sino bilateral. A la voluntad del fundador se une, *inmediata* —pese a su posible tardanza, que ese es otro problema— e *irremediablemente*, la voluntad del Estado, a través del poder público que la ley establece[228]. Existen dos sujetos: fundador y Estado; un único objeto: la fundación; y, finalmente, un juego causal: el ordenamiento recoge un fin general, la fundación un fin concreto, y todo un proceso —causa formal— fundacional muy regulado[229]. Doctrina que no algo nuevo pues, como vimos, se vislumbraba claramente en ciertas visiones originarias sobre las fundaciones. Por lo tanto es un negocio jurídico único y bilateral que se realiza en dos fases sucesivas: una privada, sometida al Derecho civil y otra pública, sometida al Derecho administrativo.

5.2.3. Algunas consecuencias en la modelización del negocio fundacional: receptividad, revocabilidad, extinción y modificación del negocio fundacional

a) La revisión del concepto de receptividad a la vista de lo expuesto

Si estamos ante un negocio bilateral, en toda lógica, no tendría mayor sentido plantearse si es recepticio o no, por ser esta una cuestión que se deriva, exclusivamente, de los negocios jurídicos unilaterales[230]. Un negocio fundacional unilateral, sea o no unívoco, sí podría exigir su receptividad como explicación de por qué poder público participa; pues para poder existir definitivamente necesitaría de la actuación pública de registro y esta es la recepción de tal negocio único y unilateral. En tal caso, el acto de receptividad constituye una suerte de *condictio iuris* o *condictio* suspensiva (caso de no darse). De este modo, suponen, quedaría extinguido *a radice* el debate en torno a si estamos ante un negocio recepticio: es una *conditio,* luego no es un elemento esencial del negocio en sí.

En tal sentido, registro y protectorado actuarían, en cierta medida, como "representantes" de todo el Estado, el cual está interesado

---

228 Y lo cual, no obstante, no tiene una relación directa con el hecho, también determinante, de que todos los efectos de un negocio surgen de lo que la ley establezca para tal negocio: L. Díez-Picazo & A. Gullón Ballesteros, *Sistema de Derecho civil,* I, cit., p. 462.

229 Para J. J. López-Jacoiste, la causa es el propio fin fundacional. El fin es lo que se pretende, que antes de conseguirlo actúa como causa ("La fundación y su estructura a la luz de sus nuevas funciones", cit., pp. 592-594).

230 L. Díez-Picazo y A. Gullón, *Sistema de Derecho civil,* I, cit., p. 473.

en recepcionar o recibir el bien público o general que supone tanto la constitución de la fundación como la concreta actuación que, una vez constituida, realice esa fundación. Para VALERO AGÚNDEZ:

> *"Desaparecido el fundador o desligado, por lo menos, de la fundación y confiada ésta al gobierno y administración de los patronos y representantes, que no tienen un interés personal en su buen funcionamiento y en la dedicación efectiva de sus rendimientos al fin querido por aquél, se precisa la existencia de un control sobre la actividad de los mismos, orientado a asegurar el logro de tal fin. El hecho de que generalmente los destinatarios de los beneficios fundacionales no vienen individualmente determinados por el fundador impide el que sean ellos precisamente quienes intervengan para hacer cumplir la voluntad de aquél en la fundación: la indeterminación de los destinatarios de los beneficios fundacionales y la consiguiente posición jurídica de éstos frente a la fundación, hacen normalmente imposible que se les pueda confiar a ellos directamente la tutela de sus intereses en el buen funcionamiento de aquélla"*[231].

Por lo que la recepción por parte de la autoridad pública constituye una suerte de sustitución del fundador y de representación de los beneficiarios (y donantes posibles), entre otros elementos.

Pues bien, dado que primera y principal finalidad de la autoridad pública es precisamente la de informar si la fundación realiza alguno de los fines públicos que permiten el inicio del negocio fundacional, si no se aceptase la bilateralidad —bajo el régimen vigente— habría que aceptar al menos el carácter recepticio de las fundaciones[232]. Porque en el momento en que nace el negocio ya hay una verdadero derecho de los futuros beneficiarios al fin y los bienes de la fundación, ellos son los receptores de aquéllos y, por tanto, podría hablarse del poder público como su "representante" lógico[233]. El registro y

---

231 U. VALERO AGÚNDEZ, *La fundación como forma de empresa*, cit., p. 397.

232 Así lo considera, J. L. del CAMPO ARBULO, "Comentario al art. 12", en *Comentarios a la Ley de fundaciones 30/1994*, Mapfre & Centro de Fundaciones, 1996, p. 122. L. ENNECCERUS señala que el BGB alemán establece un negocio jurídico unilateral y recepticio, por cuanto el Estado autoriza y otorga la personalidad a la fundación (*Derecho civil* I-1, volumen I, 2ª edición, Bosch, Barcelona, 1955, p. 508). Entre nuestra doctrina, con FERRARA, se manifiesta: U. VALERO AGÚNDEZ, *Ibidem*, cit., p. 397.

233 En este sentido, U. VALERO AGÚNDEZ, insiste que aquí se encuentra la más importante justificación de la intervención del protectorado (por eso, cuando un ordenamiento admite fundaciones familiares, y dado estas no tiene un destina-

la autorización —del fin y del patrimonio-dotación a él vinculado— que éste supone, unida a la concreta autorización nominal y, finalmente, la inscripción, además, como consecuencia de todo ello, el otorgamiento de personalidad para operar en el mundo real ¿no son demasiadas actividades —y demasiado importantes— como para no aceptar, cuanto menos, que estamos ante una *recepción* necesaria del negocio?

Lo que no es comprensible es que gran parte de la doctrina civil considere que el negocio fundacional sea unilateral y, además, sea no-recepticio. Una u otra nota debería, creemos, al menos valorarse a la vista del ostensible conjunto de actuaciones públicas realizador por las manos del registro-protectorado[234]. Resulta de un cerrazón completo que choca incluso con la visión más tenue del poder público como —en cierto modo— representante, aunque sea difuso, de la colectividad.

* * *

No obstante, insisto, considero que la mera receptividad no se compadece con lo expuesto sobre el ser y la fuerte inserción de la voluntad pública en el proceso negocial de la fundación. Por lo que, aún dicho lo expuesto, entiendo que hablar de esta como una *simple* actividad de recepción no es idóneo. Es decir, la cualidad de la bilateralidad justifica, y cierra, de modo más radical y profundo que esta de la receptividad la realidad de la presencia pública. Pues la receptividad es, en realidad, una condición y no un elemento estructurante del negocio fundacional.

La perfección del negocio —sobre la que actúa la recepción como elemento, de facto, de la relación— se produce cuando concurren ambas voluntades, o ya iniciándose una, converge la otra; máxime en este caso en el que la segunda es en cualquier caso recepticia[235]. De

---

tario general, no resulta precisa la recepción del negocio por ningún órgano que represente a esa comunidad): Ibídem, p. 397, nota 6.

234 Por todos, recientemente, Vª. de Priego, *El negocio fundacional y la adquisición…*, cit., p. 182-183.

235 M. Albadalejo se separa de la doctrina citada arriba de la receptividad como únicamente preciso en los negocios unilaterales para señalar, precisamente, que la perfección del negocio necesita conocer si la voluntad de los negociantes

modo que la receptividad, en realidad, abona la cualidad de la bilateralidad. En cualquier caso, quizá pudiera hablarse de receptividad si pensamos en la actuación garantizadora de la Administración pública ante el proyecto altruista como realizada en "representación" de los beneficiarios de ese *servicio* público.

Aunque, reitero, la bilateralidad constituye una cualidad más profunda y radical y, como tal, excluye la necesidad de plantear la recepción voluntaria del negocio fundacional como nota dominante. Por eso, también, como ahora iremos viendo, sostengo la *unicidad*, negocial, en la medida en que esta está reforzada —y refuerza, a su vez— a través de las notas de irrevocabilidad de la voluntad del fundador y la retroactividad de la voluntad del poder público.

b) Revocabilidad y retroactividad

Si el negocio necesita para su formación del concurso de ambas voluntades que actúan en cierto plano de igualdad una vez constituidas, es lógico y aceptable que la vinculación de la segunda —la pública—, haga retroactivos los efectos hasta el momento inicial —la voluntad del fundador al comienzo del negocio que activa— y que, a la vez, desde ese momento inicial se convierta en un acto irrevocable[236].

En la medida en que no hay propiamente nada antes del encuentro bilateral de ambas voluntades, si la segunda no acepta el fin —de interés general— conforme a lo que la LF establece, entonces surge el problema del valor jurídico que tuviera el acto privado que pretendía constituir tal fundación. En ausencia de una aceptación bajo los parámetros legales, esa primera voluntad manifestada en tal acto jurídico-privado pudiera ser una actuación nula de pleno derecho por proyectar un ente "inexistente". En tal caso, si no es posible su aceptación —es decir, la otra parte del negocio bilateral no puede

---

es recepticia o no lo es, para saber si su constitución lo es desde el momento mismo en que se produce la formulación de la voluntad propia o, en cambio, es preciso encontrar la voluntad del otro negociante con posterioridad (*Derecho civil,* II, cit., p. 333).

236 Para ver toda la argumentación al respecto, me remito a ALLI TURRILLAS, *Fundaciones y Derecho administrativo,* cit., pp. 348 y ss.

aceptarlo— el negocio deviene imposible. Por lo que no entra en juego, por tanto, en el régimen de modificación estatutaria, fusión y liquidación previsto en los arts. 29, 30 y 33 LF.

El patrimonio dirigido a ser dotación deberá, una vez liquidadas las posibles deudas que se deriven de tal proceso, volver al errado o *desatinado* fundador; pues propiamente no ha habido un negocio. De ahí, pues, que no se necesite valorar las consecuencias de irrevocabilidad e irreversibilidad a esa dotación patrimonial; pues, en puridad, no se ha perfeccionado el negocio fundacional, al ser este de naturaleza bilateral.

Esto no ocurre porque el negocio *privado unilaterial* de la fundación sea revocable —como ha pretendido la doctrina que así lo sostiene—, sino porque no ha existido el necesario encuentro de voluntades para la constitución del negocio bilateral. Por eso, pese a la formación (inadecuada) de una de las voluntades concurrentes, tal voluntad no puede converger, por inaceptación, con la otra. En el caso de que la voluntad del fundador lo hubiese establecido así de manera expresa, estableciendo la revocabilidad de su acto y de la dotación de bienes correspondiente en los estatutos propuestos, o fuera una fundación de contenido imposible que se establezca mediante un acto privado irrevocable —por la razón que fuera—, o que el acto fuera mortis causa y el óbito ya se hubiera producido, entonces está previsto instar judicialmente la modificación estatutaria, la fusión y supervisar la liquidación prevista según el art. 33 LF. Régimen excepcional y singular que muestra, a sensu contrario, que no es revocable per se, sino en tales situaciones singulares y excepcionales.

Es lógico, en esta situación, que el artículo 13 de la Ley de Fundaciones otorgue cierta capacidad de obrar a los "órganos" de la fundación en tanto se constituye definitivamente el negocio y perfecciona la fundación. Se trata de una lógica solución provisional y operativa. Por eso mismo el tenor de tal artículo es tan cuidadoso y, por eso también, son especialmente fuertes las condiciones de responsabilidad del patronato ante tal situación. El patronato y sus patronos no pueden responder como un *socio* cualquiera, ni como un sujeto privado; son custodios de un alto fin y de un patrimonio servicial, afectado a un bien público y pendiente —por eso está así previsto— de la perfección jurídica como negocio fundacional[237].

En el fondo y a la postre, y de modo resumido. La bilateralidad del negocio fundacional hace que este nazca una vez convergen ambas voluntades; por lo que en tal convergencia retrotrae los efectos a ese origen y hace irrevocable, de ser aceptada, la dotación patrimonial y el fin para el que se constituye.

c) *Extinción y modificación*

Así, si finalmente se llega a la extinción, todo lo antedicho da una cabal explicación de la disposición tradicional —establecida en el artículo 33. 2 y 3 LF (liquidación del patrimonio fundacional)— sobre destino final de los bienes al extinguirse la fundación: revierten a un fin público, nunca a su anterior propietario (o sus causahabientes).

No hay cabida para mantener una vinculación de bienes subrepticia y pospuesta a un cumplimiento de un fin público durante un tiempo. La propia liberalidad fundacional casa mal con el pacto *de retro* en la destinación de los bienes a ese fin[238]. Aunque no se debe

---

237 Para PARADA, estamos ante bienes cuasi públicos, afectados a un servicio público, por lo que permitir estaríamos ante un delito de malversación de fondos públicos (en una visión que no compartimos del todo, aunque sí fuera necesaria una extensión de las garantías patrimoniales sobre los bienes de la fundación y una mejor modelización de los delitos penales al respecto). R. PARADA VÁZQUEZ, "Las fundaciones desde el Derecho público", cit., pp. 45 y 47.

238 Y, por lo tanto, con la cuestión derivada de la reversibilidad de la dotación. De entre los varios problemas que plantea la Ley de la Comunidad de Madrid sobre fundaciones y que llevaron a su impugnación ante el TC nos parece que el más relevante —en gran medida debido al fallo— es el debate sobre la reversión de los bienes. La ley de Madrid permite que los bienes de una fundación extinta reviertan en su antiguo fundador o en sus donantes. Esto, dicen los impugnantes, ataca de plano un elemento esencial en la estructura identitaria de la fundación: su carácter perpetuo y la vinculación de unos bienes liberal e irrevocablemente dados a la fundación. Bajo tal criterio, es lógico que el entonces art. 31 LF de 1994 —hoy art. 33 de la LF de 2002— establezca que, en caso de extinción fundacional, los bienes resultantes continúen vinculados al fin de "interés general" y, por ello, no reviertan en su fundador —o causahabientes, etc.- sino en un fin similar prestado por otra fundación, etc. Este tema considero que vulnera el principio de recognoscibilidad del derecho de fundación (ALLI TURRILLAS, *Fundaciones y Derecho administrativo*, cit., pp. 154-158).

hablar ya de *perpetuidad*, sí es admisible, por tanto, hablar de estabilidad y, desde luego, de imposibilidad de que los bienes dotados para una fundación, una vez extinguida por causas sobrevenidas —o torticeramente previstas— reviertan al patrimonio del donante-fundador, de sus causahabientes o de cualquier otra persona; que, además, durante esos años de vida, han tenido ventajas fiscales.

De manera que la expuesta concepción del negocio fundacional como un proceso bilateral no sólo tiene efectos en el aspecto patrimonial. Esta visión permitiría una explicación más convincente al esfuerzo que se aprecia en los artículos 29 y 30 de la LF para garantizar que la fundación mantiene su finalidad concreta mediante la modificación de los estatutos o la fusión con otras de similares características que cumplan tal fin concreto de "interés general" cuando la fundación deviene imposible o se extinguen sus fines. Se trata de evitar, al fin y a postre, que el fin público y la prestación servicial que realiza padezcan los quebrantos que sufrirían con su extinción definitiva.

Estas son algunas de las principales manifestaciones de la naturaleza bilateral del negocio fundacional, que se ponen de relieve en tantos factores internos del negocio, como pruebas subsecuentes de que el interés general de la fundación es un elemento intrínseco que llama a la presencia pública como parte de su naturaleza bifronte. Una naturaleza no sólo sociológica, sino también jurídica.

Capítulo II

ANÁLISIS DEL MODELO GENERAL DE SUPERVISIÓN EN SISTEMAS COMPARADOS

1. ANALIZANDO COMPARADAMENTE EL RÉGIMEN DE LAS FUNDACIONES

1.1. El marco identitario amplificado de las fundaciones

1.1.1. Recapitulación: la fundación como figura y su marco para el análisis comparado

Como se expuso al comienzo del primer capítulo, la dotación de un patrimonio para una finalidad altruista fue el *arranque* de la fundación en el tardo Derecho romano. Particularmente cuando tal estructura fraguara con la *pia causa* o fin caritativo que aportó el cristianismo tardo-imperial, dotando a tal institución de un carácter verdaderamente trascendente[1]. También la existencia de un patrimonio yacente fue el origen estricto de los primeros visos de personalidad

---

[1] Deja de ser una mera causa privada, aunque altruista como cuidar la tumba, mantener el sepulcro, dotar de un patrimonio para la educación y la atención de hijos (J. Mª BLANCH, *Régimen jurídico...*, cit., pp. 123-170) para convertirse en una causa más elevada, si cabe. Se encuentran, de un lado, esa virtud tan romana de trascender la corta historia individual —*genializado* a través del Derecho mediante fideicomisos y fiducias— con, de otro lado, el deseo social —impulsado por el precepto moral de la caridad cristiana— de atender, asistir, velar por determinadas necesidades sociales (educación, minusválidos, huérfanos, pobres, etc.). La acción benéfico-caritativa también está presente, de otros modos, en el judaísmo e incluso en el Islam; donde al parecer no encontrará ese impulso jurídico-formal que también el Derecho romano, germánico y canónico medieval trazaron en Europa: J. SALAMON, *Rambam's Ladder. A meditation on generosity and Why it is necessary to give*, Workman Pub, NY, 2003, *in toto*.

jurídica independiente, que también acompañará formalmente a la "fundación" en toda la historia[2].

En particular este último factor se formalizó jurídicamente en el Derecho canónico con toda la teoría de la *persona ficta*, confluyendo con las instituciones tipo fundación a partir de los siglos XIII-XIV. Aunque todavía se trata de un periodo de identidad difusa, en el que cual convivieron los fines de "utilidad pública" con fines puramente privados (fueran altruistas o egoístas) con una legislación que, gracias a la personalidad, permitió tales instituciones entre las nacientes normas anti-vinculatorias y anti-amortizatorias que también existían[3]. Existían los elementos constitutivos principales, las trazas —y muchas figuras— que encarnan el ente fundación. Pero no existía, todavía, la abstracción conceptual, ni menos aún la forma jurídica a través de un molde unívoco como el que hoy conocemos. Hay, por tanto, una entidad —o incluso varias— pero no una identidad[4].

Un paso más avanzado en el logro de su identidad se produjo cuando se consolidó la idea —siempre latente—, de que el altruismo, la filantropía, la caritatividad, la benevolencia y gratuidad de tal patrimonio pudieran condensarse, y secularizarse, en la "publica utilitas" (la cual dio lugar más tarde al "interés público" o "interés general"); permitiendo, a la postre, la existencia de vinculaciones amortizadas patrimoniales, válidas precisamente por servir a tal fin general[5]. Así, la aparición del factor "público" desde finales del siglo XIX hasta su consolidación legal en el siglo XX se convirtió en un componente sustancial y constitutivo de la fundación moderna. A partir del final del siglo XIX se fueron sucediendo consecuencias derivadas de esta idea.

---

2 La personalidad jurídica de la herencia yacente es el problema a partir del cual se empieza a analizar, bajo un texto del glosador Florentino, la naturaleza de la "persona jurídica" *en* y *desde* el Derecho romano (aspecto, no obstante, sometido a gran discusión): F. Ferrara, *Teoría de las personas jurídicas*, cit., pp. 16-32. J. Mª. Blanch, *Régimen jurídico de las fundaciones en Derecho romano*, cit., pp. 41 y ss. A. D'Ors, *Derecho privado romano*, 6ª edición, eunsa, Pamplona, 1986, epígrafes 480 a 482.

3 Cfr. J. C. Alli, *Fundaciones y Derecho administrativo*, cit., pp. 76 y ss.

4 Fórmula válida que, luego, ha sido utilizada para distinguir la fundación de otros entes filantrópico-comerciales: U. Rodrigues, "Entity & Identity", cit., pp. 1267 y ss.

5 Para ello es muy poderosa, aunque prolija y compleja, la tesis de Sebastián López, J. L., *De la "Utilitas pública" al interés público...*, cit., in toto.

Primero que tal fuerza se acabó *exigiendo* la configuración de un sistema fiscal beneficioso para este conjunto institucional. El hecho de que el sector público se apoyara con frecuencia en este tipo de instituciones para realizar labores sociales, asistenciales, educativas, etc.; o de que estas, motu propio así lo hicieran —pues ese fuera su origen; como es el caso palmario de la fundación[6]— y la necesidad de los poderes públicos de llegar a más con medios limitados o incluso menguantes, favoreció que estas se apoyaran en tal conjunto institucional. Este factor, sin ser substancial, ha provocado que, con frecuencia, se confunda a la parte con el todo, a las fundaciones con el *tax-exempt sector*; produciéndose, así, problemas interpretativos y de búsqueda de su legitimidad social, política y jurídica[7].

Segundo y posteriormente, se configuró el "tercer sector" como un modo de (auto)entender(se) de ese ya consolidado conjunto de organizaciones, otras que las puramente lucrativas y las estatales-públicas: ONGs, asociaciones, mutuas, cooperativas sociales, pósitos, fundaciones, etc. Durante muchos años se ha estudiado y buscado su identidad e incluso un nombre que comprendiera todo ello: sector no lucrativo, tercer sector, sector voluntario, tercer espacio, etc.[8]. Sea como fuere y aunque no tenga, estrictamente, carta de naturaleza jurídica como tal, el hecho cierto es que se ha consolidado como un macro concepto dotado de una notable fuerza.

Finalmente resulta interesante considerar el debate que se ha producido en muchos lugares sobre la legitimidad moral —que va más allá de la legal— y, así, en la razonabilidad (*rationale*) de su fiscalidad. La búsqueda de su razón de existencia deriva en la búsqueda de los bienes sociales que aporta, del bien abstracto que presta (el "bien

---

6 MORRIS, S., "Defining the Nonprofit Sector: Some Lessons from History", *Voluntas: International Journal of Voluntary and Nonprofit Organizations* Vol. 11, No. 1 (March 2000), pp. 25-43.

7 Problemas, nuevamente, que no podemos tratar, pero se hallan magníficamente recogidos en: VV. AA., *The Legitimacy of Philanthropic Foundations: United States and European Perspectives*, Russell Sage Foundation, New York, 2006.

8 Por todos, P. D. HALL, *Inventing the Nonprofit sector*, cit., in toto; O. ZUNZ, *Philanthropy in America. A History*, Princenton University Press, 2012, pp. 232 y ss.

común"[9]). La discusión ha sido profunda e intensa, de modo que no podemos recogerla íntegramente en este lugar[10].

> Algo muy destacado, al respecto es que este sector, como se mostrado en los EE. UU., es generador de ideas, pues, no le importa asumir unos riesgos que ni el sector lucrativo ni el público quieren o pueden acometer. Así ha ocurrido con la sanidad, la educación, la cultura y el arte y otros sectores en los que ha estado muy presente[11]. Produce innovación, impulsa nuevas ideas científicas, sociales, asistenciales, etc., en múltiples direcciones (no siempre adecuadas). Frente a las críticas de que conserva el statu quo, la realidad es que ha impulsado nuevas formas de acometer los problemas sociales, no solo paliándolos, sino impulsando la acción social colectiva y la pública, dirigiendo fondos, generando círculos virtuosos de confianza.

Tal marco conceptual ha derivado en una reflexión sobre las propias razones de la supervisión pública de las fundaciones, más allá del ámbito adoptado en el anterior capítulo. Se ha organizado específicamente, ampliando sus metas, sus medios, sus capacidades y su foco. De modo que precisamente cuando este sector explosionó, a partir de los años 60-70 del siglo XX, también tal intervención adoptó un cariz mucho más intenso y complejo. Desde luego que debe seguir insertándose en su naturaleza más íntima —el negocio descrito—, pero también encuentra su apoyo en la transformación de la fundación como parte de un conjunto o sector, como el descrito, motivado por un impulso estructural dentro de la sociedad.

Las ideas expuestas son el marco conceptual para entender las grandes trazas en cualquier análisis comparado. El factor histórico que ha concurrido en la construcción de la figura, el marco legal y, particularmente, el fiscal; y el marco social, con todos los factores que esto indica y que han podido ser vislumbrados en algunos lugares del anterior capítulo.

---

9 Mendel, S. C. & Brudney, G. L., "Doing Good, Public Good…", cit., in toto.

10 Para ello, de modo general, Sievers, B. R., *Civil Society, Philanthropy and the Fate of Commons,* Tufts University Press, 2010.

11 J. L. Fleishman, *The Foundation. A Great American Secret (How Private Wealth is Changing the World)*, Public Affairs, New York, 2007; y O'Neill, *Non Profit Nation. A New Look at the Third America,* Jossey-Bass, 2002, y O. Zunz, *Philanthropy in America…*, todos en su totalidad.

1.1.2. Y la búsqueda de un relato que lo explique

Durante muchos años, sobre todo desde que todo el sector se han entendido como un conjunto, más o menos poderoso según cada lugar, han sido muchas las voces que han expuesto diversas teorías que tratan de explicar por qué tal conjunto institucional se ha construido; formando teorizaciones de tipo sociológicas, políticas y, sobre todo, económicas que indagan en su existencia, en todo caso de tipo multifactorial[12]. Las dos primeras son más macroeconómico y socio-históricas; las dos segundas son más micro-económicas; y las finales son más socio-filosóficas:

Una de las primeras hipótesis fue la "teoría del fallo prestatorio"[13], el cual se produce por parte de los sectores público y lucrativo: el sector no lucrativo cubre aquellos campos prestacionales que no interesan a aquellos. Para el sector lucrativo, las prestaciones de este tipo tienen atenuado su interés comercial, al ser difícilmente rentables; si se involucran tendría que hacerlo a un coste excesivo que haría su rentabilidad compleja (o inexistente), debido a la focalización del tipo de servicios y/o mercados o al factor confianza que viene exigido por la naturaleza propia de estos fines altruistas. Para el sector público, las prestaciones típicas de estos bienes altruistas se sitúan en los extremos del ámbito de intereses del "votante medio", lo que las convierte en poco atractivas para tal sector, el cual actúa principalmente *a* impulso político-electoral[14].

En segundo lugar, SALAMON —con su agudeza— dio un giro tuerca a esta teoría con la hipótesis inversa del "fallo del sector no lucrativo". En principio —y así fue históricamente en Europa y en las Colonias americanas—, es la iniciativa privada la que provee los servicios de interés general. Son prestaciones que, por razones sociales e histórico-políticas e incluso psicológicas, tendían a ser prestadas "na-

---

12 Cfr. J. C. ALLI, *La fundación ¿una casa sin dueño?...*, cit., pp. 294-302.

13 P. DONATI, "El desarrollo de las organizaciones del Tercer sector en el proceso de modernización y más allá", en *REIS* nº. 79 (1997), pp. 113-141.

14 D. R. YOUNG, "Government Failure Theory", en J. STEVEN OTT, *The Nature of the Nonprofit Sector*, cit., pp. 190 y ss. Una de las mayores críticas es que el sector no-lucrativo y, en particular, las fundaciones existen, y en no pequeña medida, incluso en países con un Sector público históricamente fuerte; cooperan con él, incluso.

turalmente" de modo cooperativo, voluntario, asociativo, y no lucrativo (características todas ellas definitorias de este sector). Cuando, por diversas causas —en Europa, de modo resumido, la construcción del Estado providente durante el siglo XIX— este *sistema* primario quiebra, aparece el Estado o, en ocasiones, el sector privado; este último solo cuando alguna de estas actividades da visos de resultar lucrativa (como fue pasando con la sanidad). El primero, en cambio, lo hace convirtiendo tales prestaciones en derechos de prestación constitucional o legalmente garantizados, en cuyo caso aparece el Estado[15]. Esta visión es compatible con la cooperación y homologación de formas y fórmulas entre los tres sectores; fenómeno al que se asiste actualmente con gran fuerza[16].

Para Hansmann, en tercer lugar, existe un "fallo de contratación" más microeconómico que deriva en una cuestión de demanda[17]: la mayor parte de los bienes/servicios que son típicos de este sector se caracterizan por resultar, tanto en términos monetarios como en la propia calidad prestatoria, difícilmente evaluables. Pensemos en los servicios sociales, en ocasiones sanitarios, beneficencia, cultura, etc. El paradigma de rentabilidad/eficacia propio del sector lucrativo y el juego de derechos/obligaciones tan marcado en el público, no operan aquí correctamente. Es decir, ambos sectores exigen una suerte de contrato entre prestatario y usuario: el primero en términos económicos, el segundo en términos jurídicos. Todo esto produce muchos efectos como la capacidad de medir el beneficio y rentabilidad —eficacia y eficiencia— del contrato, tanto por parte del contratista como del contratante, exigencia de derechos y obligaciones, etc. Dadas las dificultades de hacerlo en este tipo de prestaciones, el "tercer sector" acude a cubrir el hueco de ese amplio campo de actividades que necesitan un "margen de maniobra" basado en la confianza y

---

15 L. M. Salamon, "What is the Nonprofit Sector and Why Do We Have It?", en J. Steve Ott (ed.), *The Nature of Nonprofit Sector*, cit., pp. 162-163.

16 Enjolras, B. et Aliq. (eds), *The Third Sector as a Renewable Resource for Europe*, Palgrave Macmillan, 1998, in toto; L. M. Salamon, S Wojciech Sokolowski & M. A. Haddock et aliq., *Explaining Civil Society Develpment. A social origins approach*, John Hopkins University, 2017, in toto.

17 H. Hansmann, "The Role of Nonprofit Enterprise", en *The Yale Law Journal* Vol. 80, n° 5 (1980), pp. 835-901.

otros elementos; idóneos para este sector, al rehuir el precio de mercado competitivo o el valor del voto/prestación/impuestos.

Bajo la "teoría de la oferta/demanda y del control del consumidor" propuesta por BEN-NER y VAN HOOMISSEN[18] se propone que las organizaciones no lucrativas tienen un valor añadido determinado por el hecho de que aportan bienes *colectivos* —es decir, bienes no prestables, voluntaristas, necesitados de donaciones— y de *confianza* (cuidados geriátricos, educativos, cuidados a enfermos). Los "fundadores" —sean personas físicas o jurídicas, públicas o privadas— identifican ámbitos de actuación que se demandan de forma "no lucrativa" y, en su análisis, crean tal oferta. Para ello actúan con criterios mercantiles: se organizan, marcan objetivos y establecen lo sistemas adecuados de prestación. Es decir, crean un auténtico mercado, aunque sea bajo los parámetros *"non profit"*. De ahí, dirán, que el actual sector no lucrativo implica, actualmente lucro objetivo, aunque sea sin reparto de beneficios individuales; así como tolera la "subcontratación" a empresas lucrativas; y permite su relación con los servicios públicos. Esto les da un valor muy alto para su oferta (no en la demanda, como decía HANSMANN).

Otras teorías económicas clásicas, como la del "usuario gratuito" (*free raider*) ponen de relieve que el tipo de servicios que presta el sector no lucrativo son aquellos que someterían al sector lucrativo a un abuso realizado por tales "gorrones" que no lo pagarían; lo cual lo estiraría el servicio hasta su ruptura. Por lo que tales prestaciones deben proveerse mediante fórmulas subvencionadas o gratuitas, similares a las utilizadas para los servicios "públicos", de modo que soporten, así, el posible quebranto de esos usuarios abusones que, en tal medida, dejan de serlo. Complementan, colateralmente, algunas de las señaladas.

BOULDING añade a todo lo anterior un ángulo económico-psicológico. Se trata de una "economía del amor y del temor" como pulsiones humanas que van más allá de las concepciones económicas para explicar por qué el hombre actúa mas allá de las meras reglas

---

18 A. BEN-NER & T. VAN HOOMISSEN, "Non Profit Organizations in the Mixed Economy: a Demand and Suply Analisis", en *Annals of Public and Cooperative Economics* Vol. 62, nº. 4 (1991), pp. 519-550

del utilitarismo economicista. Los factores internos de miedo (a la condena eterna, al fisco) y de amor altruista o egoísta (filantropía, subsistencia del legado) se convierten en vectores —tanto de impulso (el donante, el fundador), como de actividad (el voluntario y el trabajador), como de usuario (que busca empatía, no eficiencia)— que promueven estas instituciones y las hacen más capaces de actuar en determinadas áreas que las lucrativas bajo parámetros de eficiencia y rentabilidad[19].

* * *

En puridad, todas estas teorías explican parcialmente esta potente realidad social e histórica —y de datos, por tanto—, aunque algunas resultan excesivamente economicistas en muchos casos. Para Boulding, Sievers, Brooks y Fukuyama, este sector es fuerte porque a fuerza de existir —con diversos motivos entrecruzados según cada lugar y cultura— se ha convertido en algo más que un simple entramado institucional más o menos potente. Para Salamon, al revisar las evidencias de más de cuarenta países de los que analizó durante treinta años el sector lucrativo, sin perjuicio de los impulsos subjetivos y privados, o de los alicientes económicos, fiscales y legales, todo ha formado parte de un conglomerado histórico-social. El cual ha creado un clima, un ambiente filantrópico que da lugar al sector y a sus instituciones desde todos los vectores que estas tienen. Es, por tanto, ya, un sector dotado de un entramado de razones multifactoriales, como ya se apuntó[20].

---

19 K. E. Boulding, *La economía del amor y del temor*, Alianza Universidad, 1973. Todo lo cual queda muy corroborado con los datos sociales que aporta: A. C. Brooks, *Who Really Cares: The Surprising Truth About Compassionate Conservatism-America's Charity Divide, Who Gives, Who Doesn't, and Why It Matters*, Basic Books, Washington, 2006.

20 L. M. Salamon & S. Wojciech Sokolowsky et aliq., *Explaining Civil Society Development...*, cit., pp. 121-122. Dado que el marco conceptual del que habla es mayor que el sector no lucrativo o las fundaciones, esta afirmación es general y trata de poner de relieve la pobreza apreciativa de lecturas modernas pesimistas —cuando no demagógicas— que, sin faltarles razón en algún aspecto, resultan parciales cuando no aprecian esta realidad filantrópico-organizativa que constituye parte del entramado de la sociedad civil: C. Guilluy, *No Society. El fin de la clase media occidental*, Taurus, 2019; y A. Deneault, *Mediocracia. Cuando los mediocres toman el poder*, Turner, 2019.

Evidentemente, concurren causas históricas, religiosas, éticas y muchos otros factores en toda esa palestra de posibles razones. Fuera cual fuera el factor gatillo —representado en una o en todas estas hipótesis—, concurrió con elementos morales, religiosos, sociales y jurídicos creando un fenómeno histórico. Todas ellas muestran, por tanto, un campo de cultivo multifacético que explica por qué existiendo razones de un tipo o de otro, el tercer sector haya surgido de un modo u otro —en algunos lugares, de ningún modo— en cada país. En cada uno, como veremos, existen diversas modelizaciones, diversas aproximaciones y legislaciones; de un modo mucho más intenso al que ocurre con los entes comerciales.

Es el espacio o sector, señala FUKUYAMA "de la confianza (*trust*)" donde prima, la voluntariedad, el espíritu altruista, "en el deseo de mejora social"; confianza y sector institucional se retroalimentan para generar este "tercer espacio" socio-político-económico[21].

> Ese intangible llamado "confianza" es un valor quebradizo que sufre enormemente cuando alguna de las instituciones que lo forman o una parte del conjunto, rompe tal confianza abusando de ella[22]. Desde este punto de vista, y en lo que respecta al análisis que estamos haciendo, los poderes públicos han sido los valedores principales de tal factor, por dos motivos encadenados. El primero porque se convirtieron en los vigilantes de la fundación como prestadora del fin de interés general, en el sentido ya expuesto. El segundo porque a cambio de los fines de interés general que tal sector presta a la sociedad, ésta —a través de los poderes públicos democrático como sus representantes—, dota a tal grupo de un conjunto de beneficios fiscales a modo de subvención; el goce de estos beneficios genera otro nudo supervisorio: el tributario-fiscal.

Visto todo lo expuesto se puede trasladar el enfoque a qué ha pasado al respecto en otros países y qué lecciones se pueden obtener del desarrollo de su sistema supervisor. Tras un conjunto de re-

---

21 F. FUKUYAMA, *Trust: The Social Virtues and the Creation of Prosperity*, Free Press, New York, 1995; y B. R. SIEVERS, *Civil Society, Philanthropy and the Fate of Commons*, Tufts University Press, 2010. Con notas presentes, también, de lo que supone de cañamazo social este sector en su conjunto y, en particular, las redes de apoyo humano que se trazan de esta manera (PUTNAM, P. D., *Bowling Alone...*, cit., in toto).

22 El libro que mejor refleja estos aspectos puede ser: J. J. FISHMAN, *The faithless fiduciary...*, cit., *in toto*.

flexiones globales sobre los modelos, analizaré los países "maestros" que tomamos como referencia —UK, Alemania, Francia y USA—, después reenfocando mínimamente la cámara para estudiar el papel regulatorio en otros dos países de interés: Canadá e Italia. Finalmente, mostraré algunos datos comparados. Esto nos permitirá enfocar la segunda parte del estudio: qué propuestas se pueden hacer para nuestro sistema.

1.2. Esbozo del panorama comparado

1.2.1. El modelo europeo continental y sus variantes

Aunque, de modo general, en los países que pretendo comparar y sin perjuicio de esa atmósfera diferente en que nació y el resultado, la fundación tenga cierta identidad común en su origen y alma, existe una profunda brecha entre dos grandes modelos. La formada entre los países europeos, en particular los codificados, de un lado; y, de otro lado los Estados Unidos y Canadá. No obstante, dentro de los europeos —frente a Italia, Francia y España—, debe hacerse una mención separada a Inglaterra, por razones derivadas de la historia que trae consigo el sistema de *common law*. También Alemania tiene trazas de varios mundos. Al igual que Canadá, donde, como veremos, concurren elementos propios del sistema británico, del francés y del estadounidense.

En los países de Código civil, con Francia de manera particular y por razones que veremos condensadamente, puede decirse que desde comienzos del siglo XIX, el Estado se convirtió en el titular monopolístico del "interés general" y el *service publique* se configuró como criterio esencial de su brazo administrativo; tanto en cuanto a su prestación, cuanto de modo más profundo en su misma determinación y conceptualización[23]. En una sociedad, hija de la Revolución, en la que ese interés general, basado en los principios de libertad, igualdad (y fraternidad), debe ser universal y en cierto sentido gratuito, es el Estado quien debe prestarlo sin *vinculaciones* particulares

---

[23] Por todos, E. García de Enterría, "Una nota sobre el interés general como concepto jurídico indeterminado"; y "Constitución, Fundaciones y sociedad civil", ambos citados y en su totalidad.

más o menos claras o solapadas a otros intereses privados (máxime si bajo ellos se intuían las doctrinas económicas y sociales supuestamente preteridas por ser hijas del *Ancién Régime*).

Las fundaciones *civiles* fueron vistas con gran recelo por cuanto suponían una vinculación/amortización de bienes privados, en una suerte de invasión por parte de sujetos privados de la demarcación y la prestación de los bienes considerados públicos por la Revolución (educación, beneficencia, cultura). La mera existencia de tales instituciones privadas —las fundaciones o las instituciones que las amparaban y daban su origen, como la Iglesia, los gremios o la nobleza—; constituían "cuerpos intermedios" entre el (libre) individuo y el Estado. De modo que tales instituciones estuvieron legalmente constreñidas, cuando no directamente prohibidas[24]. Esto derivó en que, en cualquier caso, la fundación *privada* solamente obtendría carta de existencia cuando es concedidas por el Estado, mediante un complejo proceso de estricta concesión pública (*octroi*).

El sistema vigente en Italia, España y algunos Estados alemanes está configurado con versiones históricamente derivadas, con matices propios claro está, y jurídicamente hijastras de este modelo. Aunque, no obstante, la tendencia entre nosotros y en Alemania con la unificación, ha sido hacia un modelo de tipo autorizatorio. Más en consonancia con su forma de Estado policía que ocurría en Prusia y otros Estados bajo su influencia. Una ley determina qué fines públicos son posibles y una autoridad pública *autoriza* de modo más o menos exigente, el funcionamiento y la actividad prestatoria[25].

1.2.2. El modelo norteamericano

En el otro lado se ubicarían los Estados Unidos y, en cierta medida, Canadá. Por muchas razones que iré apuntando más específi-

---

24 CONSEIL D'ÉTAT, *Rendré plus attractif le droit des fondations, Étude adoptée par la Section de l'Intérieur et la Section du rapport et des études du Consil d'État siégeant en section réunies les 27-28 novembre 1996*, en *La documentation française*, Paris, 1997, p. 7, entres otras. Debate que existió también en los Estados Unidos entre los jeffersonianos (jacobinos y confederales) y los madisonianos (liberales y federales); triunfando los segundos (véase, por todos, el texto de la nota 118 de este mismo capítulo).

25 Para los regímenes concretos véase J. C. ALLI, *La fundación ¿una casa sin dueño?*, cit. en sus capítulos correspondientes.

camente, su panorama social fue, desde su origen y hasta su consolidación como país, muy distinto a aquellos de los que provenían los habitantes que lo construyeron[26]: enormes territorios, lejanas fronteras, autonomía de las agrupaciones locales que se iban formando, imprecisión de las autoridades públicas y/o ausencia de éstas, ausencia de prestaciones tipo "servicio público". No existió la misma situación que había producido el clima contrario a las manos muertas que habían existido en Europa que, de un modo u otro, había congelado la propiedad de la tierra en Europa (¿por qué tendría que haberlos con una población escasa en medio de miles de kilómetros cuadros sin otros propietarios que indígenas y bestias salvajes?).

Esos factores se fraguaron en y con otras causas a otras más sociales: el gusto por la autonomía privada, la apuesta decidida por la libertad religiosa, el recelo hacia "lo público" en el sentido de la autoridad pública como invasora de tales libertades, unida al respeto por "lo público" (*publicness*) en el sentido del sentir comunitario y asociativo —y profundamente democrático— sobre lo que "a todos interesa". Causas que van configurando la identidad existencial del país en un juego combinado de mutuo causa/efecto, en conjunción de difícil y compleja disección.

Todo ello hizo que "público y privado" fuera algo natural y primigeniamente compartido entre autoridades y sociedad, aunque de un modo muy distinto al que se conforma en Europa, como TOCQUEVILLE nos mostró con detalle[27].

> El interés general, de un modo más o menos natural, es ahí algo *convivido* en su determinación, su prestación y su supervisión, tanto por sujetos privados como por los públicos. Si entre nosotros la determinación y prestación del monopolio del bien común y el interés general lo tiene principalmente el Estado y solo secundaria —ni siquiera subsidiariamente (como será en Alemania)[28]— lo ostenta el individuo o la sociedad, en

---

[26] Véase, a modo de resumen: P. D. HALL, "A Historical Overview of Philanthropy, Voluntary Associations, and Nonprofit Organizations in the United States 1600-2000", en *The Nonprofit Sector. A Research Handbook* (eds. W. W. POWELL & R. STEINBERG), 2ª ed., Yale University Press, New Haven, 2006, pp. 36 et sq.

[27] Apreciaciones condensadas que se analizan convincentemente M. O'NEILL, *Non Profit Nation…*, cit.; y en general los textos de P. D. HALL, como el citado arriba.

[28] En este país, de impronta estatal (federal) tan fuerte, el papel de las fundaciones se ve no tanto como primigenio —cual sería el caso de los EE. UU.– sino co-

cambio en Estados Unidos es el individuo —o las agrupaciones de estos (asociaciones, corporaciones diversas, fundaciones, iglesias, etc.)— quienes tienen tal monopolio, y es el Estado quien tiene que obtener un permiso más o menos expreso para intervenir o participar *sobre* o *en* él[29].

Las autoridades son quienes, así, deben pasar una suerte de test de idoneidad democrática, para apreciar primero si su presencia es pertinente y, segundo, si tal intervención pública o si no resulta invasiva para las libertades individuales y colectivas (pensemos en la elección de los sheriffs, los jueces o los procesos democrático-asamblearios para todo tipo de representación, diputación o agencia)[30]. Se constituyó, así, un modelo socio-político muy opuesto al francés en particular y al europeo en general.

Fruto de esas raíces, así como de su peculiar forma religiosa y altruista surge un modelo fundacional enorme, abierto, variado y variable; muy vivo en definitiva. La intervención pública sobre su "constitución" es, en el fondo, sustantivamente registral (y meramente declarativa) por hablar en términos que nos resulten cercanos. Su *fundación* —como veremos luego— es un ente vital que existe con independencia de qué opine la autoridad pública sobre él: sus fines, sus directores, sus operaciones, etc. (aunque todo ello varía algo según el Estado que se trate). De ahí surgirá, casi de modo natural, la exención fiscal; sin que esto signifique —como también veremos— que carezcan de control[31].

---

mo colaborativo-cooperativo y basado en el principio de subsidiariedad estatal: E. PRILLER ET ALIQ., "Global civil society. Dinamics of the non profit sector", en *The Third Sector in Germany*, CCSS, Baltimore, 1999, pp. 99-118.

29 Me remito, nuevamente, a J. C. ALLI, *La fundación ¿una casa sin dueño?...*, cit., pp. 203-207: Puede verse, también, entre otros: A. ETZIONI, "The Untapped Potential of the Third Sector", en *Business and Society Rewiev* 1 (1972), y en *La tercera vía hacia una buena sociedad. Propuestas desde el comunitarismo,* Trotta, Madrid, 2001. También habla de ello, los citados libros de F. FUKUYAMA, *Trust...*, cit; y de B. R. SIEVERS, *Civil Society, Philanthropy...*, cit. En cuanto a sus consecuencias, en una interpretación posible desde una perspectiva histórica: D. ACEMOGLU & J. ROBINSON, *Why Nations Fail. The origins of power prosperity and povery*, Crown books, 2103, en su totalidad.

30 De hecho, y en gran medida, este debate está en el centro de las cuestiones entre el liberalismo y el comunitarismo; o entre la visión 'moral' de la sociedad y la visión 'liberal' de esta, como ponen de relieve estudiosos como M. J. SANDEL, *Public Philosophy...*, cit., pp. 45-47, 212, 330-33.

31 P. D. HALL, "A Historical Overview...", cit., in toto

1.2.3. La peculiar caso inglés

¿Por qué he dejado a un lado, para examinar en una posición separada, a Inglaterra (y, en algún modo, a Canadá en cuanto aún vinculada a esta)? Desde el punto de vista que estamos analizando por el momento, Inglaterra se asemeja más al sistema europeo-continental que al americano (aunque sea de Inglaterra de donde provenga el molde jurídico americano de la *charity*).

No obstante, Inglaterra ha sido, como veremos, un mundo aparte incluso desde antes de la construcción del *common law* el cual, además, dio una naturaleza muy singular a su sistema regulatorio de las fundaciones. Será el primer país que constituye la "fundación"[32] como institución social y regula jurídicamente sus fines, a través de la Ley de *usos* caritativos de 1601 (o Estatuto Elizabeth).

> Tal norma dio carta de naturaleza a los *trusts* perpetuos con fines caritativos, tras los duros avatares de la Reforma anglicana, prodiga en recelos amortizatorios y expropiadora del patrimonio eclesiástico mediante el recurso a la prohibición de usos supersticiosos (*papistas*). Proceso que adelantan en más de dos siglos lo que ocurrirá en la Revolución francesa y en casi tres siglos a nuestras desamortizaciones. Tal proceso produjo un clima que purgó su "fundación" de otros fines privados y la convirtió en la institución que ha llegado hasta nuestros días; se hizo necesario, además, la prestación social y pública que paliara la ausencia de tal rol benéfico, educativo y servicial por parte de la extinta Iglesia católico-romana y sus instituciones derivadas.

Inglaterra construyó así, desde el Estatuto Elizabeth, un modelo aparte de prestación social público-privado de caridad, vigilado estrechamente por unos *Charity commissioners* y, posteriormente, consolidado por dos notables sentencias —casos *Durham Bishop* de 1805 y *Pemsel* de 1891— que lo blindaron de la voracidad estatalizadora que, en cierta medida, también se estaba larvando en la modernidad inglesa (y que, en gran medida, quedó truncada en la Revolución

---

32 He utilizado el término *fundación* aún cuando tal término no existe, jurídicamente hablando, en Inglaterra; ni siquiera el término que utilizan para referirse a ella, la *charity*, es un concepto, una institución, legal; tal y como veremos en su apartado correspondiente Cfr. J. C. Alli, *La fundación ¿una casa sin dueño?...*, cit., pp. 63, 71-75).

gloriosa y los periodos posteriores[33]). Así, durante el siglo XIX se acabó constituyendo un cuerpo estatutario —no derivado del *common law*, por tanto— formado por supervisores públicos independientes denominado *Charity Commission*, que constituye la primera y más avanzada maquinaria de supervisión pública de las fundaciones que existe[34].

> Todo ese telar fue heredado en parte por la cultura jurídica estadounidense y canadiense. Pero en USA, al no producirse ni la Revolución religiosa —como la reforma protestante-anglicana—, ni una Revolución política como la francesa, ni existir los problemas de limitaciones de tierra y vinculaciones de bienes que estancan el comercio, como tampoco producirse el proceso liberal anti-nobiliario y eclesiástico... se heredó la forma *charity*, pero sin todos esos lastres reales e ideales que las correspondientes figuras europeas traían consigo.

De modo y manera que Inglaterra (y Gales) son los padrastros del modelo americano y amparan todavía gran parte de su espectro jurídico, pero configuran un sistema unívoco y singular más parecido al nuestro. Si bien, debido a haber caminado su proceso de construcción de la forma y figura —institución— fundación con antelación a todos y sobre una sustancia histórica y social tan singular, se ha configurado, como tantos otros elementos vitales de Britannia, como un ente singular, bajo un régimen especial, llamado *charity*.

2. ESTUDIO DE PAÍSES DE REFERENCIA COMPLETA

2.1. Alemania

2.1.1. El contexto social y político del tercer sector en Alemania

El particular proceso de codificación romano-germánico que se produjo en Alemania otorgó a su figura fundacional unas peculiares

---

33 PINCUS, S., *1688. The First Modern Revolution*, Yale University Press, 2011, en su totalidad explica este complejo proceso (también en TREVOR-ROPER, H., *La crisis del siglo XVII. Religión, Reforma y cambio social*, Katz & Liberty Fund, pp. 345-391, para entender el papel que, en tal sentido, forzó la actuación de Cromnwell).

34 J. WARBURTON, *Tudor on Charities*, 9ª ed., Sweet & Maxwell, London, 2003, *in toto*. Lo hace de una manera muy amigable y colaborativa, más agencial que interventiva y fiscalizadora, pero lo hace.

y notables características, las cuales le alejan tanto de la traza más o menos común que es propia de España, Francia e Italia, cuanto de la traza anglosajona[35]. Esa diferencialidad está muy determinada por la singular construcción de Alemania como país, y de su sociedad, especialmente durante el siglo XIX, la cual diverge notablemente de los lugares indicados[36]. Así, se ha señalado recientemente, que pese al general retraimiento de la sociedad civil, Alemania sigue estando en un proceso intermedio entre el estatalismo creciente y la sociedad menguante[37]. Esto ha generado un modelo fundacional muy diferente y singular, a decir Graf Strachwitz[38], aunque también está en un proceso de cambio, como lo está toda la sociedad alemana y así se refleja en la relación entre este sector y el propio modelo prestacional del Estado alemán[39].

Seibel condensa en tres conjuntos de ideas los factores históricos que han generado el modelo socio-político que, a su vez, ha producido los jurídico-organizativos esenciales para entender su peculiar "tercer sector":

– El primero es que no se produjo, estrictamente hablando, una revolución *moderna* de corte anti-feudal, o al menos esta no fue tan acentuada y explosiva como en Francia, Italia o España. Lo cual mantuvo durante todo el siglo XIX una sociedad asociativa, fuertemente gremial, estamentalizada, muy cooperativa, aunque dentro de cada clase o categoría social[40]; a la par que estructuralmente más homo-

---

35 R. Zimmermann, "Characteristic Aspects of German Legal Culture", en J. Zekoll & M. Rimann (eds.), *Introduction to German Law,* Kluwer Law International, 2ª ed., 2005.

36 E. Archambault & E. Priller & A. Zimmer, "Associations et fondations en France et en Allemagne: traditions et convergence", Université Paris Panthéon-Sorbonne (Post-Print and Working Papers): https://ideas.repec.org/p/hal/cesptp/halshs-00831017.html (enero 2024).

37 S. Engel, "Germany's Government-Civil Society Development Cooperation Strategy: the dangers of the middle of the road", en *Cosmopolitan Civil Societies: An Interdisciplinary Journal* nº 9 (2017), p. 2.

38 https://philanthropynewsdigest.org/features/newsmakers/rupert-graf-strachwitz-the-german-philanthropic-sector-a-conversation (mayo 2023)

39 S. Engel, "Germany's Government-Civil Society..., cit., pp. 42-59.

40 K. Tenfelde, "Civil Society and the Middle Classes in Nineteenth-Century Germany", en N. Bermeo & P. Nord, *Civil Society Before Democracy. Lessons from XIXth Century Europe,* Rowman & Littlefield Pub. Inc., Boston, 2000.

genea, estable y algo más "dócil" a los poderes políticos que otras sociedades aledañas[41].

> Para Velasco Caballero esto explica, también, que, en la dicotomía público-privado que se produce durante el surgimiento del Estado moderno, la dogmática alemana creó un modelo de "Derecho de comunidades" (Gierke), que actúa como tertium genus entre lo privado —sociedad civil-individuos— y lo público o Estado-organización. Generando así una especial configuración jurídica que acoge, con gran margen de maniobra, y estructura, la presencia de múltiples estructuras privadas: asociaciones, gremios, fundaciones y entes comerciales; las cuales son parte esencial de un todo-social, sin una separación tan estricta como la que existe en Francia, Italia o España[42].

Esto se armó mediante un paulatino espíritu colaborativo entre sociedad civil y poderes públicos, ambos tempranamente fuertes, a la par que autónomos y estructurados. Por decirlo de otro modo, entre el Estado-organización y el Estado-sociedad no se fraguó una dicotomía tan marcada como la que existiera en Francia o en España, a favor del Estado; o EE. UU. y, en diferente medida, en Inglaterra, a favor de la sociedad civil. En Alemania ambos se han permeado y entreverado mutua y lentamente de un modo mucho más complejo[43]. De hecho, se observa cómo la participación privada en el interés general adquiere desde la raíz unas fórmulas mucho más cooperativas, que concesionales o verticales (como fórmula de externalización); lo cual cambia mucho la óptica en cuanto a los propios poderes públicos y, así, a la visión privada en su concurrencia[44].

– El segundo factor es que Alemania se formó y existió en alrededor de cien estados, principados, territorios y ciudades asociadas, con cierto *sustrato cultural común*, pero también con una gran diversidad política y social. Territorios que mantuvieron una gran autonomía, llegando a un pacto federal de integración singular; pero sin

41 Quizá por contar con tantas mallas de seguridad que actúan, así, como freno y captura, tal y como expone: R. Dahrendorf, *En busca de un nuevo orden. Una política de la libertad para el siglo XXI*, Paidós, Barcelona, 2005, pp. 33 y ss.

42 Velasco Caballero, F., *Derecho público* más *Derecho privado*, Marcial Pons, 2014, pp. 26-27, entre otras.

43 C. Landauer, "German Literature on Gemeinwirtschaft", *Social Research*, Vol. 43, No. 2 (1976), pp. 295-321

44 E. Schmidt-Assmann, *La teoría general del Derecho…*, cit., pp. 37-40-145-147.

que se produjera realmente hasta entrado el siglo XX una mayor unificación estatal[45]. Pese a la fuerte construcción teorética en la que se sustenta ese proceso, la fragua político-ideológica de su Nación-Estado fue muy tardía y, además, estuvo dotada de peculiares notas: surge bajo un molde más cultural que político-territorial, se produce mediante la construcción de una Nación en torno al Estado de Prusia, bajo un modelo un tanto autoritario, etc.

Esto proviene de un modelo político y legal de tipo inicialmente confederado que a lo largo del siglo XX fraguó en el modelo federal que conocemos actualmente y el cual contiene una gran cantidad de mecanismos basados en el consenso, la cooperación, la confianza y la búsqueda del bien común bajo el parámetro del *bundestrue*, y dotado de muchos mecanismos de homogeneización cooperativa[46].

– El tercer elemento es que bajo tales parámetros Alemania resultó en una sociedad civil variada en lo religioso, muy asociativa, estamentalizada por profesiones, actividades, y, por todo ello, también muy celosa de su quehacer autónomo. Cada territorio produjo una regulación acorde a sus propias singularidades, también en este ámbito y según modelos jurídicos y políticos diversos que fueron concurriendo; desde el Derecho romano y germánico, pasando por el canónico, luego el derivado del cisma entre católicos y protestantes, pero también los *Länder* influidos por Francia frente a los imantados por el Imperio de los Habsburgo[47]. Cuando Alemania se unificó se configuró bajo un modelo federal que *ampara y respeta* el conjunto de valores políticos, jurídicos y religiosos de la sociedad y las formas que cada *Land* traía consigo[48].

---

45 Magníficamente descrita por C. Clark, *El Reino de Hierro. Auge y caída de Prusia 1600-1947,* Esfera de los libros, 2016, en particular pp. 665-737.

46 M. Umbach (dir), *German federalism. Past, Present and Future,* Pallgave McMillan, 2002, in toto.

47 Para P. J. Katzenstein, la sociedad alemana, pese a esta variedad geográfica y político-administrativa, está, en cambio, muy centralizada social y, por así decirlo, cultural: *Policy and Politics in West Germany. The Growth of a Semisovereign State,* Temple Press, 1987, p. 15.

48 H. K. Anheier & W. Seibel, "Germany", en L. M. Salamon & H. K. Anheier et aliq., *Defining the Nonprofit Sector. A Cross National Analysis,* publicado en el *Nonprofit Sector Series* n° 1, John Hopkins University, 1993, pp. 18 y 19.

Toda esta amalgama de causas se manifiesta a través de tres factores-fuerza que han actuado, en particular, sobre el sector no lucrativo —y por lo tanto en sus fundaciones—, siendo en gran medida explicativos de la variedad y extensión del sector alemán[49]:

- El primero sería el *principio de auto-administración*, heredado de todo el fenómeno asociativo, apuntado en la primera causa expuesta, que prospera especialmente a partir del siglo XIX y con gran fuerza especialmente en el ámbito local. Este principio favoreció la incorporación de la sociedad civil a la actividad social, cultural, política, etc.; tanto en su propia acción de gobierno como en sus formas de organización.
- El segundo sería el *principio de subsidiariedad*, que recoge el respeto —y parámetro de cooperación subsecuente— que deben los poderes públicos a todas esas instancias religiosas, populares y sociales que prestan actividades denominadas "de interés general" y, así, lo fomentan. Es fruto de la unidad en la variedad sobre la que se forma Alemania. Tiene una faceta que sería la admisión de muchas formas y fines, como parte del carácter delimitador que tiene sobre la intervención pública[50].
- Finalmente, en tercero el *modelo de (sociedad)-economía cooperativa* (*Gemeinwirtschaft*), basada en la incorporación de las formas propias de la sociedad civil a la actividad económica, a la imbricación del tejido económico con el político y el bien común. Así, la tendencia a un reparto de bienes de manera equitativa por esa vía (cooperativas, asociaciones, fundaciones-empresa, prestación de servicios sociales por empresas, etc.)[51].

---

49 E. Priller & A. Zimmer & H. K. Anheier & S. Toepler, "Global civil society. Dynamics of the non profit sector", en *The Third Sector in Germany*, CCSS, Baltimore, 1999, pp. 6-9; y H. K. Anheier & W. Seibel, "Germany", cit., pp. 128 y ss.

50 E. Schmidt-Assmann, *La teoría general del Derecho…*, cit., pp. 145-146.

51 L. Mises, *Die Gemeinwirtschaft: Untersuchungen Über Den Sozialismus* (1932), De gruyter Oldenbourg, Reimpresión de 2016.

2.1.2. La "stiftung" en el peculiar contexto histórico-social de Alemania

Toda la *weltanschauung* expuesta tiene una plasmación en la regulación jurídica de esta particular área de las instituciones jurídicas que estamos estudiando, lo cual también puede verse de un modo triádico:

– Un primer elemento es que la historia de los territorios que hoy conocemos como Alemania —y, en consecuencia, los casi dos siglos en que ha existido como país unificado e independiente— su territorialización política *autónoma* (federal) ha sido la norma general. Aun con sus grandes simetrías —entre las cuales está esa alma cultural e idiomática germánica tan fuerte—, tiene legislaciones muy distintas, que recogen también fuentes y tradiciones diversas. De ahí que sea connatural a ellos una regulación territorial diversa sobre la base de unos mínimos principios comunes.

En materia de fundaciones tales bases están recogidas en el Código civil unificado o BGB (*Bürgerliches Gesetzbuch*) y en la legislación fiscal común (AO o *AbgbenOrdung*), la cual ha producido cierta "unificación" legislativa y territorial. Pero el BGB —ni en su fórmula original ni en su reforma de 2002— se ha conectado estrictamente con el AO. El primero admite cualquier forma fundacional sin evaluar la finalidad, pública o privada, que tenga la fundación; basta con que "no haga peligrar el bien común"; es decir, acepta, pues, un modelo de fundación para todo tipo de fines conforme a un "bien común" realmente amplificado[52]. El AO, en cambio, solamente otorga beneficios fiscales a las fundaciones cuyo fin constitutivo esté dirigido, y

[52] *Gemeinwohlkonforme Allzweckstiftung*, según el art. 80, II BGB: *"(...) der Stiftungszweck das Gemeinwohl nicht gefährdet"*. La fundación es un instrumento jurídico al servicio de muchos fines, no una figura jurídica con un fin pre-determinado, como ocurre aquí, o en Francia e Inglaterra. Para la discusión doctrinal sobre la cuestión del fin: P. Rawert, "Der Stiftungsbegriff und seine Merkmale —Stiftungszweck, Stiftungsvermögen, Stiftungsorganisation", en K. J. Hopt & D. Reuter (Hrsg.), *Stiftungsrecht in Europa; Schnfitereibe des Institus fur Stiftungsrechte,* Heymanss & Bucerius Law School, Köln, 2001, pp. 113-125.

probado mediante un test de "bien común", como sinónimo del "interés general" o "interés público"[53].

A esta variedad, además, contribuye el hecho de que los Estados también actúan competitivamente entre ellos con sus legislaciones para atraer tejido fundacional y dinero filantrópico; lo cual ha aligerado o liberalizado las condiciones regulatorias en muchos lugares de Alemania[54].

– Una segunda consecuencia es que, bajo la variedad institucional, de régimen jurídico y de formas organizativas las figuras son, paradójicamente, muy unívocas conceptualmente. Existen numerosas instituciones de genio muy unívoco, comunes, claras y distinguibles, cual es el caso expresamente de la fundación.

---

53 Y, así, el art. 53 del Código fiscal (AO), a efectos de establecer qué son las agrupaciones no lucrativas —a las que dota de un status privilegiado tributariamente— establece una clasificación distinta a la del BGB. Esto ha producido cierta discusión entre dos sectores doctrinales. Un primer grupo entiende que la fundación es una institución ampliamente disponible, neutra en sus propósitos dentro de la legalidad, y por lo tanto, puede utilizarse para cualquier otro fin legalmente aceptado. Un segundo grupo considera que, en cambio, una fundación ha de limitarse a los fines altruistas típicos o tradicionales: caridad y beneficencia (P. RAWERT, "Der Stiftungsbegriff und seine Merkmale…", cit., pp. 131-133). El hecho cierto es que se aceptan una gran variedad de fundaciones, tanto en su forma como en los fines, y en los métodos en los que concurre: familiares, políticas, etc. Para STRACHWITZ, entre otros, la fundación (*stiftung*) no es tanto un nombre jurídico cuanto un conjunto de actos de "dar", o sea una formalización de la benevolencia y filantropía (F. ADLOFF & P. SCHWERTMANN & R. SPLENGLER & R. G. STRACHWITZ, *Visions and Roles of Foundations in Europe: The German Report,* Issue 15, Maecenata Verlag, Berlin, 2004, p. 39). Tal visión es, no obstante su razonabilidad al imbricar la institución con la esencia que la mantiene —la caridad o la filantropía—, una confusión jurídicamente inadecuada entre un aspecto humano pre y meta-jurídico —la caridad— con otro, que es la institución social dotada de un perfil jurídico. B. R. HOPKINS distingue una y otra y expone cómo la ordenación jurídica debe ser diferente entre ambas —entre la "fundación" como institución y la "filantropía" como vector moral que se constituye en causa jurídica—, aun sin perjuicio de sus muchas e intensas relaciones (*The Tax Law of Charitable Giving,* 3ª ed., Wiley & Sons, New York, 2005, p. 3).

54 K. NEUHOFF, "Legal and fiscal treatment of German non government organizations", en VV. AA. (eds. P. BATER & F. HONDIUS & P. KESSLER LIEBER), *The Tax Treatment of Non Government Organizations,* Kluwer Law Int., The Hague, 2004, p. 97.

Es decir, con independencia tanto de la variedad federal de regímenes de desarrollo y complemento —e, incluso, dejando de lado que, de hecho, la base jurídica del BGB y el AO hayan ido produciendo cierta *uniformización*—, existe una gran identidad conceptual y doctrinal sobre qué sea la "stiftung". De tal manera que aunque variadas en sus formas, fines y régimen, esta figura es profundamente común. La institución-fundación, como tantas otras, es aceptada, con su sustrato común, precisamente porque respeta la variedad de un pueblo unido y diverso a un tiempo[55].

– Todo ello converge en una tercera y última consecuencia jurídica. La recepción político-jurídica no tan tormentosa de estas personificaciones patrimoniales perpetuas, las hizo pronto participes de un papel público mucho más claro. Visto de otra manera, el interés público prestado por entes privados, fue aceptado de modo más primigenio y ordenado. Así, el ordenamiento enmarca las fundaciones dentro de ese expuesto fenómeno de sociedad subsidiaria, amplia y generosa en cuanto a las formas asociativas-colaborativas, que recibe una gran protección jurídico-civil por haberse implicado de modo mucho más continuo y coetáneo con la propia aparición Estado prestacional germano, e incluso en su vida política[56].

---

55 La gran paradoja de esta "heterogeneidad" es que, pese a tal variedad, la unidad *espiritual* y cultural subyacente es grande y con profundas raíces históricas, arraigadas en el Romanticismo y la unificación. Concepción que también recoge, en otro ámbito de pensamiento como es la construcción del sistema de Derecho público vs Derecho privado en el sistema germánico, pero que converge con esta institución que ahora examinamos en: F. Velasco Caballero, *Derecho público* más *Derecho privado,* cit., pp. 32 a 34. Como se apuntara, estamos ante una suerte de unidad en la variedad, de un justo respeto por los modos y formas de pensar y de construir realidades de todos los que, ahora, forman un conjunto: P. J. Katzenstein, *Policy and Politics in West Germany...*, cit., p. 14 y ss.

56 Por eso, como apunté, arraigó la fórmula del Derecho de las comunidades, como una suerte de tertium genus entre el Derecho público y el privado; un suerte de punto de encuentro peculiar. En ese lugar se une el interés privado, el interés general y lo hace a través de figuras corporativas diversas, entre las cuales estarían las *universitas rerum* (fundaciones) y *personarum* (gremios, asociaciones, etc.): Velasco Caballero, *Derecho público* más *Derecho privado,* cit., pp. 37-38.

2.1.3. La esencia de la institución que existe tras la variedad regulatoria y de formas fundacionales

La pandectistica jurídica alemana realizó una macro-división dicotómica de las estructuras sociales según el Derecho romano, en dos conjuntos "clásicos":

– Organizaciones de base personal (*Universitas personarum*), previstas en el art. 9 de la Ley Fundamental (GG) y los arts. 20 a 79 del BGB, formadas por: Asociaciones privadas (*Verein*), de interés privado o de interés público; y Asociaciones públicas (*Körperschaften*), que también se incluyen algunas estructuras cooperativas y mutuales.

– Organizaciones de base patrimonial (*Universitas rerum*), bajo el amplio paraguas del art. 14 de la GG y de los arts. 80-88 del BGB (y el AO). Están, de de un lado, las *sociedades mercantiles*, de finalidad privada y de beneficio económico (AG o GmbH); *cooperativas*, que en realidad, comparten caracteres con las anteriores (*Genossenschaften*). Y, de otro lado las organizaciones de fin público y sin reparto de beneficios (*Stiftung*); o con un fin privado, pero sin reparto de beneficios, bajo formas cuasi-fundacionales, como los fideicomisos y fiducias (*Unselbständige Stiftung* y *Zweckvermögen des privaten Recht*).

El Código fiscal (AO), más modernamente establece una clasificación entre Organizaciones de fines caritativos o de interés general (*Gemeinnützige Zwecke*); Organizaciones de propósitos benevolentes (*Mildtätige Zwecke*); y Organizaciones relacionadas con las Iglesias (*Kirchliche Zwecke*).

Sobre tales bases, la clasificación general teórica de las fundaciones en Alemania; todas bajo una clara esencia común fundada en un patrimonio, dotado perpetuamente para un fin altruista por un fundador y con una organización rectora a su servicio, es enormemente variada en su ser y su régimen:

1.– Fundación autónoma (*Stiftung Buergerlichen Rechts*, también descrita como *Rechtsfaehige Stiftunge buerlichen Rechts)*, que sería la fundación prototípica de Derecho civil para fines de interés general.

2.– Fundación no autónoma (*Freuhänderisch/Fiduziarische Stiftung* o *Unselbständige Stiftungen);* descrita, de manera general como *Nicht rechtsfähige Stiftung*: fideicomiso perpetuo, más informal en términos organizativos. Caben que tengan un doble fin (público y privado): *Dopplesstiftungen.*

3.– Fundación-empresa, tanto bajo la forma mercantil *Gemeinsnützige* (GmbH), como bajo la forma AG-*Stiftungen,* globalmente denominadas *Unternehmensstiftung* o, en ocasiones *Unternehmensverbundene Stiftungen.*

4.– Fundaciones eclesiásticas (*Kirschlinche Stiftungen*).

5.– Fundaciones familiares (*Familien Stifungen*).

6.– Fundaciones locales, o comunitarias (*Örtliche/Kommunale Stiftungen*).

7.– Fundaciones de base asociativa (*Vereine Stiftungen*) o cooperativa (*Genossenschaften Stiftungen*).

8.– Fundaciones políticas o de apoyo a los partidos políticos *(Parteinahe Stiftung or Parteistiftung*).

9.– Fundaciones públicas o para los servicios públicos.

Estamos pues ante fórmulas jurídicas que bajo la base fundacional común recogen elementos organizativo-jurídicos distintos —entre ellos su origen, pero también su patrimonio y su fórmula jurídica exacta— y por eso, contienen un régimen singular que trata de adaptarlas para sus peculiares fines y estructuras; entrecruza formas jurídicas (las tres primeras) con el origen del "fundador" (de la cuarta a la novena).

2.1.4. Consecuencias y cifras del sector fundacional en Alemania

Como vemos estamos ante un ambiente complejo, interconectado en sus formas, más bien abierto en términos regulatorios, pues el Derecho reconoce realidades (sociales) de formas, fines, objetivos y medios, muy diversos. Es, así, respetuoso con los fines que la sociedad establece y tal y como esta los predetermina. Se sustenta mucho en criterios de auto-regulación interna que en una fuerte intervención pública. En efecto, la autoridad realiza un control inicial o de entrada de carácter más 'autorizatorio' que 'concesional'; aunque también algo estático y patrimonialista. La tendencia reguladora es algo corporativa en términos administrativos y, así, un tanto opaca y compleja. De hecho, los datos no son muy claros ni completos a como lo son en otros lugares[57]. Por tal razón solo ha sido ligeramente transformado, sin grandes revoluciones regulatorias.

Por las razones expuestas, exacerbadas por una suerte de reacción a los autoritarismos del siglo XIX y XX, existe un gran el respeto hacia todo fin "de interés general" que venga de la iniciativa privada y corporativa. Esto ha producido cierta crisis en torno a qué sea aceptable; pues en ocasiones se han aceptado fines y patrimonios con un objetivo tildado de 'peregrino' por algunos autores (o falto de suficiente criterio del *beneficio público*)[58]. La federalización normativa y de organismos de control tampoco han convertido su modelo en el más equilibrado de los que existen.

Además, y como nota negativa derivada del principio de subsidiariedad e imbricación con el Estado de bienestar, desde los años 60-70 del siglo XX se ha producido una excesiva dependencia del sector lo lucrativo en su conjunto con respecto a las Administraciones públicas en cuanto a sus fines inmediatos, fondos y actividades. Esto le ha dado una gran responsabilidad en el quehacer común a favor del desarrollo del país (investigación, cultura, universidades, asuntos sociales, sanidad, etc.), pero, a cambio, ha supuesto un cierto quebranto existencial —tanto conceptual como económico, como de forma de ser y actuar, burocratizada al convertirse en una suerte de *administración pública vicaria*—, del que está buscando recuperarse; tratando de encontrar una identidad distinta[59]. Esa es también la liga en la que han jugado unas fundaciones-empresas, tan poderosas en el fin de dar estabilidad a sus empresas matriciales y al desarrollo del país[60].

---

57 https://philanthropynewsdigest.org/features/newsmakers/rupert-graf-strachwitz-the-german-philanthropic-sector-a-conversation (Rupert Graf Strachwitz, conversación, 2015) (enero 2024).

58 Los paseos con perros, la cinematografía amateur, construcción y vuelo con aviones de aeromodelismo, etc.: Anexo 1 al art. 48, sect 2 de la Instrucción para la aplicación de su IRPF (*EStDV*) de 1990. R. Hüttemann es muy duro al calificar tal listado de "inconsistente", meros *hobbies,* concedidos por pura presión popular: *Gemeinnützigkeits-und Spendenrecht,* Otto Schmid Verlag, Kölh, 2008, p. 128 y ss. Todo ello ha generado su polémica, al entender que la reforma política ha estado demasiado vinculada a grupos de presión de intereses "demasiado particulares y personales" que no son, estrictamente, ni caritativos ni resultan de interés general): K. Neuhoff, "Legal and Fiscal Treatment of German NGOs", cit., p. 103.

59 Por todos: R. G. Strachwitz, *Visions and Roles…*, cit., *in toto.*

60 Sobre la fundación-empresa alemana, fenómeno tan singular, importante y poderoso, puede verse: A. Schneider, *Unternehmensstiftungen: Formen, Rechnungslegung, steuerliche Gestaltungsmöglichkeiten,* Tenea Verlag, 2004, in toto.

* * *

El tercer sector es grande y se tiene por uno de los mayores del mundo[61]. Según información del *Bundesverband Stiftungen* (BVS) —ente asociativo más grande de las fundaciones de este país— en 2023 existían unas 25.254 fundaciones generales (que, junto con las específicas, harían un total de unas 30.158), con un crecimiento neto anual del 3,2% (decreciendo con años anteriores), de las cuales más del 70% han sido establecidas desde la unificación alemana[62].

La reciente Ley (federal) de unificación de las normas de fundaciones de 16 de julio de 2021, que ha entrado en vigor general en julio de 2023, ha promovido principalmente cambios y mejoras técnicos-tributarias en las obligaciones de transparencia fiscal (especialmente en aplicación de las normas UE anti-blanqueo), de las obligaciones de inversión financiera y otras de este tipo en la gestión patrimonial de las fundaciones, según umbrales de dotación. Sigue existiendo la preocupación, mayoritaria en la doctrina, en cuanto a la necesidad de mejorar las formas de gobierno fundacional y los derechos de donantes, beneficiarios y de la sociedad a que las fundaciones cumplan su fin; basándose en el factor de que sigue sin existir un poder supervisorio fuerte e independiente, e incluso más unificado[63]. El único paso dado en tal sentido ha sido, en la citada norma, la creación de un Registro nacional único de fundaciones (StiftRG)

---

[61] https://efa-net.eu/news/german-foundation-sector-sees-strongest-growth-in-10-years (enero 2023).

[62] La BVS agrupa a unas 4.000 fundaciones y sirve, vía otras, a unas 8.000; agrupando a ¾ del capital fundacional en Alemania. Hay importantes variaciones según los *lander*. Brandenburgo es el *Land* que menos fundaciones tiene (ocho fundaciones por cada cien mil habitantes). Los länder del Este, salvo Berlín, apenas tiene el 6,7% de todas las fundaciones alemanas (lo cual parece derivar de su débil sociedad civil y economía. Hay que tener en cuenta, como apreciaremos, que normalmente se desglosa el número de fundaciones eclesiásticas del número global y que apenas hay cómputo de las fundaciones fideicomisarias o no autónomas. BDS, *Zahlen, Daten, Fakten zum deutschen Stiftungswesen*, 2021: https://www.stiftungen.org/stiftungen/zahlen-und-daten/statistiken.html (enero 2024).

[63] B. Weitemeyer, "Governance and Regulation of Nonprofit Organizations in Germany: Insights and Suggested Reforms", en (R. Teele Langford), *Governance and Regulation of Charities. International and Comparative Perspectives*, pp. 158-184.

para implementarse entre 2026 y 2027 que obligará a determinados niveles de fundaciones a convertirse en fundaciones ES (*Eingetragene stiftung*); dando, a partir de tal registro público, acceso público a la información básica de la fundación en cuanto al patrimonio, fin, estatutos y patronato, aunque siempre bajo un criterio limitado de interés legítimo; lo cual todavía lo deja lejos de un sistema transparente como el de USA, Canadá o UK.

Por todos los factores concurrentes no resulta un modelo fácilmente imitable, salvo en ciertas técnicas complejas producidas por su avanzada legislación, que requerirían un análisis específico: sistema general de responsabilidad de los patronos, obligaciones contables, controles de eficiencia de las operaciones, normas de auto-gobierno, etc. Resulta atractiva su apertura regulatoria hacia un sistema más colaborativo y menos autorizatorio, la lucha —todavía no ganada[64]— por la transparencia y, sobre todo ello, el sentido de lo público, del bien común, que anida en toda la sociedad civil. Su modelización de las formas de gobierno en dos cabezas en imitación del modelo de empresa mercantil corporativa también puede resultar algo excesiva y costosa[65].

2.2. *Francia*

2.2.1. La radicalidad del sistema regulador francés con respecto a la *fondation*

Si Alemania, Italia o España pudieran ubicarse, aún con sus enormes diferencias, en la "zona media" en cuanto a regulación y supervisión de fundaciones, Francia la situaríamos en uno de los extremos en la regulación (siendo el otro los EE. UU.)[66]. El país transpirenaico

---

64 Se está realizando un refuerzo del papel público, de la transparencia y los sistemas de auto-gobierno (regulados y convenidos con el supervisor público): B. Weitemeyer, "*Governance and Regulation of NPO in Germany...*", cit., pp. 158-184.

65 K. J. Hopt, "the board of Non profit Organizations: Europe and USA comparative", en K. J. Hopt & T. V. Hippel (dirs.), *Comparative Corporate Governance of Non-profit Orgatizations,* cit., pp. 543 y ss.

66 E. Archambault & E. Priller & A. Zimmer, "Associations et fondations en France et en Allemagne: traditions et convergence", cit., in toto.

sería, así, el modelo de la mayor intervención posible; en tanto que el país transatlántico sería, supuestamente, el de la máxima autonomía.

Esto se explica por una serie de razones histórico-políticas y, en consecuencia, jurídicas. Fue en Francia —y, en menor medida en España e Italia— donde se produjo el proceso moderno más abrupto de eliminación de las instituciones que eran, entonces, el embrión del ente abstracto que hoy llamamos "fundación"[67]. Dicho de otro modo, el innumerable conjunto de instituciones "fundacionales" a través de las cuales se producía una amortización de bienes para su uso perpetuo en un fin trascendente a su "fundador", poseídas por la Iglesia, la Nobleza u otras instituciones sociales y políticas, fueron literalmente laminadas durante la Revolución francesa y la época de Napoleón.

> Las causas son consecuencia de la convergencia de ideas larvadas durante los siglos precedentes: las doctrinas librecambistas, la lucha contra las manos muertas, y el absolutismo regio; junto con otras que eclosionan en la Revolución: la eliminación de los cuerpos intermedios, la política anti-eclesial y anti-nobiliaria; y, por encima de todo ello, la construcción del Estado moderno. El cual monopolizó tanto las obras de interés general —educativas, sanitarias, benéficas, etc.—, retirando la iniciativa privada de estos fines, como los inmuebles y otras posesiones vicarias a tales fines[68]. Lo cual además le proveyó, en la venta producida por tales desamortizaciones, de los fondos necesarios para construir su ser y quehacer.
>
> Allí, como aquí, lo que hoy denominaríamos "servicios públicos" más puros (educación, bienestar social, salud) los prestaban instituciones en manos privadas (Iglesia, Rey, Gremios, etc.). Cuando el Estado decide prestarlos, los tuvo que retirar del control y prestación realizado por tales instituciones; *publificándolas* y, más adelante, creando todo un cuerpo de doctrina que sustenta la identidad de la Administración pública en el *service publique* (Duguit, Jezé)[69]. Pero, pese a la riqueza natural del país —y la obtenida con las conquistas napoleónicas—, para ello se necesitaban importantes fondos. Los cuales vendrán precisamente de los procesos desamortizadores de tales instituciones o mediante la conversión de sus

---

67 J. C. Alli Turrillas, "Francia", en *La fundación, ¿una casa sin dueño?...*, cit., pp. 574 y ss.

68 C. Adams, "In the public interest: charitable association, the State, and the status of *utilité publique* in nineteth-century France", en *Law and History Review (University of Illinois)* Vol. 25, nº 2 (summer 2007).

69 E. Alfandari & F. Tourette, *Action et aide sociales*, Dalloz, 5ª ed., 2011, pp. 5 y ss.

> bienes en bienes *demaniales* para el sustento del nuevo servicio público creado[70]. A partir de ese momento toda amortización de bienes para fines particulares desaparece intencionadamente del Código civil (Napoleón). De tal modo que la legislación administrativa y civil consecuente *sometió* a las fundaciones" de fines de interés general que querían crearse, amortizando bienes a tal propósito, mediante un complejo proceso de concesión pública.

Dentro de tal lógica podemos entender cómo el monopolio del interés general lo ostenta el Estado, sin cuerpos intermedios sociales y asociativos que medien entre el individuo-ciudadano y el poder como emanación del pueblo-soberano. De manera que, cualquier participación privada en tal monopolio del interés general —y, en el fondo, del bien común— requiere un consentimiento de tal *supuestamente* legítimo propietario primigenio (aunque no fuera el primero en el tiempo)[71].

Fruto de este clima, la fundación perduró en un régimen jurídico precario, de cierta excepcionalidad. Se convirtió, dicho de otro modo, en una institución "excepcional" y, así, *concesionada* por el poder público[72].

Como puede apreciarse en la historia de Francia, junto con un Estado centralizado muy fuerte subsistió una sociedad civil vigorosa y no menos reivindicativa, popular (de asociaciones y sindicatos) y cierta traza filantrópica que se mantuvo en algunos niveles (altos)

---

70 C. Maluquer de Motes, *La fundación como persona jurídica…, cit., in toto.*

71 E. Archambault, "Puorqoui les fondations sont-elles si rares en France?», en D. Girard (ed.), *Solidarités collectives: famille et solidarités,* L'Hartmann, Paris, 2004 (disponible en http://matisse.univ-paris1.fr/doc2/archamb04.pdf); e Y. Blanc, "Les fondations françaises et la tutelle de l'État», en *Légitimité et fonctions des fondations en Europe et aux Etats-Unis,* Colloque organisé par la Fondation Mattei Dogan (Paris) et le Social Science Research Council (New-York), 27-29 mai 2004. Pensemos que la visión en EE. UU. es justamente la contraria: el bien común y el interés general corresponde a la sociedad-individuos y estos «autorizan» al Estado-gobierno, como organización, a que preste algunos de ellos, que la sociedad (le) *concede* condicionada, limitada y con precaución.

72 Como ocurrió en España: *"por vía de excepcionalidad, las fundaciones comienzan a abrirse paso por unos caminos legislativos retorcidos, estrechos y especiales que vienen a sustituir las iniciales prohibiciones":* F. Tomás y Valiente, "Estudio previo", cit., p. xix.

de la sociedad[73]. En otros lugares tal sociedad se vertebró a través de fuertes corporaciones sociales y mercantiles como en Alemania, de estructuras comunitarias de tipo fundacional (EE. UU., Inglaterra) o de mecenazgo privado (EE. UU.). En Francia, en cambio, lo hizo a través de un fuerte fenómeno asociativo que cobró carta de naturaleza con la Ley de asociaciones de 1901, tras muchos años de pugna con el Estado.

Por tal vía asociativa a cuyo amparo se cobijaron, es por donde re-aparecieron las fundaciones[74]; aunque ya antes habían quedado subrepticiamente amparadas por la doctrina del Consejo de Estado relativa a los establecimientos benéfico-públicos, en manos privadas, que existían, junto con algunas fundaciones tradicionales. Esta alta instancia permitió que, en medio de tanto recelo político, administrativo y legislativo subsistieran importantes e históricas *fundaciones*, fiables y solventes, que por ello se fueron haciendo algo más fuertes[75].

Ambos vectores crearon el caldo de cultivo que, finalmente, produjo su recreación legal, con ocasión de la necesidad del mecenazgo privado de determinados bienes o intereses generales a los que el Estado no llegaba o, al menos, sobre los cuales aceptó que la propia sociedad debería poder prestarlos conforme a su libre albedrío (cultura, sanidad, ciencia, etc.)[76]. Cosa que no ocurrió hasta 1987 con la

---

73 M. Duvoux, "Philanthropy, class and tax in France", *The Routledge Handbook of Taxation and Philanthropy* (edited by Henry Peter and Giedre Lideikyte Huber), Routledge, 2021, 85-94.

74 En efecto, la libertad asociativa que se sustanció con la Ley de asociaciones de 1901, permitió a tales formas como cobijo de algunas fundaciones nacientes: I. Combes & D. Lemaistre, *Les Fondations et fonds de dotation. Constitution, gestion, evolution,* Juris Editions, 2011, pp. 36 et sq.

75 Por todo ello subsistieron en el siglo XIX y XX fuertes y poderosas fundaciones privadas dotadas de gran prestigio (*Thiers, Hélio Marin de Roscoff, Pasteur, Institut Oceanographique*). Así lo señala, como una suerte de *causa causarum* del sistema regulatorio, el propio Consejo de Estado en el informe que preparó el terreno para la suavización de su régimen que se produjo a comienzo de este siglo: Conseil D'État, *Rendré plus attractif le droit des fondations, Étude adoptée par la Section de l'Intérieur et la Section du rapport et des études du Consil d'État siégeant en section réunies les 27-28 novembre 1996, La documentation française*, Paris, 1997, in toto.

76 E. Baron & X. Delsol, *Les fondations reconnues d'utilité publique et d'enterprise. Régimen juridique et fiscal,* 2ª ed., Juris Service & AGEC, 2004. Fijémonos otra vez más en la diferencia entre la «filantropía» de tipo americano —el individuo

Ley del mecenazgo y la posterior llegada de la primera regulación completa de las fundaciones en 1990 y su consolidación a través de la Loi nº 2003,-709 de 1 de agosto de 2003 relativa al mecenazgo, las asociaciones y las fundaciones.

Solo algunos avances, no pequeños pero tampoco determinantes, han transcurrido desde entonces. El primero fue la aparición de los *Fonds de dotation*, a modo de *endowments* de interés general, liberados de tanta carga de supervisión (2009). Luego vendría la liberalización del régimen interno de las *Fondations de utilité publique* en 2010 y la reforma de su régimen en 2015. En el ámbito social-general, con clara afección al clima para los entes "no lucrativos", la Ley n° 2014-856 de 31 julio de 2014 *relative à l'économie sociale et solidaire* pretende avanzar hacia un régimen más participativo entre el Estado y la sociedad; lo que ha ido llevando a un auge de numerosas asociaciones que participan en la prestación de servicios sociales en el ámbito local y, por tanto, en la colaboración en los "servicios públicos"[77].

Junta y derivadamente de ese clima general, también existen causas legales, que obedecen a tales realidades sociales e históricas. El tejido asistencial y benéfico, cuando no el sanitario o educativo, en manos de fundaciones privadas, ha sido menos necesario —y en consecuencia la legislación civil menos proclive a regularlo— no sólo porque el Estado lo prestaba, sino porque la propia sociedad, muy tradicional, lo sostenía por otras vías (el derecho hereditario, principalmente)[78]. No obstante lo cual, una cierta trama de peque-

---

dando fondos y promoviendo, a su estilo, el bien del hombre— frente al «mecenazgo» francés: el Estado pidiendo dinero al sector privado para acometer algunos fines a los que no llega…

77 E. ARCHAMBAULT, "The evolution of public service provision by the third sector in France" en *Political Quarterly*, 88 (3), 2017, pp. 465-472; y de la misma autora: "France" en: *2020 Report on the State of Civil Society in EU and Russia*, CSF, 2021: https://eu-russia-csf.org/project/report-2020/ (enero 2022).

78 Principalmente a través del apoyo y el sistema de herencia familiar: la legislación hereditaria dificultó donaciones a fundaciones y mantuvo un fuerte sistema de legítimas que sobrepone los derechos de los causahabientes directos —y su posibilidad de accionar civilmente por ellos— frente a un donativo realizado por el finado hacia una fundación: "Francia", en J. C. ALLI TURRILLAS, *La fundación, ¿una casa sin dueño?…*, cit., pp. 611-612. Esto explica, pues, entre otros motivos menores el fuerte sistema de control sobre legados y donaciones a las fundaciones. El máximo de entre todos los regulados, aunque bajo un

ñas fundaciones locales de carácter cultura, benéfico, social están agrupadas bajo la *Fondation de France,* de un lado, y, de otro, otras fundaciones paraguas de tipo religioso, vectorizan una gran cantidad de acción filantrópica confesional[79]. Lo cual, junto con otros factores sociales, está impulsando su tejido y presencia en una sociedad con profundos cambios[80].

2.2.2. Las formas jurídicas fundacionales, el modelo regulatorio y las cifras

Este país, cartesiano hasta la médula, ha creado legalmente un molde primigenio de fundación —una suerte de genotipo—, que parte de la identidad originaria de la "fundación": *Fondation Recconue d' utilité publique* (FRUP)[81]. Desde tal molde "optimo", se han categorizado otras formas diversas según su fin, forma y personas que la crean que son variaciones de esta fórmula primaria:

- Fundaciones-empresa (*Fondations d'entreprise,* FdE).
- Fundaciones no autónomas (*Fondations abritée o Fondations sous egide*; FsE).
- Fundaciones del patrimonio (*Fondation du patrimonie*)[82].
- Fundaciones de cooperación científica (*Fondations de coopération scientifique*)[83],
- Fundaciones universitarias (*Fondations universitaire*)[84].
- Fundaciones de cooperación asociada *(Fondations partenariale)*[85].

---

cierto proceso de liberalización muy lento y paulatino: F. Charhon & I. Combes (dirs.), *Fondations. Fonds de dotation. Constitution, gestion, evolution,* Juris Editions, 2ª edition, 2016, pp. 215 y ss.

79 M. Duvoux, "Philanthropy, class and tax in France" cit., pp. 90-91.

80 E. Archambault, "The recent evolution of foundations in France", Hoelser M., List R., Ruser A., Toepler S. (editors), *Charting Global Challenges: Civil Society, the Nonprofit Sector, and Culture Essays in Honor of Helmut K. Anheier,* Springer, 2019, pp. 359-369.

81 F. Charhon & I. Combes, *Les Fondations ...,* cit., *in toto.*

82 Por Ley de 6 de julio de 1996.

83 Ley de 18 de abril de 2006.

84 Ley de 10 de agosto de 2007.

85 Ley de 10 de agosto de 2007.

- Fondos de dotación (*Fond de Dotation*, FdD)[86].
- Fundaciones hospitalarias (*Fondations Hospitalières*)[87].

* * *

El Ministerio del Interior ha dejado de publicar las completas y concretas cifras que publicaba del número de fundaciones de todo tipo hasta 2018. Actualmente, la cifra manejada por *FranceGenerosité* es de aproximadamente unas 6.600 fundaciones y fondos de dotación[88].

2.2.3. Efectos y lecciones derivadas de su regulación

El modelo francés es, consecuentemente, un sistema muy legificado, que promueve la aceptación o recepción *social* de la fundación mediante un mecanismo jurídico claramente *concesional*. Según este, el Estado evalúa profundamente el ser, funcionamiento, fines y, así, otorga (o no) la personalidad jurídica a la fundación. La fundación debe acogerse a una de las formas en las que puede quedar encuadrado según cuál sea su fin y caracteres. Es también un modelo muy centralizado en cuanto a su autoridad supervisora, aunque esté desconcentrado. La intervención pública, incluso, está *internalizada* dentro de la propia estructura de gobierno fundacional, con un comisario público dentro del patronato[89].

---

86 Ley de 4 de agosto de 2008 para modernización de la economía y desarrollada por Decreto de 11 de febrero de 2009: I. T. REICHENBACH, "Endowment funds 'a la fraçaise' from an American perspective", en *Fonds de dotation*, especial de *La documentacion française*, Paris, 2010, pp. 15 y ss.

87 Ley 2009-879, de 21 de enero de 2009.

88 https://www.francegenerosites.org/ressources/panorama-des-fondations-2022-et-fonds-de-dotation/#:~:text=Quelles%20sont%20les%20%C3%A9volutions%20des,structures%20recens%C3%A9es%20%C3%A0%20l'%C3%A9poque (febrero 2023). Para cifras anteriores: https://www.francegenerosites.org/ressources/etude-fonds-de-dotation-fondations-france-observatoire-de-philanthropie/ (Dicembre 2022).

89 No obstante, hace unos años corrieron ciertos aires de cambio. Consejo de Estado francés propuso una profunda reforma del régimen de supervisión de las fundaciones y este se ha ido siendo suavizado en las últimas décadas (CONSEIL D'ÉTAT, *Rendré plus attractif le droit des fondations*, cit., in toto). A partir de la reforma de los estatutos de 2003 este sistema se ha modificado, de tal manera que el funcionario ya no tiene voz y voto (no se hace responsable sino que debe ser

Su regulación del funcionamiento y el patrimonio es de carácter estático quedando por ley muy determinada la estructura, composición y forma de gobierno. Es una supervisión muy basada en mecanismos de tipo autorización administrativa previa de un sinfín de actividades de la fundación, como corresponde al modelo de Estado administrativo típico Francia. Es también un modelo de regulación claramente sustantivo, en el cual el aspecto tributario está anclado a éste. A resultas de todo ello es un modelo sencillo, restrictivo, cerrado y más bien estático.

Son algunos los elementos imitables de su modelo:

– El primero es la existencia de un claro control de entrada, según cuál sea el fin "de interés general" legalmente predeterminado que es, además, uniforme porque depende de una autoridad unívoca y se basa en una legislación exclusiva y sustantiva. Además se revisa cómo la fundación va acomodando sus objetivos y el uso de su patrimonio al fin previsto.

> Un efecto interesante de lo antedicho es la rotunda claridad normativa sobre la cual se han establecido todos los controles públicos que, no obstante, quizá en realidad han resultado excesivamente pesados. Es, en cierto sentido, significativa la liberalización regulatoria que se produjo a finales de la primera década del siglo XXI. El pesado régimen *originario* que regulaba las FRUP se relajó un notablemente. Y se crearon fórmulas notablemente livianas de "fundación" —al estilo anglosajón—, cual es el caso de los *Fonds de dotation*[90].

---

escuchado): F. Charhon & I. Combes (dirs.), *Fondations et fonds de dotation…*, cit., pp. 238-239. Para su análisis: Alli Turrillas, J. C, & I. Combes, "Renacer y sobrevivir de la *fondation* en Francia (2000-2016)", en el *Anuario de Derecho de Fundaciones 2016* (dirs. S. Muñoz Machado & J. L. Piñar Mañas), Iustel, 2017, pp. 315-388.

90 No es casual que, el crecimiento de estos últimos ha sido exponencial, mientras que ha sido moderado el de creación de fundaciones *abritées*; y el de Frup u otras fórmulas ha sido mucho más suave (o incluso decreciente). Esto dice, al respecto, el CFdF: *"La philanthropie en France, encore timide il y a une vingtaine d'années, a désormais franchi une étape décisive: la croissance des fondations s'est spécialement accélérée ces cinq dernières années. Entre 2009 et 2014 elles ont augmenté de 43%, portant à 2229 fondations le nombre actuel de fondations en France. De plus 2000 fonds de dotation, ont vu le jour depuis la création de ce statut en 2009. C'est très clair, le XXIe siècle sera le siècle des fondations"* (www.centre-francais-fondations.org/fondations-fonds-de-dotation/le-secteur: enero 2024).

– En segundo lugar ha resultado muy adecuada la paulatina búsqueda de nuevas fórmulas de fundación que, aunque basadas en el modelo FRUP, han buscado formas organizativas específicas para otros fines, adaptando las obligaciones legales y el régimen, adaptándolo a sus necesidades: fundaciones universitarias, hospitalarias, de patrimonio, de cooperación científica[91].

– Dado que esa regulación/supervisión supone un alto coste estructural para las pequeñas fundaciones —empezando por la necesidad de tener un fuerte patrimonio—; las cuales no podrían subsistir autónomamente por no poder soportar el peso de tanto control. Por ello se estableció la fórmula *fondation abriteé:* una fundación (matriz) reconocida de interés general (o FRUP) que se convierte en su cobijo o paraguas de tales *fondations abritantes.* Estas trasladan su gestión a la fundación paraguas y así no tienen que emplear sus exiguos fondos en gastos "estructurales", ni ven, así, disminuidas sus capacidades por falta de know-how. La fundación matriz se encarga y se hace responsable de todo ello. Garantiza su control, capacidad, personalidad y responsabilidad a cambio de unificar su régimen. Este ha sido, como apuntaba, otro recurso muy adecuado para fomentar la solidez y viabilidad del modelo general; el propio sector se responsabiliza por y de los *petit fondateurs et fondations*; no dejándolas, como en otros países, a su albur.

> Quien tiene un "pequeño" fondo que quiere dirigir a fines altruistas tendría dos alternativas: o acrecentar las que ya existen mediante una donación o legado; o bien crear una fundación. Pero si tal fondo no es grande, la constitución y mantenimiento de una fundación resulta difícil o incluso imposible. Tales "pequeñas fundaciones", además, no tienen personalidad jurídica propia y no quedarían, así, sometidas a tan complejo sistema supervisorio.

* * *

El histórico recelo e intervencionismo podría haber creado un sector "menor de edad", siempre bajo una suerte de tutela del Estado. Debido la presencia de funcionarios y al régimen de autorizacio-

---

91 V. Paoli-Gagin & Vuillemin-Segarra, A., *Fondations et Recherche. Fondations reconnues d'utilité publique, Fondations de recherche, Fondations de coopération scientifique,* Actua Entreprise, Gualino éditeur, Paris, 2007.

nes continuadas el patronato sería, así, poco autónomo, menos responsable y quedaría limitado en exceso. Le faltaría independencia, aprendizaje y operatividad —frescura, incluso—, adquiridas través de su propia experiencia. Lo cual lo hubiera hecho excesivamente conservador y teledirigido por el Estado: el patronato haría lo que al Estado interesa, para no hacerse incómodo.

Paradójicamente, en medio del tal panorama ha crecido un sector fundacional que, aunque pequeño, es sólido, solvente y fiable. Dotado, precisamente por esa situación de vigilancia, de un celo profundo por su autonomía y capacidad. El título o nombre de la institución —del *label*— "fundación" otorga honorabilidad y solidez a cada *fondation* en concreto y al sector en generala[92].

2.3. Inglaterra

2.3.1. La singularidad de la charity como testigo de su historia

a) Origen y desarrollo temprano

Por itinerarios históricos complejos, tan inextricables que los hacen difíciles de entender y por tanto de explicar sucintamente, Inglaterra se ha adelantado mucho a Europa continental en numerosos aspectos. Este ha sido el caso de la "fundación", que denominan *charity*, institución cuyo origen histórico-jurídico es, si cabe, más poderoso que en los dos países antes vistos[93].

A raíz de la Reforma anglicana, la Monarquía inglesa de Enrique VIII se hizo con un poder mucho más fuerte del que venía ejerciendo

---

92 Por todos, M. Pomey, *Traité des fondations d'utilité publique*, Puf, 1ª ed., Paris, 1980.

93 Por ser un hecho enmarcado en la política, la sociedad y las pugnas religiosas que comienzan con Enrique VIII y no tratarse de un fenómeno puramente jurídico —y, aunque lo fuera, hacerlo en un plano de *common law*, no codificado por lo tanto—, trazar su historia como institución jurídica exige un análisis mucho más complejo y comprensivo: G. Jones, *History of the Law of Charity 1535-1827* (escrito en 1969), Cambridge University Press, Cambridge, 2008. W. K. Jordan, *Philanthropy in England, 1480-1660: A Study of the Changing Pattern of English Social Aspirations*, G. Allen & Unwin, London, 1959.

con anterioridad[94]. Entre otros efectos, tal poder le permitió desamortizar gran parte de los bienes eclesiásticos y abolir el clero regular católico, imponiendo leyes contra las manos-muertas —algunas normas entonces vigentes estaban preteridas—; a la vez que Inglaterra se transformó en la primera monarquía "moderna" más o menos unificada (dicho sea con permiso de los Reyes católicos y con todas las cautelas debidas a una afirmación tan arriesgada). En el siglo XVI se produjeron frecuentes episodios políticos conducentes a la entrada en la modernidad política, configurando un modelo que, tras duros avatares del siglo XVII, llevó a su configuración como Monarquía parlamentaria (moderna), finalmente fraguada la Revolución gloriosa de 1668. Dando pasos sociales, económicos y políticos decisivos para convertirse, un siglo después, en el país de la Revolución industrial, por los efectos de esa previa revolución religiosa, social y política[95].

El periodo de la Reforma anglicana y su larga cola de fracturas políticas y sociales, fueron tremendamente turbulentos. Uno de tales efectos fue la desaparición del tejido benéfico, asistencial, caritativo y educativo que estaba en manos de la Iglesia católica (y sus órdenes religiosas). Al igual a cómo luego ocurriera en la España en el siglo XIX, los bienes que dotaban tal servicio fueron desamortizados y, en gran medida, *dilapidados* por una monarquía y una nobleza voraces de lujo y aventuras personales y políticas. En este caso durante los años que fueron desde la Reforma anglicana hasta la estabilidad de la monarquía Isabelina. De tal manera que llegados a tal momento, la Corona se encontró sin gran parte de los recursos humanos y mate-

---

94 Cambiando enormemente las circunstancias, el tiempo y los hechos concurrentes, la Reforma anglicana y la creación de la Monarquía parlamentaria tiene fortísimos paralelismos con la Revolución francesa. Ambos contextos son el crisol de la *charity* y de la fundación, respectivamente; instituciones que, así, se ven concurrentemente explicadas en ambos momentos. R. Bucholz & Key, N., *Early Modern England. A narrative History 1485-1714,* Wiley & Blackwell, 2012, pp. 41 y ss.

95 S. Pincus, *1688. The First Modern Revolution,* cit., in toto; y H. Trevor-Roper, *The crisis of the Seventeenth Century. Religion, the Reformation & social change,* Liberty Fund, 1967. Dicho sea, también, con permiso de la revuelta de los comuneros, que hubiera podido ser esa primera revolución moderna, a decir de Joseph Pérez, de no ser porque fue yugulada por la Alta nobleza y la Corona antes de que prosperara lo suficiente para convertirse en un movimiento de "clases medias" (*Los comuneros,* La esfera de los libros, 2006, in toto).

riales que resultarían necesarios para cubrir la "obra social" (educativa y sanitaria) que desde hacía siglos la Iglesia había realizado para paliar esos problemas de penuria social.

En esa situación, la Reina Isabel dictó la primera ley de alivio de la pobreza (*Poverty relief Act* de 1587) y, luego, la primera de usos caritativos (*Charitable uses Act* de 1601). Ambas leyes trataron de organizar una suerte de embrión de la provisión social. Aunque a pesar de tales disposiciones, aquel incipiente poder público no pudo acometer su prestación, de tal manera que realmente promovió que lo procuraran instituciones *privadas* —gremiales, cooperativas o corporativas, etc.– con sus modos y fondos[96].

Así, debido a la desaparición de los bienes amortizados eclesiásticos con los otrora se cubriera tal servicio, unos (nuevos) *charitable trusts* "privados" —o quienes las ostentaban como *trustees* (o *feoffes*)— fueron autorizados a vincular tales bienes, soslayando así la legislación anti-amortizatoria. La aparición, pues, de las *charities*, con toda la sociedad, en forma de *trust* será, pues, el primer embrión de *non-profit* sector organizado a nivel mundial[97].

b) *Evolución 'tardía': El concepto de Charity, sus fines, su regulación y su supervisión*

Todo lo expuesto circunvala, pero no explica, la pregunta esencial que orbita sobre esta cuestión: ¿Qué es la *charity* inglesa? ¿Estamos ante la misma figura cuando hablamos de la *charity* y la *fundación*? ¿Por qué se habla de *charitable trust* o de *charitable use*?

Tratar de la *charity* como institución requiere, siquiera sea brevemente, traer a la consideración a otra forma jurídico-social que ya en aquel momento —1601— tenía notable raigambre: el *trust* (entonces denominado *use*). Se trataba de una institución de orígenes confusos: posiblemente es un 'condensado' normando del fideicomiso ro-

96 W. K. Jordan, *Philanthropy in England, 1480-1660...*, cit, in toto.
97 M. Chesterman, *Charities, Trusts and Social Welfare*, Weindelfeld and Nicholson, London, 1979, en su totalidad. J. Casey, *The Nonprofit World....*, cit., pp. 15-16.

mano con el *treuhand* germánico, que sufriría, además, una especial evolución insular, formando primero el *feoffe*, luego el *use*[98].

Había sido utilizado como instrumento jurídico para que tanto la Iglesia como la nobleza pudieran amortizar de manera perpetua sus bienes en fines que superaban su vida y voluntad de quien lo establecía, fueran estos altruistas, caritativos o filantrópicos, o no tanto. De tal manera que su peculiar forma de ser, mucho más compleja que el "simple" fideicomiso, había servido, desde tiempos remotos, para soslayar las prohibiciones que impedían poseer y amortizar bienes, primero las morales y luego las legales[99].

En todo caso, esa peculiar naturaleza al servicio de las altas clases, convirtió el *trust* en un instrumento legal que, por su propia forma, sus fines y su contenido escapaba del control del *common law* y sus tribunales ordinarios, quedando cubierto por soluciones de *equity* dictadas por los tribunales eclesiásticos y luego por la *Chancery House*. De tal manera que esta institución se configuró como una peculiar y compleja institución dotada de vida propia y, en cierto sentido, ajena a la regulación ordinaria, al menos hasta su fragua moderna.

---

98 En 1601 el término "uso" (*use*), como sinónimo de beneficio, era el equivalente al término posterior "*trust*"; y ambos guardan una compleja relación identitaria con el fideicomiso romano, mezclado con otras figuras germánicas; si bien manteniendo una identidad jurídica propia y diferenciada, fruto de las diferencias microscópicas y macroscópicas de la ruptura con el Imperio romano y el proceso codificatorio tardoimperial. Ruptura que produjo una curiosa conservación de figuras del Derecho romano arcaico, que se unirá a la posterior llegada de un Derecho romano-normando procesado (y canonizado), iter que se mezclará con las influencias germanas variadas que habían, entretanto, llegado a Inglaterra, y todo ello, además, producido en una Isla —aislada, por lo tanto— que con su peculiar historia somete a todas estas instituciones a una evolución profundamente singular. Algunas pistas en: S. Martín Santiesteban, *El instituto del "trust" en los sistemas legales continentales y su compatibilidad con los principios del "civil law"*, Thomson Aranzadi, 2005. R. Helmholz, "Trusts in the English Ecclesiastical Courts 1300-1640" y N. Jones, "Trusts in England after the Statute of Uses: A View from the 16th Century", ambos en *Itinera Fiduciae...*, cit., páginas correspondientes. J. Barr Ames, "The Origin of Uses and Trusts", *Harvard Law Review* Vol, 21, n. 4 (feb 1908), 261-274.

99 Bien porque, en el caso de la nobleza o de la alta jerarquía eclesiástica —normalmente de origen normando, frente al pueblo de origen (anglo)sajón—, toda amortización tipo mayorazgo o equivalente debía pasar un pase real y estaba mal vista por la legislación común; bien porque en el caso de las órdenes religiosas, como los franciscanos, el voto de pobreza les impedía ser los propietarios de los bienes que utilizaban para sostenerse o sostener sus obras de culto y caridad. Cfrs artículos de la nota anterior.

Los fines del *trust* (*use* o *feoffe*) podían ser variados: bien altruistas: como la caridad, la beneficencia, educación, y el mantenimiento del culto y de los inmuebles que servían a tales fines, o seguros y cooperativas gremiales y formas equivalentes; bien "egoístas", como la conservación del mayorazgo o formas similares, las capellanías y el culto privado, etc. Allí, como aquí, esto produjo una paralización del comercio de tierra. Situación que generó el recelo popular y el regio. Hecho que en gran medida eclosiona, con dos siglos de adelanto sobre el continente, en la Reforma. Ahí se unió tal corriente intelectual con la acusación de corrupción generalizada sobre los bienes eclesiásticos amortizados y la necesidad regia de fondos[100].

La figura del *trust* obtuvo pleno reconocimiento jurídico-político final y precisamente en la época Isabelina cuando se convierte en la única institución que permite vincular a perpetuidad un patrimonio para fines caritativos; integrándose completamente en el sistema con la Ley de usos caritativos y la ley de alivio de la pobreza (*Poor Law*), ambas de 1601. Primero por la necesidad, regiamente categorizada, de prestar un servicio público que ya no prestaba la Iglesia en sus instituciones. Segundo porque entendieron que era necesario involucrar a toda la sociedad —especial y lógicamente a quienes constituían las élites sociales— en tal prestación caritativa, altruista, filantrópica, etc.

Finalmente, durante los siglos XVIII y XIX, los posibles fines u objetivos que marcaba la ley de "usos" —*trusts*— caritativos derivó en una doctrina jurisprudencial que abstrajo cuatro grandes "fines" (*heads* o cabeceras) bajo las cuales encuadrar las concretas acciones de caridad expuestas en aquel. Tras dos siglos de desarrollo analógico por los tribunales bajo la *equity law*, el caso Pemsel (1891)[101], concluyó en cuatro tipos de usos caritativos: El alivio de la pobreza,

---

[100] Aunque todo ello fuera más bien una excusa para finiquitar a quienes no aceptaron el Acta de supremacía y premiar, así, a los Nobles que sí lo hicieron —o animarles a hacerlo, comprando sus voluntades— con los bienes resultantes de tal despojo: J. J. FISHMAN, *The Faithless Fiduciary…*, cit., pp. 69-85.

[101] *Income Tax Special Purposes Commissioners vs. Pemsel*, 1891, A. C. 531 at 538. Caso basado en el anterior caso *Bishop of Durham* (1805), que decía textualmente: *"First, relief of the indigent; secondly, the advancement of learning; thirdly, the advancement of religion; and, fourthly, "which is the most difficult, the advancement of objects of general public utility"*: *Morice vs. Bishop of Durham*, (1805), 10 Ves. 522 at 531.

el sufrimiento y la miseria humana; El desarrollo de la educación; El avance de la religión; y otros fines o propósitos que beneficien a la comunidad.

* * *

Los caminos del *trust* como negocio e institución jurídica y de la *charity* como acción e institución social se unieron definitivamente. El primero es el vector que otorga forma jurídica a la acción caritativa y convierte/protege, así, tal *caridad* en institución; estructurada en su gobierno, responsabilidad y cualidades subsiguientes. En tanto que la caridad otorga al primero una justificación altruista (*public benefit*), que le permite establecerse a perpetuidad dándole, así, un título "honorable". Y ambos forman la institución públicamente aceptada, respetada y supervisada (y fiscalmente aliviada): la *charity*.

Poco a poco y algo después, la *charity* también empezó a utilizar otras formas jurídicas que le resultaban convenientes en algunos casos, como la *corporation* y la asociación; son estos otros vectores jurídicos para la *charity*, en definitiva. En la actualidad, con sucesivas reformas de la *Charity Law*, se ha impulsado —sin demasiado éxito— la CIO (*Charitable Incorporated Organization*)[102].

No olvidemos, pues, que la acción (moral) caritativa no está atada, ni precluida, por esta forma —la *charity*—; de ahí que se abra paso la forma "fundación" como fórmula identitaria[103]. También esto explica por qué

Doctrina legal originada como un modo de concretar en cuatro "tipos" los numerosos ejemplos caritativos del preámbulo del Estatuto Elizabeth (1601).

102 La CIO es una figura jurídica atípica creada ex profeso para la *charity*, que aúna las cualidades de *artificial personality* y responsabilidad de-limitada de la *corporation* pero sin las servidumbres regulatorias y de supervisión y registro por parte de la *Companies house* (pues una *charitable corporation* tiene dos cabezas supervisoras: la *charity commission* y la *Companies house*, de la que dependen las corporaciones comerciales. Es una figura que adoptó la reforma de la *Charities act* de 2006 pero se ha implementado a partir de 2011): http://www.civilsociety.co.uk/governance/news/content/15267/new_cio_applies_to_revert_to_*charity*_status. ("Inglaterra", en J. C. Alli Turrillas, *La fundación, ¿una casa sin dueño?...*, cit., pp. 91-92).

103 En efecto, la *charity* es una institución moral o social que en puridad necesita de un vector jurídico con el fin de delimitar la responsabilidad jurídica de sus miembros de un modo u otro. Lo cual tiene su origen en que la *charity* no es una *persona ficta* como lo es nuestra fundación —o la francesa, alemana o italiana—, sino que es un mero ente social. Esto es así, resumidamente, porque la cons-

en USA el modelo derivó en otras formas e identidades, como fruto de su amalgama cultural y social.

2.3.2. Identidad y cifras del modelo fundacional

Dicho todo lo cual se puede entender por qué es acertada la afirmación que abría este subepígrafe: su modelo lleva siglos de adelanto, tanto en la figura en sí como en el hecho de haber trasladado el peso del "interés general" a toda sociedad y no solo al gobierno como institución o al Estado como "primer motor"; aunque sin soslayar el control de tales prestaciones cuando las hacen instituciones privadas. Por eso este modelo —incluso sin incluir a Escocia e Irlanda del Norte— es el más grande y poderoso de Europa y, posiblemente, el segundo del mundo en cuanto a presencia de fundaciones

La *Charity commission* (ChC) junto con los datos que aporta la *Association for Charitable Foundations*, realiza una estimación de alrededor de 183,569 *charities* (entre 169.000 ordinarias y unas 14.000 vinculadas a ellas)[104].

Según *Charity Excellence*, recogiendo los datos de todos los registros y realizando un análisis de las extentas y excepcionadas de registro, el número total es notablemente mayor: pues serían unas 412.000, dato que vamos a utilizar, por no crear un criterio de distinción que no controlamos entre formas vigentes[105].

---

trucción teorética de la persona jurídica tampoco llegó en los complejos términos de construcción y abstracción que se realizan en Europa desde Sinibaldo Fieschi y la posterior pandectista alemana (Gierke, Savigny) o los revisionistas italianos (Ferrara). Allí la artificiosidad de esta construcción que soslaya la responsabilidad personal está mal vista y solo se admite puntualmente *ex lege* en algunas *legal* o *artificial persons* mucho más limitadas en sus efectos. En esto, como en otras cosas —el *trust* entre ellas— el *common law* difiere enormemente del sistema codificado común: R. Helmholz & R. Zimmermann, *Itinera Fiduciae*..., cit., in toto. Además del resto de libros que están siendo citados.

104 Recent charity register statistics: Charity Commission - GOV.UK (www.gov.uk) (junio 2022). Aunque, podría haber hasta 100.000 sin registrar: https://www.civilsociety.co.uk/voices/there-are-more-than-twice-as-many-charities-in-the-uk-as-you-ve-been-told.html (ambos 2022). Actualmente: https://register-of-charities.charitycommission.gov.uk/sector-data/sector-overview (enero 2023).

105 https://www.charityexcellence.co.uk/Home/BlogDetail?Link=How_Many_UK_Charities_Are_There_Numbers_And_Statistics (enero 2023).

2.3.3. Su singular sistema de supervisión pública

Particular atención exige la supervisión pública, que en Inglaterra y Gales la realiza una única entidad denominada la *Charity Commission* (en adelante, ChC). La supervisión de las *Charities* en Irlanda del Norte la realiza la *Charity Commission for Nothern Ireland.* En el caso de Escocia, con un régimen codificado, la realiza la *Office for Scottish Charity Regulator,* con un status similar a la ChC.

La ChC. es heredera muy modernizada de los *Charity commissioners* y pionera en todos y cada uno de los aspectos sobre el ser y funcionar de control de las fundaciones privadas en el mundo. El cual deriva de un factor histórico que he preterido en la exposición anterior: la temprana salida de la "fundación" inglesa del otrora poderoso nido de la Iglesia y las familias nobles, unida a su aparición en medio de la turbulenta reforma expuesta. Tal "mayoría de edad" obligada, creó un vacío en cuanto a su supervisión. De modo que en ausencia de las autoridades eclesiásticas o de *visitors,* el Estado creó una fórmula en la línea de lo que ocurría en tantos otros ámbitos, mediante una autoridad mixta público-privada gestionada por los Condados. Tales fueron los *charity commissioners* que operaron junto a otras instituciones similares *para* las instituciones eclesiásticas, los Colegios de élite y algunas Universidades, así como otros entes parejos como *visitors* y *guardians.* Todos ellos formaron el embrión de la supervisión pública moderna[106]. A finales del siglo XIX se hizo necesaria la unificación el poder supervisorio, lo que originó la creación de la *Charity Commission* en 1887.

La ChC es una agencia pública, gubernamental e independiente por no ministerial, responsable presupuestaria y funcionalmente directamente ante el Parlamento. Tiene cuatro oficinas: Liverpool, Londres, Newport y Taunton (Gales). Cuenta con 350 empleados en todos los niveles.

Su primera función es la de registro preciso y actualizado de organizaciones benéficas. Tal registro exige decidir —como en seguida veremos— si las organizaciones son caritativas y cuáles y en qué nivel deben registrarse, conforme los tipos Pemsel. A tal efecto tiene un completo y transparente sistema de monitorización por áreas, fines,

106 J. J. Fishman, "Charitable Accountability and Reform in Nineteenth-Century England: The Case of the Charity Commission", en *Chicago-Kent Law Review* vol. 80, n° 101 (2005), *in toto.*

patrimonio y funciones. Los objetivos que pretende la ChC., según sus propias palabras, son:

- Garantizar y control el sistema de rendición de cuentas (*accountability*) y la responsabilidad de las organizaciones benéficas.
- Dar información pública sobre las fundaciones que garanticen la transparencia y el conocimiento de su acción y uso patrimonial y donativos.
- Dar a las organizaciones benéficas el apoyo y las herramientas para que realicen bien su fin y función.
- Mantener una acción filantrópica relevante para el mundo de hoy.
- Resolver y dirimir las conductas incorrectas y los casos sancionables

2.3.4. Consecuencias funcionales del modelo de supervisión inglés

Inglaterra cuenta con una figura "fundacional" única, aunque muy flexible y autónoma en su forma de ser y actuar. Este modelo históricamente configurado de un modo muy imbricado con el apuntado ambiente social, bajo moldes jurídicos singulares, adaptables y pragmáticos, produjo un sector fuerte, relativamente simple, abierto y muy dinámico, del que derivan estas notas:

– En primer lugar destaca la presencia de una legislación supervisada por una autoridad única, con un registro único y, así, unos criterios unificados. Esto otorga una gran compacidad, y es una ventaja en cuanto a la claridad y simplicidad del modelo. Esa preeminencia regulatoria y supervisora configurada, de manera sustantiva, en una única autoridad creada ad hoc, ha permitido esa "unidad" sistémica.

– En segundo lugar, apoyado en esa legislación completa y precisa, Inglaterra mantiene un intenso control de entrada según el fin fundacional: no cualquier fórmula se acepta como *charitable*; lo cual favorece un régimen según el cual quien acude a él, sabe bien de antemano a qué atenerse. Combina, así, un criterio sustantivo —el fin estático (las cuatro *charity heads* del *Pemsel case*)— con criterios operativos dinámicos (*public benefit test*), como la evaluación de que realiza sus prestaciones son suficiente carácter caritativo, sinónimo de asequible, no-discriminatorio, con tenencia a la universalidad, etc.[107].

– En tercer lugar, la *Charity Commission* aplica criterios uniformes de ordenación. Lo cual, perjuicio, claro está, de sus amplios poderes de revisión, inspección e intervención (con capacidades sancionadoras, suspensivas, de remoción de patronos, etc.), no la han convertido en una autoridad temida, por cuanto actúa en la línea de colaborar, asesorar y ayudar en la constitución y gestión de una fundación.

En tal sentido, un importante medio para evitar cualquier atisbo de arbitrariedad en su actuación fue la constitución del *Charity Tribunal* como instancia de revisión de las actuaciones de la ChC. Esto dota al sistema de un cierre bastante completo, siendo una notable garantía al posibilitar la revisión en vía administrativa, también unívoca y especializada, de las decisiones administrativas con efectos ad extra de la ChC[108]; entre las cuales están, entre otras secundarias: el registro-autorización antedicho, los procesos de remoción de *trustees* y las inspecciones y sanciones.

---

107 No obstante, aunque sea más una consecuencia casuística que una falla sistémica, ese severo control-de-entrada a través de la evaluación del fin —el *public benefit test*— hoy se ha hecho algo severo y controvertido en algún aspecto; por lo que está siendo sometido a un especial escrutinio en una reforma todavía por llegar ((J. C. Alli Turrillas, "La *Charity* inglesa: desarrollo y actualidad (2006-2015), en J. L. Piñar & S. Muñoz Machado, *Anuario de Derecho de fundaciones 2014*, Iustel, 2015, cit., pp. 238 a 249). Se suponía, bajo la normativa previa a la reforma de la *Charities Act* de 2006 que, en resumen, los tres primeros fines Pemsel tenían una presunción de interés general, por lo que no debían demostrarlos; solo tenía que probarse el cuarto supuesto ("otros fines cariatitivos"), en tanto que los otros tres eran caritativos por presunción positiva. La reforma de 2006 revocó tal presunción para todos los casos. De tal manera que toda institución solicitante debe demostrar cuál es su *'public benefit'*. Por muchos motivos que no puedo exponer la discusión ha sido muy potente en términos jurídicos, doctrinales, sociales y mediáticos. La discusión ha estado centrada en la posible discrecionalidad "política" de la ChC. a la hora de evaluar el criterio caritativo de las instituciones que necesitaban solicitarlo (caso de las escuelas públicas, que ha generado una gran controversia): M. Synge, *The 'New' Public Benefit Requirement. Making Sense of Charity Law*, Blomsbury, 2015, pp. 184 y ss.

108 Conforme a un régimen que, regulado en 2006 y aplicado a partir de 2013, está siendo objeto de cierta controversia general: M. King & A. Phillips, *Charities Act 2006*, The Law Society, London, 2007, pp. 36 a 40. Para las controversias, J. C. Alli Turrillas, "La *Charity* inglesa...", cit., pp. 238-249.

– Finalmente, otro importante efecto positivo que tiene este modelo es que, bajo ese amplio, seguro y ordenado marco, el gobierno de cada *charity* tiene una gran autonomía para determinación de sus objetivos, medios, utilización del patrimonio, operaciones, etc. De tal manera que debe ser cada fundación y el sector en su conjunto quien se auto-aplique los principios de buen funcionamiento y gestión ética, eficiente y prudente. No obstante lo cual, también la regulación ha ido dirigiéndose hacia la implementación de medios que permitan la validación de esta gobernanza y de sus resultados, mediante su supervisión intermedia a través de agencias privadas de evaluación o *rating* (tipo auto-regulación regulada). En tal sentido se ha puesto mucho acento en la transparencia, en gran medida a través de tales organizaciones o de otro tipo sistemas de acceso público (web, asociaciones corporativas, etc.)[109].

Sin embargo, es un punto oscuro la existencia de un gran número de fundaciones pequeñas que, por su tamaño, no tienen obligación de registrarse. Bajo unos umbrales patrimoniales y de gasto operativo excesivamente casuísticos y complejos, algunas fundaciones están exceptuadas de registrarse (*excepted*[110]), por lo que, en consecuencia, no quedan monitorizadas por las autoridades. Además, numerosas fundaciones tradicionales "grandes" —Universidades, instituciones, fundaciones de las Fuerzas Armadas, etc.– están eximidas (*exempt*[111]) del sistema de registro y control vía ChC, por tener otros sistemas o autoridades que las supervisan. Lo cual, junto con la ausencia de medios suficientes por parte de la *Charity Commission* para monitorizarlas, las deja en una especie de tierra de nadie[112].

---

109 Lo cual es algo que pretende reforzarse en el previsible cambio legislativo que lleva unos años en espera: J. C. Alli Turrillas, "La *Charity* inglesa…", cit., pp. 267-270.

110 https://www.gov.uk/government/publications/excepted-charities/excepted-charities--2#:~:text=1.-,What%20excepted%20charities%20are,powers%20if%20it%20needs%20to. (enero 2024)..

111 https://www.gov.uk/government/publications/exempt-charities-cc23/exempt-charities (enero 2024).

112 J. C. Alli Turrillas, "La *Charity* inglesa...", cit., pp. 249 a 253.

2.4. Estados Unidos

2.4.1. El origen y las causas históricas del singular clima non-profit

Como corresponde a las dimensiones espaciales y sociales del país, su modelo "no lucrativo" obedece en su regulación a la libertad, apertura y modo de entender tan diferente al nuestro que tienen con respecto a lo público y lo privado; como lo es, también, su modelo de intervención pública[113]. Así, su sistema "fundacional" se construyó sobre la base de, al menos, tres grandes circunstancias o condicionantes sociales, geográficas y político-jurídicas, no necesariamente en el orden que las expondré, pues actúan de un modo más o menos simultáneo.

La primera es que la propia construcción territorial y política de los Estados unidos condujo a la necesidad de que las propias comunidades se auto-prestaran muchos "servicios (públicos)" que, en otros lugares, fueron primariamente suplidos bien por la monarquía, la nobleza o la Iglesia, bien por el naciente Estado (Francia). Tal ausencia de poderes públicos fuertes, dejó a colonos y pioneros un amplio margen para constituir y servirse de *charities* y otras formas "no lucrativas" —como también de las lucrativas— para acometer los necesarios servicios educativos, asistenciales, sanitarios, etc.[114].

Es esa auto-organización la que según TOCQUEVILLE, configura la forma de ser de EE. UU. y está detrás, precisamente, de otro factor concomitante: el recelo hacia el exceso de autoridad, en cuanto estructura burocrática, inmiscuyente y extractiva de los recursos o la riqueza social (y moral), libremente generada por la comunidad de ciudadanos libres e iguales (el cual no es óbice a que admitan la potestad pública, cuando corresponde).

Ese recelo social hacia el intervencionismo público, apenas hilvanado, ha llevado a que los poderes públicos sean muy respetuoso con los fines, como una deriva de la fuerte "libertad de expresión". Una sociedad

---

113 M. R. FREMONT-SMITH, *Governing Nonprofit Organizations. Federal and State Law and Regulation*, The Belknap Press of Harvard University Press, Cambridge, 2004, in toto. Como de detalle en especial fiscal: B. R. HOPKINS, *The Law of Tax-Exempt Organizations*, cit., in toto; y J. J. FISHMAN & S. SCHWARZ, *Nonprofit Organizations. Cases and Materials*, cit., in toto.

114 Entre otros: P. D. HALL, *Inventing the Nonprofit sector*, cit.; O. ZUNZ, *Philanthropy in America. A History*, cit., ambos in toto.

> que quiere ser libre para constituir, dotar económicamente y obtener un beneficio fiscal, para todo ente no lucrativo, y para lo que este pretenda y del modo en que quiera. La sociedad americana crece, en gran medida, gracias al propio contraste e innovación que generan estos entes no lucrativos de diverso tipo, complementarios, supletorios, contrapuestos e incluso antagónicos; así se quiere y así se busca[115].

Tal manera de ocupar el territorio, el espíritu pionero y emprendedor restaron importancia —cuando no inhiben completamente— factores que, en Europa, determinaron el devenir de las fundaciones: vinculación del suelo y lucha contra las manos muertas, desamortizaciones, política anti-clerical y otros aspectos concurrentes, etc.

La segunda es la presencia de comunidades humanas o colonias de diversas naciones, con diversas religiones y formas de ser y actuar desde muy pronto; y de oleadas de inmigración que aun dieron más variedad al país, creando muchas "naciones"[116]. Lo cual lleva a que se imbriquen fórmulas caritativo-filantrópicas de origen muy diverso, provenientes, además, de tradiciones jurídicas y sociales distintas[117].

Dada esta variedad, tanto su Constitución como todo el sistema político —aunque no sin difíciles avatares[118]— reconoció la libertad

---

115 *"As to private philanthropy, the promotion of a healthy pluralism is often viewed as a prime social benefit of general significance. In other words, society can be seen as benefiting not only from the application of private wealth to specific purposes in the public interest but also from the variety of choices made by individual philanthropists as to which activities to subsidize. This decentralized choice-making is arguably more efficient and responsive to public needs than the cumbersome and less flexible allocation process of government administration"*: *Green v. Connally*, 330 F. Supp. 1150, 1162 (1971), *aff'd sub nom. Coit v. Green*, 404 U.S. 997 (1971). Paralelamente, también, toda institución religiosa obtiene el beneficio fiscal pues su entendimiento de la separación Iglesia-Estado lleva a que éste no se inmiscuya ni en su libertad constitutiva ni en su libertad económica. Pues no existe libertad civil sustantiva, la que sea, sin libertad económica que la dote.

116 Magníficamente desarrollado en C. Woodard, *American Nations. A History of the Eleven Rival Regional Cultures of North America*, Penguin Books, 2011.

117 H. S. Miller, *The Legal Foundations of American Philanthropy 1776-1844,* The State Historical Society of Wisconsin, Madison escrito en 1961, reeditado por the Hauser Center, Harvard University, 2006.

118 Entre los cuales está la lucha entre la visión jeffersoniana: jacobina y estatalista —que luego se unió a la confederada del sur— frente a la visión madisoniana, tory, liberal y federalista, más republicana y "nordista". Toda la cual tuvo su reflejo en un mayor o menor apoyo de la sociedad civil y, por ende, de las fun-

asociativa, económica y religiosa prácticamente de cualquier tipo y, por lo tanto, admitió el asociacionismo cooperativo, bajo tales fórmulas.

Todo ello creó un clima propicio para la creación y mantenimiento de todo tipo de instituciones benéficas, educativas, sociales, culturales, etc. con gran autonomía y protección jurídica frente a la posible intervención pública[119]. De modo que aunque Estados Unidos heredara, inicialmente, la *charity* británica asociada al *trust* también como fórmula caritativo-filantrópico principal se dieron muchas otras fórmulas.

> Pues bien, si este es el origen, pues, de lo que ellos denominan "fundaciones públicas" (*public charities*), también en ese clima permisivo y amable, hará más adelante fácil el surgir de la gran filantropía privada de los millonarios de la segunda mitad del siglo XIX y comienzos del XX. Estos crearon toda una corriente que llevará a la aparición de la *private foundation* que, junto con la primera, modelizó el sistema fundacional americano[120]. Muy pronto, también, la fiscalidad tributaria será beneficiosa con ella como efecto de esa posición política[121].

* * *

Este marco produjo desde muy pronto un panorama enormemente complejo, rico, variado, mudable y muy evolutivo. Con su especial naturaleza en cuanto al fin más —digamos— "esencial" de la filantropía como vector: la caridad hacia las necesidades sociales más básicas; que evoluciona en muchas formas y colores[122]. Todo, además, dentro de un modelo político-jurídico de corte federal de

---

daciones o *charities*; así como del tipo de control público que era necesario. P. D. Hall, "A Historical Overview of Philanthropy...", cit., pp. 32-65.

119 Como pronto se vio en el caso *Dartmouth College*. Por todos, P. D. Hall, "A Historical Overview of Philanthropy..."; y M. D. McGarvie, "The *Dartmouth College* Case and the Legal Design of Civil Society", en L. J. Friedman & M. D. McGarvie, *Charity, Philanthropy and Civility in American History*, Cambridge University Press, 2003.

120 J. L. Fleishman, *The Foundation. A Great American Secret...*, cit., *in toto.*

121 Por todos: P. D. Hall, "A Historical Overview of Philanthropy...", cit. pp. 35 a 38. Y también véase: M. O' Neill, *Non Profit Nation..., cit., in toto.*

122 Para entender el panorama "beneficente" del sistema americano, no existe mejor texto que el libro de: W. I. Trattner, *From Poor Law to Welfare State. A History of Welfare State in America*, The Free Press, 1979, in toto.

gran autonomía legal y administrativa. En el cual cada Estado adopta formas y fórmulas legales que, en este ámbito que ahora se analiza, las hace diversas y singulares[123].

Tres son las claves que se derivan de ello para entender el presente del sector no lucrativo en general y de las fundaciones en particular. La primera es su omnipresencia y capacidad: es un sector poderoso y grande, muy diverso según territorios y con una enorme dispersión en cuanto a su supervisión. La segunda es la progresiva preocupación de las autoridades federales para evitar escándalos por *distrust* —al fin y al cabo es "el sector de la confianza". La tercera es el impulso por favorecer que presten servicios públicos y evitar, a un tiempo, que interfieran en la política con agendas privadas, controlando su participación política y comercial; lo cual condujo a la reforma de su código fiscal federal (IRC) de 1969.

Fruto de esa gran reforma y sus ecos posteriores, el sector pasó el rubicón de su madurez, saliendo claramente fortalecido, si bien notablemente más regulado[124]. Su efecto principal es que aunque la legislación sustantiva *estatal* ha seguido siendo ligera y diversas según los territorios, y con poderes últimos de intervención radicados en la Fiscalía general de cada Estado (*State Attorney General*), todo el modelo ha sufrido una cierta unificación legislativa nacional que ha venido por la vía de la legislación tributaria *federal* en manos de su Agencia tributaria (el IRS)[125].

2.4.2. La clasificación general y datos sobre el sector no lucrativo

Debo señalar, desde un principio, que el término "fundación" no es, propiamente, un nomen jurídico-institucional como el nuestro;

---

[123] K. D McCarthy, *American Creed. Philanthropy and the Rise of American Civil Society*, University of Chicago Press, 2003, in toto. Para una historia breve de la evolución de sus formas históricas, puede verse, también: J. C. Alli Turrillas, *La fundación, ¿una casa sin dueño?...*, cit., pp. 289 y ss.

[124] M. Montero Simó & J. C. Alli Turrillas, "Las *private foundations* en Estados Unidos: una categoría fiscal, en J. L. Piñar & S. Muñoz Machado, *Anuario de Derecho de Fundaciones 2013*, Iustel & AEF, 2013, pp. 135 et sq.

[125] M. Sidel, "The 'federalization' problem and Non Profit Self-regulation"; y J. J. Fishman, "The federalization of Non Profit Regulation and its Discontents", ambos publicados en: *Kentucky Law Journal*, 99 (2010/2011).

si acaso una fenómeno estructurado formalmente, en el sentido que vamos a ir desglosando[126]. El hecho más directo de la citada regulación (tributaria) federal ha sido la partición de las "fundaciones" en dos grandes matrices. Esta división —pese a lo complejo de su clasificación por estar derivada del régimen de exenciones tributarias— se ha erigido más allá de otros intentos escolásticos en la *magna divisio* para entender el modelo fundacional estadounidense[127]:

1.– *Public charities:* son las fundaciones operativas que prestan servicios de interés general y son sostenidas por quienes reciben tal servicio y/o por donativos y fondos públicos o privados; los cuales obtienen, también, beneficios tributarios por sus donaciones. Pueden ser de varios tipos (y pueden utilizar nombres diversos):

- *Public supported charities* (fórmula típicamente utilizada por las *community foundations or trusts)*;
- *Institutions* (suelen ser antiguas fundaciones educativas como Harvard, etc.); y
- *Supporting organizations.*

2.– *Private* (o *Philantropic) foundations:* formadas por y para acumular fondos que dotan a otras fundaciones, donan, crean programas sociales, etc.; su exención fiscal es más leve y varía según qué y cómo haga en la realización de sus fines, según estos tres tipos:

- *Grantmaking foundations*, que simplemente da donativos;
- *Conduit private foundations*; que dona bajo unos parámetros más complejos y de una manera más proyectada; y o

---

126 M. Montero Simó & J. C. Alli Turrillas, "Las *private foundations* en Estados Unidos:...", cit., pp. 135 et sq. Su forma "fundación", en general, parte del molde jurídico tipo *common law* y no tanto del de los códigos de tipo europeo; aunque haya transcurrido por un camino peculiar que mezcla y evoluciona corrientes jurídico-políticas muy distintas. Lo cual es paradójico por cuanto, inicialmente, muchos de sus territorios pretendieron huir de la ley inglesa. J. D. Hall, "A Historical Overview of...", cit., *in toto.*

127 El IRC también incluye, en ese mismo régimen a las *Churches*; en la medida en que todas las Iglesias y sus obras relacionadas gozan de la misma exención fiscal que las primeras y prácticamente de igual característica (por lo que normalmente adoptan formas de tipo fundacional).

➢ *Hybrid Operating foundations;* que operan de un modo similar a las *public charities* y son como su antesala.

Tal y como he apuntado. Esta es la clasificación fiscal. Pero en cuanto a la estricta forma legal, la originaria forma jurídica del (*charitable*) *trust* dio paso a otras formas más ágiles como la *corporation,* la *association,* etc. También explica por qué y cómo son "fundaciones" las *private foundations,* y otras fórmulas como algunos *endowments, trusts, funds, Donor Advise Funds* (DAFs), etc.

Es decir, todo lo expuesto que ha creado un modelo muy abierto en sus figuras, aunque, como expuse, la legislación fiscal las ha precluido, en cierto modo, a través de esas dos grandes matrices recién expuestas. Un modelo próspero que trata de ordenar, fiscalmente, un panorama social enormemente rico y complejo[128].

* * *

Los datos aportados por el *National Centre of Charitable Statistics* (NCCS), son muy precisos, pero son datos oficiales "sin digerir" provenientes de los metadatos proveniente del F-990 del IRS y de los aportados por los Estados que, cuando los purga, los presenta con cierto retraso en un análisis que sigue estancado en 2017-2018[129].

Más actualmente, el FOUNDATION CENTER & GUIDESTAR alojan una web de información sobre el sector denominada Candid.org

---

128 Evidentemente, en torno a todo este sector se ha creado toda una sociedad y cultura filantrópica, con su literatura, su *expertise,* su propia economía y sus lobbies. En definitiva, mucho dinero buscando opciones para ser invertido y ser donado, expertos, agencias de evaluación, prensa, abogados, etc. En un sentido crítico, pues, incluso, dice el autor, ha creado un idioma propio: el *philanthropese:* DOWIE, M., *American Foundations. An Investigative History,* MIT Press, Cambridge, 2001. Y también: K. STERN, *With Charity for All: Why Charities are failing and a better way to give,* Doubleday, 2013.

129 El último es su Almanaque de 2018 (publicado en 2019), el cual señala un incremento total hasta las 1,571 millones, con casi un millón cien mil *public charities* y ciento cinco mil fundaciones privadas; así como otras trescientas sesenta y ocho mil *nonprofit organizations* no fundacionales y más de trescientas doce mil "congregaciones religiosas": B. S. MCKEEVER, *The NPS in brief 2018. Public charities, giving and voluntaring,* Urban institute, 2019. Para los últimos datos más completos digeridos: https://www.urban.org/sites/default/files/publication/104889/nonprofit-trends-and-impacts-2021_2.pdf (Enero 2024).

(data), en el que están publicando información algo más digerida y actualizada. Según ellos, el número en 2020 de fundaciones —mas stricto sensu— de todo tipo, bajo el amparo del apartado 501(c)3 IRS sería de 1.729.101; siendo el 72% *public charities* (1,246.909) y el 7% *private foundations* (119.791)[130].

2.4.3. Estructura supervisora

Dos son las grades macro-estructuras encargadas de la supervisión del sector en USA.

1) De un lado, corresponde a la Fiscalía General de cada Estado (*State Attorney General o SAG*) la función de alta inspección de las organizaciones no lucrativas. Solamente algunas fiscalías cuentan con una oficina específica, para velar ordinariamente por su funcionamiento; pero la mayoría solo operan a demanda de caso.

La variedad institucional y de cargas en muy grande y, por tanto, su recorrido resulta imposible; aunque por primera vez se ha publicado en 2023 un estudio específico al respecto[131].

> Dejaré de lado el hecho de que cada Estado tiene competencias en materia de registro y, en su caso, supervisión de las *corporations, associations y trusts*. En algunos Estados, existe un control del fin y el patrimonio, así como del funcionamiento de los *trusts* basándose en normas civiles generales. Otros pocos —en particular, NY y California— tienen vigente una norma específica sobre *trust* caritativos y otras organizaciones no lucrativas de tipo benéfico, con sistemas más avanzados de supervisión que, en todo caso, no incluyen una agencia específica de control (cosa que, en general, han denostado siempre). La mayor parte de ellos no tienen normas específicas y se rigen por la regulación jurisprudencial inglesa

---

130 Los datos, por lo tanto, bailan un tanto en cuanto a todos los entes NPO bajo 501(c)3 en sus distintos subapartados (2019): 1,6 millones para el independentesector (https://independentsector.org/about/the-charitable-sector/, enero 2022); 1,546 millones para NCCS; y 1,729,101 para Issuelab (Candid. Org Data). Alrededor de 346.000 son otras entidades no lucrativas bajo el apartado 501(c)3 que no son de tipo fundacional. https://www.issuelab.org/resources/36381/36381.pdf (enero 2022).

131 W. Wynegarden, *The 50 State Index of Charity Regulations*, The Philanthropy Roundtable, 2023: https://www.philanthropyroundtable.org/wp-content/uploads/2023/01/50-State-Index-of-Charity-Regulations.pdf (junio 2023).

tradicional, aunque en muchos casos, si se trata, como veremos, de *corporations*, tienen un régimen específico[132].

Según las estimaciones existentes, estas instituciones agrupan alrededor de 400 empleados en dichas oficinas estatales de diverso tipo encargados de la supervisión de las fundaciones[133].

2) De otro lado, el IRS *Nonprofit and Guvernamental Division* es la sección competentes del IRS para la supervisión fiscal del sector, tiene oficinas en todos los Estados y una estructura central poderosa, con un *Commissioner* y un director ejecutivo. Agrupa 1.600 empleados de los cuales 540 están directamente vinculados al área de supervisión de las organizaciones no lucrativas (2020)[134].

2.4.4. Lecciones del modelo

Pretendo señalar, ahora, algunas virtudes de este modelo con la finalidad de aprender lecciones positivas o negativas:

132 Muchos Estados tienen normas de consumo, de donativos caritativos (cuestaciones), de voluntariado, de *trusts* y corporaciones que afectan, de un modo u otro, a las instituciones caratitivo-filantrópicas de tipo fundacional. https://independentsector.org/resource/statelaws/ (diciembre 2021). Para los datos generales de toda la supervisión no fiscal: C. M. Lott (dir), *State Regulation and Enforcement in the Charitable Sector*, Urban Institute, 2016: https://www.urban.org/sites/default/files/publication/84161/2000925-State-Regulation-and-Enforcement-in-the-Charitable-Sector.pdf (enero 2024).

133 Se trata de una estimación sobre la base de los datos conocidos en algunos Estados a través de la web y la media entre ellos. Lógicamente difiere mucho Estado como NY, con 50 empleados, de Nevada, con 2. La media ha sido hecha sobre la base de diez Estados con datos conseguidos. Lo anteriormente descrito sobre la difusa competencia sustancial de cada Estado, hace que sea prácticamente imposible conocer el número de empleados públicos específicamente encargados de la supervisión de las fundaciones, bajo su régimen competencial en los cincuenta Estados de la Unión. https://ballotpedia.org/Nonprofit_regulation_in_the_states (diciembre 2022). También estimados en 355 (en 2016) C. M. Lott (dir), *State Regulation and Enforcement in the Charitable Sector*, cit.

134 Esta división había tenido, hasta 2018 una reducción de un 30% —superior al 20% de media del IRS— de personal en diez años, que ha ido siendo acometida (https://www.irs.gov/statistics/irs-budget-and-workforce). Según información no corroborada, la intención es que vuelva a su situación de alrededor de mil empleados o su sustitución por medios informáticos suficientes hasta 2025.

– En primer lugar parece destacable el peso que otorga a la cualidad de las instituciones y la efectividad, modos y calidad de los servicios que prestan. Las fundaciones, en EE. UU., se legitiman en su ejercicio: fines acertados, eficiencia, correcta utilización del patrimonio y dotación, buen gobierno, responsabilidad y transparencia. En consecuencia, las buenas calificaciones que reciben por parte agencias independientes determinará su acceso y capacidad financiera; es el mercado el que manda y, por lo tanto, el que pone a cada uno en su lugar: la legitimidad viene principalmente determinada por su operatividad[135].

– En segundo lugar, es destacable el extraordinario peso que su sistema ha otorgado a las obligaciones contables y a la transparencia fiscal y financiera del sector en su conjunto y de cada fundación en particular. Tales mecanismos, modelizados especialmente sobre la base del formulario fiscal F-990, en sus diversas formas, y las solicitudes iniciales de exención tributaria presentadas ante el IRC, y constituyen el auténtico epicentro del sistema de supervisión y control público y "por-el-público"[136]. La fuerte capacidad técnica del IRS le permite un control muy poderoso de todo el sector, por tanto.

– Derivado de la normativa fiscal, es interesante, en tercer lugar, la división entre las formas: *private foundations* y *public charities*. Esta permite crear una frontera clara en la forma de enfocar la filantropía cooperativa, sin fondos o patrimonio propio y, por tanto, operativa,

---

135 K. Prewitt, "American Foundations: What Justifies Their Unique Privileges and Powers" en VV. AA., *The Legitimacy of Philanthropic Foundations: United States and European Perspectives*, Russell Sage Foundation, New York, 2006, p. 27. ¿Es esto así siempre y en todo caso? Evidentemente, no. Es en gran medida cierto para las *public charities*, cuyos fondos obtenidos mediante donativos, pago por servicios, subvenciones suelen depender principalmente de lo apuntado para tener éxito y futuro. Pero la existencia de las *private foundations*, en cambio, no depende tanto de esos posibles contribuyentes, pues están dotadas por un patrimonio privado normalmente potente y autónomo. Por ello y en ausencia de tal legitimidad de ejercicio, desde 1969 el sistema de supervisión tributario las ha ido sometiendo a un mayor control y menos exención fiscal, así como obligaciones anuales de inversión filantrópica y una compleja serie de controles especiales sobre su ser y funcionamiento: M. Montero Simó & J. C. Alli Turrillas, "Las *private foundations* en Estados Unidos…", cit., *in toto*.

136 R. G. Holcome, *Writing off Ideas on Taxation, Foundations & Philanthropy in America*, cit., pp. 6-7, 243 et sq.

por parte de las segundas, frente a la mayor autonomía operativa de las primeras, mucho más basadas en la libertad del fundador.

Los sistemas de control que se fueron estableciendo sobre las primeras se ha ido extendiendo paulatinamente a las segundas. Este ha sido el caso del sistema sancionador por contravenir las obligaciones tributarias, a modo de multas a la institución (*excise taxes*), las obligaciones de inversión temporal (*timely reimbursements*), las importantes y exigentes reglas sobre auto-contratación (*self dealing*); los controles sobre *private inurement* y las reglas sobre actividades comercialmente relacionadas o no con el fin caritativo, etc. También se han ido implementando soluciones de interés como las sanciones intermedias "personales" (*intermediate sanctions*) que palían el hecho de que inicialmente no había una graduación sancionadora *intermedia* entre la denegación del status fiscal beneficioso y las *excises taxes*; ambas penalizaban a la institución, pero no a sus patronos[137].

– En cuarto lugar, resulta particularmente interesante el acento puesto en la responsabilidad de los patronos por las acciones que acometen *a través* y *para* la propia fundación en imitación de los juridificados deberes de fidelidad en la casuística del *trust* y de los *Corporative boards*. Así la consolidación de los deberes de cuidado y prudencia en las inversiones, de lealtad al fin y a la *intentio fundatoris*, y la obediencia a las autoridades en cuanto a las obligaciones legales que corresponde. Todo ello ha creado un modelo de delimitación de la responsabilidad que los tribunales han sabido aprovechar muy bien para ceñir la responsabilidad "fiduciaria"[138].

Finalmente, contribuye a esta autonomía gubernativa su opción por un gobierno único (*one-tier government*), frente al modelo de "dos cabezas"[139]. No obstante, se ha dado peso a la profesionalización de la

---

137 Para ver su régimen más completo: J. C. Alli Turrillas, *La fundación…*, cit., pp. 411-430; o en sus propias fuentes, B. R. Hopkins, *The Law of Tax-Exempt Organizations*, cit., 470 y ss.

138 Las autoridades evitan el (pesado) control precautorio de la actividad de gobierno, basado en peticiones de autorización e información previa, y más bien examinan a posteriori el resultado de las actividades y las decisiones que han llevado a ellas conforme al fin propio de la fundación y la situación patrimonial resultante. Por todos, Fremont-Smith, M. R., *Governing Nonprofit Organizations…*, cit., pp. 187 a 237.

139 Más común en Francia, Alemania o propuesto en el nonato Estatuto europeo de fundaciones: Hopt, K. J. & R. Walz et aliq., *The European Foundation. A New Legal Approach*, Cambridge University Press, 2006. in toto.

dirección operativa de las fundaciones, de tal manera que el *board of directors* —en el caso de las *charitable corporations*— o el *board of trustees* —en el caso de los *charitable trusts* y figuras análogas como *endowments, funds*— se convierten en órganos de direccionamiento y control estratégico y programático de la gestión que, operativamente, realizan los gestores o directivos profesionales en su labor de *managment*. Para eso, también cobra gran importancia todo el sistema de códigos éticos, deontológicos, de prácticas de buen gobierno, de calificación de sus actividades, etc. Mecanismos que vienen determinados por estructuras y agencias creadas por el mercado al albur de este panorama expuesto.

* * *

Es evidente que dentro del sector se producen grandes fricciones: por su variedad y complejidad, su enorme tamaño y sus grandes super-estructuras, el monto económico que maneja y la diversidad de autoridades que convergen sobre el, entre otras causas. Ha habido fuertes críticas, en algunas épocas especialmente: gasto en supuesta innovación en proyectos que no van a ningún lado, amateurismo, dispendio estructural y dispersión de esfuerzos, multiplicidad de objetivos, fundaciones de fin excesivamente concreto y único, agendas político-ideológicas de izquierdas y derechas encubiertas, frivolidad en las formas y actividades, sobrecostes organizativos, etc.[140].

---

140 Aunque hay muchos textos que recogen estas críticas a lo largo de la historia —especialmente en los años 60 y 70 del siglo XX—, reciamente han reaparecido (aunque con sentido positivo): K. Stern, *With Charity for All...*, cit., in toto. Ha existido cierto transfondo crítico en cuanto a la legitimidad de las fundaciones privadas por parte de ciertos sectores —de corte más estatalista o intervencionista, por así decirlo— por cuanto se tiende a pensar que favorecen agendas particularistas, más que un bien social puro. De tal manera que sus exenciones tributarias son dinero público no recibido —no tributado— que queda, así, en manos privadas y fuera de los procesos democráticos de control general (aunque sí lo estén bajo control administrativo). (Tensiones recogidas en P. Frumkin, *Strategic Giving. The Art and Science of Philanthropy*, University of Chicago Press, 2006, pp. ix et sq. Para apreciar estas ideas críticas: J. W. Nason, *Foundation Trusteeship. Service in the public interest*, The foundation centre, NY, 1989, pp. 12-14). Frente a ello se sostiene que lo que el Estado está haciendo, por esta vía, es promover libertad para crear ideas transformadoras de la sociedad y, así, favorecer el bien común (más allá de solo el interés público benéfico-caritativo): R. G. Holcome, *Writing off Ideas...*, cit., p. 4-7. En el mismo sentido, B. R. Hopkins, *Charity under siege. Government regulation of fundraising*,

Actualmente, la aparición de nuevas trazas de filantropía alejadas de las originales, como es el caso de la LLC, de las nuevas formas de RSC como Strategic Giving, de los Fondos-donaciones bajo consejo (DAFs) y otras fórmulas, ha llevado a cierto sector doctrinal a abogar por una adaptación-transformación del modelo supervisorio, en línea con lo que ocurriera con el actual sistema en la reforma fiscal de 1969 para mejorar el sistema[141].

Uno de los temas recurrentes en los debates sobre el sector en USA ha sido la falta de (suficiente) control público, por su dispersión y por el poco control del fin (del interés general), como una gran causa de los problemas estructurales[142].

Se han estudiado fórmulas más unificadas de control, tipo *Charity Commission*, más sustantiva y menos fiscal, dotada de más poderes de intervención, etc.[143]. Pero el recelo hacia un mayor intervencionismo público —otro que el tributario que, precisamente por ser indirecto, tangencial, colateral es admitido en sus grandes poderes—, continua pesando mucho en todo el país. Además, evidentemente, de que se tiene por una competencia estatal que, difícilmente, aceptaría una unidad federal en tal sentido (como ha ocurrido, en cierto modo, en cambio, en el ámbito de la

---

Ronald Press, 1980, pp. 3-5. Esta prestación no tendría precio. Además, hay control público de efectividad y transparencia para sustituir los controles de mercado o los democráticos.

141 D. Brakman Reiser & S. A. Dean, *For-Profit Philanthropy. Elite Power & the Threat of Limited Liability Companies, Donor-Advise Funds & Strategic Corporate Giving*, Oxford University Press, 2023. in toto.

142 Como apunté al tratar de las cifras, se reconoce que el IRS está superado pues apenas ha mejorado sus sistemas —incluso ha habido un decremento de personal en la última década— y, además, también se señala que el sistema funciona mejor precisamente mediante esta "dispersión" de esfuerzos supervisorios entre los Estados, la Administración federal y las autoridades locales. Por todos: M. Owens & E. Brody, "Exile to Main Street: the IRS's Diminished Role in Overseeing Tax-Exempt Organizations" y L. Hitoshi Mayer, "Fragmented Oversight of Nonprofits in the United States: Does it Work? Can It Work?", ambos en el *Seminario de la Chicago Kent University Law School*, 21 de noviembre de 2015 (pro manuscripto).

143 El debate completo puede verse en: L. H. Mayer, "Regulations Charities in the Twenty-First Century. An Institutional Choice Analysis", en: *Chicago-Kent Law Review* nº 85 (2010), 479 y ss.; J. J. Fishman, "The Federalization of Non Profit Regulation and its discontents", en y en los citados en la nota anterior.

competencia y la industria, la banca y las finanzas)[144]. La realidad es que ni legislativa ni administrativamente se han producido grandes cambios y reformas sistémicas desde 1969, fuera de algunos retoques menores y no demasiado sustanciales. En parte debidos a que el sector, en su conjunto, es ya un importante lobby de presión.

Si bien su complejidad lo hace difícilmente imitable, la precisión, pragmatismo y fortaleza con la que se han regulado muchos aspectos en el ámbito tributario deben analizarse seriamente, por cuanto tienen soluciones muy precisas para problemas más o menos similares[145]. Lo es, indudablemente, el peso que han otorgado y los sistemas utilizados por y para la transparencia, así como en los mecanismos de auto-regulación, control y supervisión por calificación de agencias independientes y otros mecanismos de creación de responsabilidad fundacional creados por el propio sector.

3. REENFOCANDO LA MIRADA HACIA OTROS MODELOS DE SUPERVISIÓN

3.1. El caso italiano

3.1.1. El sector de las fundaciones

Italia cuenta con una larga tradición de fundaciones señeras en su participación en la sociedad, bajo una sociedad civil fuerte y variada en la cual, particularmente, ha existido un poderoso conjunto de agrupaciones cooperativas, asociaciones y entes eclesiásticos y religioso-civiles reconocidos por diversas normas[146]. Pero, en tal marco, sus fundaciones stricto sensu han sido la "cenicienta" de su modelo por cuanto, de una manera similar a cómo ocurriera entre nosotros a lo

---

144 Un repaso de todo ello en J. C. Alli Turrillas, "Origen, crisis jurídica y cambios en ciernes en la regulación del sector no lucrativo de tipo "fundacional" en los EE. UU", en *Revista Española del Tercer Sector (RETS)* nº 21 (mayo-agosto 2012).

145 A. Blázquez Lidoy, "Los incentivos fiscales al mecenazgo en Estados Unidos. ¿Qué podemos aprender con vistas a la reforma de la Ley 49/2002?", en *Anuario de Derecho de fundaciones 2012*, Iustel, 2013, pp. 195-306.

146 G. P. Barbetta, *The Nonprofit Sector in Italy*, John Hopkins NPSS nº 6, Manchester University Press, 1997. También: https://italianonprofit.it/filantropia-istituzionale/cerca/tipologia-fondazioni-rac/ (enero 2022).

largo del siglo XIX, gran parte de la acción beneficente-filantrópica, tuvo lugar a través de las denominadas *Instituizioni pubbliche di Assistenza e Beneficenza* (IPABs)[147], de *Enti Ecclesiastici civilmente Riconsosciuti* (EECRs)[148], apoyadas por la importante labor social de las, entonces, *Cajas de Risparmio*[149].

Así las cosas, historia y evolución del sector fundacional no difiere grandemente de la presentada sobre Francia y la evolución en España. Tanto en cuanto a la historia anti-amortizatoria y recelo a las *personas* intermedias, cuanto en la concepción general de las mismas[150]. Es un modelo, bastante centralizado que se había conformado en torno a un molde conceptual unívoco de fundación, regulado bajo los artículos 11 y siguientes del Libro I, título II (*delle persone giuridiche*) del Código civil (de 1942, aunque con numerosas modificaciones, pues inicialmente solo admitía las fundaciones de interés general).

Por tal razón, manejan el mismo concepto de fundación que tenemos nosotros, sin especiales diferencias. No obstante, al igual que ocurre en Alemania —y frente a lo que sucede en España y en Francia— su ordenamiento admite las fundaciones de fines privados, aunque en tal caso no tiene reconocimiento fiscal[151].

Fue realmente con la reforma de esta parte del Código civil operada por el Decreto 361 del Presidente de la República de del 10 de febrero de 2000 cuando se ha ampliado y remozado el completo panorama legislativo de las fundaciones en Italia. Pues dicho régimen de supervisión-autorización administrativa estaba precariamente apuntalado bajo el régimen de reconocimiento de la "obra social"

---

147 Creados por la Legge Crispi (1890) y declarados inconstitucionales como entes puramente públicos por STS de 1988, que obligó a su privatización o conversión en entes privados.

148 Reconocidas por Legge 222/1985 que podían realizar labores caritativas con fines religiosos.

149 Para el estudio de la evolución de todo ello: G. P. Barbetta, *The Nonprofit Sector in Italy,* cit., pp. 63 a 75.

150 H. K. Anheier & L. M. Salamon, *The emerging of the Nonprofit Sector,* John Hopkins University series nº 1, Manchester University Press, 1996, pp. 3-4.

151 VVAA, *Comparative Highlights of European Foundation Laws. The Operating Environment for Foundations in Europe,* AEF & DAFNE, 2021, páginas correspondientes a Italia y en su conjunto.

por parte de entes privados que estableció el art. 45 de la Constitución italiana:

> *«La República reconoce la función social de la cooperación con caracteres mutualistas y sin finalidad de especulación privada. La ley fomentara y favorecerá el incremento de la misma con los medios mas adecuados y preservara, a través de los controles oportunos, su carácter y sus finalidades (...)».*

La constitución y autorización, con otorgamiento de la personalidad jurídica, es una potestad del Presidente de la República, pero está delegada en los Prefectos provinciales, conforme a la citada reforma del Código civil del año 2000, según el cual las asociaciones, fundaciones y demás instituciones de carácter privado adquieren personalidad jurídica mediante el reconocimiento determinado por la inscripción en el registro de personas jurídicas, establecido en las Prefecturas y con solicitud de informes previos a los Ministerios implicados en las materias propias de algunas fundaciones: salud, consumo, medioambiente y, sobre todo, patrimonio histórico-artístico y cultura[152].

3.1.2. La modelización de las fundaciones

No obstante, algunos hechos que han ido sucediendo en Italia ponen de relieve algunas características que son las que nos interesan a efectos comparativos:

La primera nota a destacar es que, al igual que ha ocurrido en Francia y Alemania la fuerza de los hechos ha acabado por modelizar diversos tipos diversos de fundaciones, con diferentes exigencias jurídico-institucionales, aunque estén siempre basadas en el régimen constitutivo unívoco que establece el Código Civil (de modo que, en puridad, son formas jurídico-sociales que no tienen, en general, un reconocimiento conceptual específico, al igual que ocurre en España y frente a los que sucede en Francia y, en cierto modo, en Alemania)[153]:

---

152 https://www.altalex.com/guide/fondazioni (enero 2023).

153 G. Ramelli, *Le fondazioni in Italia e all'estero: un fenomeno in crescita,* Tesi de Laurea, Università C'Foscari Venezia, 2012: http://dspace.unive.it/hand-

- Las *fundaciones familiares (y/o empresariales)*: que son fundaciones creadas para continuar con los valores e ideas del fundador-progenitor, o, en el caso de una empresa, para potenciar las denominadas "externalidades positivas" (know-how, bienes producidos, tecnologías desarrolladas...) y limitar el peso de las llamadas "externalidades negativas", mediante acciones de RSC, básicamente;
- Las *"fundaciones comunitarias"*, que son fundaciones compuestas por una pluralidad de actores, destinadas a recaudar donaciones y crear valor para un territorio específico y, en algunos casos, a gestionar bienes públicos de importancia local mediante la promoción e implementación del Tercer Sector. Admiten la cooperación público-privada y, en tal sentido, exigen contratos públicos especiales en el caso de que así sea;
- Las *"fundaciones de participación"*: son fundaciones, compuestas por una pluralidad de actores, públicos y/o privados[154], cuyo estatuto se asemeja en algunos aspectos a las asociaciones, con la posibilidad de introducir nuevos miembros y la existencia de una asamblea de accionistas. Generalmente son instituciones operativas que integran las aportaciones de sus participantes o donantes y, por tanto, tienen un patrimonio más operativo que dotacional-económico[155].
- Las *"Fundaciones bancarias"*, a las cuales dedicaré un punto específico.
- Finalmente, las *"Fundaciones operístico-sinfónicas"*, establecidas por Decreto Legislativo 367/1996, el cual transformó los organismos autónomos de ópera, las instituciones de conciertos y otros organismos líricos, coros y agraupaciones musicales de importancia nacional que habían sido previamente establecidos por la Ley 800/1967 en fundaciones de derecho privado,

---

le/10579/1784 (junio 2023).

154 M. P. Chiti, "La presenza degli enti pubblici nelle fondazioni di partecipazione tra diritto nazionale e diritto comunitari", en: https://elibrary.fondazionenotariato.it/articolo.asp?art=06/0604&mn=3 (enero 2024).

155 Muy interesantes como fórmula operativa: https://www.filodiritto.com/le-fondazioni-di-partecipazione (enero 2024)

con la finalidad de mejorar su gestión y hacerla más participativa y transparente.

En segundo lugar, es importante destacar el cambio que supuso la aparición de las fundaciones de origen bancario —en realidad de las Cajas de Ahorro (*Casa di Risparmio*)—, que se produjo a raíz de la profunda transformación de tales, realizada por la Ley 218/1990, posteriormente modificada muy sustancialmente mediante los Decretos 461/1998 y el Decreto Legislativo 153/1999. Tales fundaciones actuales son las destinatarias de una parte significativa de las acciones de las sociedades de crédito que en que las Cajas se convirtieron. Posteriormente, la normativa impuso una diversificación de las inversiones patrimoniales que con el tiempo les llevó a tener participaciones cada vez menores en los bancos conforme a un régimen que se ha ido modificando de acuerdo con las sucesivas crisis del modelo[156].

Existen en Italia ochenta y ocho fundaciones de origen bancario dotadas de personalidad jurídica privada y autónoma, cuyo fin es la utilidad social y la promoción del desarrollo económico. Ocho de esas fundaciones mantienen participaciones mayoritarias en el banco transmitente, en tanto que el resto o bien tienen ya ninguna participación o esta es inferior al 2% de las acciones en la Caja o Banco que les dio origen[157].

El gobierno de estas fundaciones prevé una presencia mixta de representantes del territorio en el que tenían su origen o representantes nombrados por instituciones públicas, económicas y del propio Tercer Sector del que forman parte. Deben tener un órgano de gobierno y otro de control y especiales obligaciones financiero-contables que reportan al Banco Nacional Italiano y a Hacienda Italia. Los miembros de su gobierno pueden estar retribuidos.

Actualmente realizan actividades filantrópicas —y financieras, atadas a tal fin— que realizaban esas peculiares bancos-cajas italianas (que vivían bajo un distinto régimen al que ocurría en España, pues estaban bajo

156 R. Rojo Álvarez-Manzaneda, *Las fundaciones bancarias: de Cajas a Sociedades de capital. La experiencia italiana,* Universidad de Granada, 2003, pp. 36 y ss et in toto.

157 G. Pardo Alés & López Milla, J., "Las fundaciones de origen bancario italianas: un espejo donde mirarnos", *Estudios de Economía Aplicada* 32 (2014), 645-676.

control público) y gestionan los bienes de importancia pública (colecciones de arte, bibliotecas, edificios históricos y villas...), para realizar proyectos en los campos social, sanitario, educativo y formativo y realizar pagos en beneficio de entidades públicas y sin ánimo de lucro. En tal sentido pueden hacerlo de dos maneras: primero mediante el desembolso de subvenciones a otras instituciones (*grantmaking*); segundo mediante la prestación directa de tales servicios (fundaciones operativas); también pueden hacerlo de manera mixta[158].

Por tratarse de un tema de interés, me remito a los análisis que han sido realizados al respecto para su conocimiento[159]. La reforma italiana, no obstante, sirvió de base intencional para la transformación de las Cajas de Ahorro españolas a raíz de la crisis de 2008-2012 y, en tal sentido, su experiencia ha servido de ejemplo de qué debe y no debe hacerse, según los resultados obtenidos con casi dos décadas de antelación a los hechos acontecidos en España[160].

Finalmente, en tercer lugar, destaca la transformación —en la línea de lo señalado en el capítulo I, epígrafe 1 en su conjunto— de todo el sistema regulador de la fundación, estrictamente hablando, en un modelo de “entes no lucrativos”. Esta aparición, en realidad, proviene el modelo social italiano aportado por ZAMAGNI & BRUNI —entre otros— en pro de una sociedad y economía sociales, que está cobrando cada vez mayor predicamento en muchos otros lugares; pero que, desde luego, ha tenido indudables efectos en Italia[161]. Así,

---

158 https://italianonprofit.it/filantropia-istituzionale/fondazioni-di-origine-bancaria/ (enero 2024).

159 M. C. MAYORGA TOLEDANO, “La reordenación del sector financiero de las *Cajas* de Ahorro a las fundaciones bancarias. Análisis de la experiencia española e italiana”, *RDBB,* no. 135, 2014, pp. 89-125; y R. ROJO ÁLVAREZ-MANZANEDA, *Las fundaciones bancarias: de Cajas a Sociedades de capital...*, cit., pp. 23 a 101.

160 En particular, la necesidad de mejorar el patrimonio y dotarlas de suficiente independencia de gobierno y financiera con respecto a las finanzas del bano de cuyas acciones princpales dependen, tal y como se ha ido ocurriendo aquí (el proceso general se analiza en: J. A. ROMERO FERNÁNDEZ, *El proceso de restructuación y saneamiento de las Cajas de Ahorro,* Marcial Pons, 2013; y, en particular y referenciado en caso de la Caixa: L. M. SALAMON, & ALLI TURRILLAS, J. C., “Spain's ‘la Caixa’ Banking Foundation: A Global PtP Model,” *A Philanthropication thru Privatization Case Study,* Baltimore, Johns Hopkins Center for Civil Society Studies, 2020).

161 L. BRUNI & S. ZAMAGNI, *Economia civile, efficienza, equità, felicità pubblica,* Il Mulino, 2004, in toto.

el 3 de julio de 2017 se aprobó el *Codice del Terzo settore (DL 117)*. Esta norma reformuló el grupo de instituciones que se pueden enmarcar en tal conjunto, posibilitando que las fundaciones que cumplan los requisitos de este ámbito puedan acogerse al mismo, junto con otras instituciones y bajo un paradigma amplio, generoso y ordenador de esta nueva realidad, que posibilita mejor la participación privada y ordenada en la prestación de servicios sociales[162].

Tal Decreto las define como las *"organizaciones constituidas como Asociación, Comité, Fundación o empresa (social) que, persiguiendo fines cívicos, solidarios y de utilidad social, se caracterizan por el ejercicio exclusivo o principal de una o varias actividades de su interés general y por ausencia de lucro"*. A continuación se establece el listado de actividades de interés general y se prevé cuáles son actividades y los procedimientos para la inscripción en el Registro Único Nacional del Tercer Sector (RUNTS). Asimismo señala cuál es el régimen fiscal específico, dotado de especiales ventajas y controles realizados por la autoridad tributaria italiana.

> Todas las ETS tienen prohibida la distribución de beneficios, a excepción de denominadas "Empresas Sociales"[163]. No pueden ser reconocidas como ETS las entidades públicas (y las entidades controladas por ellas), las entidades privadas con fines económicos (gremios o colegios profesionales), los sindicatos, los partidos políticos y las sociedades mercantiles no reconocidas como Empresas Sociales. Tampoco está previsto que participen en este régimen las fundaciones de origen bancario. Aquellos entes o fundaciones religiosas y/o canónicas que quieran obtener el reconocimiento lo podrán hacer si al menos una de las actividades que realizan es de interés general definidas por la ley y su objeto-público es indeterminado, como se exige para el resto de instituciones ETS; el reconocimiento también puede limitarse a una parte de la Entidad, si concurre una clara división organizativa de funciones (por ejemplo, al rama de responsabilidad social corporativa de una empresa mercantil).

Una de las peculiaridades más notables es que todas las fundaciones acogidas a este régimen tienen unos especiales deberes de conta-

---

162 A. Fici, "La empresa social italiana después de la reforma del tercer sector", *CIRIEC-España, Revista Jurídica de Economía Social y Cooperativa*, nº 36 (2020), 177-193.

163 https://www.informazionefiscale.it/Cos-e-il-terzo-settore-definizione-significato (enero 2024).

bilidad, control presupuestario. Deben tener, además del patronato ordinario de gobierno, un órgano supervisor de control autónomo de este[164].

3.1.3. La supervisión de las fundaciones

Acudiendo al aspecto que considero más necesario de detallar a nuestros efectos, la supervisión en Italia la lleva a cabo desde una perspectiva doble: primero un organismo administrativo que es parte de Presidencia de Italia, pero se encuentra delegado permanentemente en la Prefectura provincial donde la fundación esté ubicada; y, luego, la autoridad fiscal-tributaria italiana (*Agenzia delle Entrate*).

El modelo de autoridad supervisora para las fundaciones de interés público ordinario es doble: de un lado la Prefectura y, de otro lado, la Autoridad fiscal, al unísono.

La Prefectura, en su registro, solicita informes sobre el fin a los Ministerios en cuyo ámbito competencial actúa la fundación[165]. Se trata de un control de entrada mediante un régimen de "concesión" de la personalidad, con control fuerte de los fines, de un lado, y de funcionamiento continuo de dicha institución, pues en Italia se considera tal autoridad cumple el papel de control que tiene la asamblea de accionistas o el parlamento[166]. En tal sentido, sus funciones son:

- ejerce el control y vigilancia sobre la administración de la fundación;
- nombra y reemplaza a los directores o representantes cuando no pueden ejecutarse las disposiciones contenidas en el acta de fundación;

---

164 A. Fici, "Identità e funzione degli enti del Terzo settore nella giurisprudenza della Corte costituzionale", en *Il Terzo Settore Tra Pubblico e Privato nel prisma della comparazione*, Genova University Press, 2020: https://terzjus.it/articoli/saggi/identita-e-funzione-degli-enti-del-terzo-settore-nella-giurisprudenza-della-corte-costituzionale/ (enero 2024).

165 https://www.laleggepertutti.it/484112_requisiti-per-ottenere-riconoscimento-di-una-fondazione (enero 2024).

166 G. Limardi, "Le fondazioni: disciplina e inquadramiento generale", en: https://www.filodiritto.com/ (enero 2024).

- después de haber consultado a los administradores, con disposición definitiva, sus resoluciones contrarias a las normas imperativas, a la escritura de fundación, al orden público o a la moral; la cancelación no afecta los derechos adquiridos por terceros de buena fe sobre la base de actos realizados en ejecución de la resolución;
- puede disolver el órgano de administración y nombrar un comisionado extraordinario si los directores no actúan de acuerdo con los estatutos o el objeto de la fundación o la ley;
- autoriza acciones contra los directores por hechos relacionados con su responsabilidad, ejercidas por el comisario extraordinario, liquidadores o nuevos directores;
- puede disponer la coordinación de las actividades de varias fundaciones o incluso la unificación de su administración, respetando, en lo posible, la voluntad de los fundadores. Esta facultad está dirigida a aumentar la eficacia y eficiencia del trabajo de las fundaciones, evitando duplicidades y desperdicios.

La Prefectura tiene, también, la competencia de Registro de fundaciones, con un sistema único, pero que es solamente necesario cuando se trata de fundaciones de ámbito estatal o que operan en varias regiones. En el caso de que la fundación quiera ser parte y cumpla con los requisitos para ser considerada una ETS, la Prefectura traslada su solicitud al registro específico de tales instituciones (RUNTS)[167], adscrito al Ministerio de trabajo y políticas sociales que no tiene, propiamente, una función autorizatoria y menos concesional, sino meramente declarativa; si bien exige informes de identificación de fines/formas/patrimonio a los Ministerios correspondientes, a tributos y, en el caso de las fundaciones, al registro nacional en el que están registradas.

No obstante, la compleja norma reguladora del tercer sector, ha establecido un sistema de control paralelo sobre las actividades sustantivas de labor social, a través de la institución Fundación "Órgano Nacional de Control de los Centros de Servicios para el Voluntariado" (ONC)", persona jurídica de derecho privado, constituida por Decreto del Ministro de Trabajo y Políticas Sociales 06/2018, según lo predispuesto en el Código del

167 https://servizi.lavoro.gov.it/runts/it-it/ (noviembre 2024).

Tercer Sector, con funciones de dirección y control sobre los Centros de Servicios para el Voluntariado (CSV) central y de los Organismos Territoriales de control social (OTC)[168]. Pero el análisis de estos mecanismos no está directamente relacionado con el objeto de este trabajo.

La estimación en cuanto al número de fundaciones en Italia es muy compleja, pues el Registro no ha publicado nunca las cifras completas y algunas regiones recogen, en sus oficinas, algunas fundaciones territoriales (en un modo semejante a lo que ocurre en España). El dato más fidedigno arroja una cifra de unas 8.200 fundaciones de los tipos descritos en Italia (sin contar las de régimen eclesiástico)[169].

Lo cual sitúa a Italia en una posición baja en cuanto al número de fundaciones en Europa. Cifra que, no obstante, no refleja una mejor posición en cuanto a las cifras filantrópicas, pues en términos comparados, según diversas fuentes, Italia contaba en 2017 con un sector que movía 10.000 millones de euro y con un 11% en cuanto al patrimonio[170]. Italia, como Francia —y en menor medida España— tienen, en cambio, un altísimo número de entes del tercer sector de tipo asociativo, mutual y cooperativo variado (unas 350.000).

3.2. El particular y singular caso de Canadá

3.2.1. El panorama general del sector fundacional

Canadá es, indudablemente, un caso singular por los muchos factores que concurren y que, en cambio, no se presentan de modo tan claro en otros modelos aparentemente alejados e interesantes (como podrían ser Nueva Zelanda o Australia). En Canadá se dan una serie

---

168 https://italianonprofit.it/risorse/definizioni/organismo-controllo-onc/ (noviembre 2024).

169 https://www.cantiereterzosettore.it/i-numeri-del-non-profit/ (enero 2024). Esta cifra es consistente con las señaladas, en torno a 2016 por: L. T. MacGill, "Number of registered Public Benefit foundations in Europe", *Foundation Centre,* 1 october 2016: https://philea.eu/wp-content/uploads/2019/08/pbf-report-2016-9-30-16.pdf (consultada en enero 2024).

170 España (8 mil millones), Alemania (18 mil millones); España el 36%, tras Bélgica (42%), seguido luego de Francia (34%); Alemania (24%) e Italia (11%). Fondation de France, *A flourishing European philanthropy sector,* 2014 y *An Overview of Philanthropy in Europe, 2015,* ambos en https://www.fondationdefrance.org/images/pdf/Philanthropy_in_Europe_april_2015.pdf (enero 2024).

de factores acumulados que lo convierten en un laboratorio peculiar, en el que tampoco podemos olvidar —casi en forma anecdótica— que el jefe del Estado es la Reina de Inglaterra[171]:

1) En su ordenamiento jurídico general, y por tanto en el regulador del sector no lucrativo, concurren, al menos dos sistemas jurídicos "fuertes y unívocos" pero muy distintos: el modelo francés de Código civil —presente en Québec y aplicable bajo ciertas condiciones en otras ciudades— y el modelo *common law* aplicado a gran parte del país y subsidiario del conjunto.

2) Su fuerte constitucionalización existe bajo unos parámetros de tipo "americano", donde conviven un modelo de grandes libertades y, a la vez, un cierto Welfare-State en la órbita del Derecho social inglés, del Estado de los servicios públicos de tipo francés y del Estado social alemán. Lo cual le hace mantener, en este lugar, una posición bifronte entre el modelo libertario estadounidense —muy presente en su modelo de derechos y libertades políticas generales— y el modelo social europeo[172].

3) Cuenta con un régimen federal muy caracterizado en el que, además del régimen de profunda autonomía jurídica de los territorios indígenas (veinte con sistemas de protección especial) y de las dos grandes culturas (la francesa y la inglesa), su ya de por sí grandes y poco poblados territorios, mantiene un sistema administrativo muy localizado en condados y provincias menores[173]. Sus "regiones" son diez y se denominan Provincias, además de dos territorios autónomos[174]. Pero, sobre todo, en el que esto genera, al igual que ocurrió en USA, una importante función para la autoridad tributaria en materia de "unidad" sistémica. Lo cual, como ahora veremos, tiene especial importancia en el ámbito de las fundaciones.

---

171 Hayhoe, R. B., "Private and Public Benefit in Canadian Charity Law", *New York University School of Law Review*, nº 15 (2011).

172 B. Vivekanandan, "Welfare state system in Canada: Emerging challenges", en *International Studies* nº 39-1 (2002), 45-63.

173 R. L. Watts, *Sistemas federales comparados*, Marcial Pons, 2006, in toto.

174 Son provincias: British Columbia, Alberta, Saskatchewan, Manitoba, Ontario, Québec, New Brunswick, Nova Scotia, Prince Edward Island and Newfoundland and Labrador. Son territorios: Northwest Territories, Yukon and Nunavut.

4) Finalmente, en un ámbito más "sociológico", Canadá, al igual que ocurre en USA y, también, en Inglaterra, tiene un gran confianza en que el sector no lucrativo globalmente considerado y las fundaciones en particular, cumplen un enorme servicio social desde todo punto de vista[175]: el prestacional social, —donde pesa, al igual que en Alemania— mucho este sector como prestador indirecto de servicios (sociales) públicos—, el sanitario, educativo y cultural. Si bien en los últimos años ha sido sometido a ciertas críticas por la parálisis y disonancia entre la autoridad pública sustantiva y la fiscal a la hora de acompañar a un sector que busca nuevas formas y fórmulas para acometer las realidades del siglo XXI[176].

> En efecto, ya los momentos previos a la pandemia, no obstante, se a puesto de manifiesto que el sistema necesita una profunda reforma en tres sentidos: 1) una mayor imbricación público-privado y un marco de acuerdo general en tal sentido, a modo de pacto de Estado; 2) una mejora en los sistemas de conocimiento (mapeo) del sector (los estudios y análisis realizados más completos eran de 2004 y 2009, sin haber continuidad); y 3) una modernización en los sistemas de supervisión y de los mecanismos legales, en la línea de las reformas legales realizadas por y para la *Charity Commission* inglesa entre 2015 y 2016[177].

3.2.2. Tipología de fundaciones

Muy resumida y simplemente, el sistema de creación y constitución de fundaciones tipo *charitable trust* sigue, básicamente, un modelo de *common law* prácticamente idéntico al inglés y al estadounidense en las nueve provincias bajo tal régimen y sigue el modelo francés de *fondation* "reconocida de utilidad pública" —similar a la FRUP francesa— en el sistema legal de tipo codificado de la provincia de

---

175 K. McMullen & G. Schellenberg, *Mapping the Nonprofit Sector in Canada*, CPRN, 2002, in toto.

176 L. Lalande & J. Cave, *Charting a Path Forward. Strengthening and Enabling the Charitable Sector in Canada*, Mowat MFP & Enabling Environment, University of Toronto, 2017, in toto.

177 A. Parachin, "How and Why to Legislate the Charity-Politics Distinction Under the Income Tax Act", en *Canadian Tax Journal/Revue Fiscale Canadienne*, Vol. 65, No. 2, 2107: https://ssrn.com/abstract=3075972 (enero 2024).

Québec; aunque, en este caso, con un sistema más liberalizado en la línea del ambiente general que existe en Canadá[178].

Para la legislación canadiense, básicamente la tributaria como en seguida veremos, existen tres grandes tipos de "organizaciones caritativas" o "fundaciones":

– *Organizaciones caritativas* (*charitable organization*), que son aquellas que: 1) dedican sus recursos principalmente a actividades benéficas realizadas por ellas mismas, operando en forma de corporación o asociación y raramente de *trust*; y 2) en las más del 50 por ciento de sus directores y/o *trustees* actúan como 'compañeros de misión' (*collaboration at arm's length*), pero sin que medie entre ellos ninguna relación de confianza, parentesco o amistad.

– Las *fundaciones públicas* (*public foundation*), son las organizaciones de carácter benéfico que: 1) están constituidas y operada exclusivamente con fines benéficos; 2) utilizan una forma jurídica válida como *trust* o como *corporation* (responsabilidad limitada); y 3) en la que cumple también el último criterio establecido en la anterior forma.

– Las *fundaciones privadas* (*private foundation*), son las que: 1) están constituidas también como corporaciones o *trust*; 2) también operada exclusivamente con fines benéficos; 3) pero no se les aplica el requisito de que del 50 por ciento de la junta no esté vinculado salvo por el fin (fundaciones de un empresario, o fundaciones familiares).

Esto implica, en la práctica que la gran diferencia entre las primeras y las dos siguientes —aparte de su concreto proceso su constitución jurídico-formal (*trust, corporation*, etc.)— es que las primeras suelen ser de tipo fundación-donante en tanto que la segunda es de tipo fundación-operativa.

3.2.3. Régimen de supervisión de las organizaciones caritativas

De un lado, todas fundaciones o *charities* como figura jurídico-formal, son un tipo de entes no lucrativos que deben constituirse y registrarse ante la autoridad correspondiente de cada una de esas

---

178 P. Broder, "The legal definition of Charity and CCRA charitable registration process", en: http://sectorsource.ca/sites/default/files/definition.pdf (enero 2024).

provincias según su régimen específico de Derecho civil; usualmente situada en el denominado "Guardian de los fideicomisos" (*Public Guardian and Trustee*). Tal autoridad tiene competencias de supervisión de que el fin cumple la constitucionalidad general, y su régimen es del *charitable trust* o fundación privada.

El régimen de los *charitable trust* es idéntico al inglés en su origen y desarrollo, por lo que para ser tales, solo cabe su fin caritativo, según las cuatro direcciones ya expuestas del *Pemsel Case,* aplicable como ocurre en UK, Nueva Zelanda, Australia y otras excolonias hoy parte de la Commonwealth[179].

De otro lado, su regulación externa sigue el modelo de USA, con una supervisión centralizada en la Agencia Tributaria: *Canadian Customs and Revenue Agency* hasta 2003, hoy *Canadian Revenue Service* o CRS. Tal régimen aunque distinga fiscalmente varios tipos, produce cierta "unificación" en el hecho de que lo que se considera fundamental es si tal *charity* tiene o no un reconocimiento por parte del CRS.

En puridad, Canadá solo admite las fundaciones de interés general bajo el régimen civil o los *Charitable trust* bajo régimen de *common law*[180]. Como tales el órgano que realiza toda la supervisión es el CRS, agencia independiente bajo dirección del Ministro de Hacienda. La inscripción es libre, pero no se puede contar con el status pleno de fundación y su régimen fiscal sin estar registrada y, así, evaluada (y/o monitorizada) por el CRS.

Una de las consecuencias, de tipo conceptual, es que al igual que ocurre en Inglaterra y USA, el factor caritativo-filantrópico es un vector social que converge con una forma jurídica estricta (*trust,* asociación o corporación), lo cual produce una suerte de separación forma-fin. Pero la realidad en Canadá es que al estar todo tan atado al régimen fiscal y ser

179 M. Harding, A. Ann O'Connell, M. Miranda Stewart, M. & Chia, J., "Defining Charity", en: *Non-for-Profit Project,* Melbourne Law School, 2011, in toto. Si bien el CRS utiliza descriptores mucho más concretos: https://thephilanthropist.ca/2009/12/overview-from-canada-modernising-charity-law/ (enero 2024).

180 R. B. Hayhoe, "Private and Public Benefit in Canadian Charity Law", *cit.,* pp. 2-4.

este el que determina la tipología de instituciones, esta división forma-fin queda relativizada conforme a lo que ocurre en Inglaterra y USA.

El papel de supervisión pública principal corresponde a la CRS bajo su *Charities Directorate*, que es el organismo responsable de:

- Autorizar la clasificación de la solicitud como organización benéficas;
- Proporcionar información, orientación y asesoramiento sobre el mantenimiento de su estado;
- Garantizar que las organizaciones registradas cumplan con los requisitos de registro a través de programas de cumplimiento responsable;
- Desarrollar políticas y proporcionar programas de información, comunicación y educación para el propio sector caritativo y para los donantes;
- Coordinar al sector caritativo con otros departamentos gubernamentales y otros niveles de gobierno; y
- Cumplir su rol en la lucha contra el financiamiento del terrorismo (en sus aspectos problemáticos con respecto a blanqueo, organizaciones benéficas, donativos encubiertos, etc.).

Con el registro se accede a todas las ventajas fiscales de desgravación del VAT, del IRPF a los donantes, reputación filantrópica, operaciones financieras exentas, etc. Entre los cambios recientes está la mayor apertura a que las organizaciones filantrópicas realicen actividades de lobby político, participen en la agenda política y también se ha revisado su política restringida de actividades comerciales (*related/unrelated business activities*).

Según cuáles sean las decisiones tomadas por el CRS son básicamente: a) registro y catalogación de *charities*, identidad y estructura; b) inspecciones y sanciones; y c) liquidaciones, prerrogativas fiscales y donativos), se puede acudir a solicitar la revisión bien en el nivel b) y c) a la Corte fiscal y, luego, a la Corte federal de apelaciones y en algunos casos al Tribunal supremo; en el caso de a) va directamente a la Corte de apelaciones y, en apelación, al TS.

No se puede nunca olvidar el alto papel de revisión decisoria que, como en Inglaterra, tienen los tribunales civiles en la formación y mantenimiento del *trust*, de los deberes de confianza de los *trustees* y del patrimonio a ellos encomendado. Corresponde al Fiscal General de cada territorio el papel de garante último de la legalidad y acusador a tal respecto (civil y criminal).

4. LAS CIFRAS DEL SECTOR DE MANERA COMPARADA

Esta contextualización era necesaria porque de este modo se explican dos cosas que son necesarias para entender la supervisión. La primera es la propia razón y razonabilidad del modelo resultante en cada país, sus justificaciones y sus efectos. El segundo es que un modelo puede, precisamente, caracterizarse como tal porque existe dentro de un ecosistema histórico, social, político y jurídico completo; el cual lo hace autónomo y, en cierta medida, exclusivo para su estudio. Por lo que ese sumario análisis de la atmósfera en la que ha prosperado ha sido imprescindible para hacer entender que cualquier traslación de formas o logros conseguidos ha de hacerse siempre con el debido cuidado. De otro modo puede ser no idónea o incluso contraproducente.

A modo de resumen de conjunto, con la sola frialdad de los datos, nos pueden mostrar cómo ha evolucionado cada sociedad en el número, más o menos estricto, de fundaciones, dentro el marco de los entes no lucrativos.

Cifras totales comparadas (2021-2022)

	Población total	**Número de fundaciones y figuras afines**	**Número de habitantes por cada fundación**	**Porcentaje del sector sobre el PIB)**
USA *(Public Charities & Private foundations)*	334,000,000	**1.670.101**	**216**	5,8-6%
UK	67,509,000	**412.396**	**164**	4%
Alemania *Fundaciones religiosas y otras no registradas*	84,300,000	30.185 112.000 **=142.1850**	3.901 **609**	3.5-3.8%
España *– Fundaciones no activas* *– Fundaciones pias no autónomas (canónicas no civiles)*	47.615,000	10.511 6.000 11.000 **=27.511**	3.596 **1.730**	<2,3%
Francia	67,900,000	**5.303**	**12.333**	< 2%
Italia *(estimación aproximada)*	58.900.000	**8.300**	**7.096**	< 1%
Canadá	38.400.000	**86.000**	**221**	8%

Las fuentes son variadas y el cuadro de elaboración propia, no dotado de una total exactitud

En términos comparados, y según diversas fuentes, España no es el primer país en cuanto al número y valor total del sector en Europa, aunque sí ha sido el tercer país tanto en número, como en valor y gasto por parte del sector fundacional (8 mil millones), después de Alemania (18 mil millones) e Italia (10 mil millones); siendo el segundo con respecto a su valor patrimonial (36%), tras Bélgica (42%), seguido luego de Francia (34%); Alemania (24%) e Italia (11%)[181].

Aproximadamente 10.511 fundaciones en España tiene actividad. La dotación fundacional de todas ellas suponía en 2019 en torno a los 7.742 millones, con activos por valor de 22.501, con unos ingresos anuales de 7.400 y unos gastos de 8.000 (todo en millones de euros). Lo cual supone 0,9% del PIB de España (participando en la economía activa con un 0,35%), en una situación de ligerísimo incremento en los años previos a la COVID. En esas cifras se observa el decrecimiento causado por la falta de fondos provenientes de las Administraciones públicas y de las antiguas Cajas; no paliados con la aparición de las fundaciones bancarias[182].

> Así, a este último respecto, y según la CECA en sus últimos análisis publicados (2019), el sector de fundaciones provenientes de las Cajas de Ahorro ha realizado una inversión social por valor de 813 millones de euros (2018); siendo el 38,76% de dividendos accionariales de los Bancos, 43,5% de actividades propias, 9,4% de recursos propios, 2,2% ayudas públicas, 6% mecenazgo, ayudas privadas y financiación contractual[183].

---

181 Se trata de fuentes algo antiguas, porque no hay estudios recientes al respecto: FONDATION DE FRANCE, *A flourishing European philanthropy sector*, 2014 y *An Overview of Philanthropy in Europe*, 2015, ambos en http://www.fdnweb.org/ffdf/files/2014/09/philanthropy-in-europe-overview-2015-report.pdf (2017). Y también, similarmente, L. T. MACGILL, "Number of registered Public Benefit foundations in Europe", *Foundation Centre*, 1 October 2016: https://dafne-online.eu/wp-content/uploads/2019/08/pbf-report-2016-9-30-16.pdf (enero 2024).

182 Un número decreciente con respecto a las existentes antes de la crisis, en torno al año 2008: J. J. RUBIO GUERRERO, et Aliq., *El Sector fundacional en España. Atributos fundamentales 2008-2019 (Cuarto estudio)*, AEF & IAEF, 2020, introducción.

183 Por debajo, por tanto, del máximo que las (antiguas) Cajas realizaran en su pico de esplendor (2.059 millones de euros en 2008) recogido en la memoria de ese año: CECA, *Memoria de la Obra social 2018:* https://www.ceca.es/Flip_ObraSo-

Todavía queda lejos, es cierto, del pico que supusieran los casi dos mil millones que realizaron las Cajas antes de la crisis (2007-2008)[184].

---

cial2018/files/assets/basic-html/page-17.html (2017), pp. 14 y ss. https://www.funcas.es/wp-content/uploads/Migracion/NotasPrensa/15.pdf (enero 2021).

184 M. Gutiérrez Fernández, Y. Fernández Torres & Fernández Barberís, G., "Cajas de Ahorros españolas: ¿una pretendida reordenación bajo criterios de racionalidad económica y social", *Cuadernos de Economía y Dirección de Empresas* Vol. 16 Núm. 4. (octubre-diciembre 2013). pp. 255-257. Sobre ello se puede afirmar que la excepción es la fundación la Caixa, que se ha convertido en el gran buque insignia de la obra social de las antiguas Cajas, pero que, no lo olvidemos tampoco en ese caso —como en otros tanto de otra manera—, ni de lejos llega a la antigua obra social que realizaran las Cajas que formaron el absorbido grupo Banca Cívica (Caja Guadalajara, Caja Burgos, Caja Navarra, Caja Canarias, Caja Sol). No digamos nada de lo que supuso Bankia, cuya obra social como Caja Madrid era todopoderosa (y también en sus lugares las de las diez que fue absorbiendo en diversos periodos. J. C. Alli Turrillas, "Nostalgia de las Cajas (Reflexiones y lecciones sobre su desaparición)", en *El Cronista del Estado Social y Democrático de Derecho* nº 50 (mayo 2021), p. 18.
"La más relevante conclusión obtenida ha sido la cuantiosa pérdida de importancia de la Obra Social de las Cajas de Ahorros, que en la práctica ha quedado reducida a un tercio de la existente en 2008. Volver a los niveles existentes con anterioridad a la crisis será prácticamente imposible, por diferentes razones: el menor número de entidades existentes, las muy superiores exigencias de capital impuestas por Basilea para garantizar la solvencia de las entidades, y la necesidad de remunerar a unos accionistas que no existían en el modelo tradicional de Cajas de Ahorros, por último, y quizás lo más importante, el hecho de que las Cajas de Ahorros han mutado a fundaciones bancarias en las que solo tienen una participación como accionistas en los nuevos bancos. Aunque la figura de la fundación fue creada para preservar la Obra Social; en realidad, en la práctica, la Obra Social prácticamente se mantiene por la aportación de una única entidad: Fundación La Caixa, con una aportación de 500 millones de euros anuales frente los 717 de obra social de todas las fundaciones en 2015": S. Méndez Guerrero, *La obra social de las Cajas de Ahorro (2000-2013)*, Tesis Doctoral Universidad de Sevilla, 2017, conclusiones finales. Se ha producido un importante incremento entre 2014 y 2018 (813 millones en ese último año), pero queda muy lejos de los dos mil seiscientos millones de 2008 (https://www.funcas.es/wp-content/uploads/Migracion/NotasPrensa/15.pdf; y https://www.ceca.es/wp-content/uploads/2020/01/Informe_5-a%C3%B1os-de-la-Obra-Social-en-Espa%C3%B1a.pdf. En cuanto al *pay-out*: J. Martín Cavanna, "Fundaciones bancarias: un proyecto inconcluso e incontrolado", en *XXI Encuentro internacional de Política de Empresa*, Instituto Internacional San Telmo, 11-12 noviembre 2019.

5. REFLEXIÓN CONCLUSIVA

Tan solo quiero proponer una breve reflexión a la luz de toda esta visión comparada. La univocidad de la fundación fue predicada, en este libro, desde el punto de vista del negocio jurídico fundacional, ahora puede analizarse desde la premisa de que la fundación es una figura unívoca, con un alma común en todos los países visitados.

Más allá del régimen fiscal, del régimen formal de la persona jurídica, de las formas y las fórmulas, así como de las muchas diferencias, en todos los países recogidos existe una forma juridificada, organizada y dotada de un patrimonio, heteronómamente atendida por una estructura de gobierno, que realiza un fin de interés general bajo unos parámetros de altruismo y filantropía.

Esto es lo que nos permite estudiarla conjuntamente y, así, otorga la base necesaria y suficiente para poder comprender, y en su caso aplicar, fórmulas de gobierno, sistemas de supervisión y otros mecanismos, bajo un cierto criterio de comparatividad y de aplicabilidad aún en otras jurisdicciones.

De hecho, como se va mostrando en muchas citas, en las últimas décadas han proliferado los textos que las comparan desde diversos ángulos. Si bien los primeros trataban de encajarlas en un molde común —el sector no lucrativo; o el sector libre de impuestos—, luego vinieron en ensayos conceptuales. Pero ahora estamos ante una gran cantidad de estudios que recorren ángulos comparables y, así, re-utilizables entre unas y otras.

Capítulo III

EVALUACIÓN DE LOS MODELOS Y ALTERNATIVAS EN EL CONTROL PÚBLICO DE FUNDACIONES

1. REFLEXIÓN GENERAL SOBRE LAS ALTERNATIVAS EN LA REGULACIÓN COMPARADA SOBRE LA SUPERVISIÓN

1.1. Idea general: ¿hablamos de regulación stricto sensu?

Evaluaré, ahora, las modelizaciones alternativas que forman los conjuntos de factores derivados de los distintos sistemas que hemos visto al estudiar los seis países (Alemania, Italia, Francia, EE.UU., Canadá e Inglaterra y Gales), en comparación con España. Este análisis lo haré mediante una estructuración en tres niveles:

1) Cuál es el órgano regulador y cómo actúa (quién);

2) Cuál es el contenido y su naturaleza de la acción reguladora (cómo); y

3) Cuál es el resultado de la regulación (el qué y el por qué).

Esta modelización en estas tres formas no es siempre nítida, pues unos y otros modelos admiten gradaciones y matices que, lógicamente, no siempre podré hacer. Esto se debe a que, como hemos visto, estamos ante parámetros muy determinados por la evolución histórica y social y las consecuencias que todo ello ha tenido sobre el sistema político-jurídico general de cada país y, por tanto, también sobre su "tercer sector".

Aunque el análisis que es objeto principal de este libro está basado especialmente en la primero de los niveles —la supervisión pública— este es inescindible del segundo; por lo que haré muchas referencias a este aspecto en todos los apartados y, por supuesto, acaba derivando en el tercer nivel; que sirve de cláusula de cierre del conjunto.

Al fin y a la postre, el fin público y la legitimidad de todas y cada de las fundaciones está situado en la confianza que se tenga en que la fundación mantenga su identidad propia y utilice su patrimonio de manera efectiva en su fin de interés general. Para lo cual el sistema jurídico de supervisión, en todas sus formas, sistemas y niveles, es un elemento crucial. En puridad, cualquier sistema de supervisión de fundaciones converge y se entiende mejor precisamente si se pone en relación el sistema *externo* de control con su dinámica, en todos sus caracteres, de gobierno *interno*; y los efectos de entrecruzamiento de la acción de uno con otro. Razón que valida, una vez más, el mencionado carácter unívoco del ser fundacional entre público y privado.

* * *

Una cuestión necesitada de aclaración nominal es la utilización del término *regulación* en este capítulo, en particular. Si este se sitúa bajo el paradigma nominal de tal término y, si es así, en qué sentido. Lo que, también podría llevar a considerar si, en cambio, es más válido el término *ordenación*, en un sentido lato o de mera regulación legal; alejado, por tanto, del significado de *ordenatio* estricta de los servicios públicos, que quedó descartado con respecto a la fundación como entidad, como vimos en el capítulo I.

– De un lado, existen países donde la idea de *supervisión* se sitúa bajo el paradigma de la *regulación* en sentido lato: *"ajustar el funcionamiento de un sistema a determinados fines"*, convirtiéndose así en una suerte de ordenación difusa. Este sería el caso de España, Italia, Francia y Alemania. Las fundaciones son instituciones con una forma o figura jurídica clara y distinta —cartesiana— que, sin perjuicio de los muchos matices, ocupa una posición socio-jurídica identificada frente a los entes lucrativos y los entes públicos. Esta ordenación, regulación y supervisión es, en tal sentido, de corte muy tradicional-administrativa, pero en gran medida extrínseca.

– De otro lado, en Canadá, Inglaterra y, sobre todo, Estados Unidos, se puede hablar de un modelo más relacionado con su modelo de *regulation*; en un sentido acorde con su molde abierto que utilizan para esa forma de actuación y ordenación (el cual, sin perjuicio de sus tecnicidades, resulta muy lábil)[1].

---

1 Remarco en cursiva algunas palabras para expresar lo difícil de contener toda la dogmática sobre estos términos para su uso en este lugar; pues, por ejemplo, el

> No dejaría, en todo caso, de ser una regulación estricto, pues una autoridad unívoca —la fiscal en Canadá y USA y la ChC. en Inglaterra— realizan una clara función de regulador en un ámbito *competitivo* de mercado (no-lucrativo). Una determinada figura jurídico-social singular, pluriforme y variada compite en fines, medios, formas y actuar con otros entes públicos y privados; actuando el regulador público como "policía de fronteras"[2]. De tal manera que todo el sistema adopta la forma de un mega "sector regulado". Utilizando instrumentos típicos de esta fórmula, parejos a los que aquí se utilizarían para los "servicios (económicos) de interés general"[3]: policía de fronteras institucionales, régimen sancionador, ordenación y restricción de la competencia mercantil, actividad de lobby político-partitocrático, etc.

Las razones que —muy simplificadamente— llevan a no calificar al sector fundacional bajo el espectro más estricto de "espacio" o de "sector" *regulado* son tres. Primero, el hecho de que no estamos ante la prestación de servicios públicos que deban ser imprescindiblemente prestados tanto por todas y cada una de las fundaciones concretas como conjunto (y por más que la desaparición del sector fundacional supondría un gravísimo quebranto del sistema). Segundo porque, en tal sentido tampoco estamos ante una *ordenatio* estricta del servicio público, impropiamente prestado (o de modo virtual); al menos en su conjunto y, por tanto, dejando de lado que un sector de fundaciones concretas acometan acción social pública (o educativa o sanitaria, etc.) en régimen prestacional indirecto (capítulo V, epígrafe 3.2). Tercero, porque que no estamos ante "servicios económicos de interés general" o fórmulas equivalentes, como lo son los mercados regulados de necesidades prioritarias: agua, gas, electricidad, energías, determinadas telecomunicaciones, transportes, básicamente. Y cuarto porque tampoco estamos ante esa forma de regulación global

---

término "estricto" es compatible con el hecho de que el término *regulation* sea tan "amplio", cuando no confuso: I. del Guayo, *Regulación*, cit., pp. 211, 33 y ss., entre otras.

2 Una de las cuatro funciones que cumple el IRS, según J. Simón, et Aliq., "The Federal Tax Treatment of Charitable Organizations", cit., pp. 293-295.

3 J. J. Montero Pascual, "Regulación económica y Derecho de la competencia. Dos instrumentos complementarios de intervención pública para los mercados de interés general", en A. Ruiz Ojeda (dir), *Fundamentos de Regulación y Competencia. El diálogo entre Derecho y Economía para el análisis de las políticas públicas*, Iustel, 2013, pp. 81 y ss.

del mercado que trate de evitar que las disfunciones de muchos o pocos de sus operadores, cuyo quebranto generaría rupturas graves del conjunto que lleven a un temido "fallo sistémico"[4].

Por eso prefiero continuar utilizando un modelo lato de "regulación supervisora" del sector basada, precisamente, en las ideas expuestas de participación externa e interna bajo el paradigma del "interés general" que las fundaciones realizan. Y, así, continúo manteniendo una concepción de regulación como "ordenada a través de determinadas normas jurídicas" dirigidas a un fin. No obstante, algunos ordenamientos sobre fundaciones, también podrían calificarse como "reguladores" en sentido americano, en la medida en que establecen sistemas de ordenación sancionadora en un marco de competencia[5].

1.2. Cruces históricos de modelos comparados

Salamon y Wojciech Sokolosky nos proponen un marco que, enlazando con todo lo expuesto sobre las motivaciones del sector (capítulo II, epígrafe 1.1.2.)—, sitúa los sectores no lucrativos más comunes en el marco de un espacio cívico-social y político. Lo cual explica por qué cada modelo es como es un contexto históricamente más amplio. Este sería el modelo de relación entre "sociedad" y Estado, derivando el primero en el sector civil y, así en las fundaciones. Según esta concepción, y de modo un tanto simplificado, existen cinco grandes modelos: 1) Tradicional; 2) Liberal; 3) Participado (cooperativo) en la provisión social; 4) Social-democrático; y 5) Estatista-corporativista[6].

Muy simplificamente —pero con la vista puesta en todo lo expuesto en el capítulo precedente— Alemania, Italia y España se situarían en una zona intermedia entre el tercero y el cuarto modelo, aunque con elementos del quinto en el caso particular tanto de Alemania co-

---

4 Aunque esta parece haber sido la razón que ha justificado la conversión de las Cajas de Ahorro en Bancos privados... y fundaciones "bancarias": J. C. Alli Turrillas, "Nostalgia de las Cajas...", cit., in toto.

5 Para entender estos matices, sin duda: I. del Guayo Castiella, *Regulación*, cit., in toto.

6 L. M. Salamon et Aliq, *Explaining Civil Society Development...*, cit., pp. 82-88.

mo de España. Inglaterra y Canadá estarían entre el segundo y tercer modelo, aunque con claros visos del cuarto. USA se situaría en el segundo espacio, aunque algún elemento del tercero y entrando en un terreno complejo cuando se traslada hacia el cuarto (como fue el caso, más o menos reciente, del ObamaCare). Francia estaría más bien en el quinto lugar, aunque con elementos políticos y sociales que son propios del tercero y cuarto y fuerzas del primero y segundo[7].

Es en tal sentido en el que puede tenderse la primera línea divisoria entre dos conjuntos de países que, así considerados, forman dos grupos también diferenciados en muchos otros aspectos, situación que se irá viendo a lo largo de las disyuntivas que se presentan:

– Basándose en la tradición liberal y democrática, el modelo anglosajón ha dedicado mucho esfuerzo a la confianza y la legitimidad institucional, que engloba bajo el término "*accountability*"[8]. Como veremos al final de este capítulo, todo su modelo supervisorio sobre el tercer sector está muy fundado, así, en mecanismos de (auto)responsabilidad y garantías dentro sistema de gobierno interno. Es el caso de Canadá, USA y, en gran medida, Inglaterra.

– Los países europeos continentales que, como Francia, Italia, España, provienen históricamente de modelos más sociales, incluso corporativistas y algo estatistas, están más centrados en la regulación del ente fundación como "persona jurídica" que aunque independiente, queda enmarcada en una estructuración ordenada, como veremos también al final. Ponen así mucho énfasis tanto en las "estructuras" de gobierno —cómo son y qué hacen— como en los mecanismos públicos de supervisión externa y sus normas reguladoras.

Es cierto que una posición intermedia entre ambos panoramas y por distintas razones, lo forman Alemania e Inglaterra, donde concurren ambas trazas jurídico-culturales por las causas históricas que han quedado apuntadas al estudiar sus respectivos modelos; lo cual los hace unos modelos híbridos también en este punto.

---

7 P. ROSANVALLON, *Le modèle politique français. La société civile contre le jacobinisme de 1789 à nos jours*, Seuil, 2007, in toto.

8 Para una visión completa tal término: K. P. KEARNS, "Accountability Concepts and Controversies", en J. STEVEN OTT (ed.), *Understanding Nonprofit Organizations*, Westview Publishers, Boulding (Co.), 2001. Y J. ONYX & B. DALTON, "Accountability and Advocacy", *Third Sector Review* 12(1) (2006), 7-24.

2. LOS DOS CONJUNTOS DE DISYUNTIVAS FUNCIONALES

2.1. El primer nivel: Quién y qué tipo de regulador existe y cómo realiza la regulación

1.– Evaluar al órgano supervisor exige, en primer lugar, determinar si estamos ante un modelo ***legal-normativo u otro reglamentario-administrativo.*** Es decir, si está basado en una (o varias) normas generales con rango legal o si, por el contrario, está recogido en una más práctica (y voluble) regulación emanada de las autoridades administrativas o gubernativas, bajo una norma tipo reglamentaria o equivalente. La realidad manifiesta que no suele ser un modelo alternativo por cuanto casi todos los países tienen el sistema basado en un complejo jerárquico de normas legales y su desarrollo.

– Francia, España, Italia e Inglaterra son sistemas claramente *legalistas,* en el que una o varias normas aprobadas por sus respectivas cámaras legislativas han desarrollado un modelo de modo muy completo. Si bien en el caso de España esto ha sido así en tiempos recientes (1994) y Francia (1987), Italia (2017) en tanto que el sistema británico provenía de 1601 aunque ha ido siendo actualizado en la *Charity Act* que inició su andadura en 1960.

– Alemania tiene apenas un apunte legal en su código civil (BGB) y la legislación de los *länder.* De tal modo que han sido las autoridades de los Estados y la Hacienda quienes han desarrollado extensamente esta regulación que, no obstante, ha acabado siendo recogida modernamente —mediado el siglo XX— en normas de rango legal por parte de cada *Land.*

– Estados Unidos y Canadá en cambio, cuentan con un sistema de naturaleza *reglamentaria.* Las autoridades estatales han regulado la cuestión, más bien bajo parámetros administrativos dispares. Particularmente través de sus códigos tributario-fiscales que no han tenido, siempre, rango legal ni, por supuesto, se enfocan exclusivamente a la “fundación”, ni siquiera a todos los “entes no lucrativos”.

Un factor añadido muy presente en todos los países, es que el modelo legislativo ha ido produciéndose por acumulación normativa según dos criterios principales. El primero conforme iba cambiando la manera de enfocar identitariamente esta concreta "persona jurídica" amortizatoria privada para fines públicos. El segundo por su evolución normalmente coetánea y en cierto modo competitiva de la beneficencia, la sanidad y otras prestaciones comunes por parte de las autoridades públicas. Así, a lo largo del siglo XIX en que se produce ese iter, aparecen sucesivas leyes "sociales" en materia de beneficencia y sanidad, —principalmente, pero no solo—, las cuales reconocen a las fundaciones como prestadoras directas o indirectas, en diverso modo, de tales servicios, como ya vimos en el capítulo I.

Todo ello explicaría la aparición de normas específicas y también cómo códigos civiles originarios eliminaron las fundaciones, en tanto que los más modernos del siglo XX la van recogiendo paulatinamente y acaban consolidándose incluso en algunos textos constitucionales o equivalentes.

2.– El siguiente factor sobre el regulador es si éste y su normación derivada es de tipo ***sustantivo*** o, en cambio, de tipo ***fiscal-tributaria***. Lo determinante, bajo este parámetro, no es tanto el volumen de la regulación, sino la autoridad y dinámica regulatoria que la realice; de manera que esta se convierte en el eje sobre el que pivota el sistema. Es decir, si estamos ante una legislación civil que regula la sustancia institucional de la fundación como factor central —y, a partir de ahí, de su ser y funcionamiento (eso sería el régimen "sustantivo")—, o en cambio, pivota el análisis regulatorio del ser y funcionamiento institucional bajo el parámetro interpretativo de la exención tributaria que se le otorga.

De este segundo modo, la fundación se ordena de acuerdo con parámetros vinculados a su fiscalidad: la operatividad del "beneficio público" o elemento caritativo —el fin público—, el lucro y/o distribución de beneficios, la tipología de operaciones económico-patrimoniales que realiza para cumplir su fin.

– En EE. UU. y Canadá, como ya expuse, la regulación sustantiva es más bien accidental por varias razones. Primero porque está basada en un control negativo con una amplia libertad finalisística y organizativa, unida a la libertad formal (*association, corporation, trust* u otras). Segundo, aunque indirectamente, porque dada su naturaleza federal, varía notablemente según cada territorio y su óptica al respecto. Tercero, porque al haber formado un modelo "unificado" a través de una legislación tributaria tan interventiva —basada en el criterio de la exención tributaria—, este se ha convertido en el parámetro esencial, también para la sustantividad de la fundación.

– Francia, Italia, España e Inglaterra tienen sistemas notablemente sustantivos, donde la fiscalidad ha ido, en principio, al socaire de lo que establezca la autoridad civil sustantiva y ha basado sus criterios en lo señalado por tales autoridades. Más aún, los parámetros fiscales solo se tienen en cuenta para el factor tributario, dependiendo, en gran medida, de la naturaleza y supervisión realizada por la autoridad administrativa (y civil).

– En Alemania si bien esto fue así en un principio, su federalización ha ido dando mayor importancia a un modelo tributario paulatinamente más unificador, lo que sitúa su modelo a caballo entre el primer molde (EE.UU. y Canadá) y la tradición iuscivilística y administrativista propio del segundo.

> Esto ha derivado, como en seguida veremos, en que cuando la autoridad fiscal es la principal, esta convierte sus parámetros de regulación en un eje estructurador; pudiendo convertirse en un gran comisario. No puedo soslayar, en tal caso, que la presencia de una (única) autoridad administrativa omnisciente y todopoderosa, como ha sido el IRC en USA o el CRS en Canadá ha sido criticado por convertirla en una estructura de pequeña y limitada capacidad, *narrow-minded*. Lo cual ha generado como consecuencia cierta incapacidad de llegar a muchos lugares y de innovar otros modos de ser y de actuar.
>
> El peso de que la regulación la realice una autoridad no sustantiva, sin ser malo per se, no es en cambio lo mejor, toda vez que tal autoridad tiene unos objetivos, actividades y fines diferentes, que no son precisamente los de conocer y fomentar el sector no lucrativo, sino gestionar los impuestos de una nación y combatir la evasión fiscal. Para tal institución, por tanto, fundaciones son mayormente *estructuras* que no pagan impuestos —cuando no creadas para no pagarlos— y a las cuales, por lo tanto, hay que vigilar en sus fines y medios para que, si así es, al menos lo hagan conforme a la ley; el fin y objetivos sustantivos que tengan importan solo en cuanto parámetro jurídico-tributario interpretativo, pero no en sí mismos.

3.– Una disyuntiva concomitante a las dos anteriores es si estamos ante una **regulación "de detalle" u otra "de principios"**. Cuestión que está en relación con el tipo de ordenamiento jurídico de cada país desde un punto de vista más general.

– El modelo de tipo codificatorio (civil, principalmente) propio de Alemania, Italia y España ha generado unas leyes más bien abstractas y de principios. Así, el estilo de la redacción es más bien general, no excesivamente detallado, pues las subsecuentes normas reglamentarias lo desarrollan de modo más minucioso (y, por lo tanto, coyuntural). Cuentan con una legislación sustantiva y un fuerte control del fin, de tipo "principios generales" y posterior desarrollo dejado al control discrecional de la autoridad administrativa bajo tales parámetros más o menos básicos.

– No obstante, en Francia, la anomia *civilística* bajo la cual subsistió la *fondation,* ha generado, pese a un carácter común con los países antes citados en cuanto al poder abstracto del *Code,* una normativa mucho más compleja, tanto en el ámbito sustantivo como en el tributario (formas fundacionales, gobierno y participación, actos autorizados, fiscalidad de sus operaciones, etc.).

– Inglaterra también tiene un sistema normativizado en el ámbito sustancial; siendo un modelo de tipo estatutario en el que, en cambio, es menor la importancia de la jurisprudencia (salvo en el proceso de constitución y en la regulación de las dinámicas del *trust,* muy basados en la jurisprudencia de los tribunales de *equity & chancery*). Como corresponde a la tipología legislativa-regulatoria de tipo estatutario, la *Charities Act* es una norma prolija, complicada, incluso algo farragosa; muy al estilo de la normativa de tipo estatutario-contractual (tipo *compliance*) propia de los modelos anglosajones[9].

– Estados Unidos y Canadá beben de todos estos modelos. Originariamente bajo parámetros típicos del *charitable trust,* ha ido adoptando sucesivas normas de *compliance* y, sobre todo, se ha regulado, como hemos visto, bajo una normativa tributario-fiscal muy detallista y compleja. De ello deriva un modelo general que, frente al modelo de abstracción propio de los sistemas codificados está, en cambio, mucho más pegado a lo casuístico. Exacerbado por la naturaleza propia de la normativa tributaria-fiscal y el parámetro de que todo lo

---

9 Esto es muy frecuente en los ordenamientos anglosajones en lo que una tradición legal muy distinta lleva a que las leyes sean menos frecuentes y mucho más elaboradas en y por diversas instancias, bajando a niveles que, entre nosotros, serían reglamentarios y prolijos, incluso contractuales (https://www.techtarget.com/searchcio/definition/regulatory-compliance (enero 2023); frente al sistema típico de la codificación que busca la máxima abstracción jurídica sobre un esfuerzo de estudio que permita fórmulas claras sobre las cuales aplicar los casos concretos.

que no esta prohibido (u ordenado), está permitido; lo cual lleva a espirales de regulación muy específica.

4.– A continuación, y con respecto a la orgánica concreta de la estructura supervisora, es preciso analizar si se trata de una estructura ***centralizada, descentralizada o mixta***; en el caso último, se pone en relación con si estamos ante un modelo territorial de tipo federal o de tipo municipal (o local-comarcal):

– Estados Unidos, Canadá y Alemania son modelos claramente federales. Los territorios con autonomía política, se denominen como se denominen, tienen casi en toda su extensión la competencia supervisora. Solamente cierta legislación tributaria o fiscal es de ámbito general. Pero mientras en Alemania el *Bund* se reserva un tanto de competencias que colateralmente afectan a las fundaciones (educación universitaria, investigación y ciencia, etc.), en EE. UU. y e Canadá, el ámbito competencial de la federación sobre la fundación como institución o sobre la mayor parte de las materias en las que esta actúa es casi inexistente; dejando a salvo su unicidad tributaria, que lo es todo.

– Inglaterra, país descentralizado de tipo municipalista —*districts* urbanos y *counties* y *shires* rurales— es, en este ámbito, un país totalmente centralizado: la legislación institucional proveniente del Parlamento y su regulación-aplicación es una autoridad administrativa central tipo Agencia: la *Charity Commission* (y sus equivalentes en Escocia e Irlanda del Norte). En tal sentido y pese a lo señalado antes, Canadá bebe un poco de tal fuente al otorgar al CRS un poder tan omnímodo.

– Francia es, en cambio, un sistema totalmente centralizado en la autoridad Estatal. En el ámbito de las fundaciones, el Ministerio de Interior ostenta la máxima competencia; aunque con colaboración de los Ministerios competentes según la materia propia de cada fundación y el Consejo de Estado para conceder la "declaración de utilidad pública". También es el caso de Italia.

– España presentan un modelo mixto. Aunque la legislación estatal es básica —y aún podría serlo en mayor extensión—, la simultaneidad de desarrollos propios por los territorios históricos basándose en su competencia en legislación civil, con otros que la han desarrollado por otras vías posibles y a la postre aceptadas por el TC, han creado un sistema confuso[10]. De tal manera que conviven fundaciones de ámbito estatal —las más y mayores en importancia— con otras de ámbito autonómico o regional totalmente reguladas, y supervisadas, en tales niveles (lo cual también está ocurriendo, con matices, en Italia[11]).

5.– Una cierta división derivada de la anterior es si tal es un ***órgano concentrado*** en una única autoridad o esté ***desconcentrado***, lo que tiene un significado diferente de la centralización/descentralización de la competencia supervisoria entera.

– En Alemania la supervisión está concentrada, dentro de su descentralización territorial, en las autoridades específicas propias de cada *Land*, que es quien tiene la competencia completa sobre fundaciones.

– En EE. UU., la legislación estatal es distinta, habiendo algunas que desconcentran su supervisión en los entes locales. En tanto que otros, la mayor parte, la sitúan totalmente en manos del Fiscal general del Estado (*State Attorney*). Como vimos, la autoridad tributaria tiene su supervisión desconcentrada por Estados, aunque actúa con un órgano y una doctrina común federal (o nacional). En un nivel igualmente concentrado se encuentra Canadá.

– Inglaterra y Gales es, como decía, un modelo centralizado y, además, concentrado. Aunque la *Charity Commission* tiene oficinas de ayuda y recepción en cuatro lugares del país, actúa realmente como órgano decisorio único. Aunque la *Charity Tribunal* como órgano semi-jurisdiccional encargado de someter a control algunas decisiones de la *Charity Commission* también es un tribunal único. Del mismo modo, como vimos, para Escocia existe una autoridad única (*Office for the Scottish Charity Regulation*) y en Irlanda del Norte (*Nothern Ireland Charity Commission*).

– El caso de Francia e Italia son interesantes por cuanto estamos ante modelos centralizados, pero muy desconcentrados. Cada Prefec-

---

10 F. García Mengual, *El derecho de fundación: perfiles constitucionales*, cit., 2015, pp. 587 y ss.; y J. C. Moreno Piñero, *El tiempo de las fundaciones…*, cit., in toto.

11 G. Ramelli, *Le fondazioni in Italia e all'estero: un fenomeno in crescita*, cit., pp. 8-14.

tura territorial —con idéntica denominación en ambos países (*Prèfecture y Prefettura*)— recibe y examina la fundación según su Provincia o Departamento y solamente acude en ciertos casos a la sección correspondiente del Ministerio del que estas dependen[12]. Las Prefecturas actúan conforme a las directrices generales del Ministerio de Interior y los informes técnicos sobre la validez del fin fundacional según el ramo del Ministerio que corresponda.

6.– Es posible, adicionalmente, una alternativa entre una regulación-supervisión pública a través de una ***autoridad orgánico-pública*** **o** a través de una ***autoridad reguladora independiente*** y, por tanto, ajena a la estructura de poder político-administrativo stricto sensu.

– Francia, Italia España y Alemania son modelos totalmente públicos: sus autoridades de supervisión son orgánicas a la estructura político-administrativa correspondiente. Apenas utilizan sistemas externos.

– Inglaterra, no obstante, marca alguna diferencia. La *Charity Commission* es un órgano administrativo tipo QUANGO[13]; es decir, una autoridad semi-independiente con autonomía funcional completa y sometida a procesos de revisión propios y externos a los del gobierno.

– EE. UU. y Canadá tienen un sistema público, particularmente de sus agencias tributarias (IRS e CRS). No obstante lo cual, su modelo se apoya en la revisión y categorización privada mediante agentes contratados ad hoc, como ocurre en su ámbito civil general y, particularmente, el comercial. Ese conjunto de empresas que realizan esta acción de auto-regulación (no siempre regulada) forman un auténtico *lobby* de acción política a favor del sector no lucrativo[14].

---

12 Recuerdo que en el caso de la FRUP, el informe de concesión lo realiza, no obstante, el Consejo de Estado, por lo que está centralizado y la autorización es general. Para algunas de las formas de fundación —las FdE y otras— la competencia es totalmente territorial.

13 THIEL, S., "The politics of quangocracy", *The British Journal of Politics and International Relations* n° 21 (2019), 522-529.

14 No me refiero a la concreta actividad de lobby de cada fundación o ente no lucrativo en particular —que en USA tienen una serie de limitaciones y una regulación específica—, cuanto de que el sector, en su conjunto, a través de las entidades que lo estudian, analizan y agrupan, se convierte en una estructura-de-lobby per se (PRENTICE, C. R. & BRUDNEY, J. L., "Nonprofit Lobbying Stra-

Es importante señalar que, concurrentemente, podemos introducir la posibilidad de que la supervisión esté delegada —y bajo qué régimen— en una o varias organizaciones privadas así autorizadas —a modo de auto-regulación regulada[15]— o, en cambio, se utilice un sistema de supervisión externa tipo entidades de crédito (agencias de rating, etc.)[16].

7.- También cabe una alternativa entre si la autoridad reguladora ***es externa a la propia institución o***, en cambio, ***interna*** **o** ***insertada*** en ella.

a) En Inglaterra, Alemania, Italia, España y Estados Unidos la supervisión —sea la que sea según lo visto en los anteriores casos— es siempre externa y, por lo tanto, independiente del gobierno de la propia fundación. No obstante existen algunas diferencias:

- En Alemania, Italia o España se discute la notable interferencia de las autoridades administrativas sobre el gobierno fundacional. La cual no es interna, pero indirectamente actúa de manera intensa a través del sistema administrativo tradicional de autorizaciones que, por extrínseco que sea, somete la gestión de las fundaciones a una intervención estática y pesada.

- En Inglaterra, Canadá y Estados Unidos la doctrina de no interferencia en el normal transcurrir del gobierno fundacional es una máxima fundamental. Es más bien *preventiva* en Inglaterra y Canadá, en tanto que *reactiva* en EE. UU.; en ambos casos bajo un parámetro de enorme libertad de su gobierno[17].

---

tegy: Challenging or Championing the Conventional Wisdom?", en *Voluntas: International Journal of Voluntary and Nonprofit Organizations*, vol. 28, no. 3 (2017), 935-957).

15 Darnaculleta I Gardella, Mª. M., *Autorregulación y Derecho público*, Marcial Pons, 2007, in toto.

16 Estamos ante algo importado del ámbito comercial y bancario en la que los propios sectores —muchas veces a instancia del poder público que no llega a crear nuevos órganos supervisores— actúa como último guardián pero deja que sean estas instituciones las que "supervisen" el sistema: O. B. Breen, A. Dunn & M. Sidel (eds), *Regulatory Waves. Comparative Perspectives on State Regulation and Self-Regulation Policies in the Nonprofit Sector*, Cambridge University Press, 2017, in toto.

17 Veáse, al respecto, la consideración final del punto 2 de este mismo capítulo.

b) El caso paradigmático —y en gran medida único— de supervisión totalmente *internalizada* es el de Francia, donde el modelo de estructuración del gobierno fundacional de las FRUP —no así bajo otras fórmulas— obliga legalmente a la presencia de un funcionario público o comisario-agente a formar parte estricta del gobierno de la fundación; a modo de *insider* que toma las decisiones con el conjunto de patronos. Este sistema, además, convive con una fuerte intervención pública externa y posterior a través de autorizaciones y revisiones de actuaciones.

2.2. *El segundo nivel: Cuál y cómo es el contenido de la actividad regulatoria-supervisora*

1.– Una primera alternativa se presenta sobre cuántas formas conceptuales existen de "fundación": si una forma única de fundación o, en cambio, ha optado por varias categorías. Esto tiene como consecuencia que en el primer caso la fundación suele ser una figura muy maleable, flexible y omniabarcante; en tanto que en el segundo el ser y la actividad de la fundación queda muy delimitado por el "apellido" que lleve.

– En Inglaterra puede decirse que el fenómeno se ha estructurado a través de un tipo sustancial único: la *Charity*; aunque esta se modeliza a través de los con los diversos vectores legales.

– Alemania, Italia y Francia cuentan con un sistema plural:

- Francia, como vimos, tiene un *concepto* básico y común (*fondation*) y su *arquetipo* (la FRUP), al que, luego, ha ido adjetivando de diversa manera, dotando a cada tipo de unas funcionalidades y un régimen jurídico distinto según su fin propio; a modo de genotipo (FRUP) y fenotipos[18].

---

[18] Que recuerdo: Fundaciones-empresa (*Fondations d'entreprise*, FdE); fundaciones no autónomas (*Fondations abritée o Fondations sous egide*; FsE); fundaciones del patrimonio (*Fondation du patrimonie*); fundaciones de cooperación científica (*Fondations de coopération scientifique)*; fundaciones universitarias (*Fondations universitaire)*; fundaciones de cooperación asociada *(Fondations partenariale)*; fundaciones hospitalarias (*Fondations Hospitalières*); y fondos de dotación (*Fond de Dotation*, FdD).

- Alemania, como también se apuntó, mantiene formas fundacionales según su actividad y forma creador; para ellos también tiene un régimen particular y ad hoc que pese a tener esa esencia común, las deja con un marco muy diferente[19].
- También Italia ha ido regulando de manera paulatina diversos tipos de fundaciones que son "adjetivaciones" del modelo jurídico común, pero con regímenes singulares que lo asemejan más al molde alemán[20].
- En nuestro caso, la base era muy unívoca, casi en la línea de Inglaterra, pero diversos factores —como el autonomismo, la paulatina influencia de la legislación tributaria, la influencia de otros modelos y, particularmente, la fuerza de los hechos (aparición de fundaciones comunitarias, bancarias, universitarias, etc.)[21]— han ido conduciendo hacia un modelo de tipo italiano o alemán; aunque todavía no ha quedado recogido en la normativa.

– Los EE. UU. y Canadá, por la combinación de tradiciones jurídicas distintas que, además, se han desarrollado autónomamente durante ya varios siglos han generado un régimen institucional "complejo" de formas *sociales* combinadas con su forma-vector jurídico y otros elementos; lo cual crea una modelización muy particular que, a la postre, ha venido siendo unificada por la sistematización fiscal

---

19 También recuerdo: Fundación autónoma (*Stiftung Buergerlichen Rechts o Rechtsfaehige Stiftunge buerlichen Rechts*); fundación no autónoma *(Freuhänderisch/Fiduziarische Stiftung o Unselbständige Stiftungen*); Fundación de doble fin (*Dopplesstiftungen*); fundación-empresa (*Unternehmensstiftung*), bajo la forma mercantil *Gemeinsnützige* (GmbH), o bajo la forma *AG-Stiftungen*; fundaciones eclesiásticas, bajo cada religión (*Kirschlinche Stiftungen*); fundaciones familiares (*Familien Stifungen*); fundaciones locales o comunitarias (*Örtliche/Kommunale Stiftungen*); fundaciones de base asociativa (*Vereine Stiftungen*); fundaciones de base cooperativa (*Genossenschaften Stiftungen*); fundaciones políticas o de apoyo a los partidos políticos (*Parteinahe Stiftung or Parteistiftung*); y Fundaciones públicas o para los servicios públicos

20 Repito: *Fondazioni* familiares; asistenciales; de instrucción agraria; escolares; universitarias; militares; de culto; de instrucción pública y asistencia o beneficencia; bancarias; y de los entes líricos musicales: G. Ramelli, *Le fondazioni in Italia…*, cit., pp. 11-15.

21 Lo veremos, como consideración crítica, en el capítulo final.

con todos los matices derivados de todos los factores que fueron expuestos.

Esta porosidad de la propia figura fundacional —y su marco global dentro del lábil concepto el 'non profit sector'— ha producido, entre otros efectos, un juego osmótico en varias direcciones. Primero —y quizá muy notable— entre instituciones del sector lucrativo y del no lucrativo. Segundo entre actitudes del sector fundacional en el ámbito del *lobby* y la defensa política (*political advocacy*). Tercero en la operatividad funcional de las fundaciones, mucho más variada y variable que entre nosotros.

Así han ido apareciendo formas jurídicas a camino entre lo no-lucrativo —en sentido filantrópico— y lo lucrativo —en sentido mercantilista—, a caballo entre ambas. Este fenómeno proviene de la *Community Interest Company* creada por la legislación británica en 2005[22]. En EE. UU. ha sido denominado *"For-Profit Philanthropy model"* y apareció con la creación por parte del Estado de Vermont en 2008 de la *"Low Profit Limited Liability Company"* (o L3C), empresa lucrativa para fines caritativos[23].

El debate, en general, ha derivado en una posición doctrinal mayoritariamente contraria a la identificación de estos entes comerciales-filantró-

---

22 J. J. FISHMAN, "Wrong Way Corrigan and Recent Developments in the Nonprofit Landscape: A Need for New Legal Approaches", 76 *Fordham L. Rev.* 567 (2007), pp. 507 y ss

23 R. LANG & E. C. MINNIGH, "The L3c, History, Basic Construct, and Legal Framework", en "Symposium: Corporate Creativity: The Vermont L3C & Other Developments in Social Entrepreneurship", en *Vermont Law Review* n° 35 (Fall 2010), 15 y ss.

Como ha ocurrido en otros ámbitos sociales, esta figura saltó definitivamente al debate público con la creación por parte de la empresa Google Inc. de una filial establecida para fines filantrópicos denominada Google.org; *hermanastra* de Google foundation, que sí es una *Nonprofit Organization* típica. Google.org se constituyó como una corporación de "baja lucratividad" (*Low-Profit Corporation*), para la realización de fines filantrópico-sociales utilizando estándares de gobierno típicos del tipo empresarial, y a la vez buscando que no pesen sobre ella todas las limitaciones mercantiles, salariales, de lobby, etc. que recaen los entes no lucrativos (D. B. REISER, "For-Profit Philanthropy", en *Fordham Law Review* n° 77 (April 2009), 2437 y ss.). La presión de ciertos periódicos ante el hundimiento del Chicago Herald y la crisis del periodismo tradicional llevó a buscar soluciones de este tipo para ellos (N. USHER & M. D. LAYSER, "The Quest to Save Journalism: A Legal Analysis of New Models for Newspapers From Nonprofit Tax Exempt Organizations to L3Cs", en *Utah Law Journal* 2010, pp. 1315 y ss.).

picos con los entes propiamente no lucrativos, enmarcándolo mejor en la línea de los empresarios socialmente responsables (RSC). No obstante, a nuestros efectos, mueven a las fundaciones por una nuevo terreno fronterizo y, por tanto, las exponen a nuevo marco regulatorio[24].

2.– Vamos a evaluar ahora una dicotomía relacionada con el nacimiento (jurídico) de la fundación y que puede desdoblarse:

a) La primera es cómo se realiza el reconocimiento público de la fundación. O, dicho de otro modo, cómo se produce el otorgamiento de la "personalidad jurídica". Pues bien, con respecto a ello, hay dos tendencias claramente definidas con un halo gris en medio:

– En primer lugar se situarían aquellos países que consideran que un modo más o menos fuerte en cuanto a la constitución de una fundación como institución en pro del interés general exige un acto soberano de reconocimiento público.

- Francia es el ejemplo más señero del otorgamiento de la personalidad por acto firme, completo y exhaustivo de *concesión* administrativa, realizado por la autoridad del Estado. Lo cual tiene su origen, como vimos, en la idea de que el "bien común" es una competencia exclusiva del Estado. De ahí se deriva un complejo y completo examen del fin, gobierno, patrimonio y actividades, etc.
- Italia, España y Alemania parten de una base similar a la francesa pero han ido derivando hacia un régimen más aliviado que el que representa la *concesión*, pasando hacia un sistema de

---

24 El debate ha quedado muy cerrado en torno a su no admisión; saben que el carácter "no lucrativo" les otorga, por su naturaleza, un atractivo de la confianza, un *warm glow*, pero no deben ser fundaciones: U. Rodrigues, "Entity & Identity", cit., pp. 1271-1276. En todo caso, en su marco regulador tal entidad no goza de un status fiscal preferente bajo el amparo del apartado 501(c)3 IRC para las instituciones que hemos visto: *Private Foundations* o *Public Charities* (T. Kelley, "Law and Choice of Entity on the Social Enterprise Frontier", en *Tulane Law Review* n° 84 (December 2009), 337 y ss.), y R. R. Keatinge, "LLC and Nonprofit Organizations-For-profits, Nonprofit, and Hybrids", en *Suffolk University Law Review* n° 42 (2009), pp. 570-583; y, sobre todo, el artículo que realiza una defensa más ardiente: E. Posner & A. Malani, "The Case for For-Profit Charities", en *Virginia Law Review* n° 93 (2007), 2017 y ss.

autorización reglada, que revisa con mayor o menor complitud qué, cómo y por qué se pretende constituir una fundación[25].

– En un segundo lugar, EEUU y Canadá se sitúan en el otro lado. Las autoridades públicas —normalmente descentralizadas, como señalé— realizan una mera revisión negativa del fin: que este no sea contrario a la Constitución y las leyes[26]. Aunque, en ambos casos, una posterior evaluación tributaria compleja pretende ver si la institución se acomoda al pretendido status de exención fiscal. Pero en modo alguno estamos ante un sistema concesional, al menos en la legislación civil.

– Ocupa Inglaterra una posición intermedia, un tertium genus, dada la doble tendencia entre su histórico control de los *trusts* caritativos y su pujante y libre sociedad civil (y comercial). Pese a su natural rechazo a inmiscuirse demasiado en la vida ajena, la histórica legislación sobre *charities* ha producido un sistema fuertemente interventivo y, desde luego, que evalúa el origen creativo de la *charity* que se pretende inscribir[27]. Para ello se hace un completo examen autorizatorio que, no obstante, convive con un régimen flexible y abierto (y una evaluación de los resultados, cuando se produzca esta necesidad).

> Como puede colegirse de inmediato, esta determinación tiene una gran importancia. No tanto por el acto en sí, sino sobre todo porque tal hecho manifiesta un modo de entender la fundación. Más aún, no solo un modo de entender cada concreta fundación, sino de entender el papel de la sociedad en general en la prestación y realización del "bien común" por parte de la propia sociedad (frente al Estado).

b) Deriva, como segunda cara, de lo anterior, el rol del Registro de fundaciones y de cuál sea su naturaleza. El proceso registral puede

---

25 Se trataría de que Italia y España, como Francia, tienen la tendencia a pensar, al menos desde el siglo XIX y como fruto de su estatalismo, que el monopolio del bien común lo tiene el Estado; en tanto que en Alemania su supervisión fuerte proviene de un modelo corporativo en que, por fuertes razones de orden público, el Estado co-participa con la sociedad en este bien aunque controla como ésta lo hace. Lo he analizado en el capítulo II.

26 Véase el epígrafe 2.4.1 del capítulo II.

27 O qué hace para ver si se acomoda al "public benefit requirement" y a las "four heads of charity" ya expuestos.

ser el momento procesal en el cual la autoridad sustantiva correspondiente realiza la concesión/autorización de la fundación. Por otro lado, y entre nosotros, tal Registro puede ser así de tipo declarativo o constitutivo.

- En los EE. UU. y Canadá, sus registros suelen ser una mera garantía de la "denominación"[28] y su papel es de mero recuento: un registro nominal, una ínfima tasa de registro y el requisito de un único *trustee* o director del *Board*[29].

- En el caso de Inglaterra, es registro es parte y función de la ChC y se trata de un auténtico registro constitutivo: todo se hace *en* y *a* partir de su inscripción en el Registro nacional de *Charities*[30].

- En Italia, Francia y España, el Registro —aún en la línea de registros públicos con una fuerte personalidad jurídico-legal— suelen ser, en sí mismos, de carácter meramente declarativo. Su declaración constituye una simple anotación, aunque sea la puerta del proceso complejo autorizatorio-concesional que realiza la correspondiente autoridad sustantiva (*Prefettura* & Ministerio de gobierno, *Préfecture* & Ministerio del Interior; y Protectorado nacional único, respectivamente).

3.- Otra cuestión es dónde pivota la actividad de control regulatorio prioritario o principal sobre la actividad de cada fundación: si realiza un examen "estático" del fin, patrimonio y/o dotación o si, por el contrario, prefiere regular-supervisar la operatividad de la acción del gobierno de la fundación en cuanto al cumplimiento de ese

---

28 No se plantea, por tanto, el tema de si son declarativos o constitutivos, cuestión *civilística* alejada de la perspectiva de este tipo de formas en USA y Canadá.

29 La "personalidad jurídica" no es una cuestión demasiado importante ni en EE. UU. ni en Canadá, por cuanto se la da la forma jurídica que tenga: *trust, corporation,* etc. Así que no depende tanto de las autoridades, sino de la institución misma y sobre todo de las personas que la constituyen y gobiernan. En tal sentido, como está siendo dicho, la institución —con personalidad jurídica propia— fundación no es un ente jurídico-abstracto. Véanse las notas 2 y 103 del capítulo II (concatenadas a otras consideraciones sobre la teoría del persona ficta).

30 No estamos, no obstante, un modelo concesional. La visión de la sociedad está muy lejos de ver a las *charities* como una participación *concedida* privada en lo que al Estado le correspondería prestar (como, en gran medida, ocurre en Francia y en menor medida por diversas razones en Alemania, España o Italia).

fin y de la gestión que haga, a tales fines, del patrimonio/dotación fundacional.

– El primero modelo sería el que forman regulaciones de tipo autorizatorio o concesional del fin de la fundación y, concomitantemente, de regulación más completa de su patrimonio/dotación (y de su constitución civil). Este ha sido elemento característico e intenso en Francia y también en Inglaterra. En ambos casos, no obstante, convive un régimen autorizatorio fuerte, con un control operativo también fuerte.

– En Alemania, Italia y España se mantiene, también, una visión algo *conservadora* al respecto. Utilizan sistemas muy vinculados al otorgamiento de la "personalidad jurídica" a esta institución y una supervisión estática del patrimonio, operatividad, gobierno, etc.

– Este control autorizatorio/concesión en el que las autoridades son los *gatekeepers* es, en cambio, tenue en los EE. UU. y en Canadá, pues tiene más importancia la evaluación del quehacer de la fundación conforme al fin que ha dicho que cumplía y así ha sido aceptado. No obstante lo cual esto pesa según el modelo de fundación que se adopte y, en el caso de muchas legislaciones estatales, la forma *corporation* puede exigir un patrimonio mínimo. Pero, sobre todo, lo que se pide que tengan es ¡un buen seguro de responsabilidad!

> Aunque dejo de lado detalles sobre la naturaleza intangible o no de la dotación, el valor del patrimonio, etc., es interesante añadir que la paulatina modelización de fórmulas más flexibles de supervisión operativa de las fundaciones han posibilitado las fundaciones menos basadas en patrimonios estáticos; y así se refuerzan con modelos no tan tradicionales de autorizaciones administrativas. Así el control no se basa tanto en la pura dotación inicial sino que admite modos de patrimonialización más flexible y una evolución de dicho patrimonio con respecto al fin operativo de la fundación. En Francia han ido aceptando fórmulas que diluyen esa dotación inicial de un millón de euros mediante la *fondation à capital consomptible* y *fondations de flux*. En Inglaterra han llegado a eliminar la obligatoriedad de una dotación inicial, que se deberá evaluar según las circunstancias. En Alemania también se están ensayando fórmulas similares[31].

---

31 Este factor parte de una base previa: la importancia del patrimonio como elemento central de la forma fundación. En este aspecto los países europeos son herederos de la visión tradicional de la fundación como institución basada en

4.– Otra alternativa, muy conectada con la anterior, es si se realiza un control también “estático” de la estructura organizativa del gobierno fundacional o si, por el contrario, se evalúa qué hace el gobierno a lo largo del tiempo en cuanto a su operatividad, bajo parámetros funcionales y comportamentales de sus directivos.

a) Aunque partan de un tronco y bases más o menos comunes, Francia, España, Italia y Alemania son modelos diversos entre sí en cuanto a cómo debe ser el gobierno fundacional, aunque tienen, todos ellos, una visión más bien estática:

– Francia regula de manera muy precisa y completa cómo debe formarse el gobierno fundacional: componentes necesarios, potestativos, grados de capacidades, presencia —como ya se explicó— de un representante público, nombramientos, etc.

– Tanto Francia como Alemania han optado —como tendencia, pues no es legalmente necesario— por estructuras de gobierno de doble cabeza, a modo de gobierno-ejecutivo y gobierno-parlamento; el segundo estaría encargado de la gran estrategia y el control de la fundación, en tanto que el primero sería el ejecutivo o administrador[32]. Italia solo lo exige para algunos tipos de fundación, pero no para la fundación “común”.

– En España e Italia se ha optado por un gobierno simple, aunque en este último país la legislación marca con cierta extensión cuáles son sus poderes, capacidades, etc.

b) Una aproximación muy distinta es la que tienen Inglaterra, Canadá y Estados Unidos: la estructura de su gobierno, su quehacer y

---

un conjunto de bienes dotados para un fin, en la línea de las *universitas rerum* permitidas a perpetuidad precisamente por tal fin de interés general. Sobre esto ha pivotado un concepto histórico de fundación; que hoy, sin embargo, está menos centrado ahí y más en el fin, la organización y la forma. Puede verse el primer capítulo y también Alli Turrillas, *Fundaciones y Derecho administrativo*, cit., pp. 113-150.

32 Tema que causó cierta controversia por ser el modelo adoptado por el European Foundation Statute (K. J. Hopt & R. Walz et aliq., *The European Foundation...*, cit., pp. 119 et sq.). También, *The two-tier system in Germany and Italy Seminar*, conducted by professors H. Hirte & S. Kuchmann, *Seminar für Handels—, Schifffahrtsund Wirtschaftsrecht, Geschäftsführender, Heidelberg Universität*, 2007 (governance of for-profit corporations): https://www.ub.uni-heidelberg.de/helios/kataloge/notation/SSTO/lsaJur.pdf (enero 2024).

sus funciones son totalmente libres. Es cierto que la forma *trust, association, CIO,* o mera *corporation* marcan alguna diferencia y establecen algunos requisitos, pero es de mínimos. En general se acepta como más conveniente un sistema simple de gobierno único, dejando la "ejecutoriedad" y la táctica en manos de gestores profesionales contratados (si el volumen de la fundación lo permite, claro está). Les interesa, así, qué hace el gobierno de manera dinámica o a través de sus resultados. Esto tiene que ver, como veremos, con los mecanismos de fidelidad al *trust* o a la *corporation.*

5.– Finalmente estarían los controles previo o autorizatorios de las actividades que hace la fundación con respecto a las *core-functions* de su ser y su patrimonio; o, en cambio, un sistema de información *a posteriori* de estas (o de análisis de resultados si saltan luces rojas).

– La tendencia en los países fuertemente administrativos como Francia, Alemania, Italia y España es hacia el control previo mediante autorizaciones. No obstante, se está trasladando el peso hacia trámites de declaración responsable y comunicación previa de las operaciones.

– Conectando con lo que se dijera antes, Inglaterra, Canadá y Estados Unidos basan su fiscalización en el resultado de las operaciones conforme a los objetivos y el patrimonio. No existe en sentido estricto un régimen de autorizaciones administrativas tan rotundo, salvo excepciones como la transformación del fin fundacional o la extinción para convertirse en otra institución o su liquidación completa (doctrina de traslación de fines por extinción conocida como *Cy-près)* que acaban en vía judicial[33]. Si acaso hay obligaciones de dar cuenta a las autoridades en ciertos casos (algo mayores en el caso de Inglaterra).

> Lógicamente en ambos casos pesa, también, si el control lo realizan las autoridades públicas directas o se hace mediante agencias privadas o públicas sin poderes. En el primer caso la tendencia es al control autorizatorio, patrimonialístico estático y de funcionamiento interno. En el segundo es más indirecto e indiciario, pues carecen tales estructuras de poderes de policía directa.

---

[33] *Black's Law Dictionary,* p. 349 (5th ed. 1979).

* * *

Evidentemente, lo expuesto particularmente en las tres disyuntivas anteriores tiene una enorme conexión con el régimen de responsabilidad personal establecido para los miembros del gobierno fundacional, tanto *ex ante* como *ex post facto* (lo cual, de manera simplificada, es tratado en el final del siguiente epígrafe). Aunque no pretendo exponer todo en detalle, estamos ante una cuestión fronteriza con la propia institucionalización de la fundación como ente dotado de personalidad jurídica autónoma y de las formas de la fundación en cada país y, así la naturaleza de la institución en cuanto a su *responsabilidad* en y a través de ella; lo cual también ha sido tratado en varios lugares[34].

> El modelo del *common law* está basado en una fuerte doctrina de respeto a la autonomía privada y de ausencia del molde de la fórmula de las *personae fictae* como fomas interpuestas y, por tanto, refuerza enormemente los deberes de los miembros del gobierno de cualquier ente (público, privado, corporativo o fundacional). Estos son en cuanto a la fundación, básica y simplificadamente, los deberes de lealtad al fin, la voluntad del fundador y el ser de la fundación (*loyalty*), de cuidado y prudencia en su gestión patrimonial *(care/prudence)* y de respeto a la legislación *(obedience)*[35]. Esto se complementa con un desarrollo muy exigente de los mecanismos de responsabilidad jurídico-patrimonial de tales gobernadores, a través de una consolidada jurisprudencia derivada de los principios de gobierno societario sobre los deberes de gestión y la correcta toma de decisiones mediante "puertos seguros" (*safe harbours*). Es el caso de los *Wednsbury principles,* un test de razonabilidad que se utiliza para supervisar la actuación discrecional de gobierno de las autoridades administrativas y las corporaciones públicas, el cual se ha extendido paulatinamente al deber de cuidado en los *trusts*[36].

---

34 Véase, en particular, la nota 29 de este capítulo y el texto del que traen causa. Los cuales han de entenderse en el contexto expuesto en los respectivos epígrafes del capítulo II sobre la construcción de la figura en cada lugar y, en particular, el peso de la "persona jurídica" entre nosotros, frente al de la forma concreta y sus *trustees* en el ámbito anglosajón.

35 Hopt, K. J., & T. V. Hippel (dirs.), *Comparative Corporate Governance of Non-profit Orgatizations,* Cambridge University Press, 2010, pp. 37-50.

36 Los llamados "Wednsbury Principles" señalan la necesidad de que a la hora de tomar la decisión: se hayan valorado los factores que siempre deberían ser tenidos en cuenta; no se hayan soslayado hechos determinantes; y que la decisión no sea tan irrazonable que ninguna autoridad razonable hubiera impuesto

Todo ello refuerza poderosamente como efecto —al igual que viene como consecuencia (proveniente de lo dicho sobre la inexistencia de la institución-persona jurídica)— la naturaleza personalizada e individualizada de la *charity* (o de la *foundation*), frente a la estructuración civil-estática e institucionalizada que es más propia de nuestra forma fundación. Es así, por lo tanto, el clima en el que se mueve este sistema de supervisión dinámico, operativo, de resultados, precautorio, auto-normado y de alta exigencia de responsabilidad que es propio de los países anglosajones. Frente al modelo estático, preclusivo, patrimonilizado, congelado estructuralmente y altamente administrativizado en su régimen de autorizaciones, que late bajo nuestro modelo (así como el italiano, francés y alemán).

3. EL TERCER NIVEL: RESULTADO REGULATORIO

Todo el conjunto de parámetros expuesto resultan en una serie de consecuencias sobre cómo es el modelo en general dentro de cada país. Dado que unos y otros conjuntos de factores se han ido formando, en gran medida, al unísono, constituyen, a la vez, causa y consecuencia: manifiestan una atmósfera social, jurídica y regulatoria del modelo, en continuo juego de causa-efecto. Por eso tampoco se podría entender todo lo antedicho sin un ambiente histórico-insti-

---

tal decisión (todo muy británico). Están formulado a modo de preguntas, que tratan de apreciar si hay alguna posible infidelidad a los deberes de confianza del *trust* (*breach of trust*). Dado que el gobierno —cualquier gobierno— se toman continuas decisiones, es lógico que alguna no pueda ser del todo acertada, será o no antijurídica de acuerdo con este test acumulativo y de aplicación proporcionada *The Public Trustee v Cooper (Mansfield brewery case)* (2001), 2 WTLR 901: ¿Ha sido tomada dentro de los poderes propios del *trustee*?; ¿Fue la decisión adoptada una que razonablemente hubiera podido tomar cualquier *trustee* o, por el contrario, fue algo perverso o irracional?; ¿Se actuó de buena fe?; ¿Tuvo en cuenta el *trustee* todos los factores que debía haber tenido en cuenta (o tuvo en cuenta factores que no debía haber tenido en cuenta; es decir, hubo algún influjo insano en su decisión)?; ¿No tuvo en cuenta algún aspecto en su juicio que, razonablemente, debería haberse tenido en cuenta de modo necesario?; ¿Se informaron adecuadamente de todo lo posible antes de tomar la decisión?: *Associated Provincial Picture Houses v Wednesbury Corporation* [1948] 1 KB 223. H. W. R. Wade & C. F. Forsyth, *Administrative Law*, 8ª ed., Oxford University Press, 2000, pp. 353 y ss.

tucional, ni éste se puede ver desgajado de las concretas opciones de política legislativa que se van estableciendo en cada momento para promover o recrear el ambiente filantrópico que sirve de caldo de cultivo para promover un crecimiento de organizaciones no lucrativas, en general, y las fundaciones, en particular[37].

> La contextualización sobre los modelos cívico-sociales que proponían Salamon y Sokolowsky sirven como pauta interpretativa de esta disyuntiva. Aunque siempre pudo haber un momento histórico en el que la sociedad y sus gobernantes crearan una institución de un modo, más o menos, *ex novo* —y si esto es posible tras de Grecia y Roma—, normalmente ocurre que estamos ante un entramado causal en que se entreveran factores de diversos tipos y en los que, por tanto, una institución no es tal sin existir todo un contexto social, político, económico, cultural (y religioso) y, por tanto, jurídico[38].

1.– Partimos, en primer lugar, de un debate general sobre si ha sido la sociedad la que ha impulsado el modelo —creando las formas y fórmulas sobre las que, luego, el ordenamiento jurídico y las autoridades actúan— o, por el contrario, estamos ante un sistema en el que las autoridades han marcado la pauta y han establecido las formas jurídicas, que luego crean dicho espacio civil.

Se trata de analizar la alternativa entre un modelo *socialmente ampliable, flexible (y abierto)* y otro *jurídicamente preestablecido (y más o menos flexible).*

Es indudable que los Estados Unidos y Canadá serían los máximos representantes del primer caso. Francia y, en menor medida, España e Italia lo serían del segundo. En un ámbito intermedio aunque diverso, se situarían Inglaterra y Alemania. Si bien en ambos lugares, debido a la fuerte presencia pública y a una modelización jurídica muy construida a lo largo de los siglos —y aunque, como viéramos, en ambos lugares su sociedad cívica ha marcado mucho el molde socio-político— los límites jurídicos son más estrictos que en los países

---

37 Siendo determinante, a tal efecto, el de la fiscalidad, tal y como ponen de relieve las nuevas evidencias, en análisis comparado, que pueden verser en: Peter, H. & Lideikyte Huber, G., *The Routleldge Handbook of Taxation and Philanthropy*, Routledge, 2021, in toto.

38 Sievers, B. R., *Civil Society, Philanthropy and the Fate of Commons* cit., in toto.

de América, por lo que no se pueden equiparar del todo a ellos. Pero tampoco al modelo más precluido del arco franco-mediterráneo.

2.– Como consecuencia tanto de lo que acaba de ser expuesto como de la acumulación de notas recogidas en los anteriores epígrafes, se nos presenta una disyuntiva entre un modelo regulador estático y estructurado, frente a uno variable y más operativo.

– De nuevo Francia, Italia y España tienen un sistema estático; si bien Francia e Italia ha dado lecciones de flexibilidad con la creación de numerosas formas fundacionales y aligerando el régimen interventivo sobre alguna de ellas. Alemania también ha ido en esa dirección. En este ámbito solo quedamos nosotros por llegar.

– En el otro lado, en cambio, estarían los EE. UU., Canadá e Inglaterra. En estos lugares guardando un difícil equilibrio entre sus márgenes jurídico-formales y una regulación muy exhaustiva y su tendencia al pragmatismo y la flexibilidad operativa.

3.– También existe una alternativa entre un modelo transparente frente a un modelo opaco. Puede y debe matizarse que hay dos consecuencias derivadas de esta idea. La primera sería la opacidad/transparencia del propio sector y de las fundaciones en particular (son dos caras distintas). Y la segunda es la transparencia/opacidad de la actividad regulatoria pública y de la información que sobre ella fluye desde el sector y hacia la sociedad.

– España tiene un modelo muy opaco en cuanto al regulador. Primero por la diversidad de autoridades supervisoras, dividida territorialmente e insuficientemente dotada tanto en su nivel estatal o general[39]. Segundo por una legislación específica poco desarrollada en este punto. Tercero por una sociedad en sí misma poco proclive a la auténtica transparencia, pese a la Ley de transparencia del sector público y la tendencia que esto apunta.

Tampoco estamos ante un sector que, en sí mismo, sea muy transparente. Aunque se han dado pasos, estos han sido cortos en gran

---

39 Sobre ello, recientemente, Alli Turrillas, J. C., “El protectorado (ausente) de fundaciones”: https://www.hayderecho.com/2022/11/06/el-protectorado-ausente-sobre-las-fundaciones/ (noviembre 2022).

medida por causas no directas[40]: unas autoridades pasivas, una normativa de transparencia general todavía embrionaria que no hace el sistema suficientemente traslúcido; la información del sector todavía no fluye del todo lo bien que debiera, pese a los esfuerzos de los entes que agrupan al conjunto[41].

– En Alemania puede decirse prácticamente lo mismo a lo que ocurre aquí y así lo ha destacada la doctrina más conspicua. No obstante la cultura social hace de este un país más transparente en general. Actualmente da sus primeros pasos en una normativa reformada para este tema que el propio sector dificultó en las pretensiones de mayor transparencia[42].

– Francia e Italia cuentan con un modelo también poco transparente (y fácil) en el ámbito de la información pública disponible. Aunque la presencia de una autoridad regulatoria prácticamente única hace que esa información, al menos, se tenga y pueda obtener[43]. No obstante tal opacidad supervisora, las recientes obligaciones de transparencia y la propia solidez de sus fundaciones y, en especial, las

---

40 Como muestra vale un botón. Más del 60% de fundaciones no tienen un Código de buen gobierno y la ausencia de datos en las webs es indicativo de esta opacidad. *El buen gobierno en el Sector fundacional*, AEF & PwC, 2018: https://www.pwc.es/es/fundacion/assets/informe-gobierno-fundacional.pdf (enero 2024).

41 S. Agea & E. del Río, "Situación de las fundaciones en España", en *Equidad Internationational Welfare Policies and Social Work Journal* nº 1 (January 2014), 157-160. Así las cosas, se ha señalado que existe una imagen pública de falta de transparencia del sector: Lo que, aunque no se haya puesto mucha atención, es también indiciario de esta realidad y nos debe apuntar sus causas y sus consecuencias (según encuestas para SigmaDos en 2017): B. Fernández Olit & Gross, D., *Las fundaciones filantrópicas personales y familiares en España*, Universidad de Comillas & AEF & Diagram, 2018, pp. 112-113.

42 Rupert Graf Strachwitz, *Entrevista*, 2015): https://philanthropynewsdigest.org/features/newsmakers/rupert-graf-strachwitz-the-german-philanthropic-sector-a-conversation. Si bien se han ido realizando esfuerzos desde 2020 que lleva a que los datos —ya expuestos— que indica la BDVS sean ahora algo más completos y concretos. J. C. Alli Turrillas, *La fundación, ¿una casa sin dueño?...*, cit., pp. 356 y ss.

43 Es significativo, por ejemplo, que la página más importante sobre fundaciones —que en España es la de la Asociación española de fundaciones; en Alemania la de su equivalente (*Bundesverbandstiftungen* antes *Maecenata*); y en Inglaterra también— sea, en Francia, la habilitada por el Ministerio del Interior sobre fundaciones (Centro francés de fundaciones).

grandes fundaciones que son abrigo de otras menores, han mejorado mucho el conocimiento general del sector. El caso de Italia, desde 2017, con la aparición del RUTS ha dado un giro indirecto, pero muy importante.

– En Inglaterra la legislación y la actuación de la ChC. es enormemente transparente y en la medida en que está muy unificada, también es de fácil consulta. En cuanto a la transparencia del sector en sí mismo considerado, mediata e inmediata —es decir en sus fundaciones o en los entes que las agrupan—, puede decirse que, en general, es también muy alta. No obstante, la presencia de un número importantísimo de pequeñas *charities* que no tienen obligación de registrarse supone un factor de distorsión en esta afirmación.

– Estados Unidos y Canadá tienen el sector más transparente en sí mismo considerado. En gran medida es sobre este factor sobre el que basan su legitimidad, éxito y su propia operatividad. Si bien por el tamaño, extensión y el gran número de entes que lo agrupan, la información es ingente y, por tanto, la gestión de esa colosal información es compleja. Eso explicaría por qué existen tantas organizaciones dedicadas a *digerir* y explicar dicha información y crear inteligencia sobre ella.

> En cambio, en ambos casos, la transparencia pública de los entes supervisores es (relativamente) escasa por varios motivos: primero porque, salvo en lo referido a la información tributaria del IRS y el CRS, se trata de autoridades provinciales/estatales. Luego porque tal forma de intervención pública no es la prioritaria; por cuanto su regulación se basa, precisamente, en las fortísimas obligaciones de transparencia de los entes regulados. De tal manera que posibilitan que sea la sociedad en su conjunto —los usuarios, los benefactores, donantes, la prensa, etc.– quienes realicen una supervisión real de lo que cada fundación hace o no hace. Su modelo se basa fundamentalmente en tal principio.

4.– Lo expuesto nos conduce a valorar si estamos ante un modelo *complejo* o uno *sencillo* (ninguna de ambas notas pretenden tener una connotación peyorativa y en cualquier caso son notas que se miden en relación mutua y de un modo bastante relativo).

– Francia e Inglaterra cuentan con un modelo sencillo en su regulación y en la unicidad/univocidad de la autoridad regulatoria, dotado de una normativa relativamente sencilla y claridad formal; aunque con ciertos matices o paradojas. Lo que Francia tiene de complejo en cuanto a sus formas y fórmulas fundacionales lo compensa con unos principios legales de funcionamiento rotundos y claros. Lo que Inglaterra tiene sencillo en su forma y modelo, lo contradice un tanto con la complicada casuística de principios e interpretación realizada por la *ChC* y lo prolijo de la *Charity Act*.

– Alemania, Italia y España tienen son unos sistemas que podrían ser sencillos casi en la misma medida que los anteriores, aunque han resultado complejos por factores, digamos, no estrictamente derivados de la regulación de la fundación.

> España ha contado con un modelo legal muy simple y lineal pero se ha convertido en complejo por varios factores: contar con demasiadas normas y autoridades supervisoras (Estado, CCAA y autoridad fiscal), las contradicciones entre todas ellas; y la pasividad reguladora general. Algo similar ocurre en Italia, donde se une la regionalización creciente, la formación de figuras fundacionales distintas, la creación del *Terzo Settore* y otros factores propios de su compleja sociedad.
>
> Alemania es complejo por muchos motivos: primero por las diferencias regulatorias en los *länder*; segundo por su tendencia a la precisión y singularidad a la hora de ajustar la regulación; lo cual convierte su modelo en complejo, detallado y casuístico.

– Estados Unidos y Canadá cuentan un sistema que bajo una apariencia sencilla, resulta en realidad bastante complejo. Es así por motivos colaterales y no sustantivos: En primer lugar, por su propio volumen y extensión. En segundo porque la regulación depende de los Estados/Provincias y cada uno de ellos tiene aproximaciones muy distintas; aunque, insisto, en general esta regulación sustantiva es más bien simple. En tercer lugar porque la legislación que ha "unificado" el modelo es la tributaria y esta resulta casuística y enmarañada, máxime en modelos socio-económicos tan grandes y poderosos[44].

5.– Esto nos lleva a un efecto conclusivo final. Si es un modelo, directa o indirectamente, genera un impulso *incentivador* o, en cambio, *restrictivo*. Resulta lógico considerar, a este respecto, si los aciertos o desaciertos regulatorios pueden fomentar o desincentivar, mejorar o empeorar, el clima y modelo "no lucrativo".

---

44 J. C. Alli Turrillas, *La fundación, ¿unas casa sin dueño?...*, cit., pp. 368 y ss.

Esto exige una consideración adicional con carácter previo. La pregunta de si, quizá, todo lo anteriormente expuesto deriva de si la colectividad —y, en consecuencia, las autoridades—, como condición, es sensible hacia la necesidad de fomentar que sea esa propia sociedad quien actúe en la persecución del interés general. En tal sentido, la historia político-social y económica, son los factores que crean este clima y, por lo tanto, promueven o permiten un modelo incentivador o uno restrictivo. Lógicamente el ordenamiento jurídico regulador de las fundaciones es reflejo de esa visión y condiciones. No al contrario; aunque sí pueda reforzarlo en un sentido u otro.

– Francia es un modelo que resulta un tanto desincentivador por lo restrictivo. Pero, a cambio, por la seguridad jurídica que crea y el clima tan protector de la *etiqueta* fundación, genera un modelo bien esculpido, fuerte y fundamentado, que en consecuencia ha generado instituciones muy sólidas.

– De un modo quizá involuntario, tanto Alemania como Italia y España han incentivado el sector, debido a la flexibilidad normativa y los vacíos y dispersión legales. De hecho, con matices, estamos ante un sector que ha reaparecido fuerte en las últimas décadas tanto en Italia como en España y crecido notablemente en Alemania.

– Inglaterra cuenta con un modelo social y político claramente incentivador, por más que jurídicamente pueda ser algo restrictivo; que no lo es, por cuanto su estabilidad da enorme seguridad a largo plazo, lo que lo hace un sector sólido y solvente. Lo mismo ocurre con Canadá, con algunas matizaciones que cobran sentido cuando se piensa que está a caballo entre USA e Inglaterra.

– Estados Unidos contaría con "el" sistema más incentivador de los conocidos[45]. En gran medida su sociedad entera está sólidamente anclada en que el *non-profit sector* es parte consustancial y fundante de su modelo socio-político. Por lo tanto ha demandado de sus autoridades la creación de un sistema jurídico y tributario incentivador, protector e impulsor (y a la vez sólido). Lo cual ha dado más fortaleza al

---

45 Posiblemente junto con Holanda A. Burger, P. Dekker & V. Veldheer, "Foundations in The Netherlands", en: In Schütler A, Then V, Walkenhorst P. (editors), *Foundations in Europe: Society, management en law*, Directory of Social Change. 2001, p. 193-205.

conjunto, generando un sistema de garantías públicas y permitiendo la permeabilidad público-privado.

* * *

Cabría proponer, adicionalmente y por último, un análisis de las alternativas en el modelo de cierre del sistema. Es decir, lo relativo a la "jurisdiccionabilidad", en varios sentidos —no siempre fáciles de distinguir—: el régimen de persecución penal y el sistema procesal que ventila las posibles disfunciones o rupturas que se produzcan en la gestión de la fundación; la responsabilidad por el incumplimiento de sus fines y buen uso patrimonial, etc.

a) En primer lugar debemos fijarnos en si la responsabilidad pivota sobre la persona jurídica, como es típico de los países del *civil code* o sobre las personas que forman parte de la institución, como ocurre en los modelos de *common law*.

> La fuerte construcción que, entre nosotros, existe de la persona jurídica sirve, en gran medida, de pantalla que obscurece la responsabilidad de sus integrantes, aunque se haya avanzado con la punibilidad de las personas jurídicas, de un lado; y la doctrina del levantamiento del velo, de otro[46]. Frente a ello el peso de la responsabilidad fiduciaria de los *trustees* propia de los países anglosajones, permite acometer acciones contra a las personas que forman parte de su gobierno[47].

---

46 Nuestra historia de recelo las perpetuidades vinculatorias eclesiásticas y nobiliarias y el desarrollo de nuestra institución fundacional, como se ha destacado, también y la existencia de una fuerte doctrina de la "personalidad jurídica" como ente que, en cierto modo, cubre y supera a quienes la forman en su gobierno concreto explican estas fuerzas contrapuestas con respecto a la fundación (F. de Castro y Bravo, *La persona jurídica*, cit., en su totalidad y Capilla Roncero, F., *La persona jurídica. Funciones y disfunciones*, Tecnos, 1984, in toto).

47 Sobre tal base y como origen quizá de ello —pues es causa y consecuencia a un tiempo— estos modelos guardan cierto recelo a permitir una personificación jurídica independiente de quienes la gobiernan. Por eso, en el ambito anglosajón, la propia construcción de la 'persona jurídica' tiene menos importancia que el gobierno y las obligaciones personales de gestión individual (F. de Castro y Bravo, *La persona jurídica*, cit., en su totalidad). Para un análisis de qué razones sustentan cada sistema de legitimidades véase el completo análisis comparado entre Europa y los EE. UU. desarrollado en: VV. AA. (K. Prewitt. M. Dogan, S. Heydemann, S. Toepler), *The Legitimacy of Philanthropic Foundations: United States and European Perspectives*, Rusell Sage Foundation, New York, 2006

Derivadamente, pues, podemos ver la alternativa entre un sistema basado en la jurisdicción civil (y/o mercantil), habitualmente de naturaleza *rogada* u otro más fundado en la jurisdicción penal, normalmente de tipo más *inquisitivo*.

En todos los modelos expuestos existe, obviamente con sus peculiaridades, una acción civil por daños y de responsabilidad civil (contractual o extracontractual). Pero también existe algún tipo de acción penal en caso de delitos tipificados que tengan que ver con las posibilidades de problemas criminales en el seno de organizaciones con "personalidad jurídica" propia. Es cierto que, en este punto, algunos lugares recogen la fundación y su peculiaridad stricto sensu (como ocurre en algunos Estados de USA, Canadá, Alemania) y otros, en cambio, la derivan a las personas jurídicas generales (Francia, Inglaterra, Italia) o directamente en otras formas como las sociedades (España).

> Dejan ambos aspectos de lado la responsabilidad penal estricta por delitos que, en sí mismos, no tengan que ver con la naturaleza propia del ser y funcionar de una fundación —o cualquier ente no lucrativo—; si bien existen algunas fronteras difusas en casos de malversación, bancarrota punible, etc. Por lo que, en puridad, no es posible entender la responsabilidad civil sobre el uso del fin y el patrimonio fundacional muy lejos de los delitos penales societarios más típicos[48].

b) Se produce, derivadamente, una alternativa entre la exigencia de responsabilidad *expresamente* recogida en la regulación de la fundación, su gobierno y su actividad y un modelo en que la regulación de la responsabilidad *derivadamente* establecida como una variedad analógica de otras formas de gobierno corporativo (comercial) o asociativo, aunque sin mayores especificidades.

Una disyuntiva añadida y derivativa de la expuesta es si para presentar acciones frente a los "patronos" —tengan el nombre que tengan— se utilizan fórmulas generales o comunes propias de su propio modelo de responsabilidad civil, como es típico del *civil code* o, en

---

48 Con unos análisis algo planos y faltos de análisis, pero que son prácticamente los únicos, cfr.: G. Rodríguez-Mourullo Otero, "La responsabilidad penal de las fundaciones y sus patronos y directivos", en *Buen Gobierno de las Fundaciones* (coord. S. Martínez Garrido), La Ley & Iberdrola, 2015, pp. 481 y ss.

cambio, cuenta con los deberes fiduciarios de los *trustees* y de los *governing boards* y doctrinas específicas como son típicas en los modelos anglosajones.

c) Resulta enormemente interesante, al respecto, valorar quien tiene la preeminencia en el ejercicio de la acción de responsabilidad: las autoridades públicas (y cuáles, en su caso); la propia fundación; el fundador o fundadores (y sus causahabientes). Incluso si es posible que lo sea el (supuesto) público beneficiario de la acción de la fundación; es decir, que exista alguna suerte de "acción popular" y, en particular, los donantes y legatarios que ven sus donativos y legados defraudados o malversados.

Lógicamente, entrar en un análisis pormenorizado de todo ello supondría alejarse enormemente del propósito de este libro. Por eso solo me fijaré en el modelo que, muy simplificadamente, resulta más completo e integrado con respecto a lo indicado. Es el caso del británico. La regulación de la *charity* contiene un muy buen sistema de responsabilidad del gobierno fundacional, con claros deberes y amplias responsabilidades, sólidamente construidas bajo un régimen de los deberes y responsabilidades fiduciarios que es muy completo. Todo ello está muy vigilado por la ChC., con enorme experiencia al respecto.

> Además existe un tribunal específico, cual es el *Charity Tribunal,* que supervisa directamente la actividad regulatoria y contribuye, así, a la solidez del sector. Entre sus mejores logros está, además, un sistema limitado pero fuerte de poder activar acciones por parte de los propios usuarios y/o beneficiarios de una determinada *charity,* e incluso de donantes y legatarios[49].

El caso de EE. UU. y Canadá, como ha resultado claro en otros lugares, es tan complejo que combina muchas variaciones. Prima la responsabilidad autónoma, no supervisada públicamente, pero sí avalada por una gran transparencia y una sociedad muy proclive a exigir, por los medios judiciales ordinarios, la responsabilidad de todos los entes sociales y de su quehacer. También es importante considerar que, en la medida en que la autoridad (sustantiva) de

---

49 Para verlo más completamente: J. C. Alli Turrillas, *La fundación, ¿una casa sin dueño?,* cit., pp. 177 y ss.; y también en "La Charity inglesa...", cit., pp. 256-261.

supervisión —as *parens patriae* y guardián de los fideicomisos— es, en USA y Canadá, el *(State) Attorney General,* es más fácil la remisión a la vía penal para dirimir los problemas graves que se producen en y a través de las fundaciones.

Frente a ello puede decirse que Alemania, Francia, Italia y España se acogen al régimen general de responsabilidad y está, todavía, y a este respecto, en cierta construcción. No cuentan con un modelo propio que sirva de manera clara y rotunda a este peculiar sector jurídico-social.

Capítulo IV

REFLEXIONES SOBRE EL MODELO ESPAÑOL DE REGULACIÓN Y SUPERVISIÓN DE FUNDACIONES

1. LA ESTRUCTURA PÚBLICA DE SUPERVISIÓN DE FUNDACIONES EN ESPAÑA

1.1. Una revisión de las bases constitucionales y legales de la intervención del protectorado

1.1.1. Idea general

Llegado a este lugar, se hace precisa una reflexión introductoria que recoja algunas ideas sobre la legalidad en la que se sustenta este estudio. De otro modo, el análisis que se va a realizar de la posición y funciones del Protectorado resultaría falto de apoyo y justificación suficiente, por más que se haya realizado todo el análisis previo.

La justificación apologética más profunda de la intervención pública sobre la figura fundacional no puede estar, propiamente hablando, en lo que establezca uno u otro texto positivo[1]: sea este la Constitución, el Código civil o la Ley de fundaciones (o cualquier otra), ni en tampoco en la jurisprudencia que los interprete. Si acaso, las afirmaciones que, al respecto, hagan estas normas son el reflejo y el punto de partida para buscar la justificación jurídica más profunda; llevando esto a la razón última, caso de existir esta.

Lo que las leyes han recogido, por más que sea la positivización de algunas razones históricas precursoras —deviniendo en parte del conglomerado conceptual moderno de "fundación"— conduce a la

---

1 Como suele ser común en los estudios al uso. Entre ellos —y en todo caso interesante bajo tal premisa—, en particular y recientemente: F. García Mengual, *Perfiles constitucionales del Derecho de fundación,* cit., pp. 557 y ss., entre otras.

necesidad de apuntar las nuevas ideas que conforman el concepto y obligan a una reconfiguración estructural del protectorado[2].

No me parece, así, que sean justificaciones la necesidad de proteger los elementos supuestamente estructurales de la propia entidad fundación: el patrimonio afectado —y su permisible afectación permanente—, la voluntad del fundador, siendo factores importantes, sean los esenciales para justificar una intervención pública. Menos todavía los elementos "variables" como el amateurismo voluntario (y voluntarista) de los patronos, o la necesidad de ordenar la actividad pública de la fundación. Todos ellos son efectos concurrentes —y no poco importantes— pero no son sino parte de una institución que, además, ha tenido su transcurrir histórico y pueden encontrar otros acomodos y fórmulas de garantía; como, por ejemplo, los Estatutos para garantizar la voluntad del fundador u otros mecanismos contables de garantía patrimonial. Tampoco lo serían, todavía, la protección de los usuarios o de los donantes (o del propio fundador); lo cual no es óbice a su existencia del protectorado como garante último de todo ello.

Tampoco considero oportuno —como se ha preconizado más modernamente[3]— sostener como razón justificadora de tal intervención pública que las fundaciones carezcan de un órgano de control de tipo "parlamentario" o "accionarial" como el que existe en otras instituciones y, por tanto, que tal función la deba realizar el Protectorado público. A tal fin existen muchas otras fórmulas diferentes a la acción pública[4].

Analizadas tales premisas y conocida la transición de la fundación desde su estaticidad pretérita hacia otras formas de filantropía variadas y variables —*desestructuradas*, incluso, en términos de patrimonio—, u otras fórmulas imitatorias de fórmulas u estructuras lucrativas que están dotadas de caracteres cada vez más singulares y propios (L3C, LLC, RSC, etc.[5]), también puede señalarse que la identidad

---

2 J. C. Alli Turrillas, *Fundaciones y Derecho administrativo*, cit., p. 45-47.

3 M. Pérez Escolar, "El protectorado de las fundaciones:...", cit., 1-28.

4 Tal y como se apuntará (capítulo V, epígrafe 2.2.), podrían establecerse fórmulas de gobierno y control tipo *two-tier* —como ocurre en Alemania y algunas formas fundacionales francesas— para soslayar esto; no haría falta un órgano público. Además este órgano supervisor existe en esos lugares y en otros que también cuentan con un modelo de gobierno único (a veces dividido entre gobierno estratégico y gobierno de gestión).

5 Marker, R. A., "Filantropía de impacto. Sus significados, sus promesas y sus escollos", en *Anuario de Derecho de fundaciones 2013*, AEF & Fundación La Caixa, Iustel, 2014, pp. 205-226.

legal del protectorado ha quedado, con respecto a esas nuevas facetas que presenta la fundación, un tanto fosilizada. De manera que no se puede sostener actualmente esté acompañando de un modo completo y efectivo, más allá de formalmente, la vida operativa real de las fundaciones[6].

Por eso, la justificación de esta participación pública en su ser e identidad, así como en su operatividad, debe trascender tanto a las (limitadas) premisas legales, como a esos factores identitarios "de acompañamiento" y transitan, en cambio, hacia las nuevas fronteras que presenta la figura fundacional. Sin que ello quiera decir, por supuesto, que tal marco normativo no la justifique también como título legal habilitante, pues así lo hace.

La clave para esta nueva perspectiva parte de dos premisas. Primero en la concurrencia privada en el interés general: ahí donde concurren las dos voluntades —la pública y la privada— que, así, configura esta peculiar institución jurídica *patrimonializada.* Y segundo en la propia naturaleza constitutiva de la fundación y, así, en la naturaleza del negocio fundacional precisamente[7].

El análisis expuesto en el capítulo I sobre la justificación última y profunda del Protectorado, con sus formas y efectos, basado en la naturaleza de la fundación, viene reforzado por los modelos comparados país-a-país que reflejan cómo en todos ellos existen organismos equivalentes —aunque no sean del todo equiparables en toda su dimensión— y cómo, también, estos devienen en modelos de supervisión y ordenación diversos pero que, a la postre, conducen a la necesidad *"de proveer a la Administración de los instrumentos necesarios para asegurar que las fundaciones no se desvían de los fines de interés público"*, como señalara la STC 164/1990 (*Tol 81840*).

---

6 Y así es un afirmación común por parte de autores como Piñar Mañas, García-Andrade, García Mengual, Moreno Piñero, y otros que el régimen jurídico —con matices que, en cada caso, señalan y no puedo ahora acometer— no acompaña a la operatividad de la fundación, tanto en su identidad, como en los medios precisos para acompañarla (o acompañar al Protectorado, como ahora nos interesa, en su proceso de convivencia con el ser y funcionar de la fundación).

7 Véase Capítulo I, epígrafe 5 (naturaleza del negocio jurídico fundacional).

1.1.2. Reflexión sobre la posición constitucional de la fundación (y el protectorado)

Centrándonos, por tanto, en el análisis pertinente a este estudio, el Protectorado, este se convierte en la *personificación* protectora del interés general. No sólo, por tanto, un mero custodio de algunos elementos de cada fundación —como el respeto de la voluntad del fundador y patrimonio—, sino un elemento integrado y nuclear, de propio hecho fundacional[8]. Indudablemente, en tal sentido, si el fin público determina la existencia y, así, la posición y caracterización de las fundaciones tal y como están preconizadas en el art. 34 de la Constitución, también sería el factor determinante a la hora de considerar la naturaleza, ser y posición del Protectorado; constituyéndose, así, la combinación patronato-protectorado en un binomio imprescindible para el ser y entender de tal patrimonialización hacia ese fin de interés general[9].

Para Piñar Mañas, resulta de indubitado interés que la entonces vigente Ley de fundaciones (de 1994) previera que sea el protectorado quien está encargado, precisamente de,

> *"facilitar el recto ejercicio del derecho de fundación" (...). Su misión no es tanto la de controlar a las fundaciones o velar sin más por el cumplimiento de la voluntad del fundador, sea ésta cual sea. Al considerar el de fundación como un verdadero derecho fundamental, en los términos que establece el artículo 34 de la Constitución, los poderes públicos deben velar para que el mismo sea real y efectivo (art. 9.2 del texto constitucional) y esto es precisamente lo que debe hacer el Protectorado (...)"*[10].

La Constitución recoge la figura fundacional según una visión finalista en la cual el "interés general" está por encima de la naturaleza

---

8 L. Morell Ocaña., «Notas sobre el arcaísmo del Derecho de las Fundaciones Benéficas», en *Revista española de Derecho Administrativo*, núm. 17/1978, págs. 149-172.

9 U. Valero Agúndez, op. cit., pp. 345 y ss.

10 J. L. Piñar Mañas, «Las Fundaciones y el Protectorado: la autorización administrativa para litigar y su dudosa constitucionalidad (comentario a la Sentencia del Tribunal Supremo, de 23 de marzo de 1988)», en *Poder Judicial*, núm. 13, 1989, págs. 145-154.

estáticamente patrimonialista típica de las corrientes civilistas puras[11]. Derivadamente, tampoco es casual que el TC, en varias Sentencias y Autos, haya puesto de relieve el elemento organizativo-estructura de la fundación como un elemento identificador de su concepción moderna. La relativamente escasa —aunque valiosa— jurisprudencia del TC arroja algunas luces tempranas con respecto al ser y justificación última del Protectorado, clarificando su posición, a los efectos de esta justificación. Así, para la STC 19/1984 (*Tol 79309*), de 7 de febrero (ponente: Gómez-Ferrer Morant):

> *La interacción Estado-Sociedad y la interpenetración de lo público y lo privado, transciende como hemos señalado al campo de lo organizativo y de la calificación de los entes. La función ordenadora de la Sociedad puede conseguirse de muy diversas formas, que siempre han de moverse dentro del marco de la Constitución, cuyos límites es innecesario estudiar a los efectos del presente recurso. Lo que sí interesa señalar es el reconocimiento constitucional de entes asociativos o fundacionales, de carácter social, y con relevancia pública. Esta relevancia pública no conduce, sin embargo, necesariamente a su publificación, sino que es propio del Estado social de Derecho la existencia de entes de carácter social, no público, que cumplen fines de relevancia constitucional o de interés general.*
>
> *La configuración del Estado como social de Derecho, viene así a culminar una evolución en la que la consecución de los fines de interés general no es absorbida por el Estado, sino que se armoniza en una acción mutua Estado-Sociedad, que difumina la dicotomía Derecho público-privado, y agudiza la dificultad, tanto de calificar determinados entes cuando no existe una calificación legal, como de valorar la incidencia de una nueva regulación sobre su naturaleza jurídica.*

Esta posición fue posteriormente reforzada por la STC 49/1988 (*Tol 79464*) —que, no obstante, pone más peso en el elemento patrimonial tradicional[12]— y, en particular, por la STC 341/2005 (*Tol 792051*), FJ 5 (ponente: E. Pérez-Vera),

---

11 J. GARCÍA-ANDRADE, "Algunas acotaciones", cit, p. 127; y J. L. PIÑAR MAÑAS, "El derecho de fundación como derecho constitucional", cit., pp. 163 y ss.

12 Pensemos que su motivación era "distinguir" las Cajas de Ahorro de las fundaciones "tradicionales". Cuestión que, realmente, tras dar numerosas vueltas no acabó solucionado y por eso *creó* informalmente la idea de que eran "fundación-empresa" para las cuales ningún régimen legal existía (véase nota 7 del capítulo V).

Del rasgo básico que supone el que las fundaciones tengan un fin de interés general se deriva la exigencia de la intervención administrativa. Como dijimos en nuestra STC 164/1990, de 29 de octubre, las competencias de los poderes públicos en la materia encuentran su razón de ser evidente "en la necesidad de proveer a la Administración de los instrumentos necesarios para asegurar que las fundaciones no se desvían de los fines de interés público que según el Código civil (art. 35.1) les son propios" (FJ 3); función que, aún en el mismo orden de consideraciones, habría que completar con la más genérica de evitar la existencia de fundaciones ilegales por sus fines o por los medios que utilicen (art. 34.2 CE, en relación con el art. 22.2 CE).

Aunque no sea, tampoco, objeto de este estudio, el TC no ha creado una doctrina clara sobre si, a la luz del derecho de fundación que recoge, estamos ante un derecho subjetivo, uno prestatorio (no lo parece), ni siquiera formalice una "garantía de instituto" o ante una combinación de todos; lo cual hubiera sido de gran efecto clarificador a la hora de entender cuál es la posición del patronato[13]. Pero sí señala un cierto valladar para la actividad de todos los elementos que conforman la fundación y justifican su existencia permisible: la voluntad del fundador y la naturaleza patrimonial es un límite al patronato; los fines aceptables por la ley son es límite para el fundador; la esencialidad de la persona jurídica de tal forma lo es para la acción del protectorado. En tal sentido, constituye una cierta garantía de instituto de una forma jurídica pre-definida por la historia[14].

Tampoco ha resultado determinante la posición del artículo 34, tras la libertad patrimonial del art. 33, ni se puede concluir que de su (posible) carácter de derecho subjetivo, derive una necesaria "tutela" constitucional-fundamental por parte de las autoridades públicas. Aunque no debería descartarse —en línea con la teoría de la protección constitucional los derechos fundamentales de Haberle— este fundamento como a un camino digno de explorarse con más intensidad, dado el carácter que le otorgaría de un título habilitante completo:

---

13 Para tal discusión: F. García Mengual, *Perfiles constitucionales...*, cit., in toto.

14 J. García-Andrade, "Repensando el Derecho de fundaciones. ¿Hacia un Derecho del altruismo?", en *Anuario de Derecho de fundaciones 2019-2020* (S. Muñoz Machado & J. L. Piñar Mañas), Iustel, 2022, 3-29.

«Si los derechos fundamentales son constitutivos tanto para el individuo como para la comunidad, si son garantizados no sólo en favor del individuo, sino que cumplen también una función social y constituyen el fundamento funcional de la democracia, de ello se deriva que la garantía y el ejercicio de los derechos fundamentales están caracterizados por un entrecruzamiento de intereses públicos e individuales»[15].

En cualquier caso, la posición del Protectorado queda atada desde el punto de vista de la legalidad constitucional —y esta de la propia naturaleza de la institución fundación (en el sentido que exponía de ROMANO)—, y no tanto desde posiciones de desarrollo operativo y, por tanto, determinadas por el complemento que quiera hacer una norma u otra.

1.1.3. Algunas consecuencias jurídicas derivadas de esta posición

El Protectorado cobra, desde el punto de vista expuesto, un realce en un sentido profundo, y explica lo que señalaba PIÑAR MAÑAS, también tempranamente, *"se ha llegado a afirmar que la historia de las fundaciones es la historia del Protectorado o del control público sobre las fundaciones. El control público ha sido una constante en la evolución misma de las fundaciones desde su propio origen. Lo que ha ido cambiando con el paso del tiempo es su contenido y alcance"*[16]. El ejemplo histórico de la ChC inglesa es una muy buena muestra[17].

De tal modo que volvemos a la idea de que su omipresente presencia supone y explica una suerte de *acuerdo* íntimo y profundo, como vimos al hablar del negocio fundacional. Pero un *acuerdo* que, aunque parta del momento constitutivo o encuentro de voluntades, se mantiene durante toda su vida de la fundación. Tal amplitud temporal y de mecanismos refuerza su naturaleza íntima y profunda.

En la medida en que el fin público debe cumplirse a lo largo de la vida fundacional mediante el uso de la dotación y el patrimonio por parte de un gobierno patronal, dotado de la autonomía que la ley le reconoce,

---

15 P. HÄBERLE, *La garantía del contenido esencial de los derechos fundamentales*, Dykinson, 2003, in toto.

16 J. L PIÑAR MAÑAS, "El Protectorado de Fundaciones: situación actual y propuestas de reformas", en *Manual de Fundaciones,* Civitas, Madrid, 1999, pág. 81.

17 J. J. FISHMAN, "Charitable Accountability…", cit., in toto.

esto implica un acuerdo continuado entre los elementos de tal estructura: patronato y protectorado. Por eso el encuentro de ambas voluntades debe, necesariamente, ser un interactuar continuo; configurando y justificando todas y cada una de las acciones legalmente establecidas para el protectorado y sin perjuicio de que este pueda variar en su contenido. Pues tal situación es lo propio de su naturaleza administrativa y así lo es, por tanto, de sus competencias/potestades concretas.

En efecto, si tanto la organización estructurada como patronato y el patrimonio, como el protectorado público, son elementos clave de ser fundacional —como ha mantenido el TC en todas las ocasiones en que se ha pronunciado— resulta aceptable sostener que la propia posición de la fundación en la norma fundamental es, en sí misma, una justificación suficiente para equiparar, de un lado al fundador privado en ejercicio de la "libre autonomía de la voluntad patrimonial"[18] en pro del interés general con, de otro lado, la necesidad de que el Estado concurra en esa voluntad a través de un protectorado (y de que este sea el preciso y suficiente).

Todo lo cual, además, queda corroborado por el amplio rol que han otorgado las sucesivas leyes reguladoras de las fundaciones al protectorado. Normas que, como hemos visto, lo convierten en el actor y representante necesario de esta voluntad pública; yendo más allá que el papel de un órgano de supervisión y control externo, el de un árbitro, o de mero inspector de la exención tributaria. El protectorado no es —solo y aquí— solo un órgano administrativo de regulación *económica,* como tampoco un garante de la competencia entre entes benéfico-altruistas y el Estado social, o entre ellos, o de ellos con los entes lucrativos[19]. Y en tal sentido, también difiere, en su naturaleza —y de ahí la necesidad de convertirlo en un epicentro más sólido—, con respecto a la autoridad fiscal reguladora del status tributario de las fundaciones (al menos entre nosotros).

---

18 STC 120/2011, FJ 5º (*Tol 2209750*), en la cual también resulta sintomático que, precisamente, rechace de plano que la justificación creativa de fundaciones por parte del sector público esté fundada, precisamente, en tal artículo de la Constitución.

19 Diferenciándose, así, de la regulación competencial que es propia de sectores (económicos) regulados, como puede verse en: J. J. MONTERO PASCUAL, "Regulación económica y Derecho de la competencia…", cit., p. 86.

En tal dirección, para Bengoechea y López[20], el actuar del protectorado tiene varias notas: es autónomo, independiente y objetivo; y sobre todo en lo que nos interesa ahora, es "permanente y plena". Permanente, de un lado, pues se constituye con el hecho mismo del nacimiento de la fundación (inscripción y otorgamiento de la personalidad), se mantiene —como se ha visto— durante toda su vida y acaba e incluso va más allá de la extinción, con la liquidación. Plena, por otra parte, por la amplitud que manifiestan tales poderes.

El protectorado, en cualquier caso, siempre actuará con los límites previstos en la Constitución y bajo el parámetro de su función de garante de una forma institucional *recognoscible*[21]. Parece ínsito en el reconocimiento del derecho de fundación —y este concepto bajo la interpretación consolidada del TC—, que existe cierta "garantía de instituto". Lo cual implica ciertos límites y exige también varias clarificaciones en este concreto aspecto del papel del Protectorado.

De un lado, no cabría la sustitución de voluntades entre el protectorado y el patronato (ni uno ni otro deben realizar las funciones que les corresponden al otro). De otro lado, también resulta un refuerzo de que al ser la fundación ese ente híbrido, se haya situado en sede jurisdiccional (ordinaria) la extinción e intervención de una fundación (ex. Art. 22 CE), como un refuerzo de tal identidad fundacional. En casos de controversia durante la formación de la voluntad bilateral del negocio fundacional, también es un tribunal quien concurre en su arbitraje y resolución del posible conflicto jurídico. Pero también por eso la ley prevé que la disolución y extinción traslade los bienes resultantes a otros fines e instituciones en pro del bien común, en un proceso supervisado por la autoridad pública que, así, refuerza la identidad público-privado de la fundación en el sentido que vengo sosteniendo.

Por todo ello sostengo que la aparición de la fundación en la Constitución y bajo los parámetros expuestos exigiría, en gran medida, una reevaluación y remodelación profunda y completa del protectorado en términos orgánicos —y no sólo "competenciales"—,

---

20 Bengoechea Bartolomé, A. & López García, J. M. "El Protectorado", cit., pp. 772-775.

21 F. García Mengual, *Perfiles constitucionales del Derecho de fundación,* cit., 188-190.

dentro de la estructura de autoridades del Estado. Es el Estado, como representante del interés general —representado principalmente a través del conjunto competencial que tiene este particular órgano administrativo—, quien concurre en la institución, formación y vida de la fundación. Es por ello una exigencia que se tome su orgánica, sus potestades y sus límites y medios algo más en serio de lo que se viene haciendo.

1.2. La estructura supervisoria. Del protectorado en abstracto a sus funciones concretas

1.2.1. La naturaleza (presente) del Protectorado

Dejando de lado todo lo expuesto sobre la identidad de la figura fundacional y sin perjuicio de los comentarios que adicionalmente añadiré sobre el régimen jurídico de punibilidad y de garantía sistémica, en este epígrafe me centraré, específicamente, en la descripción del sistema público de control.

El sistema vigente en España pivota en torno a un modelo nacional según sobre una legislación propia estatal y, en menor medida, autonómica. Debemos tener claro que no existe normativa de la UE que, ni sustantiva ni fiscalmente, añada elementos estructurales al régimen de las fundaciones —o de su gobierno, en particular; ni sobre el protectorado— por lo que apenas ha interferido en su régimen, salvo en algunos aspectos fiscales[22].

---

22 Como se dijo, el Estatuto europeo de fundaciones devino imposible en 2014 y solamente se ha ido avanzando desde entonces en una mayor armonización a efectos de fiscalidad de los donativos entre países de la UE. La Comisión Europea, ha impuesto a España, basándose en la consolidada jurisprudencia del TJUE en los asuntos C-386/04, *Centro di Musicología WalterStauffer* y C-318/07, *Persche,* como base de otros casos posteriores, la modificación de la Ley de mecenazgo en referencia a incentivos fiscales a fundaciones extranjeras comunitarias. De modo que *una fundación extranjera que obtenga ingresos de España debe estar exenta de imposición por esos ingresos, del mismo modo que lo estaría una fundación española".* También permite a los mecenas españoles el derecho a la deducción en su impuesto personal por donativos realizados a otras entidades sin ánimo de lucro extranjeras que, en una situación equiparable a una entidad nacional, habrían dado derecho a los incentivos fiscales previstos en el Título III de la Ley 49/2002. Pues la norma y su aplicación por las autoridades fiscales españolas

Desde el punto de vista comparado —y aunque ya ha sido expuesto en detalle— el sistema estructural abstracto del protectorado en España es el de un modelo de supervisión semi-concentrado en un órgano que es parte de la estructura administrativa-territorial. Bien dentro de un Ministerio en el caso del Protectorado estatal bien, en el caso de los autonómicos, variando entre un sistema disperso por Consejerías o situado en una única de ellas (a modo semejante al estatal).

> En tal sentido, grosso modo, está en la traza comparada del modelo estructural de Francia, Italia y Alemania; aunque con importantes diferencias con todos ellos. Con los dos primeros por cuanto en ambos casos se trata de un modelo desconcentrado en sus autoridades territoriales del Estado (Prefecturas); y en el caso de Alemania por cuanto este es un modelo descentralizado, dada su naturaleza reguladora federalizada.

Vamos a ver, a continuación, los aspectos más destacables que describen el sistema de supervisión protectora sobre las fundaciones en nuestro país, atando a cada aspecto recorrido alguna valoración sobre su régimen. Aunque las leyes autonómicas tengan matices y, en ocasiones, tengan cierta importancia, no alteran las líneas axiológicas del sistema de supervisión vigente.

---

operaban en ambos casos discriminatoriamente, restringiendo la libre circulación de capitales en ambos caso. Sobre ello: Dictamen del Comité Económico y Social Europeo sobre «Filantropía europea: un potencial sin explotar» Dictamen exploratorio solicitado por la Presidencia rumana), (2019/C 240/06), Ponente: P. Sorin Dandea, sobre el art. 304 del TFUE, emplazado por Carta d 20 de agosto de 2018 y emitido en 2019. Además, las reflexiones previas generales iniciales de: VVAA, *Comparative Highlights of European Foundation Laws. The Operating Environment for Foundations in Europe,* cit., in toto. Forrest, L. and Surmatz, H., *Taxation of cross-border philanthropy in Europe after Persche and Stauffer. From landlock to free movement?* The European Foundation Centre and Transnational Giving Europe, 2014. https://efc.issuelab.org/resources/18545/18545.pdf and Forrest, L. & Surmatz, H. (dirs), *Boosting Cross-Border Philanthropy in Europe: Towards a Tax-Effective Environment.* The European Foundation Centre and Transnational Giving Europe, 2017. https://efc.issuelab.org/resource/boostingcross-border-philanthropy-in-europe-towards-a-tax-effective-environment.html (octubre 2022).

1.2.1. Posición, cifras y caracteres generales de las autoridades de supervisión en España

a) Protectorado nacional único de fundaciones

La autoridad de supervisión y control de las fundaciones de rango nacional o para cuando una fundación opera en más de una Comunidad autónoma y por tanto no recae bajo un protectorado autonómico, lo realiza el **Protectorado Único de fundaciones de carácter estatal**. Este órgano administrativo fue creado por Real Decreto 1066/2015, de 27 de noviembre, por el que se modifica el Real Decreto 257/2012, de 27 de enero, que desarrollaba la estructura orgánica básica del Ministerio de Educación, Cultura y Deporte[23].

> Es, por tanto, el Ministerio de Educación, Cultura y Deporte donde se sitúan todas las funciones de protectorado de las fundaciones de competencia estatal, con la única excepción de las fundaciones bancarias. Se trató de un cambio históricamente de gran calado, por cuanto hasta ese momento, el protectorado correspondía al Ministerio a cuya materia se pudiera adscribir, de acuerdo con el objeto final, cada fundación que se promovía[24].

Las funciones que la LF de 2002 y, posteriormente, desarrolla el Real Decreto 1337/2005 de fundaciones de carácter estatal establece de manera general para el Protectorado son las siguientes:

- Solicitud de inscripción de desembolsos pendientes de la dotación.
- Solicitud de inscripción de aumento de la dotación.
- Autorización para contratar con la Fundación por parte de los patronos.

---

23 La dotación de este organismo no quedó incrementada con su unificación. Según datos aportados por el Protectorado único, en 2020 contaba con 26 empleados públicos de todos los niveles; siendo 27 en 2021 (no ha sido posible rastrear cuál era el número de cada protectorado por Ministerio antes de 2014). La incorporación desde 2015 ha sido de ocho personas provenientes de los protectorados ministeriales. Según respuesta oficial vía portal de transparencia (marzo 2022), su número de empleados del Registro es de una persona que lo dirige, siendo el resto de empleados oficiales en varias subsecciones que apoyan a esta según misión.

24 M. Font i Mas, "Coexistencia de protectorados…", cit. pp. 259 y ss.

- Autorización anual para la enajenación de valores cotizados.
- Comunicación trimestral de la enajenación de valores cotizados.
- Autorización/Comunicación de la enajenación de bienes y derechos.
- Autorización/Comunicación del gravamen de bienes y derechos.
- Comunicación al Protectorado de modificaciones estatutarias.
- Comunicación de adquisición de participaciones en sociedades mercantiles.
- Comunicación de herencias y donaciones.
- Comunicación al Protectorado del acuerdo de fusión entre fundaciones.
- Ratificación del acuerdo de extinción de una fundación.

b) Registro nacional único de fundaciones

Mediante Real Decreto 1611/2007 y por mandato de la Ley 49/2002, se estableció el régimen operativo del **Registro de fundaciones**, aunque tal Registro no se creó hasta 2015. Hasta ese momento, el Registro de las fundaciones también correspondía a cada Ministerio, aunque se había creado un órgano de coordinación y registro de tales cifras dentro de la Dirección General de los registros y del Notariado del Ministerio de Justicia.

El Registro de Fundaciones tiene por objeto tanto la inscripción de todas las fundaciones, como la inscripción, constancia y depósito de los actos, negocios jurídicos y documentos relativos a las mismas. En el ejercicio de sus atribuciones, el Registro podrá solicitar la información o asistencia de los órganos y entidades de la Administración General del Estado o de las comunidades autónomas que ejerzan funciones de registro y protectorado.

c) Funciones de protectorado del Ministerio de Economía y Hacienda y el Banco de España (fundaciones cajísticas)

De acuerdo con la Ley 26/2013 de fundaciones bancarias —y las sucesivas normas y circulares del Banco de España (Orden ECC

2575/2015 y Circulares 5/2015 y 6/2016)— se estableció un Protectorado específico, situado en el Ministerio de Economía. Su función es velar en particular por las fundaciones que tienen su origen en el proceso de reconfiguración de las Cajas de Ahorro (2012); con el cual concurre el Banco de España en su supervisión específica, en particular sobre la actividad financiera de los entes bancarios resultantes y sobre los cuales las fundaciones bancarias pueden obtener parte de su patrimonio filantrópico[25].

Su función, por tanto, es la supervisión de las fundaciones bancarias, pero la realiza junto otras competencias y misiones, de manera que no tienen una sección específica ni, por tanto, empleados específicos a tiempo completo[26].

d) Supervisión por la Agencia Tributaria

La Agencia tributaria cuenta entre sus funciones con la supervisión de la actividad impositiva y el status de entidad no lucrativa según la Ley 50/2002, por lo que, según sus programas de monitorización, emplea inspectores de los diversos niveles de sus cuerpos en dichas tareas de evaluación e inspección; pero sin que tengan un grupo específico dirigido únicamente a las entidades no lucrativas (fundaciones y otras)[27].

Quiero insistir en que por más que su actividad se pueda extralimitar oficiosamente o que sus criterios (fiscales) se hayan convertido en parámetro unificador del modelo fundacional —en una posición que critico en este trabajo—, no estamos ante un órgano sustancialmente vinculado al ser de las fundaciones; en tal sentido actúa como un controlador externo de un elemento subsidiario del ser fundacio-

---

[25] Me remito completamente a: J. A. Romero Fernández, *El proceso de saneamiento y estructuración de las Cajas de Ahorros*, Marcial Pons, 2013.

[26] En ambos casos solicité, vía portal de transparencia, información a sus respectivos organismos. El Banco de España no cuenta con personas que se empleen específicamente en dicho cometido, sino que realiza campañas de informe y evaluación para las que crea grupos de estudio y trabajo. Lo mismo ocurre en el Ministerio de Economía y Hacienda.

[27] Según respuesta admitida parcialmente en el portal de transparencia a la Agencia tributaria (respuesta de marzo de 2022).

nal: su fiscalidad beneficiosa (la cual es importante, pero y precisamente porque deriva de su papel en pro del interés público)[28].

e) Autoridades de supervisión de fundaciones autonómicas

Las Comunidades autónomas han ido creando paulatinamente sistemas de supervisión de sus fundaciones. Y es en este lugar donde, ahora, existe un auténtico galimatías de autoridades y parámetros supervisores (y por tanto, fuente y consecuencia de una gran descoordinación sistémica[29]). Algunas CCAA ido acomodando sus normas al modelo de autoridad única, en tanto que otras continúan con un sistema de Protectorado y registro separados materialmente, según el fin de cada fundación, en las correspondientes Consejerías[30].

Esta sería la dinámica estructural, compleja, de los protectorados y registros de las CCAA:

- En primer lugar, algunas CCAA tienen el Protectorado y Registro unificado en un único organismo y Consejería. Lo cual puede compadecerse mejor con el fin que se pretende. Tal es el caso de Aragón, País Vasco, Andalucía, Extremadura, Islas Baleares, Comunidad Valenciana y Castilla-La Mancha. No obstante caben algunos matices:
  - Cataluña tiene ambos órganos separados, aunque cuenta con un Protectorado único.
  - Algunas carecen, propiamente, de Registro, cual es el caso de las comunidades de Canarias, Aragón.

---

28 Para conocer conceptualmente y organizativamente la cuestión de manera completa puede verse I. Peñalosa Esteban, "La fiscalidad de las fundaciones: evolución, situación actual y perspectivas de futuro", *La dimensión social de la fiscalidad: discapacidad, tercer sector y mecenzgo. Estudios en homenaje a Miguel Cruz Amorós* (coord., M. A. Cabra de Luna), Cinca, 2017, pp. 195-214 (el cual trae causa de su tesis doctoral *El régimen fiscal de las entidades sin fines lucrativos: requisitos de acceso al régimen especial. Su aplicación a las fundaciones.*

29 J. L. Bermejo Latre, «La distribución de competencias entre el Estado y las Comunidades autónomas en materia de fundaciones», *Tratado de Fundaciones* (R. de Lorenzo García, dir.), Thomson-Aranzadi, 2010, págs. 145-156.

30 Para todo ello: https://www.fundaciones.org/es/servicios/informacion-documentacion (sección normas de las CCAA) (enero 2024).

- En varias de ellas, el registro es, también, el encargado de las asociaciones y, fácilmente, alguno de los empleados del área jurídica lo es, también, para las asociaciones: Valencia, Aragón, Cataluña, Asturias.

➢ En segundo lugar, otras CCAA, aunque tengan un sistema único, han ubicado en sede de registro también la función de protectorado (lo cual es seguramente indicativo de la falta de medios o el poco contenido competencial que tienen). Este es el caso de Cantabria, La Rioja y Canarias.

➢ En tercer lugar, un buen grupo de CCAA tienen el Registro y el Protectorado separados: Navarra, Galicia, Murcia, Castilla y León; con los siguientes matices añadidos:

- En algunos casos el registro es compartido con el de otros entes jurídicos, como asociaciones, Colegios profesionales, personas jurídicas variadas: Navarra, Murcia; La Rioja, y Canarias.
- Algunas que tienen el Protectorado en sede general de la Consejería correspondiente, como la SGT correspondiente (Murcia, Navarra); otras lo tienen una unidad específica en cada Consejería (Galicia).
- En casi todas ellas, los empleados públicos, adscritos no están específicamente encargados de fundaciones, sino de varios tipos de entidades (tanto en sus protectorados como en sus registros).

➢ En el caso de Navarra concurren registro y protectorado con la acción supervisora sustantiva de la Hacienda foral, en la medida en que existen fundaciones de interés privado no reguladas por esta, junto con otras que por cumplir fines de interés general son supervisadas de modo completo por la autoridad fiscal (en tal sentido es un régimen muy similar a Alemania)[31].

➢ En el País Vasco, con Haciendas propias en sus Diputaciones forales, el Registro y protectorado es único, está situado en la

[31] Domingo Oslé, F., "Régimen jurídico de las fundaciones en Navarra", cit., pp. 613-638.

Consejería de Justicia y en su categorización de las fundaciones pide informe a la respectiva Hacienda provincial[32].

Según los datos recibidos bajo solicitud de información vía portales de transparencia a todas y cada una de las diez y siete autoridades autonómicas —a veces Consejería por Consejería—, al Protectorado Nacional Único y al Registro, al Banco de España, la Agencia Tributaria y al Ministerio de Economía, estos son los datos que resultan en cuanto al personal adscrito a cada órgano, expuesto con la mayor precisión posible pese a lo difícil de identificar todo en su total dimensión[33]:

---

32 Una descripción más concreta en M. Font i Mas, "Coexistencia de protectorados...", cit., in toto.

33 Vía solicitud directa a los portales de transparencia de cada Comunidad autónoma, realizados entre diciembre 2021 y febrero 2022 y cuya información fue llegando con cuentagotas, con algunas CCAA —Asturias, Cantabria, Valencia— que han tardado hasta seis meses en tramitarla y enviarla. Otras fueron a los días y por email; en tanto que lo normal ha sido recibirlas por vía web de transparencia o portal ciudadano en el plazo de tres semanas-un mes. En dos ocasiones he tenido que solicitar datos adicionales y en otros dos he solicitado revisión de lo solicitado en primera instancia.
El conjunto de preguntas era doble (años 2020 y 2021): 1) Número de empleados públicos, de cualquier categoría, adscritos al servicio de Protectorado y al de Registro (unidos o separados) y determinación de si trabajan, en tal servicio o función de modo exclusivo o compartido con otras funciones y competencias; en el caso de las Haciendas forales, número de empleados en servicio de inspección-tributación de fundaciones (Navarra y tres territorios Vascos). 2) Presupuesto económico o partida de tal servicio en caso de estar unificado o, en su caso, partida de los protectorados por consejería.
La respuesta a la primera ha sido resuelta, mejor o peor en cada caso. La respuesta a la pregunta 2ª no ha sido resuelta más que en dos casos (Aragón y Cataluña), bien rechazándose con razones burocrático-administrativas amparadas en que son datos de transparencia activa; bien señalándose la imposibilidad de determinarlo por ser unidades administrativas dentro de un órgano complejo sin posibilidad de desglose presupuestario. En muchas ocasiones solo han dado la partida de personal adscrito. En casi todos los casos positivos ha sido resuelta remitiendo directamente a las partidas presupuestarias del PG de ese año.
En el caso del Protectorado y del Registro Nacionales único, así como del Banco de España he tenido que dirigirme a ellos de varias maneras y momentos y han sido especialmente renuentes a facilitarme la información completa y hacerlo en un plazo razonable. En primera instancia el PNU rechazó la solicitud por error (por un despiste la dirigí al "Registro y Protectorado..." y la reenviaron al Registro; quedando sin contestar). El Banco de España la rechazó por utilizar

	Protectorado y Registro único	Protectorados y Registros por Consejerías	Otros	TOTAL
Andalucía	16 (en exclusiva)			16
Aragón	6 (compartido con asociaciones y otros entes jurídicos)			6
Asturias		2 (en exclusiva)		2
Cantabria	5 (Protectorado y Registro integrados)			5
Castilla-La Mancha	5 (Protectorado y Registro integrados)			5
Castilla y León	6 Protectorado y 2 Registro			8
Cataluña	7 (Registro, competencias compartidas) 10 Protectorado			17
Extremadura	2 Protectorado y Registro integrados			
Galicia		31 (con competencias múltiples, a tiempo parcial)		31
Islas Baleares	10 (Protectorado y Registro integrado)			10
Islas Canarias	3 (solamente Protectorado)			3
La Rioja	2 (Registro y Protectorado compartido)			2
Madrid		40 (con competencias múltiples, a tiempo parcial)		
Murcia	3 (todo integrado)			3

---

una vía incorrecta y porque era información pública. Así que tuve que reformularla para soslayar el hecho de que ni en el presupuesto ni en la plantilla de puestos de trabajo es posible saber quiénes llevan tal competencia.

	Protectorado y Registro único	Protectorados y Registros por Consejerías	Otros	TOTAL
Navarra	4 (Registro compartido)	Competencia de cada consejería en su SGT: 7	2 (Hacienda foral)	13
País Vasco	10			10
Valencia	6 (Registro y Protectorados único, pero compartido con asociaciones			6
TOTAL				**152**
Protectorado y Registro Nacionales únicos	27 (Protectorado)		Registro: 1	28
Banco de España			Nadie a tc	
Ministerio Economía y Hacienda			Nadie a tc	
Agencia Tributaria			Nadie a tc	
TOTAL COMPLETO				**175**

Fuente: elaboración propia (desde información obtenida vía petición transparencia a cada una de los entes territoriales y orgánicos realizada entre diciembre y febrero de 2022).

1.2.2. Revisión crítica de tales datos

A continuación realizaré alguna observación derivada de la situación descrita, como base para las reflexiones sobre la mejora del régimen que se propondrán después:

1.– La primera reflexión se refiere a la naturaleza orgánica. En todos los casos —estatal y autonómicos— estamos ante órganos administrativos dependientes de estructuras administrativas "ordinarias". Son unidades dentro de un órgano administrativo Ministerial, o Consejería o, en su caso, incluso insertados como meras competencias/funciones realizadas por funcionarios "generales" dentro de un órgano administrativo: SGT, Registro de personas jurídicas, Inspección general, etc. No son, por tanto órganos dotados de autonomía, de autoridad o independencia o margen de gestión separada de un ente matriz de tipo estructural a la Administración propiamente dicha.

2.– La existencia de diez y siete sistemas autonómicos dispares de Registro y Protectorado de fundaciones autonómicas que, además, como se ha visto, tienen sistemas muy diversos en cuanto a la posición de tales órganos. La mayor parte de las CCAA los tienen mejor o peor unificados; pero todavía existen algunas donde están separados y otras en las que se ha continuado con un control realizado por cada Consejería[34].

Como muestra indiciaria de esta 'descoordinación', el único estudio-mapeo del sector fundacional de España, que se viene publicando desde 2012 —*El sector fundacional en España: atributos fundamentales 4º estudio (2012-2019)*, que está siendo profusamente utilizado—, separa las fundaciones por CCAA. Pero esto no quiere decir que las fundaciones que aparecen en cada una de ellas sea, propiamente, una fundación autonómica; más bien muchas CCAA se atribuyen como propias fundaciones que aunque radicadas en su comunidad, operan en todo el territorio nacional[35].

---

34 Por varios motivos que, aun conociendo la lógica-ilógica de un sistema "federalizado" de fundaciones, podrían tener una solución más adecuada. De "pseudo-territorialización" y muy críticamente lo denomina M. Font i Mas, "Coexistencia de protectorados...", cit., pp. 267-268. A la crítica de este modelo, realmente deslavazado, dedique unas páginas en: Alli Turrillas, *Fundaciones y Derecho administrativo*, cit., pp. 150 y ss. Ahora, también: N. Ibáñez-Carpenta & B. Benito, "El plan de actuación en las fundaciones: apoyo público para su elaboración y medidas de impacto", *CIRIEC-España, Revista de Economía Pública, Social y Cooperativa*, nº 96 (2019), 189-213.

35 La intuición me dice que aunque cada CA las cuenta como suyas, se trata de fundaciones estatales radicadas en su territorio, aunque operen en todos y sean 'nacionales' y, por eso se la 'apropia'. Aunque, en realidad, no lo sabemos a ciencia cierta precisamente por la ausencia de datos que aparezcan, en abierto, en los Registros de cada comunidad autónoma o el Registro estatal (de hecho, el citado informe utiliza la información suministrada ad hoc por el Registro, bajo petición expresa y con retraso de años). Lo cual impide saber si son fundaciones estatales con sede en esa comunidad —como parece más lógico, al menos en su gran mayoría—, o fundaciones solo de rango autonómico. Por lo tanto no puede saberse cuántas fundaciones no-nacionales hay en cada Comunidad autónoma; y ese dato tampoco está visible en el Registro Nacional único. Esto en tiempos de blockchain y metadatos es una vergüenza y solo es fruto de la falta de medios y estos de la falta de voluntad político-pública de acometer el más mínimo cambio. La prueba de esto, que no se puede clarificar salvo preguntando vía portal de transparencia a cada CA por las fundaciones "propias" es que el total de fundaciones que el citado estudio sitúa en las CCAA es de 9.300; en tanto que el total de fundaciones activas con movimiento en España es 9.400 (y de

3.– La tercera nota deriva de la observación sistémica y el filtrado de las webs —cuando existen— y de las peticiones expresas a estas autoridades, es la tremenda opacidad de su actividad, en todo el espectro de competencias y funciones y resultados. Especialmente llamativa, e importante por ser el principal, del Protectorado nacional único. Esto tiene varias consecuencias, no menores:

- De un lado, en su faceta interna: no se conoce que cuente con sistemas e incluso programas informáticos específicos para la gestión de las fundaciones; ni que cuente con programas o planes estratégicos y/o directrices en tal sentido; tampoco planes de monitorización específicos. Ni sistemas de formación o programas de capacitación para su personal. En particular, la página web del Protectorado único es muy vacua y no contiene información sobre su función de protectorado con cifras y datos de algún tipo sobre el sector o sobre sí mismo. Tampoco tiene un sistema de "formación" *abierto* para las fundaciones; salvo una mera recopilación tipo listado de obligaciones legales y la normativa aplicable. Se desconoce quién forma parte de él y cuáles son sus prioridades u órdenes.
- Prácticamente lo mismo sucede con el Registro de fundaciones, que ni siquiera da acceso a qué, cuáles, cuántas y cómo son las fundaciones registradas (sus patronos, su patrimonio, fines, etc.). Lo cual es muy llamativo en una cuestión de claro "interés general" y transparencia como es este, máxime cuando algunas CCAA sí lo hacen con las fundaciones a su cargo (o las que tiene como 'suyas')[36].

4.– No se conoce ningún plan o programa de integración y/o mesa de cooperación entre las respectivas autoridades del Estado y

fundaciones registradas activas, sin actividad es de 14.700). Acudir al Registro publicado del País vasco o de Cataluña no aclara las dudas, por cuanto exponen cifras respetivas de más de 1.000 y 2.000 respectivamente. No parece aceptable pensar que son fundaciones "locales", sino más bien fundaciones nacionales radicadas en esos territorios… además de algunas que sí sean meramente locales.

36 Supongo que se puede aplicar a este órgano todo lo antedicho con respecto al Protectorado y que concluye con una evidente falta de medios y presupuesto para dotarse de estos.

las CCAA en este ámbito[37]. Tampoco parece existir entre las propias autoridades estatales.

Dejando de lado la actividad supervisora de la Agencia Tributaria, estamos hablando de, al menos, cuatro órganos nacionales (Protectorado, Registro, Ministerio de Economía, y Banco de España) y de diez y siete —en ocasiones muy multiplicados— órganos administrativos autonómicos. La dispersión de esfuerzos y falta de economía de escala me atrevo a señalar que es una presunción cuasi *iuris et de iure.*

* * *

Como muestra final de todo lo antedicho, el Consejo Superior de fundaciones establecido en la Ley 50/2002, con la obligación de coordinación general y específica de colaboración entre registros ni siquiera ha sido creado.

Todo esto supone una enorme variabilidad y resulta en una gran falta de coordinación y unidad —aún en la multiplicidad— del modelo; lo que, de por sí, no sería malo si no concurriera, además, con la falta de medios y, así, de criterio —al menos conocido— a la hora de coordinar la acción de supervisión del tercer sector, aunque este fuera variado en sus autoridades o fueran del tipo que se expone.

1.2.3. Reflexión comparada de tal panorama

Podemos volverlo a ver, ahora, bajo cierta perspectiva comparada con los datos recabados de otros países. Bajo tal perspectiva de capacidad humana y estructural, España ocupa un puesto intermedio en cuanto al número de empleados encargados de su supervisión, tanto en términos absolutos como en términos correlativos al número de

---

[37] En todo el tiempo en que llevo estudiando este tema (prácticamente desde 2005-2007), ni he visto, ni he participado ni he tenido constancia de ningún sistema específico de formación, seminarios, organización interna de cooperación entre todos estos órganos o meros encargados-de-despacho en el nivel Estatal y autonómico. Más aún, en diez años de participación en seminarios organizados por la AEF, por otras instituciones y por mí mismo, nunca he coincidido con personas de estos lugares, salvo de los protectorados del País Vasco y Cataluña. Indicativo, también, de su panorama. Sobre ello, también: N. Ibáñez-Carpenta & B. Benito, "El plan de actuación en las fundaciones…", cit., in toto.

fundaciones. Y esto aún cuando hablar solo del capital humano —puesto que de la material es imposible hablar[38]— de supervisión, sea algo reduccionista en extremo (aunque, como otros datos, resulte muy indiciario del desinterés público).

Además, estos datos deben ser tenidos en cuenta con la debida cautela, puesto que lo importante es considerar que, de manera estimada, el 80% de las fundaciones son de carácter estatal (frente al 20% autonómico). De tal manera que el personal de supervisión del Estado es de 28 personas para un número muy alto de fundaciones; frente a 145 personas para un número bajo (aún así, habría grandes variaciones entre CCAA; de tal manera que algunas como Cataluña, País Vasco o Andalucía tienen equipos suficientes y solventes). Lo que supone una ratio mucho menor que pondría a España en una diferente posición en cuanto a su capacidad meramente humana.

Veamos, en el siguiente cuadro, el número de empleados en órganos de supervisión en relación al número de fundaciones y el peso del sector (reiterando que es un dato indiciario, pero no determinante, en cuanto a las fórmulas de supervisión y su cualidad):

	Número de fundaciones (global)	*Número de empleados en órganos de supervisión*	*Población (en millones)*	*Fundación por cada (nº habitantes)*	*Número de fundaciones para cada supervisor*
USA[39]	1.366.700	**1.000**	332 m	243	**14.000**
Inglaterra (y Gales)[40]	170.000	**350**	67,22 m	395	**485**

38 Como ya se indicó, en todas las consultas realizadas vía portal de la transparencia, una de las preguntas era la partida presupuestaria; todas, sin excepción, o bien se han remitido a la partida general presupuestaria para la Consejería o Ministerio en cuestión o bien han enviado dicha partida general o, como ha sido el caso, tan solo han remitido el gasto en personal. Por eso tal dato no ha posido ser contrastado ni aportado en este estudio.

39 https://www.irs.gov/irm/part1/irm_01-001-023#:~:text=Nationwide%2C%20TE%2FGE%20has%20approximately,Commissioner%20for%20Services%20and%20Enforcement. (marzo 2022).

40 https://www.gov.uk/government/organisations/charity-commission/about (enero 2022).

	Número de fundaciones (global)	*Número de empleados en órganos de supervisión*	*Población (en millones)*	*Fundación por cada (nº habitantes)*	*Número de fundaciones para cada supervisor*
Canadá[41]	90.000	**272**	38,01 m	422	**330**
Alemania[42]	24.000	**200**	83,24 m	3.468	**60**
España	14.729	**175**	46,74 m	3.173	**84**
Italia	7.000	**340**	60,37 m	12.333	**20**
Francia	5.303	**100**	65,43 m	8.623	**53**

Fuente: elaboración propia sobre información suministrada por sus autoridades

De estos datos derivan varias consecuencias:

– De un lado, la unidad de esfuerzos que, a todas luces, tiene el IRS o el CRS supone que sus empleados pueden poner todo el foco de experiencia y competencia en su sector, haciéndolo mediante sistemas de economía de escala y especialización de manera mucho más eficiente. Evidentemente, el caso de la *Charity Commission* es particularmente paradigmático, pues aunque se hayan quejado de falta de medios, la focalización de su esfuerzo permite una supervisión muy poderosa[43].

– De otro lado, la propia desestructuración sistémica y su división territorial no contribuye a la economía de escala ni a la intra-coordinación. Pensemos, por ejemplo, que los casos de Italia y Francia, en la medida en que está desconcentrado territorialmente por prefecturas bajo el mando único del Ministerio del Interior garantiza, según los principios básicos de la coordinación administrativa clásica, un mejor resultado[44].

---

41 Respuesta oficial del CRS por email de 10 de febrero de 2022. No cuenta con la posibilidad, apuntada por Parachin, de que existan en torno a cincuenta personas en las autoridades regionales encargadas de la supervisón civil de las fundaciones (en conversación particular).

42 https://www.stiftungen.org/stiftungen/basiswissen-stiftungen/stiftungsgruendung/stiftungsaufsichtsbehoerden/staatliche-aufsichtsbehoerden.html (junio 2022).

43 Alli Turrillas, J. C., "La *Charity* inglesa...", cit., pp. 253-254.

44 Según señalara González Navarro, con acertadas palabras "planificar, organizar, mandar stricto *sensu* y controlar", distinción de funciones cuyo conocimiento permite entender el concepto de coordinación, que, contra lo que suele

– La modelización alemana, con apenas competencia estatal o nacional, solo de los Estados federales, traslada todo el peso a estas autoridades y, así, evita la descoordinación entre todas las estructuras basándose en un principio de "Administración única".

2. LA UBICACIÓN Y PODERES DE LA ACTIVIDAD SUPERVISORA: PROPUESTA DE TRANSFORMACIÓN

2.1. La insuficiencia del modelo actual visto desde su posición orgánica

Dada la naturaleza de este estudio, resulta determinante realizar una propuesta en cuanto a la estructura y posición orgánica de la autoridad supervisora como paso previo a una evaluación de los poderes supervisores y los cambios necesarios en el objetivo de la regulación. Lo que haré formalmente con la vista puesta en las lecciones obtenidas del análisis comparado que hemos ido examinando y bajo los parámetros y justificaciones expuestas en el primer capítulo[45].

La presencia de las fundaciones en la Constitución, la existencia de una ley específica que directamente las regula, de otra norma que ordena su actividad filantrópica —ley de mecenazgo—, el hecho de que estén vinculadas, además, a las leyes de voluntariado y normas sobre publicidad y cuestaciones públicas, son un argumento que, sin necesidad de mayores disquisiciones jurídicas, conducen a proponer tales mejoras. Más aún si, como he señalado, la fundación es un ente en el que público y privado se compenetran y que, además, representa la sociedad civil en acción en pro del bien común. ¿Acaso este hecho no requiere una especial supervisión?

---

creerse, no es tanto una función directiva, sino el resultado del correcto ejercicio de cada una de esas cuatro funciones que integran la dirección y esta hacia un fin: L. Blanco de Tella, «El mito de la función coordinadora», en la obra conjunta (con F. González Navarro), *Organización y procedimiento administrativo,* ed. Montecorvo, Madrid 1975.

45 J. L. Piñar, R. de Lorenzo & T. Sanjurjo., "Reflexiones en torno a las fundaciones y propuestas de futuro", en J. L. Piñar Mañas & S. Muñoz Machado (dirs.), *Anuario de Derecho de Fundaciones 2011,* Iustel, 2012 pp. 62-63.

Omito, lógicamente, todo lo que ya he recorrido con respecto a la necesidad de que una supervisión pública fuerte y proporcionada favorezca, por la vía del incentivo positivo, un sector fuerte y confiable. Así como del hecho de que tal autoridad reguladora/ordenadora establezca unos parámetros adecuados para el respeto a la voluntad del fundador, a los donativos y legados, la vinculación del patrimonio a tal fin, etc. Y también la adecuada gestión o gobernanza de dicha "empresa" filantrópica en cuanto receptora de incentivos fiscales por la vía de exenciones impuestos propios y de exenciones personales a sus donantes. Toda esa acción *pro-bono-commune*, tiene un fin protegible y, como tal, debe ser supervisada.

Resulta muy difícil que un órgano regulador que sea parte de una estructura administrativa ordinaria y que, además, carece de mecanismos y medios suficientes sea adecuado para realizar todo lo expresado. Máxime si, además, y siendo como es ese objeto tan importante, su agenda está totalmente predeterminada por los planes y objetivos de un entero Ministerio, del que es, solo, una minúscula parte estructural. Por tanto todo —posición jerárquica, dependencia, medios, agenda legislativa, planes y programas etc.– muestra a las claras, y bajo la experiencia reciente, que no puede funcionar bajo tal régimen. A más de un quinquenio vista, no ha sido, de hecho, suficiente la integración de los protectorados por Ministerios en uno único.

Por más que el antecedente y correlato temporal e histórico sean los sistemas de tipo civil —Francia, Italia y, en menor medida, Alemania—, la experiencia de entidades de supervisión ajenas a la estructura administrativa estatal o, al menos, con suficiente autonomía ha resultado mucho más positiva en cuanto a posición, capacidad, poderes, responsabilidad e identidad. El caso de la *Charity Commission* (y de la OSCR en Escocia) y de la *Canadian Revenue Service, Charity Division* son ejemplos nítidos, inequívocos e inexcusables; en cierta medida, también lo es el IRS y la Hacienda francesa. Por más que algo diré con respecto a la situación de la supervisión en sede de impuestos.

Pero ha pasado el tiempo y ni siquiera una reorganización o un refuerzo de personal o mejora de medios resulta suficiente; el problema es interno, hondo y estructural. Solo un cambio más radical puede favorecer resultados tangibles y profundos.

2.2. La necesidad de considerar un nuevo órgano administrativo independiente

2.2.1. Marco de posibilidades y experiencias

La apuntada reconfiguración debe contemplar varios aspectos. Primero su naturaleza jurídica. Segundo su posición orgánica. Tercero, sus capacidades generales (que analizaré en un subepígrafe separado).

– En cuanto a la naturaleza jurídica, la constitución de un Protectorado independiente de fundaciones debe hacerse bajo alguna de las formas previstas en la Ley 40/2015. En tal sentido, las opciones son dos. Bien un de la de *organismo autónomo* simple. Bien la de una *Agencia estatal,* la cual sería el órgano legalmente previsto en el caso de que se le quisiera dotar de potestad sancionadora (siempre bajo el marco legislativo preciso y completo), conforme al régimen general que para estas se prevé en el art. 108 y ss. de la Ley 40/2015[46].

– En relación al segundo aspecto, su posición orgánica, debo señalar que resulta en principio ajeno a nuestra cultura organizativa actual que tal organismo dependiera de otro poder del Estado distinto del ejecutivo.

> Por eso no considero del todo adecuado, aunque se valorara tal posibilidad, la de su dependencia directa del Parlamento (Congreso o Senado) o, incluso, del Defensor del Pueblo. Aun en el entendimiento de que la tipología de la institución cuyo objeto regula, resultaría adecuado que fuera supervisado por el Parlamento; aunque para ello debería existir una tradición de quehacer y finalidad parlamentaria que resulta muy ajena a nuestra cultura[47]. La opción del Defensor lo engarzaría con el fenómeno

---

46 Idea ya propugnada por J. L. Piñar Mañas, "Tercer Sector, Sector Público y Fundaciones", *Revista Española del Tercer Sector* nº 1 (2005), 31.

47 Panorama es, en cambio, más propio de las finalidades revisoras y propulsoras de políticas que existe en EEUU y en Canadá, en ocasiones compartidas por las Cámaras políticas y las territoriales). Quizá la explicación de este modelo en el que los Parlamentos (continentales) no tienen tanto peso "técnico" como el Ejecutivo puede encontrarse en la deriva antiparlamentarista que subyace en gran parte del espectro de los padres del Derecho administrativo moderno europeo: J. Esteve Pardo, *El pensamiento antiparlamentario y la formación del Derecho público europeo,* Marcial Pons, 2019.

de la "sociedad civil", pero se extralimita un tanto de la naturaleza propia de este órgano del Estado.

En el caso de mantenerse una posición intra-gubernativa —que, insisto, descarto como opción— la dependencia ministerial resulta fundamental. No le encuentro, en un juicio que no parece requerir mayores matices, ningún sentido a que el Protectorado único actual esté ubicado en el Ministerio de Cultura (y Deporte). Los ejemplos comparados son claros en tal sentido. Italia y Francia tienen su supervisión en Presidencia e Interior, respectivamente; Alemania suele tenerla en los gobiernos territoriales en sede de Interior, Justicia y Asuntos Generales. En Estados Unidos y Canadá, sus respectivos IRS y CRS son agencias públicas independientes y como autoridades fiscales responden ante el Senado, si bien a efectos administrativos tienen vínculos con los departamentos de Hacienda.

En Inglaterra, la *Charity Commission* es uno de los "Departamentos gubernamentales no ministeriales" (NMGD), una tipología de entes autónomos del Gobierno que se ocupan de políticas para las que se considera innecesaria o inapropiada la supervisión política directa por parte del ejecutivo. Algunas cumplen una función reguladora o de inspección, por lo que su estatuto las protege de injerencias políticas. Están encabezados por funcionarios senior, protegidos de ceses discrecionales, como un Secretario Permanente o Segundo Secretario Permanente y normalmente responden ante el Parlamento, si bien mantienen algunos vínculos operativos con el Departamento del Tesoro.

2.2.2. La propuesta integrada: Agencia nacional y Consejo General de fundaciones

a) La creación de una Agencia protectora nacional de fundaciones: naturaleza y posición orgánica

Por todo lo cual, la opción más razonable parece el establecimiento de una Agencia Protectora de Fundaciones, con la perspectiva de que pudiera darle una cobertura a posibles potestades de inspección y sanción. Esta dependería orgánicamente de Presidencia o, si acaso, de Interior aunque sería funcionalmente independiente como corresponde a su naturaleza. Estaría compuesta por un cuerpo suficiente de empleados públicos funcionalmente dependiente de tal Agencia, aunque orgánicamente provinieran de otros entes públicos y administraciones territoriales. Deberían buscarse fórmulas para asegurar una dirección independiente y un apoyo colegiado en el segundo nivel donde haya participación de las diversas autoridades implicadas.

La naturaleza propia de las agencias permite un amplio abanico de potestades y capacidades, dentro de un marco legal suficientemente consolidado, que le dota de una sólida entidad jurídico-administrativa para realizar sus funciones de manera convincente; sin perjuicio de la lógica necesidad de dar una preparación específica de su personal y prever una dotación económica suficiente[48].

Esto exige dotar a este organismo de uñas y dientes, fortaleciendo las competencias que, en gran medida, ya están recogidas en la LF. Pero sobre todo exige los medios y las formas técnico-organizativas para que la letra de la ley sea realidad. Posiblemente más personal, mejor jerarquizado, con empleados de cuerpos técnicos especializados y sectorizados en registro y acompañamiento; publicidad y formación del personal de las fundaciones, revisión de cuentas, técnico-jurídicos a modo de asesores y, en su caso, una sección sancionadora separada y dotada de un marco legal adicional, muy bien articulado para que no resulte agresivo con el sector.

En particular y adicionalmente, dicha Agencia integraría el Registro de fundaciones en su función concomitante de asiento identitario con un estricto control-de-entrada mediante la concesión de la personalidad jurídica de la fundación. A tal efecto, lo idóneo sería que fuera este el órgano de la Agencia encargado de tal fin de un modo funcionalmente autónomo, aunque orgánicamente dependiente, de tal institución. Dada su magno cometido autorizatorio, que incluye y exige, por tanto, una consideración de la viabilidad de la fundación, debería valorarse que formaran parte de tal órgano un alto cargo del antiguo Registro de fundaciones —hoy dependiente del Ministerio de Justicia—, un magistrado del TS (sala civil), otro magistrado del TS (sala contencioso-administrativo), un alto cargo de la Agencia y, a

---

48 En tal sentido también ha caminado una propuesta presentada, al respecto, por la AEF en 2020-2021 al Congreso y al Protectorado de fundaciones (no publicada).

valorarse, un representante, a ser posible del sector, que forme parte del Consejo General de fundaciones.

Recabaría un informe de viabilidad económica y operativa por parte del órgano correspondiente de la Agencia, otro de viabilidad tributaria de la Agencia tributaria y en el caso de que fuera una fundación autonómica que pretende operar en todo el territorio, el correspondiente informe de la autoridad autonómica competente. Aunque debieran también estudiarse fórmulas de integración operativa y/o cooperativa de representante de los protectorados de las CCAA.

Es cierto que, así considerada, puede objetarse que se convertiría en el "gran supervisor", el *panóptico* del sector fundacional. Lo cual podría tener los efectos negativos de una excesiva uniformización del sector, la conversión de las fundaciones en un "sector regulado", unos poderes cada vez más crecientes, etc.[49]. En realidad, esto no ha ocurrido donde tal autoridad existe, como por ejemplo, Inglaterra ni Canadá. Ni tendría por qué ocurrir en un país como el nuestro, u otros, donde el sector es fuerte, variado y plástico. Lógicamente habría que guardar algunas cautelas —como las que expondré—, que deben partir de la base de que la autoridad regulatoria comprenda bien su papel de consejero y valladar, antes que el de indiscreto fisgón en casa ajena que pretendiera introducir una "moral burguesa" de estilo burocrático[50]. *Let foundations be foundations!*

---

49 Estados Unidos ha rechazado en varias ocasiones la opción de crear una autoridad única —en gran medida muy difícil de establecer por estar ante una competencia estatal— la autoridad fiscal en el fondo lo ha acabado siéndolo así. Por su propia naturaleza y tamaño, ha mantenido, en todo caso, el sistema estatal de supervisión finalística a través de esa autoridad "singular" que es la Fiscalía general —a caballo entre lo administrativo, lo judicial y lo democrático-parlamentario—; conservando, eso sí, la vía cada vez mas fuerte de una autoridad tributaria federal (en realidad convertida en una potente máquina supervisora). Fishman, Mayer, Brody, Fremont-Smith y otros analistas han rechazado de plano tal apuesta por un órgano sustantivo único. Omito los detalles por estar ya analizados en el apartado correspondiente del libro *La fundación, ¿un casa sin dueño?* (op. cit.).

50 Cuando, en puridad, es una institución que, si acaso, sirve como vector para realizar actividades, no lucrativas, que pueden estar insertadas en algún sector regulado (raramente sectores económicos básicos; más comúnmente sectores sociales, educativos, sanitarios y benéficos, otras veces culturales). Sobre ello he expuesto una visión crítica en: J. C. Alli Turrillas, "Las conexiones —y desconexiones— de las fundaciones...", cit., pp. 115-154.

b) El Consejo General de fundaciones: dirección estratégica y coordinación administrativa

Paralelamente, es precisa y urgente la creación —prevista en los arts. 38, 39 y 40 de la Ley 50/2002, de fundaciones[51]— del CONSEJO GENERAL DE FUNDACIONES que actuaría, a su vez, como un órgano supervisor de dicha Agencia. Tal órgano tendría cierto componente revisor de determinadas planes y programas de la Agencia y de participación de todas las instancias involucradas en el tercer sector. Actuaría, así, a modo de *Custos custodum*.

Crearía su propia agenda o *Roadmap* para marcar la acción general e impulsar el seguimiento de la Agencia y su acción de supervisión. También generaría un marco presupuestario y de ordenación general del sector, de acuerdo con el Parlamento y el gobierno.

De este Consejo también dependería la mesa (permanente) colegiada de coordinación entre los protectorados y registros del Estado y las CCAA que, como se ha dicho, resultaría esencial para el buen funcionamiento de todo el conjunto. Esta Mesa o Comisión multilateral debería ponerse de acuerdo en cuanto a la legislación, operativa reglamentaria, regulación concreta, registro y monitorización en la supervisión de las fundaciones por parte de las CCAA, el Estado (incluyendo los Ministerios de Economía y Hacienda, Tesoro y Agencia Tributaria), para evitar la discordancia actual entre todas las autoridades concurrentes.

c) Revisión administrativa y judicial

En cuanto a las revisiones de sus actos administrativos realizados por tal autoridad, las lecciones aprendidas de la inadecuación de la vía administrativa del recurso de alzada, aconsejan la creación de un tribunal administrativo ad hoc en el que concurra una vía potestativa de reposición "especializada", en la línea de los que existen para

---

51 Sobre su status y el vacío que presenta el no haberlo creado, puede verse, A. LÓPEZ SERRANO, *El gobierno de las fundaciones…*, cit., pp. 311 y ss; y M. PÉREZ ESCOLAR, "La necesaria renovación del Derecho de Fundaciones, ¿reforma o derogación de la Ley 50/2002, de 26 de diciembre?", en *ADC* LXX (2017), 1424-1482.

revisar las decisiones de los sectores regulados, y de los tribunales económico-administrativos[52].

Dada la propuesta separación de tal Agencia con respecto a la autoridad jerárquica ministerial, la resolución de los recursos de alzada se trasladarían a la jefatura del Ministerio. Aunque la falta de especialización en este ámbito que los expedientes requieren —pesemos en funcionarios encargados de alzadas en Presidencia o Interior teniendo que resolver cuestiones relativas a patrimonializaciones y operaciones financieras de fundaciones, por ejemplo—, resulta muy inadecuada esta vía de amparo jurídico-administrativo. Realmente sería exigible un sistema específico formado por funcionarios especialmente formados y habilitados, con la creación de un tribunal administrativo especial.

En tal tribunal se ventilaría, en otras cosas: los actos de inscripción y otorgamiento de la personalidad; de valoración de la dotación y patrimonio; cuestiones graves planteadas sobre la escritura y los estatutos; remoción y denuncias de y sobre los patronos; autorizaciones operativas; y, en su caso, la revisión posibles sanciones que impusiera el órgano supervisor.

Si la Agencia protectora estuviera configurada con el Registro y el régimen competencial expuesto —el cual, como señalé, integra la inscripción (con todo lo que conlleva) y la evaluación de la patrimonialización— y dado que esta acción forma un acto administrativo complejo y compuesto con el informe de la sección administrativa de la propia agencia, entonces el proceso de revisión no resulta idóneo que fuera realizado por las autoridades del Ministerio en alzada, por las razones expuestas de tecnicidad y complejidad. En

52 Por todos en cuanto a la crítica sistémica sobre la inoperancia del modelo tradicional de recurso de alzada y de una manera relativamente reciente: J. Mª. Baño León, "El recurso administrativo como ejemplo de la inercia autoritaria del Derecho público español", ponencia en XI Congreso AEPDA, Zaragoza, 2016. http://www.aepda.es/AEPDAEntrada-1181-XI-CONGRESO-DE-LA-AEPDA.aspx (enero 2022). Véanse las ponencias de Ponce, Arana, Barcelona Llop, Válcarcel García y González Ríos sobre las distintas experiencias en este tipo de tribunales, todas presentadas en el *XI Congreso de la AEPDA, Zaragoza, 2106*; en las cuales más allá de los detalles concretos, se puede obtener la experiencia de su mejor acomodo a este tipo de "sectores" y una descarga de funciones en la propia estructura administrativa ordinaria.

tal caso, por tanto, cabría la alternativa de acudir en reposición a este tribunal o a la jurisdicción ordinaria, a quien correspondería la vía contencioso-administrativa. Esta sería una opción que ha sido experimentada en nuestras Administraciones de modo bastante frecuente y, si el tribunal está bien conformado y experimentado en este ámbito, la reposición se convierte en una vía de protección de la legalidad que resulta sólida y eficiente.

En cualquier caso, el criterio del interés general permitiría soslayar, incluso, la aparente protección que blindaría la prohibición de intromisión en la voluntad de los órganos asociativos prevista en el art. 22 de la Constitución, al que remite el 34[53]. Pero exigiría que ante cualquier acción de disolución —e incluso la posible prohibición de inscripción— evaluados por la Agencia, se acudiera a los tribunales ordinarios, no pudiendo ser una acción meramente administrativa.

> Es indudable que la creación de un tribunal especial ad hoc resulta compleja y un tanto ajena a nuestro cultura jurídico-política y organizativa, pese a su similitud con los tribunales económico-administrativo o algunos tribunales especiales en sectores regulados o tribunales administrativos autonómicos que ventilan alzadas del ámbito local (con el TAN en Navarra)[54]. Pero la experiencia del *Charity Tribunal* en Inglaterra es positiva, pese los diversos ajustes que han debido hacerse y el propio hecho, de un lado, de su limitación competencial[55] y, de otro lado, su naturaleza singular (lo cual lo hizo inexperto en materia de vía administrativa, pues peso mucho su ángulo jurisdiccional y su coste)[56].

---

53 J. García-Andrade, “Algunas acotaciones…”, cit., in toto.

54 Resulta atractiva, aunque algo ajena a nuestra cultura, la propuesta de Barnes de trasladar el peso de esta nueva modelización de la autorregulación regulada al Parlamento, en el entendimiento de que por ser sectores de la economía o sociedad más general, y siendo este el sujeto normativizador, debería tomar más cartas en el asunto, dicho sea simplificando sus ideas: J. Barnes, “La transposición de valores públicos a los agentes privados por medio de elementos de organización y procedimiento”, en *Estrategias del Derecho ante la incertidumbre y la globalización*, cit., pp. 308-309.

55 https://www.thirdsector.co.uk/analysis-charity-tribunal-success/governance/article/1219319 (junio 2023).

56 J. C. Alli Turrillas, “La Charity inglesa…”, cit., pp. 256 y ss.

d) *La dotación de medios y competencias. Algunas reflexiones a la vista de la experiencia pasada*

Pasados ya más de siete años desde la unificación del Protectorado y el Registro, es urgentemente necesaria la elaboración de una norma reglamentaria con nuevos criterios de transparencia, universales, unívocos, sólidos para determinar qué fines u objetivos son los propios para la constitución/aceptación de una fundación según el criterio de la utilidad pública. En un sentido similar a los que existen en los países estudiados y, de algún modo, aparecen en la Ley de mecenazgo y sus disposiciones de desarrollo, aunque sea adaptándolos mejor a los criterios sustantivos del ser fundacional.

También es preciso el establecimiento de protocolos de gestión y control, digital y contable, etc., así como planes y programas y una agenda de supervisión, como los que adopta la Agencia Tributaria o la DGT. Es particularmente preciso el uso de potentes herramientas informáticas que permitan integrar esfuerzos de registro, autorizaciones, datos y metadatos. En contraste con lo que ahora ocurre, la página web del Protectorado debería posibilitar conocer una serie de datos básicos y avanzados de cualquier fundación registrada: dotación y presupuesto; contabilidad anual; planes y programas; patronos (nombramientos, ceses, status); inspecciones y sanciones, etc.

Especialmente resulta necesario que establezcan mecanismos coordinados con las diversos entes supervisores que, en el futuro, pasarían a ser órganos consultados en determinadas acciones de ese nuevo Protectorado-Agencia, sin necesidad de tener unidades específicas —que tampoco las tienen ahora, por otro lado—: Banco de España y Ministerio de Economía; no solo para las fundaciones bancarias.

Es también preciso el establecimiento de un claro protocolo de coordinación con los Protectorados autonómicos; así como establecer medidas conducentes a que estos se integren, dentro de cada territorio, en una unidad única de Registro y Protectorado con una sistemática similar a la nacional. En cierto sentido se podría explorar la posibilidad de trasladar la supervisión de fundaciones menores que, aunque sean nacionales, realizan una actividad territorialmente localizada a esos protectorados autonómicos.

Todos ellos son algunos de los elementos clave para acompañar el cambio regulatorio, pues no podemos crear el órgano sin recrear todo un conjunto que le permita una actuación operativa autónoma y reglada.

2.3. El uso de agencias externas de supervisión (autorregulación regulada)

2.3.1. El marco general: autorregulación y buen gobierno

En la línea de lo que ha ido sucediendo en los países de nuestro entorno, el fortalecimiento de la responsabilidad del gobierno fundacional y de su funcionamiento interno y externo, ha venido de la mano del establecimiento de sistemas de "autorregulación regulada"; particularmente en los denominados sectores (técnicos) regulados, particularmente los de un especial interés económico-social (telecomunicaciones, energía, transporte)[57].

Las evidencias a favor de este sistema como mecanismo impulsor de una buena ética, marco para el clima de confianza que una fundación necesitara a través de sus posibles donantes, legatarios, gestores, voluntarios y beneficiarios —sean todos ellos o no un grupo formado de *stakeholders*— son claras. Así, según Ruiz Lozano y otros,

> *Diferentes estudios han corroborado que un comportamiento ético supone mejores resultados operativos y una mayor integridad en la organización que, junto a la necesidad de legitimar su actuación, ha supuesto que las organizaciones presenten mayores niveles de transparencia con la consecuente valoración positiva de todos los stakeholders (Santora y O'Sullivan, 2014; Flynn, 2008).*
>
> *Existe un acuerdo bastante generalizado de que la institucionalización y comunicación de un código ético es el primer paso para la mejora del comportamiento ético de una organización en relación con sus diferentes stakeholders (Garegnani et al., 2015; Kaptein, 2015; Ruiz Palomino et al., 2011; Erwin, 2011). El informe KPMG (2014) corrobora la relación entre la existencia de un código ético en la organización y unas mejores prácticas empresariales, ya que se identifica una menor incidencia de las malas conductas, y las organizaciones se muestran más eficaces en su detección y respuesta. El Club de Excelencia en Sostenibilidad (2016) corrobora lo*

---

57 M. M. Darnaculleta i Gardella, *Autorregulación...*, cit., in toto.

anterior al afirmar que en las empresas líderes existe un sistema integral de gestión de la ética que incluye código ético, acciones formativas e informativas y herramientas para prevenir, identificar, gestionar y minimizar los posibles incumplimientos[58]

– Esto exige, en primer lugar, el acuerdo y consentimiento del propio sector con las autoridades para implementar códigos (internos) de conducta y buen gobierno; con el correspondiente deber de información y comunicación a las autoridades en cuanto a su cumplimiento. Estos códigos privado-públicos deben quedar aprobados por consenso y se elaboran ad hoc para cada sector, estableciéndose incentivos para su cumplimentación y obligaciones de transparencia pública.

Actualmente existen, resumidamente, tres propuestas de Códigos de buen gobierno fundacional. Además del European Foundation Centre (EFC) "Principios de buen gobierno (Herramientas para la auto-regulación de las fundaciones)" (revisado en 2017)[59], se propuso el "Código de buen gobierno de fundaciones", de la Asociación Española de fundaciones (2011)[60]. Luego existen dos privados: los "Principios de buen gobierno y transparencia", propuesto por la Fundación Lealtad[61] y los "principios de buen gobierno" de la fundación Compromiso y Transparencia (2017)[62].

No consta que ninguno de ellos haya sido adoptado de manera coparticipada con el Protectorado y Registro único de fundaciones; tampoco de la existencia de línea de trabajo alguno por parte de dicho Protectorado para la adopción de alguna de estas fórmulas. Sí que, en cambio, es una práctica promovida por la Ley 9/2016, vasca de fundaciones y también ha sido informalmente trabajada desde los protectorados de Andalucía y Cataluña.

---

58 M. Ruiz-Lozano, A. de los Ríos & S. Millán, "Características de los códigos éticos y de su gestión. Un estudio exploratorio en Andalucía", *CIRIEC-España, Revista de Economía Pública, Social y Cooperativa*, 96 (2019), 215-251.

59 https://www.fondazionecariplo.it/static/upload/efc/efcprinciplesgoodpractice.pdf (abril 2023).

60 https://www.fundaciones.org/EPORTAL_DOCS/GENERAL/AEF/DOCcw57697e9f07c87/BuenGobiernoyBuenasPrActicasdeGestiOnparalasFundaciones.pdf (enero 2024).

61 https://www.fundacionlealtad.org/si-eres-ong-transparencia-y-buenas-practicas/conoce-los-9-principios/ (enero 2024).

62 https://www.hazfundacion.org/wp-content/uploads/2018/03/C%C3%B3digo-Buen-Gobierno-FCyT-2017.pdf (diciembre 2022).

Lógicamente, una función de la autoridad supervisora sería precisamente la de participar con dichas entidades en la elaboración de los códigos de conducta y establecer su validez; incitar y promover su implementación por las fundaciones; y sobre todo, establecer un sistema concesional de monitorización de la actividad de las agencias privadas que realizan la actividad de supervisión *subrogada*[63].

– En segundo e inmediato lugar se puede explorar la (posible) concesión de capacidades de control a agencias independientes de supervisión (*watchdog agencies*). Estas colaboran y evalúan el ser y funcionar de cada fundación y las puntúan en consecuencia, otorgándoles etiquetas de valor (o descrédito). Estas suelen ser de adscripción voluntaria; pero también puede establecerse un sistema forzoso que requiera pasar por algún filtro de este tipo, el cual actuaría como una prealerta para que las autoridades supervisoras monitoricen o no las fundaciones que no pasaran determinados tests de control[64].

La experiencia comparada de USA y UK advierte, en todo caso, y de manera resumida que ambos vectores, como *"emphasizing best practices and codes, have served very generally to raise standards rather than measurably to reduce abuses is not to call for a full, incentive-based, government-allied regulatory regime";* por lo que la autoridad pública debe coordinar y supervisar el sistema completo[65]. Más aún, un efecto positivo de estos mecanismos es, además, favorecer la coordinación entre el sector y las autoridades[66].

– Ha resultado particularmente interesante, en tercer lugar y como se ha visto en muchos países (UK, USA, Canadá), la obligatoriedad de publicar, de modo objetivo, transparente y accesible, determinados datos y documentos del ser y funcionar de la fundación. Esto

---

63 O. B. Breen, A. Dunn & M. Sidel (eds), *Regulatory Waves...*, cit., pp. 221 y ss.

64 A. Dunn, "Eddies and Tides: Statutory Regulation, Co-Regulation, and Self-Regulation in Charity Law in Britain", en O. B. Breen, A. Dunn & M. Sidel (eds), *Regulatory Waves...*, cit., pp. 21-44.

65 M. Sidel, "The Guardians Guarding Themselves: A Comparative Perspective on Nonprofit Self-Regulation", *Chi.-Kent Law Rev.* n° 80 (2005), 803 y ss.

66 C. Franzius, "Autorregulación regulada como estrategia de coordinación", en *Estrategias del Derecho ante la incertidumbre y la globalización*, cit., pp. 217 y ss.

se ha establecido, entre nosotros, por ejemplo para las fundaciones bancarias[67]; pero apenas se ha explorado más allá.

De hecho, se aboga por sistemas integrados de *reporting* que, en la corta experiencia, permiten una visión más coherente del uso del patrimonio, situación financiera, cumplimiento de fines, buen gobierno (lo que incluye una clara política de conflictos de interés), uso de medios, etc.[68]. Serían sistemas públicos o privados, o mixtos, que la ley podría establecer como obligatorios, de tal manera que permitiera, luego, una monitorización completa basándose en la información en ellos integrada[69].

> Muchos de estos datos son los mismos que deben entregar a las autoridades: contabilidad e informes de cuentas; miembros del patronato con numerosos datos (informes de gobierno corporativo), incluyendo nombramientos, declaraciones de intereses, políticas de personal, conflictos de intereses, operaciones auto-dirigidas, etc.; contratos de servicios y contratos públicos; adjudicatarios de las ayudas; donantes y donativos; cuentas anuales y plan contable; nombre y CV de los patronos; programa de inversión filantrópico; cartera bursátil (en su caso), etc.

Según Ibáñez Carpena y Benito, "se puede afirmar con carácter general que las fundaciones españolas están sujetas a unas mayores exigencias de información que las que tienen las fundaciones europeas de su entorno más inmediato respecto a la planificación de las actividades, así como su medición y cuantificación (...)"[70]. Pero esto, bajo mi punto de vista, resulta en gran medida inútil porque se convierte en información acumulada, y sin digerir, por los protectorados;

---

[67] Circular 6/2015, de 17 de noviembre, del Banco de España, a las cajas de ahorros y fundaciones bancarias, sobre determinados aspectos de los informes de remuneraciones y gobierno corporativo de las cajas de ahorros que no emitan valores admitidos a negociación en mercados oficiales de valores y sobre las obligaciones de las fundaciones bancarias derivadas de sus participaciones en entidades de crédito.

[68] Mª. E. Serrano Chamorro, *El ejercicio del cargo de patrono en las fundaciones*, Thomson-Reuters Aranzadi, 2019, 125 y ss.

[69] I. Brusca, P. Blasco & M. Labrador, "Accountability in nonprofit organisations: the value of integrated reporting for the case of Spain", *CIRIEC, Revista de Economía Pública, Social y Cooperativa,* 106 (2022), 123-147.

[70] N. Ibáñez-Carpena & B. Benito, "El plan de actuación en las fundaciones: apoyo público para su elaboración y medidas de impacto", cit., p. 211.

sin que exista actualmente un correlativo deber de transparencia de la fundación y del protectorado con estos datos.

2.3.2. Supervisión pública de la autorregulación, *compliance* y canales de denuncia (*whistleblowing*)

El actual marco conceptual de la auto-regulación y el *compliance* está quedando sometido a una evaluación basada en su paulatina experiencia. En un reciente estudio de numerosos y llamativos escándalos —¿acaso la punta de un iceberg escondido y latente?— en el ámbito de las ONGs internacionales, se pone de relieve cómo dicha auto-regulación tiene sus límites[71].

Para que este sistema funcione, necesita, entre otras cosas, contar con varios elementos cruciales. El primero es quedar correctamente construido mediante modelos de auto-regulación (ética y legal) con sistemas híbridos y negociados público-privados que se implementen en códigos con suficiente valor y precisión jurídica; en los que, por tanto, se escuche a todas las partes implicadas (o *stakeholders*)[72]: uno, el brazo de la propia organización, incluyendo su staff directivo, y también sus voluntarios y trabajadores laborales; dos, voz del supervisor público; tres, el de sus donantes y legatarios (especialmente si lo hacen mediante sistemas tipo DAFs o donativos/legados con finalidad dirigida); y cuatro, finalmente, el de sus posibles beneficiarios y los actuales usuarios de sus servicios altruistas.

---

71 Se trata de un estudio centrado en estas organizaciones, por lo que no es del todo trasladable al ámbito estricto de las fundaciones, aunque muchas ONGs adopten esta forma en sus países de origen. En todo caso resulta indicativo de la situación existente y de las formas de atajarla: D. Carolei, *Non Governamental Organizations and the Law (self regulation and accountability*, Routdlege, 2023, in toto. Sus conclusiones, además, se ven reforzadas con los análisis teoréticos plasmados a lo largo de las páginas de O. B. Breen, et aliq. (eds), *Regulatory Waves...*, cit., in toto.

72 Esta es la perspectiva, en cuanto a la participación en dicho proceso que ofrece D. Morris, "An Examination on Charity Accountability: To Whom and can we make it better?", en R. Teele Langford, *Governance and Regulation of Charities. International and Comparative Perspectives*, Edwar Elgar publishing, 2023, pp. 18-24.

En segundo lugar, es necesaria una adecuada supervisión pública externa como vigilante último del *compliance* (además de haber sido escuchado, en su caso, en el proceso de elaboración del código). Se ha comprobado cómo los modelos de auto-supervisión libre, pueden acabar generando vacíos de responsabilidad; produciendo, incluso, un mayor descrédito reputacional del que se pretendía evitar, precisamente, con su creación. Pues se acumulan los daños derivados del posible escándalo concreto con la ocultación por opacidad (cuando las normas de transparencia se vulneran para ocultar el posible escándalo), y, finalmente, con el propio fallo achacable a unos mecanismos inadecuados de auto-regulación. Todo lo cual genera un efecto cascada global.

Tales consideraciones ponen el dedo en la llaga de cómo se está afrontando esta realidad formada, por así decirlo, por varias capas —auto-regulación general y gobernanza; *compliance*; y códigos éticos— en cuanto a la gestión directiva de las fundaciones y la transparencia del sector. No incumbe tanto a este estudio el hecho de que el propio sector deba organizarse para promover y construir, en el marco de ese primer punto expuesto —auto-regulación regulada y convenida con el poder público—, ni de la necesaria voz participativa de todos los *stakeholders*.

Pero lo que sí es pertinente es el hecho de que deba existir, al respecto, una clara agenda pública para el Protectorado en cuanto a la necesidad de promover, construir y moldear mecanismos de este tipo. Un sistema, de nuevo, en el que las potestades públicas se deben ver de una manera más integrada; tanto hacia estas instituciones, como si estas instituciones del tercer sector, como veíamos arriba, tienen que coparticipar cada vez con más fortaleza en el sistema de los servicios públicos (especialmente los sociales)[73]. Cosa que no ocurre, pese a la urgencia que, como señalo, está cobrando todo ello.

---

[73] Para un análisis completo de este grave asunto, actualizado y vinculado con el "interés general" y el propio ejercicio de funciones y potestades públicas por entes públicos de naturaleza privada, en su caso, véase el reciente estudio de E. Gamero Casado (dir.) et aliq., *La potestad administrativa (concepto y alcance práctico de un criterio clave para el Derecho administrativo)*, Tirant lo Blanch, 2022, in toto.

Dada la lógica y posible contradicción entre, de un lado, los intereses de la directiva y sus agentes, con de otro lado, la de los donantes-legatarios y, finalmente, con la de los beneficiarios futuros, o presentes (por no incluir los de toda la colectividad), presente en toda fundación, los mecanismos para tal concierto deben quedar mejor ajustados. Así, en la línea de los tres deberes fiduciarios —lealtad, obediencia y cuidado—, HARDING & LANGFORD abogan por una aproximación que deje claro que el órgano de gobierno de la fundación tiene como finalidad principal la lealtad al fin general propio de la fundación (*purpose-based governance*); pero no tanto gobernar pensando en los grupos de interés. De modo que es sobre tales deberes sobre los que debe establecerse el pináculo de la acción de gobierno y de supervisión[74].

Dado que el resto de actores debe, también, contar con voz, el fenómeno de la gobernanza debe buscar el espacio de encuentro para que se valoren los intereses del resto de actores en la fundación. En modelo democrático, liberal y de derecho, esta acción de participación es, también, un elemento necesario.

Pues bien, dado que la supervisión pública es imprescindible —en cuanto representante del interés general[75]—, pero insuficiente, debe prestarse atención a su papel de último guardián de los otros participantes concretos y, por tanto más allá de su papel abstracto de guardián del bien común.

Es aquí donde cobran realce los mecanismos de *compliance* llamémosles externos. Las líneas de denuncia telefónica o de denuncia pública general por cualquier vía, u otros mecanismos posibles para fomentar la transparencia en este sentido necesitan de un aparataje público suficientemente sólido como para dar curso al examen, y revisión, de los fallos a los deberes de la fundación cuando existen tanto cuanto como para los usuarios, donantes, legatarios, etc.; y, a la vez, ser capaz de detectar las falsedades, vaguedades y frivolidades que, de seguro, también llegarán a ese canal.

---

74 M. HARDING, "The Conditions for Purpose-Based Governance", en R. TEELE LANGFORD, *Governance and Regulation..*, cit., pp. 67 y ss.

75 Recientemente expuesta en D. GONZÁLEZ GIL, "El interés general, presupuesto de atribución y ejercicio de la potestad administrativa", en E. GAMERO (dir.), *La potestad administrativa…*, cit., pp. 214-224.

De hecho, conforme van pasado el tiempo, la Ley 2/2023, de 20 de febrero, *reguladora de la protección de las personas que informen sobre infracciones normativas y de lucha contra la corrupción*, va cobrando protagonismo; en parte por su necesaria aplicabilidad a las fundaciones según su tamaño, fines y otros aspectos operativos. Particularmente aquellas fundaciones que, por su tamaño y actividad, reciben fondos de la UE o, especialmente, están afectadas por la normativa de blanqueo de capitales, cada vez más extensa e intensa.

Esto, más allá del análisis concreto que la creación de este canal y todos los elementos tiene para las el funcionamiento y estructura interna de las fundaciones[76], vuelve a poner el dedo en la llaga de la necesidad de un mecanismo público suficiente para su supervisión: ¿Tiene estructura, mecanismos y apoyo jurídico suficiente el Protectorado para realizar esta función? ¿Podrá o deberá ser esta entidad la receptora de las denuncias gestionadas por la futura —y por ahora nonnata—, Autoridad (pública) Independiente de Defensa del informante? ¿Debería, quizá, una futura reforma de la LF asegurar un mecanismo específico para canalizar este mecanismo en el Protectorado? ¿Cuál sería, entonces, el cauce para el proceso penal o civil correspondiente (y, derivadamente, la acción sancionadora contra la fundación y sus directivos)? La respuesta (afirmativa), de evidente, cae por su peso. Por lo que se acumula a la agenda de reforma del Protectorado.

Centrándose en otras jurisdicciones, especialmente del ámbito anglosajón, pero también en Alemania, se ha puesto de relieve recientemente como las fundaciones del siglo XXI, en el albor de un cambio trascendental, promovido por la AI y el dominio del logaritmo y ese entorno VUCA al que hacía referencia, necesitan modernizar y mejorar —en la línea señalada— los sistemas de supervisión de la autorregulación. Y deben hacerlo con urgencia. Lo cual no puede cumplirse sin que el ente supervisor público copartícipe con el sector con su procesos de elaboración de auto-regulación y su posterior monitorización[77].

---

76 Estudio pendiente de hacer de manera completa en España.

77 Recientemente, R. Teele Langford, *Governance and Regulation of Charities*..., cit. pp. 10-12.

2.3.3. Evaluación y consideraciones

No deberíamos, en ningún caso, sobrevalorar esta dinámica de co-regulación ni, menos aún, de auto-regulación[78]. La presencia de la autoridad pública por encima de cualquier agencia privada —y sobre ella— es garantía última de validez. En efecto, tal auto-regulación en ningún caso debe sustituir el poder soberano que es propio del Protectorado, sino: a) dar transparencia y publicidad al sector; b) promover, así, el clima de confianza público en el conjunto; c) provocar, con sus sistemas de *rating*, la mejor de las buenas prácticas y generar, así, confianza y seguridad en el donante y usuario del servicio filantrópico; y finalmente d) dar indicio a las autoridades de los posibles problemas o brechas.

> De hecho han sido frecuentes los casos de auto-regulador capturado y muchos son los motivos: el coste por ser "supervisado" privadamente se comparte entre el supervisado y supervisor, lo cual favorece 'pactos de silencio' (en la supervisión pública, el coste de esfuerzo de preparación y de reputación es, en gran medida, del supervisado); la características del sistema lo hacen un modelo especializado y pequeño y, por tanto, más capturable; un excesivo celo por mantener la reputación puede facilitar un clima de ocultamiento de la deshonestidad; las normas no son ni *soft* ni *hard law*, sino suscritas y moldeables a voluntad; el propio acuerdo particular para realizar la revisión "contable" puede decidir esconder datos comprometidos, etc. La auto-regulación no debe ganar espacios al Derecho sino facilitar el control de la discrecionalidad técnica tanto del agente regulador como, en este caso, mejorar la transparencia y juridicidad de las actividades —fines, formas, gobierno— de la institución "regulada", dado el fin que cumple en aras al bien común[79].

---

78 En la línea trabajada intensamente por M. M. Darnaculleta i Gardella, *Autorregulación y Derecho público...*, cit., in toto. En cualquier caso, como señala Fishman, la auto-regulación —como se ha mostrado en varias crisis económico-sociales:.Com, Caso Enron-Auditing, crisis subprime y agencias de rating, etc.—, se torna frecuentemente en auto-protección. Por lo que debe ir apoya de sistemas públicos fuertes de supervisión última o completa, siendo solo un sistema de apoyo y, si acaso, de *Whistler-blowing* institucionalizado. J. J. Fishman, "Wrong Way Corrigan...", cit., 592 y ss. Esta intuición —que también presenta en *The Fiduciary Faithless...*, op. cit., pp. 45 y ss.– se ve confirmada por el análisis regulador presentado en las conclusiones de O. B. Breen, A. Dunn & M. Sidel (eds), *Regulatory Waves...*, cit., in fine.

79 J. Barnes, "La transposición de valores públicos a los agentes privados por medio de elementos de organización y procedimiento" y "Autorregulación nor-

La autorregulación, en el caso de existir, debe partir de una base normativa convenidamente establecida —y acordada entre las partes— y una muy clara determinación del objeto regulado. Así como contar con un adecuado y previsto sistema de supervisión público y mecanismos jurídicos suficientes para pinchar las burbujas de autoprotección (evitando la denominada y falsa autorregulación *reflexiva*[80]). Muchos análisis han mostrado cómo los códigos éticos y de buen gobierno mejoran la cultura interna de las instituciones, no tanto por su propio contenido estricto cuanto porque generan círculos virtuosos de gestión, siempre que tengan medios de aplicación y produzcan efectos culturales y reales en la institución de que se trate; pero no resultan tan útiles si quedan sin mecanismos de supervisión interna y/o externa (compliance+accountability)[81]. En tal sentido debe tener como correlato, también, un sistema sancionador adecuado[82].

Adicionalmente, por cuanto no se trata sino de uno de los mecanismos posibles de la auto-regulación, el examen interno y la evaluación realizada mediante las listas de deberes y códigos de buen gobierno y transparencia, sirven de autoanálisis a la institución que cuenta con ellos. De tal manera que se convierta en un sistema de "declaraciones responsables" que, por lo tanto, cumplen un papel

---

mativa y Derecho en la globalización", ambos en Darnaculleta i Gardella, Mª. M. & J. Esteve Pardo, J. y I. Spiecker gen. Döhmann (eds.), *Estrategias del Derecho ante la incertidumbre y la globalización*, Marcial Pons, 2016.

80 En la línea criticada por M. z. Schwabeidssen, y recogida por L. E. Knop, quien, expresamente dice que *"La autoobligación reflexiva implicaría hacerse promesas a sí mismo"*… ("¿Existe un discurso sobre la autorregulación? Sobre la semántica del concepto", pp. 277-278. También: Mª. M. Darnaculleta i Gardella, "Autorregulación normativa y Derecho en la globalización", ambos en Darnaculleta i Gardella, et aliq. (eds.), *Estrategias del Derecho ante la incertidumbre y la globalización*, op. cit., parcialmente pp. 205-209.

81 M. Ruiz Lozano, A. De los Ríos & S. Millán, "Características de los códigos éticos y de su gestión…", cit., pp. 215-251.

82 Si bien es cierto que un sistema que promueva mecanismos "amigables" de autorregulación o co-regulación y, luego, se presente como el sujeto sancionador puede convertir al ente público en el malo de la película; lo cual entorpece su rol de colaborador-exigente que es el propio del Protectorado. Según Fishman, las multas (tributarias), por sí solas no son el mejor apoyo a los deberes fiduciarios, por cuanto se suplen con "seguros de multas": J. J. Fishman, "Wrong Way Corrigan…", cit., 587.

de garantía administrativa hacia un lado y otro cuando son así solicitadas por una norma y exigidas por las autoridades administrativas.

* * *

Una reforma de la ley de fundaciones debiera hacer referencia a que la presencia de la protección pública es parte del concepto fundación y que, por lo tanto, estamos ante un negocio jurídico en el que el interés privado patrimonializado de manera perpetua con una intención altruista y benéfica o caritativa queda, al menos, recepcionado por el representante válido del "interés general" en voz del órgano que, finalmente, se determine que así lo haga (o los que así lo hagan, caso de ser varios).

Porque prácticamente todo lo que se ha expuesto nos conduce a reenfocar la supervisión pública de un modo mucho más profundo e integral. Esto, junto con lo que veremos muy detenidamente en el siguiente capítulo, transforma la supervisión de algo *extrínseco* para convertirlo en lo que, bajo nuestro punto de vista teórico *es* un elemento de participación profunda en el propio ser de cada ente del sector y debe ser, así, algo más *intrínseco*; aunque sin confundirse con todas y cada una de ellas.

En tal sentido, tiene mucha lógica interna con la consideración de la presencia pública como parte íntima de la biología de la fundación que esta "segunda cabeza" sea, precisamente, el Protectorado específico y sus funciones de revisión y apoyo. El cual, aunque no se inmiscuya en la realización del fin, participa, supervisando, las formas y el patrimonio en cuanto cumplen dicho fin y, por tanto, que el gobierno fundacional así lo realiza operativamente. Lo cual no es óbice, evidentemente, a establecer mejores y más coparticipados mecanismos internos de auto-protección, mejor gobierno y de reclamaciones por parte de usuarios y donantes.

Capítulo V

CONSECUENCIAS Y PROPUESTAS PARA UNA TRANSFORMACIÓN DE LA SUPERVISIÓN PÚBLICA DE LAS FUNDACIONES

1. LAS DIFERENCIAS ESTRUCTURALES DE LAS FUNDACIONES ESPAÑOLAS COMO EXPLICACIÓN DEL ESTRÉS CONCEPTUAL

1.1. Idea general

Todo lo expuesto hasta este lugar, lógicamente, no ha pretendido ser un simple ejercicio erudito, sino que su fin es situarnos en una posición medianamente adecuada para proponer un elenco de reflexiones y propuestas que, además de la anterior sobre el órgano de supervisión, sirvan para la mejora para nuestro "modelo" regulador sobre las fundaciones[1]. Proponiendo, a la par que juzgamos, posibles cambios y mejoras, siempre con la vista puesta en los aspectos más reseñables de los modelos comparados.

Sin poder detenerme en ello, es aceptable considerar que estamos hablando de una regulación general sobre las fundaciones que aunque fuera en su momento un hito, ha quedado ya muy superada por los cambios sociales, económicos y políticos habidos en nuestro país desde que se aprobara. El contenido de la LF de 1994 —pues la norma de 2002 no dejó de ser una actualización de aquella— tiene un contenido que se ha quedado, en gran medida, obsoleto en su conjunto. Todo lo que se ha expuesto sobre el Protectorado y lo que

---

[1] Tales propuestas se enmarcan en la línea de lo expuesto en: R. de LORENZO, J. L. PIÑAR, T. SANJURJO, "Reflexiones en torno a las fundaciones y propuestas de futuro", cit., pp. 61-83; y también, el análisis, muy certero, de M. PÉREZ ESCOLAR, "La necesaria renovación del Derecho de Fundaciones…", cit., in toto.

ahora se analiza sobre el funcionamiento y ser de la fundación son razones que, bajo mi punto de vista, justifican esta afirmación general.

Desde tal parámetro conceptual, se derivan, entre otros, varios hechos (aunque algunos son efectos que se convierten en causas de otros cambios necesarios cuando son analizados desde otros ángulos).

En primer lugar han nacido muchas instituciones que tienen la forma fundación y provienen del asociacionismo o las ONGs. y otras organizaciones del tercer sector. Aunque están constituidas con un patrimonio, pesa mucho el fin altruista que sobre tal elemento y, además, contienen un ánimo asociativo-personal muy grande. Así, frecuentemente, buscan de un modo simultáneo a sus operaciones y actividades, los fondos y dotaciones para realizar su fin y su actividad. Para ellos la figura fundacional es atractiva por su imagen y por su fiscalidad; pero solo con dificultades pueden asumir el coste humano, económico y estructural que tiene tal fórmula, con un patrimonio-dotación importante y bajo unas obligaciones jurídico-formales y contables que tendrían mucho coste para ellos.

En segundo lugar, y derivado de lo anterior, tanto estas instituciones como las fundaciones que ya existen demandan fórmulas de patrimonialización y dotación original más flexibles y operativas; y, por lo tanto, con sistemas de control y autorización de gastos y operaciones mucho más elásticos. Aspecto en el que me detendré más adelante.

Además, en tercer lugar, de las consecuencias comunes que se derivan de esta variedad sociológica y métrica en la tipología de fundaciones, como serían, por ejemplo, el volumen de su dotación/patrimonio, su capacidad inversora y sus rentas destinadas a su fin filantrópico, así como de la resiliencia que derive del tamaño de cada fundación en términos de capacidades y sostenimiento, otra consecuencia estructural y fundamental a la hora de afrontar su regulación es que dependiendo de todo ello tendrá una u otra forma de gobierno. Dicho de otra manera, hay tipologías variables de patronato y de origen/capacidad/formación de sus patronos que derivan, muy directamente, del tipo, tamaño y, así de la capacidad de fundación que sea[2].

---

2 Estos análisis no han sido hechos de manera continuada y profunda. Resultan, no obstante, interesantes tanto los realizados en estas últimas décadas por Com-

Por lo cual, el estudio de sus características en tal sentido, también es determinante a la hora de reenfocar la supervisión pública. Un gran estudio sobre ello está todavía por hacerse y en gran medida correspondería hacerlo y valorarlo al Protectorado, quien debería utilizar, a tal fin, criterios científicos de tipo econométrico, de buen gobierno corporativo, etc. que hoy por hoy podrían venir muy bien apoyados con sistemas de AI. No se puede supervisar correctamente, ni regular, sin conocer cómo es la propia estructura de gobierno de la forma que debe ordenarse.

Finalmente y en un último lugar también consecuente con lo anterior, muchas de tales instituciones aprecian como una necesidad urgente la mejor regulación de sus posibles actividades mercantiles que les permitan ser operadores económicos; como un factor necesario incluso para su propia existencia. De un lado, esto exige unas garantías adecuadas hacia la mejor conservación de su naturaleza propia, evitando así el falseamiento competencial que supone su exención impositiva con respecto a los operadores económicos de tipo lucrativo. De otro lado, les permitiría una libertad y flexibilidad suficientes para obtener por esas vías los fondos necesarios para su subsistencia[3].

---

promiso y Transparencia (muy variados y completos, realizados por sectores y de los cuales se pueden extraer muchas consecuencias) como el presentado (hace ya demasiado tiempo) por E. Romero-Merino, V. Azofra-Palenzuela y P de Andrés-Alonso, "El gobierno de las fundaciones en España: patronatos sin patrones", en *Universia Bussiness Review*, nº 18 (2008), 83-103. Algunos datos interesantes —y a veces por contraintuitivos— con respecto a lo que estudiamos: la mejor calidad formativa de los patronos de grandes fundaciones, su mejor capacidad; la mayor eficiencia de gestión de las fundaciones pequeñas; y el mejor auto-control suscitado por la presencia de grandes y únicos donantes a algunas fundaciones, lo cual convierte a la entidad donante —una empresa, un banco, etc.— en un mecanismo de control supervisor superior altamente efectivo.

3 La fundación actual debe también competir, en un panorama financiero complejo, por los fondos filantrópicos y los fines con entes no-lucrativos, con otros semi-lucrativos —B-Corps, L3C y otras fórmulas de "filantropía de impacto" y equivalentes—, e incluso con entes lucrativos y con el propio Estado; además de con el resto de fundaciones. Por todos, Posner, E. & A. Malani, "The Case for For-Profit Charities", cit., pp. 2018-2064; y R. Marker, "Filantropía de impacto…", cit., pp. 205-2269. Estamos ante un tema al que J. M. Embid Irujo le ha dedicado acertados comentarios con una visión enriquecedora acerca de

Todos estos hechos, entre otros posibles, ponen de relieve que, desde el puro punto de vista de la estructura institucional —y real, por tamaño y capacidades organizativas— de las fundaciones, la presencia de un concepto único e indistinto, sin matices, que tiene nuestro ordenamiento, requiere una reconsideración profunda.

El análisis que, por tanto, vendrá a continuación comienza exponiendo el problema conceptual de la forma única fundación, siguiendo con una descripción de los diversos tramos de tamaño y operatividad, a grandes rasgos, de las fundaciones en España. Luego, en los siguiente epígrafes, se evalúan los posibles cambios estructurales: primero en cuanto a la tipología; luego el patrimonio, el gobierno fundacional y algunos aspectos operativos de los poderes del protectorado en relación a todo lo anterior.

1.2. Un modelo único de fundación frente a una realidad formada por figuras variadas

Se puede decir que desde la LF de 1994 existe un único concepto e idea estructural de fundación[4]. Esta, como describe García-Andrade, viene muy determinada por la consolidación de la forma histórica fundación patrimonialista de carácter benéfico, principalmente[5]. Este modelo pivota sobre el patrimonio y el carácter singular del fundador y su voluntad; y con ello el peso de la forma civil que la resguarda. Sin embargo, tal y como apuntara, han surgido formas, figuras o modelos de fundaciones con un régimen singular que tensionan y matizan esta pretendida unidad o identidad unívoca. Lo cual ha estirado en exceso tal ideal.

---

qué supone ser "operador" en el mercado económico moderno: "Empresa y fundación en el ordenamiento jurídico español (la fundación empresaria)", en *Anuario de Derecho de fundaciones* 2010, Iustel, 2010, in toto; y "Fundación, Empresa, Patronato", en A. Emparanza Sobejano (dir.), *Nuevas orientaciones en la organización y estructuración jurídica de las fundaciones*, Marcial Pons, 2014, pp. 45 y ss.

4 Aunque se trata de una fórmula que, precisamente, ha venido configurada por la consolidación decantada de elementos conceptuales que, como capas, han ido formando su identidad: J. C. Alli Turrillas, *Fundaciones y Derecho administrativo*, cit., pp. 107-111.

5 J. García-Andrade, "Repensando el Derecho de fundaciones...", cit., pp. 4-11.

En este lugar podríamos separar las tipologías admitidas, de un modo u otro, por el ordenamiento sobre la base de cierta identidad especial, frente a las que vienen por cambios sociales que han forzado a una adaptación institucional. Como, también, al caso de aquellas fundaciones que, realmente, se distinguen —como ocurre con cualquier otra institución— por su origen, tamaño, fin (estricto), incluso por su vestidura más externa. Lógicamente nos interesa más los dos primeros, aunque también el tercer criterio, obliga a reconsiderar, pues suele estar atado a algunas consecuencias organizativas y estructurales que también pesan en esta situación.

En primer lugar, están los casos especiales, legalmente recogidos:

- Las últimas en aparecer han sido las fundaciones bancarias (émulo jurídico-formal del constructo doctrinal fundación-empresa)[6], que son las fundaciones de origen cajístico (no incluye las fundaciones ordinarias derivadas de las Cajas)[7];

- Históricamente admitidas, con cierta distinción, fueron las fundaciones de patrimonio histórico-artístico.

- Dotadas de unas singularidades específicas que ha ido siendo configurada, están las fundaciones universitarias.

---

6 Para ello, específicamente: EMBID IRUJO, J. M., "Aproximación a la figura de la fundación empresaria", en *Lex Mercatoria* nº 10 (2018).

7 Hace años se mantuvo una gran discusión sobre la naturaleza jurídica de las Cajas de Ahorro: si eran o no una fundación. La STC 49/1988 (*Tol 80160*), que simplificó temerariamente el debate, sostuvo que no eran una "fundación" típica, pero sí una suerte "fundación-empresa" (cuya identidad y regulación apenas se consiguió rastrear): A. CASARES MARCO, "Crónica de una muerte anunciada: la restructuración y ocaso de las Cajas de Ahorros españolas", en *Revista Jurídica de Castilla y León* nº 25 (septiembre 2011), pp. 211 y ss.; y J. C. ALLI TURRILLAS, *Fundaciones y Derecho administrativo*, cit., pp. 160-200. Estas han vuelto a la palestra pues en el proceso de *bancarización* de las Cajas tradicionales que se ha sufrido (2011-2015), han desglosado su ser y actividad en Bancos y un nuevo tipo de fundaciones llamadas bancarias (ALLI TURRILLAS, "Filantropía a través de la privatización o "Privatización filantrópica…", cit., pp. 31-102; en el marco de L. M. SALAMON, *Philanthropication thru Privatization. Building Permanent Endowments for the Common Good*, John Hopkins CCSS, Baltimore, 2014).

– Además, con sus idas y venidas —no exentas de tensiones—, aparecieron en las últimas décadas del siglo XX, las delusorias fundaciones "en mano pública"[8].

En segundo lugar, podemos situar los casos de tipos de "fundación" social que, bajo el mismo paraguas jurídico-formal adopta fórmulas internas algo distintas de las tradicionales, por muy diversos motivos: fundaciones comunitarias; o, incluso, salvando mucho las distancias con respecto a ambas, "fundaciones donantes" (frente a operativas), y fundaciones de fuerte carácter familiar[9]. También las fundaciones de fundador persona física, las fundaciones de fundador persona jurídica (especialmente las corporativas e institucionales de empresas, etc.); o las fundaciones filiales de otras fundaciones extranjeras. Fundaciones con fines locales, comarcales, regionales, nacionales, e internacionales. Etc.

* * *

Reitero algo que se ha descrito detalladamente en el capítulo III la mayor parte de los países examinados, partiendo de una figura única, han optado por establecer regímenes legales adaptados a las necesidades que tuviera cada tipología de fundación. Este es el caso de Francia, Italia, Alemania. Por no decir de los países cuyos márge-

---

8 Aunque no sin dejar daños "conceptuales" sistémicos: J. García-Andrade, "La restructuración del sector público fundacional", cit., pp. 19-56.

9 Las fundaciones de este originen, familiar, no tienen —ni han solicitado— un régimen jurídico singular. No obstante, obedecen, por su naturaleza, a una realidad que en muchos países (USA, UK, Alemania) ha derivado en consecuencias organizativas y funcionales muy importantes que derivan de unas causas muy singulares que así lo justifican. De tal manera que no sería inadecuado, en la línea del estudio que cito, buscar un régimen particularizado para ellas; sabiendo que no estamos refiriéndonos a las fundaciones de interés familiar, con fin privado, a las que hacía referencia De Castro (capítulo I) (B. Fernández Olit & D. Gross (coords), *Las fundaciones filantrópicas personales y familiares...*, pp. 111-116). Me resulta particularmente interesante señalar que en Alemania son fundamentales como estructuras de dirección y gestión de grandes corporaciones industriales (varias conocidas marcas alimentarias, por ejemplo), de manera que les permiten mantener el control generacional y el estilo que pretenden con su actividad. En USA, muchas de las grandes fundaciones donantes son, precisamente, fundaciones con este tipo de origen y realmente han marcado la agenda del sector con su estilo y modelo filantrópico.

nes, legal y operativo, permiten una modelización flexible de manera consustancial: EEUU, Canadá y, en diferente medida, Inglaterra. Y esto aún cuando tengan, como es el caso de varios de ellos, también un prototipo y una identidad clara de qué sea una fundación en un sentido muy estricto (Inglaterra, Francia, Italia y Alemania).

1.3. El diferente tamaño de las fundaciones en España y algunas consecuencias derivadas

A la expuesta cuestión conceptual-estructural se une otra relativa a las diversas formas-tamaño de las fundaciones "ordinarias". Puede resultar, así, interesante considerar algunos datos básicos sobre la diversa tipología real que nos aporta el propio sector fundacional español "tradicional"; aspecto que está empezando, también, a marcar el paso de muchos análisis que así lo destacan[10]. Así, de las entre nueve y catorce mil fundaciones que está operando en España[11]:

1) En primer lugar se observa un importante número de *grandes* fundaciones corporativas o de "fundadores" con clara naturaleza patrimonialista:

– Alrededor de 3,8% del total de fundaciones tienen un tamaño superior a los 10 millones de euros (con 1,05% superior a los 50), casi un 11, 26% entre 2 millones y medio y diez, y 9,54 entre un millón doscientos mil y dos millones cuatrocientos mil. Lo cual supone casi un veinte y cinco por ciento del total de fundaciones en España.

– Además, el 16% de las fundaciones constituidas entre 2008-2019 lo han sido creadas por sociedades mercantiles (un 8-9% por las extintas Cajas de ahorro).

– Concurrentemente, aproximadamente un 12% de fundaciones viven casi en exclusiva de los rendimientos que produce su patrimonio.

Tanto por el origen de su patrimonio/dotación, como por la composición de su patronato y por sus propios fines y objetivos, resulta común que cuenten con "super-patronos" y/o estructuras de direc-

---

[10] E. Rúa Alonso de Corrales, *Las fundaciones como canalizadoras del interés general y del bien común*, cit., 2022, pp. 6-8.

[11] J. J. Rubio Guerrero (coord.), *El Sector fundacional en España...*, cit., in toto.

ción —bancos, holdings, grupos familiares, etc.,—; los cuales, con frecuencia, les imponen sistemas más o menos rigurosos y profesionales de dirección y gestión o rinden cuentas a sus entes matrices (y aplican sistemas societario-mercantiles de contabilidad). Tales fundaciones tienen suficiente entidad y capacidad para poder ser evaluadas externamente a través de consultoras y sistemas ad hoc y para la utilización y contratación de sistemas financieros complejos; y, así, competir en el mercado global a todos los efectos. Pero también requieren un órgano supervisor especialmente fuerte y preparado[12].

2) En segundo lugar, frente a ese 26% de fundaciones grandes o muy grandes —que difícilmente tendrían problemas de solvencia patrimonial—, el otro 42% de las fundaciones —y con independencia de cómo sea su patrimonio y dotación originarios; muchas veces intangibles— cuentan con unos ingresos situados entre los treinta mil y los quinientos mil euros. Aunque el arco es grande, esta situación pone de relieve que los sistemas y mecanismos de supervisión pueden resultar, ictu oculi, muy gravosos para muchas de ellas.

3) En tercer lugar, un 21% son fundaciones con un patrimonio e ingresos menores de treinta mil euros anuales. Lo que las convierte, por tanto, en micro-fundaciones con una supervivencia económica compleja y, desde luego, sin los medios adecuados para tener una estructura fuerte y sólida que les permita soportar el sistema de supervisión existente.

---

12 Vistas así, en su conjunto, la vigente regulación de mínimos que establece la LF y el Reglamento de fundaciones estatales tiene poca operatividad para ellas. Solamente si tales fundaciones provienen de las Cajas, están sometidas a unos especiales sistemas de control por el Banco de España y el Ministerio de Economía y Hacienda. Pueden verse en: https://www.bde.es/bde/es/secciones/normativas/Regulacion_de_En/Estatal/Cajas_de_ahorro_9bf372d6c1fd821.html (junio 2022). No obstante se ha denunciado recientemente la poca operatividad de tales controles y la necesidad de mejorar su sistema de supervisión: Martín Cavanna, J., "¿Quién supervisa a las fundaciones bancarias?" y "Fundaciones bancarias: un proceso inconcluso", ambas en Hazfundación (https://hazrevista.org/tercersector/2019/06/fundaciones-bancarias-un-proyecto-inconcluso/) (junio 2022).

Por lo tanto, un conjunto nada menos que formado por un 63% del total de fundaciones son fundaciones medianas, pequeñas y muy pequeñas[13].

Lógicamente los problemas de medios, finanzas, profesionalización de su gobierno en estas últimas son importantes y resulta muy difíciles de acometer debidamente[14]. Ese gran número de pequeñas fundaciones que, precisamente, lo que piden son sistemas de supervisión-ayuda mucho más adaptados, de patrimonializaciones flexibles, de una operatividad más diaria y menos estática. Más ayuda y menos rigurosidad, en una palabra. Lo que, al respecto, establezca la regulación pública sobre fundaciones y cómo actúe el Protectorado es de crucial importancia para su supervivencia.

* * *

Junto con los factores descritos a lo largo de las páginas inmediatamente precedentes —es decir, la existencia de formas conceptual identitarias distintas, de un lado, y, de otro lado, del panorama sociológico de las fundaciones—, concurre otro factor al que apenas se ha prestado atención. Tal factor es la disonancia que supone la utilización de un concepto más o menos claro y cerrado de fundación como es el que establece la LF y que es el aplicado por los Protectorados-Registros Estatal y autonómico, con el que deriva de la visión fiscal-tributaria de "fundación", como ente "para-eximirse-del-pago-de-impuestos". Ángulo que, inevitablemente, es el que adopta la autoridad fiscal en aplicación de la Ley 40/2002, de mecenazgo.

Lógicamente, en caso de controversia tanto con la autoridad fiscal cuanto con la autoridad sustantiva, los medios jurídicos y de otro tipo con los que pueden contar las grandes fundaciones para su defensa —solas o en lobby—, frente a las capacidades de las pequeñas, hace muy difícil la defensa se sus intereses (dicho sea esto con independencia de la corrección jurídica que tenga lo que tengan que defender).

Los criterios que la autoridad tributaria utiliza son más severos y parten de una cierta nota preclusiva y de un recelo latente. Pero, a la postre, son los que se aplican de manera casi universal e inevitable. Esto hace que

---

13 J. J. Rubio Guerrero (coord.), *El Sector fundacional en España...*, cit., in toto.

14 S. Agea & E. del Río, "Situación de las fundaciones ...", cit., pp. 142-145.

pese mucho en el mundo fundacional la voz de la autoridad fiscal. Por lo que si esta adopta una visión diversa a los criterios de la autoridad supervisora sustantiva, entonces se produce una disonancia cognitiva que no favorece la mejora del sistema[15]. Lo cual, entre otras muchas consecuencias criticables, rompe la unidad de criterio que debería tener el Estado con respecto a este tema.

2. LA NECESIDAD DE ENCARAR UNA NUEVA MODELIZACIÓN DE LA "FUNDACIÓN"

2.1. La posible reconfiguración de la fundación hacia una figura flexible

Las razones expuestas —más externas que internas, pero concurrentes en la propia naturaleza real de las fundaciones— ponen de relieve la necesidad de una reconfiguración conceptual de la fundación. Pues pese a lo flexible de nuestra forma fundacional, la actual concepción de la LF está sometida a una tensión conceptual que resulta inaceptable y está produciendo un resquebrajamiento del sistema o modelo en su conjunto.

Así las cosas, el actual *nomen* fundación —que pudo ser un concepto unívoco, claro y distinto; un patrimonio dotado para el interés general (como vimos en el epígrafe II del capítulo I)— se ve acometido por el peso de las distintas realidades que —quizá no siempre, pero sí muy frecuentemente— hacen que las fórmulas o moldes tradicionales no lo ciñan todo lo bien que quisieran. No se trata tanto, que también, de la existencia de muy diversas fórmulas que compiten con ella en el ámbito de la filantropía y el altruismo: L3C, donativos bajo criterio (*donor-advise funds*), ONGs, asociaciones de interés general, etc.[16]; sino de su propia identidad como forma única y unívoca.

---

15 Esta es la tesis brillantemente expuesta por I. PEÑALOSA, *El régimen fiscal de las entidades sin fines de lucro: requisitos de acceso al régimen especial. Su aplicación a las fundaciones,* Tesis doctoral inédita, URJC, 2012, pp. 108 y ss.

16 Pese a las indudables diferencias que muestran unas formas y otras, según su origen, su impulso, etc.: S. DEAN & D. B. REISER, "Trust and for-profit philanthropy: from Surrey's private foundation to Zuckerberg's limited liability company", *The Routledge Handbook of Taxation and Philanthropy*, cit., pp. 509 y ss.

Aquella visión civil clásica, como vimos, ponía el epicentro identitario de la fundación en su carácter "patrimonialista", en la constitución y en la *voluntas fundatoris* de la fundación. Aunque tanto la LF de 1994 como, luego, la de 2002, trasladaron en gran medida el peso a la estructura de gobierno o patronato, los estatutos y el uso de la dotación-patrimonio. De manera que el uso del patrimonio pasaba a ser un elemento más importante, en el marco de una mayor libertad del patronato y la vigilancia autorizatorio-administrativa del Protectorado. Dicho de otro modo esto supuso un traslado del peso de la fundación desde el patrimonio como elemento en cierto sentido *estático*, hacia el de las operaciones *dinámicas* bajo el parámetro de fines, objetivos y resultados[17].

Pero tal y como certeramente apuntaran en su momento —entre otros autores— tanto García-Andrade[18] como Piñar Mañas[19], tal concepto "formal" de fundación como un patrimonio adscrito a un fin, muy determinado por la *voluntas fundatoris* es ya un concepto insuficiente que hace agua por varias vías[20]. Resulta, por tanto, necesario recuperar un concepto material de fundación que permita que su identidad como entidad de interés general, admita diversas formas de "fundación" formal con un régimen patrimonial y actuativo más adecuado para cada una de ellas[21]. Para Barrero González,

---

17 O, como señala M. Rey García, identidad, capacidad y obsolescencia, que se traducen en transparencia, resultados y renovación de su ser y funcionar: "La gestión de las fundaciones en el siglo XXI: retos, tendencias y hoja de ruta", en *RETS* nº 6 (mayo-agosto 2007), pp. 45-47.

18 Especialmente en: J. García-Andrade, "Algunas acotaciones al concepto formal de fundación...", cit., in toto.

19 Recogiendo otros textos: R. de Lorenzo, J. L. Piñar Mañas & T. Sanjurjo, "Reflexiones en torno a las fundaciones...", cit., p. 63 (propuesta 5ª); y "¿Qué fundaciones. La constante adaptación de una institución camaleónica", en VV. AA., *Tendencias legislativas y Tercer sector* (eds. Mª. Paz García Rubio y B. Trigo García), Universidad de Santiago de Compostela, 2005. "Tercer sector, sector público y fundaciones", *La enseñanza del Derecho administrativo. Tercer sector y fundaciones, XIII Congreso Italo-Español de profesores de Derecho administrativo (Salamanca, 2000)*, Cedecs, Barcelona, 2002; y "Tercer sector, sector público y fundaciones", en *Revista Española del Tercer Sector* nº 1 (octubre-diciembre 2006), 15-37.

20 J. García-Andrade, "Repensando el Derecho de fundaciones...", cit., pp. 4-11.

21 Camino por el que me adentro en *Fundaciones y Derecho administrativo*, cit., pp. 467 y ss.; y en otros estudios recientes como "Análisis comparado de modelos resultantes en la regulación y supervisión pública de las Fundaciones", en VVAA.,

> *La constatación de la existencia de fundaciones que participan de manera tan diferente, con una intensidad tan desigual en la satisfacción de los intereses generales, invita, desde una perspectiva distinta, a pensar sobre si la opción legal en favor de un régimen jurídico unitario para todas ellas es la más acorde con la amplia diversidad que las caracteriza, idea apuntada, antes incluso de la promulgación de la Ley de 1994, por J. L. Piñar y que, en fecha más reciente, parece defender J. Gomá Lanzón*[22].

De esta realidad parten, como vamos a ir examinando, diversos efectos:

- El primero es el carácter y características que debe tener el patrimonio y la dotación.
- El segundo sería la forma de gobierno y, derivadamente, las responsabilidades que genera su actuación.
- El tercero sería el régimen o fórmulas de supervisión operativas sobre esos cambiantes elementos.

Es decir, estamos ante un cuadro complejo que parece exigir nuevas fórmulas y demanda nuevos criterios de funcionamiento, gestión y, por todo ello, también de supervisión[23]. Todo ello debe ponerse en conexión con el estudio ya realizado en cuanto a la transformación orgánica del protectorado.

2.2. Las consecuencias que derivan del panorama expuesto en cuanto a la regulación de las fundaciones

2.2.1. La cuestión del patrimonio-dotación y el tamaño de la fundación

La expuesta variedad identitaria, junto con esos dos o tres grandes grupos de fundaciones según su nivel patrimonial, hacen preciso

---

Encrucijadas y Retos europeos en la regulación jurídica de la fundación en España, Tirant lo Blanch, 2017, in fine.

22 C. Barrero, "Algunas consideraciones...", citando a: J. L. Piñar Mañas, «Las fundaciones. Jurisprudencia y pautas de futuro», en: R. de Lorenzo García & M. A. Cabra de Luna (eds.), *Las Fundaciones y la sociedad civil*, Civitas-Fundación ONCE, 1992, pág. 32; y J. Goma Lanzón, «La realidad del ideal fundacional», *Cuadernos de la Asociación Española de Fundaciones*, nº. 6 (2005), pág. 8.

23 M. Rey García, "La gestión de las fundaciones...", cit., pp. 37-54.

una valoración sobre el patrimonio-dotación y su operatividad acorde con esas realidades. No es válido, como he apuntado, el mismo café (regulatorio) para todos; pues es como dar el mismo alimento a personas de distintas edades, tamaños, actividad física, salud e, incluso, deseos y gustos subjetivos.

Por tal razón, en la regulación comparada, en general, ni el patrimonio/dotación —o su intangibilidad y tamaño—, ni la voluntad del fundador son (ya) los elementos cruciales a la hora considerar su esencia y su existencia.

> Como expuse, no puede obviarse que derivado de esa diferente naturaleza patrimonial surgió la necesidad de establecer regímenes diferentes según cada tipo de "fundación" que, de hecho, existen conforme al origen de sus bienes, del patrimonio, de su fundador o creador, de su propia estructura de gobierno, e incluso de su operatividad. EE. UU. y Canadá fueron pioneros a la hora de aceptar estas diferencias y crear un régimen (fiscal) ad hoc. Inglaterra lo tiene por la vía de los diversos vectores jurídicos utilizados por la *charity* y una actividad de la ChC. muy pragmática y adaptativa. Francia, Italia y Alemania también lo han hecho así.

Es preciso, pues, analizar la necesidad de flexibilizar la patrimonialización[24], creando controles más operativos que estáticos, con la vista puesta en el cumplimiento de la intención de fundador/fundadores y los fines estatutarios. Permitir, así, al patronato una mayor capacidad de adaptación económico-comercial según qué y cómo quieran realizar el fin institucional[25]. Como resulta obvio, de decirlo a hacerlo existe un largo y difícil recorrido, pues supone una reconfiguración de muchos mecanismos de autorización, registro, princi-

---

24 Cfrs. capítulo V, epígrafe 2.1.

25 No debería ser igual y bajo los mismos principios, insisto, la supervisión de una fundación "comunitaria" con un patronato de tipo asociativo, cuyos fondos provienen de subvenciones y de los pagos, donativos y cuestaciones realizadas sobre la base de su actividad (vgr. la ayuda a refugiados en una localidad); que la realizada a una fundación tradicional fundada por un fundador único que legó propiedades urbanas y sus rentas en el siglo XIX y gobernada por un patronato de tres personas; que la realizada sobre una fundación derivada de un Banco y, en gran medida, supervisada por éste, su Consejo de dirección e incluso su Junta de accionistas, y gobernada con criterios profesionales por directivos especializados.

pios de organización y competencias del patronato y de supervisión por parte del protectorado.

Así, en una fundación clásica dotada de un patrimonio digamos 'tradicional', el fundador seguramente ha cuidado mucho cómo y quién la gobierna a través de una clara fijación de sus patronos en los Estatutos. Por lo tanto, la autoridad reguladora realiza una función cautelar, que encaja bien con los parámetros de la legislación vigente: autorizaciones de actividades, el control ordinario de los gastos, etc. Pero en una fundación *comunitaria* que presta servicios y cobra por ellos, recibe donativos o subvenciones, el tipo de control debe situarse en unos sistemas más adecuados de protección de usuarios/beneficiarios, de los beneficios *sociales,* que derivan de sus actividades, de equilibrio entre el fin y medios utilizados de acuerdo con tales resultados, de la calidad del servicio prestado, etc.

En cambio, en una ONG con forma de fundación, interesa que quede muy supervisada en sus formas de recaudar fondos y en el correcto uso de estos operativamente. Los mecanismos de transparencia y monitorización por fines son muy adecuados; y no tanto los tradicionales de tipo burocrático[26].

El sistema de control de grandes fundaciones corporativas o bancarias, que debe existir, debe situarse más bien en que se realicen los desembolsos previstos en pro del interés general conforme a los fines de la fundación, en que se de cuenta de ellos y en que no exista autocontratación o prácticas abusivas por parte de patronos y directivos. En ellas, como luego apuntaré, los sistemas de autorregulación regulada pueden ser muy útiles.

Los mecanismos de control dirigidos a tal efecto deberían transformarse según el modelo propio para cada fundación, de acuerdo con una tipología de organización y de patrimonio que debería quedar preestablecido, a modo de horquillas, en una norma de rango reglamentario (que, por tanto, pudiera ser modificable con cierta facilidad y según aprendizaje de las causas/efectos). También las obligaciones de contabilidad, información general u otros sistemas derivados de su esfuerzo altruista.

Todo esto enlaza con un problema global y relacionado con lo expuesto —y sin resolver en algunos de los sistemas evaluados—: qué hacer con las fundaciones pequeñas. Un exceso de obligaciones las

---

26 D. Carolei, *Non Governamental Organizations and the Law* (*self regulation and accountability*, Routdlege, 2023, in toto.

puede hacer insostenibles, por el sobrecoste que esto supone y la incapacidad de que sus patronos —normalmente personal no profesional, voluntarios, familiares de confianza, etc.—, para llevar a cabo las obligaciones más exigentes.

El recurso utilizado por el ordenamiento francés resulta muy interesante. Tales fundaciones quedan al abrigo de otras mayores —*fondations abritées/abritantes* o *sous egide*— que hace a estas responsables de las primeras; esta resulta una solución adecuada, sostenible y sencilla[27]. Inglaterra optó por no registrarlas y, así, por así decirlo, sacarlas del sistema de supervisión general, al que pueden unirse voluntariamente y, a la vez, está optando por sistemas público-privados de monitorización a los que puedan adherirse voluntariamente para que estos les ayuden y certifiquen su viabilidad y buen funcionamiento; la *Charity Commission* supervisaría, simplemente, que tales sistemas de garantía son adecuados. Estados Unidos se enfrenta al problema tributario de qué hacer para monitorizarlas, pues son legión (como también lo son las religiosas), pero quedan obligadas a una transparencia muy fuerte que permite que sea la sociedad y la prensa quien las controle informalmente.

2.2.2. Adaptación de los mecanismos de gobierno dentro del régimen interno de las fundaciones

a) Gobierno bicéfalo o gobierno unicéfalo

El sistema de gobierno establecido en las normas españolas es el de un patronato único, con patronos de carácter voluntario y gratuito que tiene a su cargo la dirección tanto estratégica como operativa de la fundación[28]. Aunque el sistema permite la contratación de directivos expertos para el gobierno-administrativo directo que, en todo caso, rinden cuentas al patronato. Cosa que, no obstante, muchas fundaciones no pueden permitirse. En cualquier caso, se trata de un sistema muy tradicional y estático que no favorece, de por sí, una posición avanzada del patronato[29].

---

27 Vid capítulo II, epígrafe 2.2. sobre Francia.

28 En torno a esto también existen otras cuestiones derivadas: cuántas personas son necesarias; qué formación deberían tener; cuál es su grado de responsabilidad; si cabe remuneración o no; cómo debe ser el gobierno ejecutivo, etc.

29 Para un análisis actualizado de esta 'estaticidad' en su régimen jurídico, cfrs. Mª. E. SERRANO CHAMORRO, *El ejercicio del cargo de patrono en las fundaciones*, Thomson-Reuters Aranzadi, 2019, in toto.

Así, existe cierto debate sobre dos grandes modelizaciones posibles del gobierno fundacional:

- Bien un gobierno bicéfalo o de dos órganos (*two-tier*), compuesto por un órgano de gobierno-ejecutivo y otro de supervisión general, a modo de asamblea accionarial (o parlamento)[30].
- O un único gobierno de dirección (*one-tier*), que combina ambas facetas (aunque posiblemente ayudado por un equipo técnico de gestión que de él depende, si el tamaño de la fundación lo permite).

El modelo unicéfalo es, como he dicho, el que la LF establece para las fundaciones. En cambio, el modelo de doble cabeza es el que, tradicionalmente, existe para las entidades de crédito y así ido siendo imitado por otras figuras, con indudables razones y motivaciones[31].

> Francia y Alemania han ido optando por modelos de gobierno bicéfalo, emulando el sistema de las sociedades mercantiles complejas[32]. Italia se ha mantenido neutra al respecto, incluso para las fundaciones bancarias. EE. UU., Canadá e Inglaterra parecen acomodarse mejor en un gobierno único —derivado del típico del *trust* y de la *corporation* simple—, ayudado por técnicos "ejecutivos" o de *managment* y *fundraising* profesionales si el tamaño lo justifica (si bien en las *charities* con forma de *Corporation* y tamaño importante, a veces existe ese segundo órgano). Aunque también se camina mucho más hacia sistemas de mejora en la formación de los "patronos" y de profesionalización de éstos[33].

La opción por un doble órgano no solo resulta extraña a nuestro modelo fundacional, sino que resulta innecesaria —de manera

---

30 En el mundo anglosajón, además, se puede entender que en tal órgano puede dar cabida solo a los posibles *shareholders*, pero también a posibles *stakeholders*. Si pensamos, por ejemplo, en el gobierno que tuvieron, grosso modo, las Cajas de Ahorro, estas contaban con una Asamblea de *stakeholders* (pues los *shareholders*, en puridad no existían) además se encargaban de su gobierno ejecutivo.

31 J. M. Embid, "Fundación, empresa, patronato", cit., pp. 43 a 45.

32 K. J. Hopt, "The Board of Nonprofit Organizations: Some Corporate Governance Thoughts From Europe", en K. J. Hopt & T. V. Hippel (dirs.), *Comparative Corporate Governance of Non-profit Orgatizations*, cit., pp. 540 y ss. K. J. Hopt, W. Rainer Walz, T. Von Hippel & V. Then, *The European Foundation…*, cit., pp. 119 y ss.

33 Por todos, P. Coltoff, *The Challenge of Change. Non-for-Profit Leadership Strategies for Executives and Boards*, John Wiley & Sons, 2010, in toto.

general— al menos por dos razones: la primera porque el tamaño pequeño y mediano de muchas de las fundaciones hacen inviable o inconveniente sostener este doble sistema; aunque debe ser compatible por un cierto sistema de revisión de los actos de su gobierno por otras vías. Segundo porque, en realidad, la lógica del sistema es que esta función de revisión se realiza por el Protectorado de manera habitual y así está ordenada. No obstante la traza de la que provienen, el modelo de doble cabeza tampoco se ha impuesto —como hubiera podido parecer lógico— para las fundaciones de origen cajístico.

b) Las reformas precisas para acompasar el gobierno fundacional a esta nueva realidad

b.1) Idea general

La transformación interna del régimen general de la fundación debería tener como línea prioritaria una inequívoca apuesta por mejorar el régimen general de responsabilidad y rendición de cuentas (*accountability*) por parte de los patronos.

Esto tiene tres facetas principales: La primera, de menor entidad y mayor concreción, sería la relativa a la llevanza de la gestión económica, información relevante y su evaluación externa de sus cuentas por empresas especializadas y, en su caso, agencias de acreditación externa y una fijación normativa muy clara de los deberes documentales y contables a rendir al protectorado[34]. La segunda, de mayor entidad y mucha importancia, sería la mejora del régimen de responsabilidad estricta de su órgano de gobierno vía fórmulas de gestión de sus deberes. Y la tercera, una mejor en el régimen de punibilidad, atado a un mejor sistema de protección penal del patrimonio fundacional.

La primera la evaluaré desde su faceta de exigibilidad por el protectorado, así como también se evaluará, en ese lugar, la segunda. Esta, en su derivada de *accountability* parte, como ahora veremos, de los deberes fiduciarios y de la responsabilidad final, lo que serán expuestos al final. Porque aunque la mayor parte de los elementos apunta-

---

34 I. Brusca, P. Blasco & M. Labrador, "Accountability in nonprofit organisations…", cit., pp. 123-147.

dos sean externos, regulatorios, deben estar radicados en la estructura o en la exigencia de responsabilidad de los patronos. Por eso, antes de mecanismos extrínsecos, resulta pertinente una revisión del elemento personal que forma parte del gobierno o patronato de la fundación como elemento esencial en la vida de esta.

b.2) Los deberes de los patronos como elemento esencial en esta reconfiguración

Siempre han existido fórmulas en el Derecho civil y mercantil de concretar la responsabilidad de los patronos: la "diligencia" de un buen comerciante, de un buen empresario, en la prudencia de un buen padre de familia; tales fórmulas son comunes en muchos países del ámbito de la codificación romano-napoleónica[35]. En particular, el art. 17.1 de la LF española utiliza la denominación "*diligencia de un representante leal*" que, luego, va modelizando de un modo un tanto abierto. Generando, es cierto, un sistema de responsabilidad y perseguibilidad previsto en la propia norma[36].

Pero han sido los ordenamientos anglosajones los que han recogido de un modo mucho más preciso y concreto, estos "deberes fiduciarios" a través de la regulada del *prudent person rule*, de un modo triádico: deberes de *lealtad* al fin y con el, en su caso, a la voluntad del fundador; de *cuidado/prudencia* a la operatividad y el patrimonio de la fundación; y de *obediencia* al gobierno fundacional original y a las obligaciones legales[37]:

---

35 Estos lugares siguen, así, elaboraciones más o menos complejas y detalladas de las reglas clásicas del buen fiduciario, el "buen padre de familia" o del "empresario en sus propios negocios": Cfrs. K. J. Hopt & T. V. Hippel (dirs.), *Comparative Corporate Governance of Non-profit Organizations*, cit., en sus capítulos correspondientes

36 F. Vives Ruiz, "Responsabilidad de los patronos frente a la fundación y acción en interés fundacional", en Martínez Garrido, S., (coord.) et aliq, *Buen gobierno de las fundaciones*, Iberdrola & La Ley, 2015, pp. 377-398.

37 Así, los tribunales han ceñido muy estrictamente en qué consiste el *"prudent person rule"* propio del *trustee* o fiduciario, cual es el caso todo "patrono" de una fundación. Tales deberes proceden de la idea de que los patronos deben gobernar *"(...) situations in which individuals have an affirmative duty to act for the benefit of other individuals as to matter within the scope of the relationship between the parties":*

1) Deber de lealtad *(duty of loyalty)*, según el cual el "patrono" no es el *propietario* de la fundación, por lo que en todo momento debe buscar el bien de la organización, realizándolo conforme a la voluntad del fundador, de los legatarios y lo que establezcan sus Estatutos.

Para ATKINSON este deber es la obligación que existe de que unas personas *vivas* sigan con el "legado" moral y material que otras personas *muertas* han establecido, particularmente el fundador y en menor medida, el de los posibles donantes y legatarios[38]. Tanto KURTZ como FISHMAN & SCHWARZ añaden, entre otras cosas, que protege las desviaciones del fin estatutario de la intención del fundador y evita las actividades *ultra vires* de los patronos[39]. BRODY añade que habría que distinguir muy bien entre el deber de obediencia a fundadores, de un lado, y el que se deriva hacia donantes, legatarios u otros que dotan la fundación con posterioridad a su constitución y, por lo tanto, de un modo ajeno a la constitución de sus estatutos[40].

2) El deber de cuidado/diligencia (*duty of care/prudence)*, quizá el más poderoso en su actuar, hace referencia al 'esmero' con que el gobierno debe realizar el fin de la fundación y, a tal efecto, el destino y utilización de su patrimonio, bienes y rentas. La doctrina es unánime en separar el deber de cuidado, específico para las *corporaciones*, del

---

A. W. SCOTT, "The Fiduciary Principle", en *California Law Review* nº 37 (1949), p. 539.

38 R. ATKINSON, "Rediscovering the Duty of Obedience: Toward a Trinitarian Theory of Fiduciary Duties", en K. J. HOPT & T. V. HIPPEL (dirs.), *Comparative Corporate Governance of Non-profit Orgatizations*, cit., p. 564 y ss. Hay que destacar que no siempre coinciden todos los autores en asignar la denominación obediencia y la lealtad a ambos deberes, lo cual resulta confuso (y a veces contraintuitivo). Para nosotros hace referencias en particular a la "lealtad" al legado, el legatario, el fundador y su voluntad. En todo caso es una prueba de la difícil consecución de un adecuado punto de autonomía entre la voluntad del fundador, el criterio de donantes y legatarios y la autonomía de su gobierno (D. L. KURTZ, *Board Liability. Guide to Nonprofit Directors*, Moyer Bell Limited, 1988, pp. 84 y ss).

39 J. J. FISHMAN & S. SCHWARZ, *Nonprofit Organizations*, cit., pp. 219 y ss.

40 E. BRODY, "The Legal Framework for Nonprofit Organizations", en *The Nonprofit Sector. A Research Handbook* (eds. W. W. Powell & R. Steinberg), 2ª ed., Yale University Press, New Haven, 2006, pp. 253 a 255.

de deber de prudencia específico para el *trust*; aunque las diferencias no son muy claras[41].

Debido a que se trata de deberes "fiduciarios" su apreciación se produce de modo indirecto, indiciario y negativo; es decir, se presume válida la actuación salvo falta perseguible —*breach of trust*— en definitiva. Por eso se suele eximir de responsabilidad en casos de riesgo o de pequeños daños cuando existe *buena fe* en sus actuaciones[42].

---

41 Por todos, J. J. Fishman, "Nonprofit Organizations in the United States", en K. J. Hopt & T. V. Hippel (dirs.), *Comparative Corporate Governance of Non-profit Orgatizations*, Cambridge University Press, Cambridge, 2010, pp. 149 y ss.

42 Para Kurtz este criterio —imitado del mundo de las entidades lucrativas— admite una interpretación más amplia, por cuanto cualquier fallo, por pequeño que sea, sería susceptible de provocar un daño al "interés general" que la fundación cumple y, por lo tanto, resultar perseguible (D. L. Kurtz, *Board Liability...*, cit., pp. 22 y ss.). No obstante los tribunales aplican los criterios adoptados para las empresas lucrativas, sin ir más allá. En efecto, al ser más comunes las acciones contra el deber de cuidado realizadas por accionistas o patronos en empresas que por un público general, la jurisprudencia es mucho más abundante en aquel ámbito.

Normalmente se acude a la doctrina de pruebas indirectas y "puertos seguros" (*safe harbours*) para saber si este deber se cumple: la asistencia a las reuniones, la celebración de votaciones, preparación de tareas, informándose adecuadamente, obteniendo asesoramiento jurídico cuando es el caso, examen y evaluación periódica de la actividad y resultados económicos y operativos de la fundación; cumplimento de los deberes de información jurídica a las autoridades. Exige, en definitiva, conocer y cumplir las obligaciones que cada ley estatal establece. Por esa dificultad de concreción también se examina si se producen incumplimiento de las disposiciones legales sobre: inversiones arriesgadas (*jeopardizing investments*), exceso de actividad o inversión no-relacionada con el fin propio (*extralimitation of un-related business activity*) y otras formas federales de lealtad (Por todos, E. Brody, "The Limits of Charity Fiduciary Law", en *Maryland Law Review* Vol. 57, nº 4 (1998), pp. 1439 y ss).

No resulta fácil saber cuándo hay una ruptura de estas obligaciones en la actuación financiera e inversora, la cual conecta el patrimonio, la dotación y donaciones con el fin propio de la fundación. Como una fórmula para clarificarla, prácticamente todos los Estados han aceptado el *Uniform Management of Institucional Funds Act* (UMIFA) elaborado por los *Commissioners of Uniform State Laws* en 1972 y el *Uniform Prudent Investment Act* de 1990. Una y otra establecen un conjunto de mecanismos —llamados "puertos seguros"— para determinar si se han cumplido, de buena fe, los deberes fiduciarios (M. R. Fremont-Smith, *Governing Nonprofit Organizations...*, cit., pp. 212-215, entre otras).

3) Finalmente, el deber de obediencia (*duty of obedience*), principio que no está recogido de manera general por los expertos en "gobernanza" de fundaciones pero que, en cambio, sí lo recogen la mayor parte de juristas, aunque un contenido muy variable[43]. Se trata de una responsabilidad un tanto estática, frente a la naturaleza más dinámica de los principios de prudencia y cuidado.

> Así, se entienden manifestaciones de este deber, en sentido contrario: la prohibición de auto-transacción (*self-dealing*); la inhabilitación para determinados negocios por conflictos de interés (ayudas dadas o recibidas por instituciones con las cuales tiene una relación previa) (*disqualification*); el exceso de beneficio o lucro privado en compensaciones u otros pagos (*excess of benefit)*; y la participación en actividades políticas o *lobby* prohibido[44].

También aquí suelen aplicarse los estándares del mundo lucrativo, aunque estos resultarían inadecuados o incluso insuficientes, precisamente por el interés difuso, pero general, que presta la fundación[45]. En cierto modo puede decirse que cualquier disfunción material se podría perseguir, además de por su objeto en sí, por una ruptura de esta "obediencia".

En tal sentido, a veces se propone como criterio de obediencia legal la propia transparencia del sector. Pero, al respecto, en un alegato según el cual la transparencia solo es sólida cuando está apoyada en un solvente régimen de responsabilidad fiduciaria y una supervisión pública fuerte, SUGIN señala —con evidencias que lo apoyan en USA— que[46],

> *(...) a veces se sobrevalora la transparencia. La divulgación pública es deseable cuando alienta a las personas a cumplir con los estándares*

---

43 En general: R. ATKINSON, "Rediscovering the Duty of Obedience...", cit., p. 564 y ss.; y A. R. PALMITER, "Duty of obedience: the forgotten duty", 55 *N.Y.L. SCH. L. REV.* 457 (2010-2011).

44 M. R. FREMONT-SMITH engloba todo ello bajo la idea de "relación justa" *(fair dealing)*. Es decir, se controla que no exista lucro privado (*private inurement*) o beneficio particular (*private benefit*); ideas que no expresan lo mismo, pero que convergen en que el patrono debe ser leal al fin de interés general al que se debe la fundación (*Governing Nonprofit Organizations...*, cit., pp. 187 a 235)

45 D. L. KURTZ, *Board Liability...*, cit., pp. 61 y ss.

46 L. SUGIN, "Strengthening Charity Law: Replacing Media Oversight with Advance Rulings for Nonprofit Fiduciaries", *Tulane Law Review* nº 89 (2015), 870-907.

de responsabilidad de la ley y fomenta un estándar alto de conducta aspiracional. La transparencia no es útil cuando esa luz amenaza la misión y el apoyo público a las organizaciones que experimentan desafíos de gobernanza. Se sirve al interés público y previenen debacles cuando los reguladores intervienen a medida que se desarrolla un problema en una organización y diseñan soluciones con la propia organización".

Finalmente, en la línea de los tres deberes fiduciarios —lealtad, obediencia y cuidado—, Harding y Langford, abogan recientemente por una aproximación que deje claro que el órgano de gobierno de la fundación tiene como finalidad principal la lealtad al fin de la fundación ("purpose-based governance") y no tanto gobernar pensando en los grupos de interés —cada uno defenderá el suyo si hay mecanismos adecuados para ello (lo cual nos lleva al ámbito de la gobernanza)—, y sobre tales deberes debe establecerse el pináculo de la acción de gobierno y de supervisión pública[47].

b.3) Un mejor régimen de responsabilidad exigible (*accountability*)

La modelización existente en España, por cuanto no recoge anteriores fórmulas y está basada bien en las meramente comerciales, bien en las de prudencia, no resulta del todo suficiente y debiera, en una posible reforma, quedar mejor configurada[48]. Hace falta, en definitiva, un modelo propio y debe ser la LF y el RF —cuyo artículo 34 es notoriamente insuficiente[49]— las normas que debieran establecerlo, marcando unos deberes más precisos y, en su caso, rigurosos que combinen, por otro lado, el respeto a la gratuidad y voluntariedad del cargo de patrono con la diligencia debida

Tal y como he apuntado, una buena solución es la combinación de esos deberes legalmente más estrictos con la exigencia de suscribir códigos éticos y/o de buen gobierno, así como códigos de prácticas

---

47 R. Teele Langford, *Governance and Regulation of Charities...*, cit., pp. 10-12.

48 C. Alonso Ledesma, "Particularidades del bueno gobierno de las fundaciones frente al gobierno corporativo de las sociedades", en S. Martínez Garrido (coord.) et aliq, *Buen gobierno de las fundaciones,* cit., 2015, pp. 109 y ss.

49 A. Pérez Escolar, "La necesaria renovación del Derecho de Fundaciones...", cit., pp. 1472-73.

de precaución inversoria[50]. Así como establecer otros mecanismos para separar y proteger el patrimonio fundacional durante posibles investigaciones y procesos judiciales, etc.[51]. También daría primacía a la responsabilidad individual frente al peso que tiene en nuestro ordenamiento la figura interpuesta de la "persona jurídica" que, en estos casos, puede actuar como parapeto al que pueden acogerse unos patronos torpes en términos de capacidad de gestión, formación y virtudes personales.

> Esto debería combinarse, si así fuera, con mejoras en el régimen de autonomía del gobierno fundacional, asemejándolo al de las sociedades de capital, con criterios mejor establecidos de auto-contratación, más claridad en la posibilidad de compensación a sus patronos y a cambio mayores exigencias de profesionalidad, con parámetros establecidos por códigos internos de buen gobierno y mejora en la capacitación/formación; así como mayor transparencia y sistemas de solución de quejas y demandas de usuarios y prestatarios de sus servicios, etc.[52].

La exigencia de una mejora en el gobierno fundacional tiene como fundamento los fines de interés general, el origen no lucrativo de los recursos que utilizan y sobre los que se establece la institución, la voluntariedad de la acción altruista, el destino general de sus servicios y, por supuesto, la confianza para sus beneficiarios, donantes y colaboradores, inclusive la sociedad en su conjunto. Por eso un buen mecanismo de responsabilidad debe ser algo interno, además de tener garantías externas como las que, ahora, estamos recorriendo.

---

50 I. Peñalosa, "Transparencia y buen gobierno en el caso de las fundaciones españolas", *Revista Española del Tercer Sector* nº 26 (2014), pp. 151 y ss.

51 En tal sentido, capítulo sexto del libro S. Martínez Garrido, (coord.) et aliq, *Buen gobierno de las fundaciones*, Iberdrola & La Ley, 2015.

52 M. A. Salvador Armendáriz, "Novedades en el régimen de control de la conductas individuales de los gestores y administradores de las entidades de crédito: análisis del contenido del RD 256/2013, de 12 de abril", *Crisis y reforma del sistema financiero*, A. B. Perdices Huetos et Al., (eds.), Cizur Menor: Thomson Reuters Aranzadi, 2014, pp. 307-327. En tal sentido, R. de Lorenzo et Aliq., "Reflexiones en torno a las fundaciones...", cit., pp. 66-67. M. N. Mato Pacín, "La autocontratación en el ámbito de las fundaciones. Supuestos y sistema de control", en *Anuario de Derecho de fundaciones 2012*, Iustel, 2013, pp. 153 y ss.; y J. M. Embid Irujo, "Obligaciones y responsabilidad de los patronos", cit., pp. 131-151.

Resulta, en tal sentido, particularmente necesario —en consonancia con otros factores de funcionamiento que vamos a ver en el siguiente epígrafe— que el gobierno/gestión de la fundación de las responsabilidades y sus posibles fallos establecidos sobre los deberes previstos en la LF y, en algún modo, en el Código penal sean más claros. Aunque haya mejorado en cuanto a la responsabilidad de la persona jurídica[53].

Pues todo ello tiene como cierre final el sistema punitivo. El Código Penal vigente residencia los posibles delitos que se pudieran producir en instituciones de tipo no lucrativo junto con los de los entes mercantiles y sociedades con ánimo de lucro[54]; lo cual no resulta del todo acertado, por la diversidad de cada grupo de entidades según su naturaleza, funcionamiento, fines y estructura.

> La propuesta realizada por Parada, en su momento, de convertir los bienes fundacionales en bienes públicos, bajo su régimen de protección y, por tanto y derivadamente, a los agentes encargados de su gestión y custodia —Patronos y Protectorado— en "empleados públicos" a los efectos de su responsabilidad[55], no encaja con el régimen jurídico general ni es viable como propuesta de modificación. Pero sí que pone el dedo en la llaga de la necesidad de regular mejor la cuestión en la LF, bajo un paradigma más protectivo, dada la naturaleza del patrimonio (ajeno) de una fundación, de la necesidad de su supervivencia y del carácter heterónomo del patronato; así como de la naturaleza de los donativos a ella entregados. Por supuesto también concurre el hecho de recibir subvenciones públicas directas o, indirectas por la vía de la exención tributaria.

* * *

La combinación de los códigos de buen gobierno como impulso a la ética, junto con mecanismos de prudencia inversoria y responsabilidad institucionalizada y exigible, generan un halo de compromiso y confianza muy necesario para el clima operativo de las fundacio-

---

53 J. Dopico Gómez-Aller, "Las fundaciones ante el régimen de responsabilidad penal de las personas jurídicas", en *Anuario de Derecho de fundaciones 2012*, AEF & La Caixa & Iustel, 2013, pp. 141 y ss.

54 J. C. Alli Turrillas, *Fundaciones y Derecho administrativo*, cit., pp. 290-297.

55 Parada Vázquez, R., "Las fundaciones…", cit., pp. 67 y 69.

nes[56]. Si los entes lucrativos —y de ahí uno de los grandes elementos que deben diferenciarlos— tienen su gobierno y su responsabilidad orientados a la maximización de beneficios, lo es porque el modelo de *shareholding* exige tal propósito. En cambio, el modelo mutualístico, cooperativo y, en otra medida, el fundacional —con todos los matices que el sistema tipo *stakeholding* muestra en unos y otros— exige una mayor internalización y fortaleza de todos los mecanismos mostrados en las páginas anteriores. Son esos los que les dotan de valor (como, por ejemplo, fue el caso de la inversión y obra social de las Cajas de Ahorro, anteriormente)[57].

> Todavía queda por hacer en España —no siendo objeto de este trabajo— un estudio integrado y sistemático sobre la naturaleza, identidad, y factores concomitantes en la responsabilidad del gobierno y los gobernantes de las fundaciones desde una óptica integral: mercantil, societaria, civil y penal. También desde una perspectiva empresarial y, por tanto, desde el punto de vista de la eficacia económica y del deber que tienen en cuanto a la ética fundacional (altruista, caritativa y filantrópica).

2.2.3. Las consecuencias sobre el control de entrada y de gestión de la fundación por parte de la autoridad supervisora

Indudablemente, todos los datos acumulados nos dirigen, más allá de las propuestas teoréticas, a proponer algunas transformaciones "de estilo", en el modo y manera de llevar a cabo la supervisión de las fundaciones por parte de la autoridad. Pero antes de tratar sobre su estructura y poderes parece interesante transitar por algunos aspectos sobre cómo se compenetra esta con el gobierno fundacional. Haciéndolo mediante la evaluación de un conjunto de mecanismos que manifiestan el entrecruzamiento de lo que la ley establece y los poderes que órgano regulador necesita para exigírselo a las fundaciones.

---

56 M. Ruiz-Lozano, A. de los Ríos & S. Millán, "Características de los códigos éticos y de su gestión. Un estudio exploratorio en Andalucía", *CIRIEC-España, Revista de Economía Pública, Social y Cooperativa*, 96 (2019), in toto.

57 M. Carchano, M. Carrasco & F. Soler, "La contribución de las cooperativas de crédito para aliviar la exclusión financiera geográfica en los espacios menos poblados. El caso de España", *CIRIEC-España, Revista de Economía Pública, Social y Cooperativa*, 103 (2021), 197-224.

Este subepígrafe evalúa un conjunto doble de aspectos concretos sobre mecanismos que, aunque propiamente sean potestades del órgano de control, determinan el modo de ser y funcionar de la fundación: el control de entrada del fin y sus elementos concomitantes: patrimonio, dotación y estructura de gobierno; así como de la forma operativa de llevar la supervisión por parte de la autoridad y, por tanto, el tipo de formula a la que deba adaptarse el gobierno fundacional.

En primer lugar, pretendo dejar clara la necesidad de combinar el mantenimiento de un severo control de entrada combinado con otros sistemas posteriores de control. Este control de entrada ha sido y es un elemento constante en todos los países, por una vía u otra, aunque en muchos de ellos luego deriva en una supervisión diaria más flexible y operativa[58].

El control de entrada pasa por una afinación normativa, legal o reglamentaria, de los fines posibles y una obligación de mayor concreción de estos por parte de la fundación; no todo cabe ni todo es posible[59]. De tal manera que la autoridad competente —la Agencia— recabe los informes materiales sobre el fin de interés público que correspondan, inclusive los del Fisco, para realizar un claro control del fin. Quedaría, así, establecido un régimen unívoco para todos los pasos posteriores; que quizá pudiera revisarse —según un régimen previsto en la Ley— cada 5 u 8 años, comprobando que tal fin se está realizando y se están llevando a cabo operaciones acordes con tal fin.

Bajo este aspecto se integran muchos otros que ya han sido recogidos desde otros ángulos:

- Como ya se ha recorrido, una evaluación más operativa del patrimonio, la dotación y las actividades a realizar con él; primando más las buenas prácticas, los códigos internos de gobierno, que las autorizaciones previas de operaciones; fomentando una actividad "asesora" de la autoridad supervisora. En

---

58 Vid epígrafe III. 3 de este capítulo en su totalidad.

59 En el sentido de que muchas fundaciones confunden fines (globales) con fines (operativos), fines con medios, fines estratégicos con orientaciones puntuales, etc. La generalidad de fines de la ley y la no existencia de criterios operativos para su control llevan a esta situación (C. Barrero, «Algunas consideraciones sobre los fines de las fundaciones…», cit., pp. 80-94).

tal sentido parece mejor que se trate de medidas precautorias y orientadoras sobre qué y cómo pueden hacerse las cosas.

- Un sistema que implemente mejores mecanismos, como la supervisión de los deberes de gobierno bajo los citados principios de actuación fiduciaria y doctrinas tipo "puertos seguros".
- Podría regularse mejor la existencia de fórmulas más claras de permisibilidad de actividades comerciales, de patrimonialización "a lo largo del tiempo", aceptando inversiones filantrópicas pospuestas por acumulación de fondos para tal fin, una mayor aceptación de inversiones (con riesgo), mejor regulación de las actividades comerciales conexas o relacionadas —o no— con el fin[60], etc.

En segundo lugar se pueden reconsiderar muchos de los mecanismos de evaluación y sistemas de control con que cuenta la autoridad supervisora. Los países que mejor han fomentado el sector han optado por un modelo más operativo que estático en cuanto a la supervisión de sus fundaciones. Es decir, una supervisión, *in itinere*, en una suerte de ejercicio de acompañamiento de la vida de la fundación.

Aquí, el Protectorado, simplificadamente, evalúa si la fundación ha sido constituida *civilmente* de modo correcto: existe un negocio jurídico fundacional conforme a un documento notarial, con una dotación patrimonial o medios económico-financieros suficientes y adecuados (conforme a lo que establece la LF); con todos los documentos constitutivos-administrativos acreditativos y de registro, etc. Evalúa qué y cómo quiere ser y, en menor medida, por qué.

> Nuestro modelo resulta algo precario, cuando no claramente insuficiente por varias razones. Primero porque la propia LF ha quedado atrás con su obsoleto régimen administrativo de control[61]. Segundo porque se remite a una legislación civil también superada y así debiera verse, incluso, conforme a la normativa mercantil y societaria mucho más moderna, completa y exigente. Y, en tercer lugar, porque el cierre penal es, como se ha expuesto, insuficiente.

---

60 I. Martín Dégano, "Los tres tipos de actividades económicas exentas de las fundaciones y su conexión con los fines de interés general", en *Anuario de Derecho de Fundaciones 2014*, Iustel, 2015, pp. 57 a 96.

61 Sobre ello, J. M. Embid Irujo, "Obligaciones y responsabilidad de los patronos", cit., pp. 131-151

> Además, el modelo tradicional de autorizaciones administrativas previas o incluso, aunque en menor medida, las declaraciones responsables, resultan meros obstáculos en el camino de la actuación autónoma y responsable del patronato. Sus efectos más que supervisar, son los de retrasar la actividad y someter su conveniencia a la discrecionalidad administrativa. Todo ello, dada además la penuria de medios, inexperiencia y dispersión de la autoridad reguladora, resulta raramente efectivo[62].

En tal sentido, los sistemas que entreveran la pura contabilidad financiera con la acción operativa conforme a los fines (buen gobierno, visión, misión, valores, planes, etc.), mediante "informes integrados" deviene una opción interesante; frente a modelos de solo-contabilidad o de separación entre esta y los planes de actuación, como el que prevé la normativa española[63].

En definitiva, la autoridad sustantiva debiera valorar mejor qué-está-haciendo y qué-está-siendo la fundación en su transcurrir diario; a eso me refiero con el examen de los resultados, las actividades y el funcionamiento operativo conforme al fin propio. Así, en los modelos comparados modernos, junto con un severo control de entrada, existe más supervisión de los resultados *ex post facto* de las operaciones conforme al fin que pretenden y los elementos que estuvieron presentes —o ausentes— en la toma de decisiones que ha llevado a tales efectos, y con la vista puesta en el uso del patrimonio, en su caso.

3. VISIÓN GENERAL SOBRE EL MODELO DE INTERVENCIÓN REGULADORA PÚBLICA Y LA COOPERACIÓN PÚBLICO-PRIVADA SOCIAL

3.1. Las posibles (e inaceptables) consecuencias que derivan de sostener un modelo arcaico de supervisión

De la lectura de las páginas anteriores pudiera derivarse una apuesta decidida por un profundo intervencionismo de tipo admi-

---

62 Sobre todo ello se han mostrado muy críticos R. de Lorenzo, J. L. Piñar Mañas y T. Sanjurjo, "Reflexiones en torno a las fundaciones...", cit., pp. 64-65.

63 I. Brusca, P. Blasco & M. Labrador, "Accountability in nonprofit organisations...", cit., pp. 123-147.

nistrativo-regulador sobre las fundaciones. Pero no es así. O, al menos, no es así sin algunos matices que ahora expondré.

Indudablemente, el ambiente general es del de cierta tendencia, presente en nuestra sociedad, a una hiper-regulación y cierto exceso de intervención[64], unido a otros factores como la avidez recaudatoria y, en consecuencia, la predilección ordenadora del Fisco. En el caso de las fundaciones, el peso de los posibles escándalos que se produzcan dentro sector, actúa como "espoleta" para demandar y justificar una mayor regulación. La ausencia de una coherente y estructurada fuerza auto-regulatoria del sector en sí mismo, de mayor presencia comunicativa social —sin perjuicio de los muchos esfuerzos realizados—, no contribuyen a paliar esta realidad desde, por así decirlo, el otro lado de la balanza[65].

Pues bien, sin negar la pertinencia del control público sobre las fundaciones y de apoyar tal en las razones que nacen del propio núcleo íntimo de la fundación —de su origen, constitución y desarrollo—, esto no significa que esa intervención deba sustituir las estructuras, medios y funcionamiento que son propios de la fundación. Más al contrario, si la fundación es co-soberana con el Estado en la prestación del interés general; cada uno lo es en su esfera propia y autónoma[66].

> Como hemos visto, esta tendencia histórica es común en todas partes. En Francia la intervención administrativa ha sido, históricamente, un grado siguiente al fuerte. En primer lugar por el control de entrada que

---

64 No creo que pueda aceptarse, al menos entre nosotros, que se esté consolidando la visión (reguladora) sobre el papel público propuesta por SUNSTEIN, C., *(Más) simple*, Marcial Pons, 2014, in toto.

65 Sobre todo ello y recientemente, a modo de resumen de esta tendencia en los Estados Unidos, donde era un tanto desconocida: E. BRODY & J. TYLER, *How Public is Private Philanthropy? Separating Reality from Myth*, cit., *in toto*. Y para un análisis del panorama regulatorio: J. C. ALLI TURRILLAS, "Origen, crisis jurídica y cambios en ciernes...", cit., pp. 197-230.

66 En tal sentido, como señalan E. T. BORIS Y C. E. STEUERLE, el hecho de que muchas instituciones no lucrativas de entidad social —en particular— actúen en co-soberanía en la prestación de servicios de interés general o incluso servicios públicos, no quita, per se, la independencia de criterio de cada una de las partes implicadas. De hecho se acude a ellas, señalan, precisamente porque se quiere esa libertad en la forma y en el modo de actuar *(Non Profit Organizations and Government...*, cit., pp. 152-153).

realiza el Consejo de Estado para ser parte del club de las "fundaciones" mediante un poderoso escrutinio. En segundo —aunque primero en el tiempo— por una regulación previa que determina en muy alta media la forma de organizarse, la estructura y componentes del gobierno, las funciones, etc. En tercer lugar por un potente régimen autorizatorio y supervisorio de su día a día (de muy diversos tipos y por muchos autoridades). En cuarto porque en su gobierno se insertaba un funcionario público como comisario interno (hoy mero observador con voz vinculante). En quinto porque incluso las pequeñas fundaciones cuya viabilidad podría peligrar si tuvieran que estar sometidas a todo lo anterior, quedan "acogidas" por una macro-fundación paraguas (*fondations abritee*) que vela para que todo ello se cumple y, así, tal fundación pueda existir[67].

Inglaterra tiene un régimen muy "administrativo" de control a través de la *Charity Commission*, que aproxima a la regulación de un modo muy colaborativo también cuenta con poderes extraordinarios; aunque exista la exclusiva —en términos comparados— posibilidad de impugnar muchos de sus actos ante un tribunal especial de garantías: el *Charity Tribunal*. Su legislación ha delimitado muy bien las responsabilidades derivadas de la gran autonomía del gobierno fundacional que, en casos de graves problemas quedan sometidas a los tribunales ordinarios, pero no a la autoridad administrativa. Quieren evitar, precisamente, es una excesiva gubernamentalización y fiscalización por Hacienda o Tesorería de su régimen.

Como también evaluamos, tanto en Canadá como en Estados Unidos la competencia sustantiva de supervisión es estatal y la autoridad es la Fiscalía del Estado correspondiente (*State Attorney)* y debe sustanciar todo proceso de revisión de sus actividades, en su caso, a través de vías judiciales[68]. Por tal dispersión y situación, sus respectivas autoridades tributarias han acabado siendo las verdaderas autoridades de supervisión. Por ser federales y únicas, lo han hecho de manera muy unívoca[69].

---

67 Para su completo régimen: J. C. Alli, *La fundación ¿una casa sin dueño?...*, cit., pp. 585-591.

68 Los procesos han sido pocos y contados, en términos generales: J. C. Alli Turrillas, "Origen, crisis jurídica y cambios...", cit., pp. 210-212.

69 Paradójicamente, el deseo de no realizar una invasión supervisoria sobre el funcionamiento interno de la fundación es lo que condujo a una intervención externa a través de la fiscalidad. La cual, a la postre, ha resultado muy eficaz, por cuanto bajo la etiqueta de ser algo "circunstancial" —o sobre factores externos: exenciones y bonificaciones impositivas—, se ha tranformado en un control particularmente inquisitivo e intrusivo de toda la vida fundacional, pese a que parezca ser solo a efectos tributarios: J. G. Simón et Aliq., "The Federal Tax Treatment of Charitable Organizations", cit., pp. 267 et sq.

La postura y posición adoptada, con sus efectos, no debe llevar a pensar que propugne una *administrativización* de su regulación externa y, menos aún, de la propia vida íntima de la fundación. La propuesta bilateralidad del negocio y del necesario control del fin no pretende insertar la voluntad típicamente burocrático-administrativa dentro de la fundación; más bien al contrario. De hecho considero criticable, en gran medida por estéril, ineficaz e ineficiente, el conjunto de efectos que ha podido tener esa visión clásica de la supervisión pública:

- En primer lugar, la predilección hacia un régimen de autorización (previa) de actividades y operaciones, típica del funcionamiento administrativo general; la cual paraliza y amolda el ser y funcionar de las fundaciones a los procedimientos y formas torpe y típicamente propios de las Administraciones públicas[70].
- El segundo ha sido la tendencia a trasladar el régimen de control a la autoridad fiscal, bajo la excusa de ser la autoridad que cuenta con los medios, la *expertise* y una capacidad unívoca e informativa para dominar la situación con cierta facilidad; pero sin incidir en la supuesta intimidad de la fundación. Además de que su criterio fiscalmente estrecho es un problema; el deseo de ordenación reglamentaria también somete la naturaleza esencialmente libre de las fundaciones a unos márgenes demasiado delimitados.
- Un tercer efecto ha sido el debate sobre un posible régimen sancionador-administrativo para las fundaciones. Varios autores lo evaluaron como posible, dentro del marco de la legalidad y con las cautelas propias de la, entonces, vigente LRJPAC

---

70 Aunque en los últimos años se está dando un tanto la vuelta hacia un régimen de información a la autoridad y declaración responsable, merced a la tendencia hacia la información responsable y las certificaciones previas que impuso la Directiva Bolkenstein (Directiva 123/2006/CE) de servicios en la UE y que, en este ámbito, es aún más necesaria por la naturaleza de la institución "fundación" y actividades que realiza. El único análisis que recoge esta necesaria buena tendencia es J. M. Sala Arquer, "El nuevo derecho público de las fundaciones privadas", en *Fundaciones. Problemas actuales y reforma legal*, Thomson Reuters-Aranzadi, 2011, pp. 87-109.

1992/1999, aunque amparadas en el marco de los arts. 34 y 22 de la Constitución[71]. Solamente parecería adecuado si se hace por parte de una Agencia independiente y sólidamente profesionalizada, bajo un estudio de sus efectos y una ponderación de su proporcionalidad y, quizá, tras dejar un periodo de prueba esos otros modos intermedios (auto-gobierno y autoresponsabilidad, mejora de los controles, punibilidad más depurada, etc.).

- Un cuarto y último efecto, es la utilización de la forma fundacional por las administraciones públicas. El problema que se deriva es el contagio que, en una dirección y otra, se pueda producir entre el mundo-fundacional privado y el mundo-fundacional público. Esto además del uso indebido de esta forma para mantener un sistema de prestación pública que debería utilizar la forma de *organismos autónomos* —que esto es lo que verdaderamente deberían ser— dotados, así, de una supuestamente mayor flexibilidad frente a los controles y normativa administrativa[72].

---

71 La AEF se opuso a su inclusión en la propuesta de reforma de la Ley de fundaciones de 2012, que resultó frustrada (http://intranet.fundaciones.org/EPORTAL_DOCS/GENERAL/AEF/DOC-cw54229ffcc0a07/ResumenyvaloraciOnAPLF.pdf (enero 2024). Varios académicos se mostraron a favor de dicha opción como parte del sistema necesario para una mejor en el régimen de las fundaciones: M. Pérez Escolar, "La necesaria renovación del Derecho de Fundaciones...", cit., pp. 1470-1474; A. López Serrano, *El gobierno de las fundaciones: Patronato y Protectorado*, cit., p. 259. Siendo contrario A. García Mengual, *Perfiles constitucionales...*, cit., p. 560. En algún caso y más allá de la situación de ese anteproyecto de ley que no llegó a nacer, por lo que la apuesta por un régimen sancionador ha quedad por ahora en nada; como existe en algún ordenamiento autonómico (Cataluña, básicamente): X. Muñoz Puiggròs, "Potestades administrativas del Protectorado de fundaciones con especial referencia a la regulación de un posible régimen sancionador", en *LA LEY 39219/2008;* y más tenuemente, M.-R. Lloveras Ferrer, "El protectorado de fundaciones en el Código civil de Cataluña. La regulación del Libro III y algunos posibles desarrollos anunciados en el Anteproyecto de Ley del Protectorado", en *InDret* 1/2010.

72 Lo cual lleva a la paradoja de que, con una mano, la Administración púbica utilice la forma fundación para escabuyirse de su propia regulación y, con la otra mano, hiper-regule administrativamente a las fundaciones privadas. Situación que se ha revelado falsa e ilusoria y de la que, por suerte —y para bien de la propia institución fundacional— se está dando la vuelta. Véase: J. García-Andrade, "La restructuración del sector público fundacional", cit., pp. 19 a 56.

* * *

Tal y como ya expuse (capítulo I epígrafe 4.2), no pretendo en modo alguno una conversión del sector no-lucrativo tipo fundacional en un "sector regulado":

Primero porque no estamos propiamente ante un sector de interés económico en el que, por tanto, el factor o título justificativo de la regulación sea la "competitividad" de los mercados en actividades económicas de interés general; sin perjuicio, como ya indiqué, de la necesidad de acometer una mejor regulación de la actividad comercial de las fundaciones (cuya justificación es por la competencia que puede suponer su acción comercial-filantrópica con respecto a la misma actividad realizada por entes comerciales puros)[73].

Segundo porque tampoco estamos ante un "servicio público" del tipo que sea, por lo que no debe acudirse a los mismos títulos y técnicas que han justificado históricamente su *ordenatio* o *publicatio* —o *regulación*, en su sentido jurídico más vinculado al ámbito de los servicios públicos[74]— de tales servicios. No debemos confundir una figura modal (la fundación) —por más que los fines que cumplan las concretas fundaciones sean de "interés general"— con el concepto y prestación de una actividad de servicio público[75].

---

73 Dado que este puede suponer de anti-competitividad con los entes lucrativos cuando los primeros tienen exenciones impositivas: J. J. Millán Pereira, "Regulación económica, competencia e incentivos", en A. Ruiz Ojeda (dir), *Fundamentos de Regulación y Competencia...*, cit, pp. 113-162. Cuestión muy bien clarificada en USA bajo el paradigma de las *related/unrelated business activities* de las fundaciones: J. C. Alli Turrillas, *La fundación, ¿una casa sin dueño?...*, cit., pp. 387-393.

74 G. Ariño, *Economía y Estado*, Marcial Pons, 2003, pp. 294, 306 y ss.

75 Todo ello por más que en el marco del Estado social y participativo al que estamos haciendo continua referencia, muchas fundaciones presten servicios de interés general bajo régimen concesionario de algunos servicios públicos e, incluso, con dinero público. En cuyo caso tendrán su régimen de ordenación y regulación consecuente. Sobre "La fundación y el servicio público" dedico un epígrafe mucho más completo de lo que se ha expuesto en este lugar en: *Fundaciones y Derecho administrativo*, cit., pp. 257 a 277. No obstante, es una realidad que la retirada de la imposibilidad de que las fundaciones (de servicio) ostenten potestades públicas —lo cual en muchos servicios públicos sociales es una realidad—, está provocando que este nuevo paradigma de supervisión cobre aún

Tercero, y más abstractamente, porque su peculiar regulación —que he preferido, en general, considerar como 'supervisión'— viene justificada, como ha podido ir siendo visto en todo el libro, en y por la participación público-privada en el fin de interés general que prestan bajo un título específico que ampara la Constitución en su artículo 34 y que viene marcado por esta peculiar forma histórico-social que es la fundación.

Considero que algunos ejemplos de hechos y visiones comparadas, en el marco de la cooperación necesaria público-privada, como adición, nos pueden ayudar a entender estas afirmaciones; además de todo lo que ha ido siendo expuesto y como cierre comparado de todo este libro.

3.2. La cooperación público-privada a través del paradigma del "tercer sector" y algunos de los problemas a los que se enfrenta

3.2.1. La reconfiguración del Estado social en su perspectiva prestatoria y cómo afecta al tercer sector

a) Idea general

Uno de los factores que más destacan dentro de este profundo cambio que estamos viendo del modelo actual de Estado social es su multipolaridad. Ha descentrado su ser desde la (supuestamente) omnipresencia pública de los últimos decenios, hacia un conjunto entremezclado de Estado-sociedad mucho más complejo[76]. El factor más destacado es esa renovada notoriedad que, a tal respecto y bajo muy diversas caras, ha adoptado los entes que son la *cara* de la sociedad civil en la prestación de tales servicios. Adopten tales entes, dentro de diversas estructuras conceptuales, la fórmula y entidad que sea: tercer sector, sector no lucrativo; en sus componentes prototípicos como las fundaciones[77].

---

mayor sentido en este campo. D. González Gil, "El interés general, presupuesto de atribución y ejercicio de la potestad administrativa", cit., pp. 214-224.

[76] I. Sotelo, *El Estado social.*, cit., p. 291-336.

[77] Por todos, en cuanto expone el status questionis: H. Anheier, M. Lang & S. Toepler, "Civil society in times of change: Shrinking, changing and expanding spaces and the need for new regulatory approaches", *Economics E-Journal.* Nº 13

Tales formas privado-lucrativas entreveran sus fines, medios y estructuras tanto con los entes típicos del sector público como, también, con los propios de las entidades privado-lucrativas[78]. Así, por poner solo algunos ejemplos meramente descriptivos, estarían los casos de los centros asistenciales y médicos privados-lucrativos que actúan contractualmente como sistemas mutuales públicos; las escuelas sostenidas por entes no-lucrativos que prestan escolarización bajo régimen concesional público; o los hospitales públicos bajo régimen privado-fundacional, etc.

Así nos lo presenta gráficamente, desde este ángulo más socioeconómico que no tiene una clara plasmación jurídica, SAJARDO MORENO:

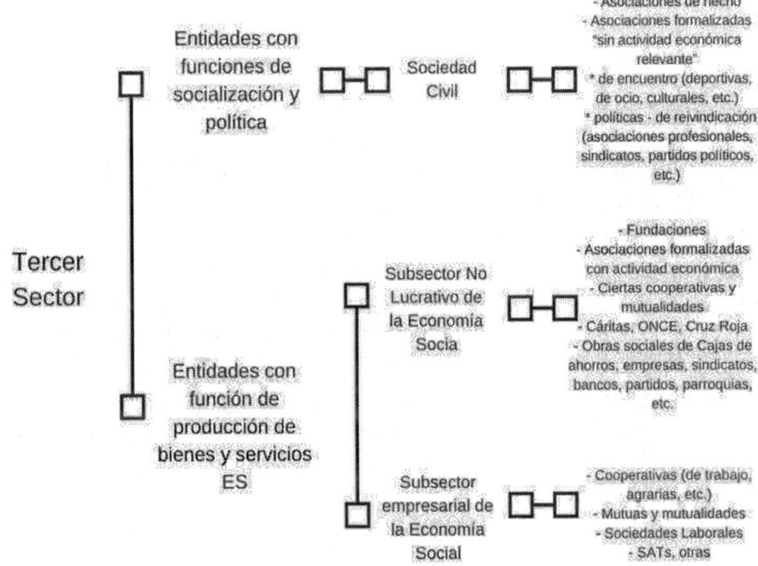

Fuente: A. Sajardo Moreno (1998)

(2019), 1-27. P. FRUMKIN, *On Being Nonprofit. A Conceptual al Policy Premier*, Harvard University Press, 2002.

78 Sobre ello, véase, por la complitud conceptual que presenta, la reciente tesis de S. PÉREZ SEMPERE, *La nueva filantropía: hacia la era de la sociedad mecenas. Análisis del crownfunding en España*, Universidad de Valencia, 2017, pp. 31-36. Además de todo lo trabajado por su maestra: A. SAJARDO MORENO, *El sector no lucrativo en el ámbito de los servicios sociales (Valencia)*, CIRIEC-España, 1998.

Inmediatamente percibimos que si diseccionáramos todo debidamente, estamos insertando de un modo un tanto confuso, un heterogéneo conjunto de entes de muy diversa naturaleza. Tanto en lo público y en lo privado-lucrativo como, desde luego, en lo no lucrativo: asociaciones, fundaciones, ONGs, cooperativas, mutuas, etc. Pero, en este lugar, caminaremos en esta tierra de fronteras difusas. Esto podría ser una frivolidad si no es porque realmente los tres ámbitos —público-social, privado-lucrativo, y el mixto-no lucrativo— no solo están entrecruzando sus actividades, sino que debido a tal operatividad conjunta y necesidad cooperativa, también confunden sus respectivas naturalezas internas y, consecuencialmente, las formas propias de sus ámbitos materiales y legales. Haciéndolo, además, de un modo cada vez más profundo y, por tanto, sometiendo a sus respectivos regímenes jurídicos —y sociales— a cierta crisis identitaria[79].

No pretendo ahora —ni lo he pretendido a lo largo del libro— estudiar de manera sistemática u ordenada el uso por parte del sector no lucrativo de formas y fórmulas propios del sector lucrativo. Por más que hemos visto su influencia en determinados ámbitos, como el gobierno corporativo, por ejemplo. Tampoco he intentado lo contrario: analizar la *inmiscusión* progresiva de las entidades lucrativas en el ámbito de lo que tradicionalmente han sido los métodos de actuación que, otrora, resultaban propio de sector no-lucrativo, creando fórmulas —en particular, la RSC— para acomodar su actividad a la identidad *confiable* que, en gran medida, es la propia de aquel[80]. Sea esto por un impulso netamente altruista o con una intención medial de pura política comercial, buscando en el halo social un empuje competitivo[81]. Es cierto que esta traslación de formas de actuación —

---

79 Con unas interesantes reflexiones en cuanto al sector público, no estrictamente vinculadas al objeto de este epígrafe, pero sí al conjunto de ideas que lo enmarcan: J. A. HAFER, "Public Administration's Identity Crisis and the Emerging Approach that May Alleviate It", *Hatfield Graduate Journal of Public Affairs,* Vol. 1 (1) (2016).

80 K. E., BOULDING, *La economía del amor y del temor,* cit., pp. 74 y ss.

81 S. DEAN & D. B. REISER, "Trust and for-profit philanthropy: from Surrey's private foundation to Zuckerberg's limited liability company", *The Routledge Handbook of Taxation and Philanthropy,* (edited by HENRY PETER AND GIEDRE LIDEIKYTE HUBER), Routledge, 2021. Véanse las notas 56 (capítulo I) y 23-24 (capítulo III), pues aportan bibliografía y reflexiones a este respecto.

con sus problemas y soluciones—, así como la búsqueda de mercados financieros nuevos y novedosos por parte de las entidades lucrativas, siempre a la caza y captura de nuevos 'nichos' de mercado a través de esta búsqueda de fórmulas comerciales, es uno de sus efectos más visible[82]. Pero no el único, ni siquiera el más importante.

Soy consciente de que preterir un estudio bajo tal perspectiva excluye el análisis cuestiones enormemente interesantes y repletas de ángulos jurídicamente relevantes. Ángulos que todavía están necesitadas en España de un debate y estudio en profundidad. Así cuestiones que van desde el fenómeno del *social-washing* (equiparable al *green-washing*), hasta la renovada economía del bien común, social o civil —y ecosostenible— que pretende ser mucho más integradora[83]. De hecho, las influencias derivadas, como efectos de esta situación, justifican, precisamente, muchas de las posibilidades que se han explorado en el trabajo: el comercialismo de los entes lucrativos, la traslación de los deberes de gobierno corporativo a los entes no lucrativos, etc. Máxime cuando, como ahora se apuntará, todo está relacionado e interconectado, al menos en este ámbito, prestacional y formal, tan poroso. Pero todo ello, como apunto, nos llevaría de-

---

82 A tal respecto, resulta un mapa muy interesante de soluciones "privado-lucrativas" en forma de empresas/inversiones y otras fórmulas en diversos lugares, el estudio de J. Santacruz Cano, "Fiscalidad en las inversiones de impacto social: análisis y propuestas", en *Anuario de Derecho de fundaciones 2019-2020*, Iustel, 2023, pp. 192-201.

83 Particularmente interesante, al respecto, L. Bruni & S. Zamagni, *Economia civile, efficienza, equità, felicità pubblica*, Il Mulino, 2004, in toto. Para una revisión actualizada de las doctrinas, puede verse, con abundancia de datos: V. Gómez & R. Gómez-Álvarez, "La economía del bien común y la economía social y solidaria, ¿son teorías complementarias?", cit., pp. 257-294. R. Mcmillan, *The third sector as innovative force: an attempt at a definition of its function*. Third Sector Research Centre Working Paper nº 89 (2014). Cuestión a la que, incluso, le está dedicando un gran esfuerzo de estudio e impulso la UE: https://single-market-economy.ec.europa.eu/sectors/proximity-and-social-economy/social-economy-eu/social-enterprises_en (junio 2023).
Todo ello también se enmarcaría dentro de los conceptos de nueva sociedad, nueva economía, economía social, bienes públicos democráticos: L. F. Campos Saavedra & C. Rodríguez Morilla, "Los «Bienes Democráticos» en la Economía del Bien Común: cuatro vías para su delimitación conceptual", *CIRIEC-España, Revista de Economía Pública, Social y Cooperativa*, 90 (2017), 223-252. V. Gómez & R. Gómez-Álvarez, "La economía del bien común y la economía social y solidaria, ¿son teorías complementarias?", *CIRIEC-España, Revista de Economía Pública, Social y Cooperativa*, 87 (2016), 257-294.

masiado lejos y solo es pertinente si sirve al análisis de transformaciones en la identidad y gobierno de las fundaciones, pues ahí necesito acotarlo.

Vimos, en otro lugar, como, además, este enredo se ha convertido en un factor que tensiona, en particular y con respecto al objeto de nuestro estudio, la pretendida identidad 'pura' de los entes no-lucrativos, quizá el sector más permeable, lábil y poroso de los tres; dado que los otros parecen conservar una identidad más nítida o, si se prefiere, pretendidamente más fuerte[84]. Aunque, como también veremos en seguida, la cultura filantrópica estadounidense pone claramente la idea de bien común, y el correspondiente valor público que genera —y ambos como un remedo de nuestra idea de interés general—, como el factor que el sector no lucrativo tiene como bandera de identidad legítima y de reivindicación existencial, lo cual le dota de una especial fuerza[85].

Bajo tal marco de traslación de formas-fines-métodos se une el hecho de que el sector no-lucrativo ha venido gozando de unos beneficios fiscales que lo han transmutado, en cierto sentido, en un sector 'subvencionado' por toda sociedad a través de tal beneficio tributario público, representante como tal de tal deseo social[86]. De tal manera que su prestación cobra, siendo así beneficiada, un doble lazo a favor de la sociedad: lo es en pro del interés general y por eso se permite su perpetuación en forma fundacional; y, además, el obtener un beneficio fiscal refuerza ese fin de interés general. Cuestión de interés para apuntar que, de nuevo, debe ser preterida en este estudio. Por eso, dado que estamos en tal tesitura, el análisis que pretendo hacer deviene casi doblemente imprescindible.

Por todo ello resulta más pertinente utilizar la navaja de Ockham para analizar, en particular, cómo explicar esta 'nueva' vinculación

---

84 L. M. Salamon, *The resilient Sector Revisited...*, cit., in toto; J. J. Fishman, "Nonprofit Sector: Myths and Realities...", cit., pp. 306-308 (especialmente, por tanto, cuando trata del mito número dos: que es un sector situado en una posición totalmente independiente a la que conforman el sector público y el lucrativo).

85 S. C. Mendel & J. L. Brudney, "Doing good, Public Good and Public Value. Why the differences matters", pp. 24-26. También en: VV. AA., *The Legitimacy of Philanthropic Foundations: United States and European Perspectives*, Rusell Sage Foundation, New York, 2006, in toto.

86 E. Brody & J. Tyler, *How Public is Private Philanthropy?...*, cit., in toto.

entre lo público y lo no-lucrativo. Si estamos analizando las fronteras entre el "fin público" y los "servicios públicos" —que son propios del primero— con el fin de "interés general" y la prestación de bienes comunes que, como justificación de su existencia, realizan los entes del segundo (las fundaciones particularmente). Y si, además, estamos viendo esta figura en el marco del interés general que presta y el concurso con el interés general que realizan las instituciones públicas. Entonces, el trazado de las influencias mutuas deviene un análisis imprescindible. De lo cual se derivan varias consecuencias para su análisis.

La primera, que ha aparecido en otro lugar y he descartado, es la utilización por el sector público de la forma fundación como mecanismo para agilizar el gasto y la operatividad del servicio público; haciéndolo a modo de 'organismo público' impropio, por decirlo de una manera simplificada[87]. La segunda es la utilización de las fundaciones, en general, como prestadoras indirectas de servicios públicos. No tanto desde la perspectiva jurídico-administrativa formal en cuanto al régimen de los mecanismos de prestación indirectos de los servicios públicos, cuanto desde una perspectiva cívico-social[88]. Esto es lo que pretendo analizar en seguida.

Si, como he sostenido, las fundaciones y el estricto servicio público, prestado por los poderes públicos en régimen directo o indirecto, como parte de su consustancial fin de interés general, son realidades diferentes en su naturaleza y su ser, lo apuntado arriba puede generar una duda sobre su pertinencia e incluso la coherencia interna de tal conjunto de afirmaciones con el resto del libro (en particular con el epígrafe II del capítulo I). ¿Estamos acaso ante una contradicción con respecto a la visión que he ido manteniendo de que el fin de interés general que prestan las fundaciones no es, propiamente, el servicio público que prestan —*secundum suam naturam*— las orga-

---

87 L. M. SALAMON, "Introduction: The nonprofitization of the welfare state", *Voluntas*, 26 (2015), 45.

88 Para ello, entre otros, J. C. ALONSO SECO & C. ALEÁN BRACHO, *El sistema de Servicios sociales: nuevas tendencias en España*, Tirant lo Blach, 2020; y J. ESTEVE PARDO, *La nueva relación entre Estado y Sociedad: aproximación al trasfondo de la crisis*, Marcial Pons, 2016. A. GARRIDO JUNCAL, *Los servicios sociales en el siglo XXI. Nuevas tipologías y formas de prestación*, Aranzadi, 2020. Entre otros.

nizaciones públicas? Dicho de otro modo, ¿Estoy proponiendo una revisión de las prestaciones de interés general que realiza todo, o al menos parte, el sector fundacional como equiparable, jurídico-formalmente, al interés general propio de los poderes administrativos encargados de las prestaciones de servicio público?

Debemos diseccionar una serie de elementos para entender la cuestión y, así, resolver estas preguntas y la contradicción que pudieran contener, a la par que, como he indicado, apuntare algunas ideas sobre esta realidad de un modo actualizado.

b) La reconfiguración de los entes fundacionales prestatorios. En particular, su colaboración en la prestación de los servicios sociales

En el ámbito del entrecruzamiento entre lo propio del sector nolucrativo —en particular, las organizaciones de la sociedad civil en pro del bien común— y lo propio del sector público, la doctrina ha destacado que nos encontramos, como apuntara, ante un momento crucial en la naturaleza típica de ambos, con influencias en ambas direcciones. Tanto para Toepler y Anheier como para Salomon la sociedad civil —cuando la analizan desde este ángulo— está transformándose enormemente en todos sus ámbitos (laborales, económicos, de valores, culturales e identitarios…) y, así, lo están haciendo sus estructuras y formas organizativas[89]. Esto se ha manifestado en fenómenos como la reaparición de nuevas fórmulas, entre las cuales destaca el nuevo *'public managment'* o la *'new public governance'*, conceptualizados bajo unos nuevos modelos de economía y bienestar, donde todo se entremezcla; aún con las tensiones derivadas de este proceso todavía tan abierto[90]. Esto, con los datos globales que apor-

---

89 H. Anheier, M. Lang & S. Toepler, "Civil society in times of change: Shrinking, changing and expanding spaces and the need for new regulatory approaches", *Economics E-Journal.* Nº 13 (2019), 1-27; L. M. Salamon, L. M. & S. W. Sokolowski, "Beyond nonprofits: Re-conceptualizing the third sector. *International Journal of Voluntary and Nonprofit Organizations,* 27(4) (2016), 1515-1545.

90 L. M. Salamon & S. Toepler, "Government-nonprofit cooperation: Anomaly or necessity?", *International Journal of Voluntary and Nonprofit Organizations,* 26(6) (2015), 2155-2177.

tan todos esos autores, es especialmente visible en el ámbito de las estructuras de tipo fundacional[91].

Este proceso se puede ver desde varios ángulos. Primero, quizá más sociológico-político, por la aparición —ya apuntada— de ese nuevo modelo de sociedad-Estado, en el que se buscan fórmulas alternativas a los modelos *clásicos* de tipo mercantil-liberal o socialista-estatalista; como es el caso de las apuntadas nuevas visiones de "economía social", etc., por más que esto deba verse como fenómeno filosófico que deviene realidad a través de fórmulas concretas[92]. Segundo, como la mera búsqueda de mantener el equilibrio financiero de las cuentas públicas y, a la vez, mantener el complejo Estado de bienestar, tratando de encontrar fórmulas adecuadas y actualizadas de estructuración financiero-organizativa, dentro del marco jurídico que permite cada ordenamiento administrativo. Bajo lo apuntado en ambos se enmarca dentro como un fenómeno concretable en denominada contratación pública social (y ecológica) y en otras formas de subvención-conveniación, siempre bajo esta nueva modelización[93]. Tercero, como meros ensayos de fórmulas más flexibles y operativamente cómodas que mantengan todo o al menos parte de lo que supone cierta prestación pública no dentro de ella, pero sí dentro de la esfera de lo no-lucrativo; lo cual puede verse particularmente en países de no tanta tradición iuspublicista como la nuestra. Así, en cuarto lugar, esto se podría analizar como una nueva manifestación de "huida del Derecho administrativo", aunque bajo tales parámetros sociológicos y políticos muy distintos a los años 90 del siglo XX. Finalmente, en quinto lugar, desde una perspectiva histórico-política, se

---

91 Sobre ello y en cuanto a la realidad española, más allá de los datos expuestos en los informes del INAEF-AEF (véase), véase a modo de primera análisis cualitativo: M. Rey García, "Foundations in Spain:...", cit., 1873-1875

92 I. Sotelo, *El Estado social...*, cit., pp. 318 y ss.

93 J. Mª. Gimeno Feliu, "El nuevo ámbito subjetivo de aplicación de la Ley de Contratos del Sector Público: luces y sombras", *Revista de Administración Pública*, 176 (2008), 9-54. M. S. García, J. N. Marco & R. C. Comeche, "Incorporación de valor social a la contratación pública en España: Situación y perspectivas", *Revista de Estudios de La Administración Local y Autonómica* nº 4 (2015), 41-50.

puede evaluar la transformación operada sobre los modelos estatales y administrativos prestatorios en su conjunto[94].

Tal panorama implica, a nuestros efectos, la necesidad de reimplicar el sector no lucrativo con la idea de servicio público y, por tanto, una reconfiguración del entrecruzamiento entre interés público e interés general; lo cual lo hace particularmente pertinente a los efectos de este análisis que ahora estoy realizando. Es un nuevo ángulo bajo el cual examinar esta participación privada en el interés general que estamos evaluando, dicho en otras palabras. Una situación que —y a su vez encuadra— un marco social en el cual el conjunto de factores expuestos están produciendo fenómenos de traslación de formas y fórmulas que permiten atisbar un nuevo panorama de entrecruzamientos institucionales complejos: particularmente la prestación de las entidades sin ánimo de lucro de servicios (públicos) sociales y las fórmulas que se están derivando de esta situación[95].

Bajo el paradigma administrativista que adopta este estudio sobre la supervisión de las fundaciones privadas y su naturaleza singular, no es posible omitir unas consideraciones, aunque sean a vuelapluma, de lo que supone esta re-visión de este asunto.

En primer lugar porque está sometiendo al sector fundacional a una necesaria renovación conceptual e identitaria. De hecho, estas propuestas caminan en el sentido de que el propio nomen-concepto fundación sea capaz de aglutinar mejor las nuevas formas fundacionales que se han ido apareciendo en esta dirección[96].

---

[94] El cual ha tenido su particular reflejo con los cambios socio-políticos acontecidos en España tras la Constitución de 1978 y la creación de un Estado (autonómico) de bienestar. V. Marbán Gallego & G. Rodríguez-Cabrero, "El Tercer Sector de Acción Social en las Comunidades Autónomas: ¿modelos de Tercer Sector o singularidades territoriales?", *CIRIEC-España, Revista de Econo-mía Pública, Social y Cooperativa,* 103 (2016).

[95] Muy recientemente expuesta en Mª. M. Darnaculleta Gardella, "La colaboración de entidades sin ánimo de lucro en la prestación de servicios sociales", en *Anuario de Derecho de fundaciones 2019-2020,* Iustel 2023, 103-152. Un área todavía pendiente de una mayor exploración de conjunto, por lo que puede ir suponiendo de cambios profundos en el ser y naturaleza de las prestaciones públicas de tipo social o "personal": L. M. Salamon & S. Toepler, "Government-nonprofit cooperation: Anomaly or necessity?" cit., in toto.

[96] Desde luego, es parte de esa reconfiguración conceptual propuesta recientemente por J. García-Andrade, como forma de involucrar todo ello: un de-

En segundo lugar porque a partir de tal premisa, se puede pergeñar un sistema que impulse a los entes del tercer sector —en particular a las fundaciones— a establecer nuevos y mejores mecanismos internos de gobierno, patrimonialización, finanzas, etc.; así como de su control público, lo cual es también objeto principal de este estudio.

En tercer lugar porque el sector no-lucrativo permite acceder a ámbitos para los que resulta especialmente idóneo; en particular, precisamente, todos aquellos que fueron —son y serán— su razón de ser cuasi-más-originaria: la beneficencia —hoy acción social— y otras tipologías de prestaciones de bienes comunes de carácter personal: educación, sanidad, cultura básica[97]. Tal y como destaca DARNACULLETA, entre otros, recogiendo las ideas de la Comisión europea, los servicios sociales, por su especial vinculación con la dignidad humana, su baja o nula rentabilidad (general) en términos de mercado, su universalidad y cuasi-necesaria gratuidad y necesaria igualdad, son el ámbito idóneo para la solidaridad y los criterios altruistas y filantrópicos propios de los entes del tercer sector; y, por lo tanto, de la colaboración entre el sector público y el no-lucrativo[98].

Finalmente, en cuarto lugar de modo consecuencial, porque en ese marco "competitivo" entre lo público, lo privado-lucrativo —y también lo privado-no lucrativo—, todos ellos tienen algo que aportar y algo que sacrificar: lo público aliviar sus burocracias; lo lucrativo poner un foco más social; y lo no-lucrativo, mejorar su profesionalidad, entre otros factores. Lo cual genera, lógicamente, cierta crisis identitaria formal e informal en todos ellos, como ha venido siendo indicado. Y esto, que sería este cuarto factor, exige pensar una modelización jurídico-estructural más adecuada a este panorama; sin quedarse en los viejos moldes. O, mejor, utilizándolos como criterio sólido con las adaptaciones pertinentes.

Todo lo dicho tiene implicaciones muy importantes, como voy apuntando, en las relaciones particulares entre las fundaciones y el

---

recho del altruismo —o de la filantropía— que enmarque este conjunto de instituciones de diverso origen, configuración y modelización: "Repensando el Derecho de fundaciones. ¿Hacia un Derecho del altruismo?", cit., pp. 3-29.

97 C. HOVEL, "Sentido, posibilidades y riesgos…", cit., pp. 35-37.

98 Mª. M. DARNACULLETA GARDELLA, "La colaboración de entidades sin ánimo de lucro…", cit., p. 107.

sector público. Las fundaciones, como epitome de entes del tercer sector social, han adquirido un peso determinante en la prestación, bajo diversos regímenes, de los servicios públicos sociales en las CCAA y en la prestación de servicios aledaños —inclusive algunos sanitario-asistenciales—, y están llamados a hacerlo de un modo cada vez mayor[99].

Ello está obligando a reinterpretar el papel de "servicio público" que las fundaciones que prestan tales servicios producen con su quehacer. Haciéndolo bajo un prisma más cooperativo y, también, bajo fórmulas jurídicas nuevas para ellas e incluso para la propia Administración que las pueda 'contratar'. De haber sido, en gran medida, históricamente excluidas y, así, haber mantenido una autonomía precisamente porque sirven a un fin de interés general *desde* el ámbito privado —e incluso habiendo variado muchos desde ese primigenio factor beneficente que tuvieran—, ahora se revinculan a tal a través de la prestación indirecta de numerosos servicios públicos de esta naturaleza estricta; haciéndolo mediante regímenes *concesionales* revalorizados y renovados que marcan un nuevo paso[100].

c) La regulación necesaria bajo estas premisas

Todo lo expuesto explicaría la aparición de un nuevo prototipo de entidad o, mejor, identidad que lo englobara. En Italia ha venido de la mano de la creación de los *"Enti del Terzo Settore"*. Esta realidad ha relanzado el proceso de mecenazgo en Francia (Loi nº 2003,-709 de 1 de agosto de 2003 relativa al mecenazgo, las asociaciones y las fundaciones)[101]. Asimismo también ha alterado las tradicionales formas filantrópicas en Inglaterra y Estados Unidos (así, entre otros, el creciente fenómeno de las fundaciones comunitarias de acción social

---

99 M. A. Salvador Armendáriz, "Los servicios sociales como servicios a las personas en el Derecho de la UE", *La colaboración público-privada en la gestión de servicios sociales,* Marcial Pons, 2022, pp. 25-70.

100 Paso, además, acrecentado en la necesidad de cubrir el enorme hueco que dejara la obra social de las Cajas de Ahorro en tantos lugares (véase la bibliografía y acotaciones recogidas en las notas 183 y 184 del capítulo II).

101 E. Archambault, "The evolution of public service provision by the third sector in France" en *Political Quarterly,* 88 (3), 2017, pp. 465-472.

en ambos lugares). En seguida veremos las situaciones producidas por esta realidad en Alemania, Inglaterra y el caso estadounidense.

Pero aquí solo ha devenido en una norma un tanto vacía que, en gran medida, enmarca formas y fórmulas muy distintas bajo un nuevo paradigma (Ley 43/2015, de 9 de octubre, de Entidades el Tercer Sector de la Acción Social; en adelante LTSAS). Dicha norma pretende, según su exposición de motivos, impulsar el crecimiento de este, en particular con respecto a la acción social. Pero, al respecto, resulta interesante hacer notar que podría haber sido un marco más adecuado para una remodelación de la colaboración público-privada en este necesario campo en el que las exigencias son cada vez mayores, por la alta incidencia de situaciones de crisis existencial, las sucesivas crisis económicas y sus efectos sociales, los cambios en el mercado laboral y el propio envejecimiento poblacional, la saturación de los servicios sociales y sanitarios públicos; cuestiones que, por saltar a la vista no necesitan mayor demostración global (aunque sí de números, resultados, y efectos concretos).

Bajo esta situación se plantean retos de ordenación general que aunque apuntados en la LTSAS, necesitan otro marco complementario. En particular deberían quedar orientadas en un posible régimen concreto que estableciera la Ley de Contratos del Sector Público (LCSP) y la Ley General de Subvenciones (LGS) —ambas su marco natural—; aunque ninguna de ellas haya establecido un régimen formal ad hoc para esta nueva realidad. Así, algunos de tales retos y situaciones serían los relativos a la tipología de la prestación mediante contrato u otras fórmulas —convenios y conciertos—; la garantía del servicio en sus condiciones (universalidad, gratuidad, continuidad, etc.); del uso y establecimiento de mecanismos para el adecuado control subvencional (incluyendo, en ello, la subvención indirecta que supone la exención fiscal). Específicamente también el rol otorgado en tal caso a los donantes y legatarios que participaran en su sostenimiento. Particularmente su participación en el gobierno o control vía *stakeholders* frente al control público-típico y sus mecanismos clásicos. También la concurrencia de actividad comercial con la puramente altruista en estas organizaciones; o incluso la concurrencia social de todas ellas con otras instituciones prestatarias que sí son lucrativas (o al menos lo son en parte). Cuestiones que no han sido, todavía, encaradas de una manera integral.

En tal sentido, la cláusula establecida por la disposición adicional 48 de la LCSP debería cohonestarse mejor con una nueva redacción de la LTSAS y, así, establecer un conjunto de normas específicas más adecuado para este nuevo vínculo institucional que la fuerza de los hechos está impulsando. Como se pone de relieve cuando se analiza la legislación autonómica y la realidad en cuanto a tal prestación por parte de entes del tercer sector. Así, por ejemplo, podría haber establecido un marco de equiparación para fomentar, en particular, o al menos modernizar el régimen de los contratos tipo *in-house (provinding)*, ahora vetados para estos entes[102]; y para mejorar los parámetros que, ahora, se establecen mediante convenios sociales y, con las limitaciones que la actual LCSP establece, conciertos.

A la par se debe dar con soluciones que eviten que esa paulatina homologación de criterios desde lo público a lo no-lucrativo a los que llevaría el "control análogo" que tal cláusula establece, derivaran en un contagio de actitudes y regulaciones. Lo que, unido al uso participado en fondos públicos —tanto por vía de contrato, como por vía subvencional—, generara un isomorfismo público-administrativo en y para las formas institucionales no lucrativas, tanto en su ser como en su forma de actuar. Lo cual, como ahora veremos, no resulta deseable a medio y largo plazo para la propia identidad de cada una de las estructuras.

---

102 La Sentencia del Tribunal de Justicia de la Unión Europea de 19 de junio de 2014, que resuelve la cuestión prejudicial objeto del asunto C-574/12, ha declarado que "cuando a entidad adjudicataria de un contrato público es una asociación de utilidad pública sin ánimo de lucro que, al adjudicarse ese contrato, cuenta entre sus socios no sólo con entidades pertenecientes al sector público, sino también con instituciones privadas de solidaridad social que desarrollan actividades sin ánimo de lucro, no se cumple el requisito relativo al «control análogo», establecido en la jurisprudencia del Tribunal de Justicia para que la adjudicación de un contrato público pueda considerarse una operación «in house», por lo que resulta de aplicación la Directiva 2004/18/CE del Parlamento Europeo y del Consejo, de 31 de marzo de 2004, sobre coordinación de los procedimientos de adjudicación de los contratos públicos de obras, de suministros y de servicios": J. Tejedor Bielsa, "Contratos 'in house' y entidades sin ánimo de lucro...": https://www.administracionpublica.com/contratos-in-house/ https://www.administracionpublica.com/contratos-in-house/ (mayo 2023).

* * *

La realidad es que este panorama de entrecruzamiento de las fronteras institucionales, abre paso tanto a un nuevo entendimiento entre sectores cuanto confirma que pese al diferente espectro que es propio de cada sector, resulta necesaria la creación de un mejor marco normativo de vinculaciones; lo que no significan confusión de planos entre el sector público y el no lucrativo y fundacional cuando este realiza funciones en pro del interés general. De hecho, como admite el citado art. 48 de la LCSP, los entes no-lucrativos, solo resultan totalmente idóneos para este tipo de contratos de servicios públicos, siempre y cuando la actividad comercial-lucrativa que realizan no pesa más que la altruista y cuando hay razones de eficiencia en el gasto público[103]. El propio hecho de que esta realidad pueda ser promovida por la vía de conciertos y convenios, además de contratos, pone también de manifiesto que estamos ante una cooperación singular que se justifica en la sustancia del fin u objeto prestatorio y la naturaleza de las formas institucionales que concurren en su prestación.

Pasos que conectan, también, con la creación de nuevas fórmulas que la filantropía —como vector subjetivo-intencional— ha ido creando y que sirven, en contrapunto a lo dicho, para que fenómenos de privatización de estructuras públicas o cuasi-públicas, reviertan los beneficios derivados de tal proceso en las comunidades —dicho sea en términos generales— a las que servían antes de privatizarse (vgr. una lotería nacional privatizada; o una mina estatal vendida, etc.). Una suerte de situación en la que más allá del lavado-de-cara que pudiera suponer para la privatización, visto desde cierto ángulo, se pretende convertir en un proceso aparentemente inevitable de transformación colectiva, en el que "todos-ganan". Tal y como, en cierta medida, ha ocurrido con las Cajas de Ahorro en España; especialmente conectado, precisamente, con una cierta prestación social que realizaban precisamente a través de su 'obra social'[104].

---

103 A. Garrido Juncal, "La reserva de contratos del sector público a favor de determinados sujetos: una excepción admisible a la libertad de competencia", *La prestación de servicios socio-sanitarios: nuevo marco de la contratación pública,* (dirs. L. Tolivar Alas & M. Cueto Pérez), Tirant lo Blanch, 2020, pp. 233-254.

104 J. C. Alli Turrillas, "Filantropía a través de la privatización o "privatización filantrópica". Un modelo, un caso (las Cajas de Ahorro) y una solución", cit.,

La presencia de ambos con su propio régimen manifiesta, precisamente, su propia existencia e identidad. De manera que no se confunde el "servicio público" justificatorio de la acción social como *élan* existencial que la Constitución establece para los poderes públicos —las administraciones territoriales (mayormente autonómicas y locales, con su régimen de competencias propias)—, con los entes que lo prestan: los públicos o los privados-no lucrativos (o incluso los privados-lucrativos). Es precisamente este diferente ámbito de formas, y regímenes jurídicos, subjetivos el que justifica un círculo de encuentro, unas líneas de cooperación-coordinación-compenetración para la mejor prestación de este o estos servicios. Tarea siempre inacabada, pero necesitada de una remodelación profunda y urgente. Entre otras cosas pertinente para nuestro estudio porque, en gran medida, las fundaciones parten de este tronco altruista, benéfico (beneficente), filantrópico, caritativo (pia-causa) que supone el aliento más profundo de su existencia; y, así, el alma que impulsa la generosidad de fundadores, donantes y partícipes en estos entes para que siga existiendo. Particularmente en este ámbito de lo más estrictamente social.

3.2.2. La captura del regulado por el regulador como 'contagio' paralizante; los casos de Inglaterra y Alemania

La acumulación de formas de supervisión pública podría hacer pensar que solamente por esta vía es posible el control de la fundación o, mejor dicho, de los componentes de la fundación —entre ellos su gobierno— convirtiéndolo en un modelo imitador del funcionamiento público. O, al menos, a considerar que solamente la vía administrativa y sus modelizaciones es la que está mejor articulada para el fin lógico que se pretende: la validación del papel de interés general que las fundaciones cumplen. Esto no está corroborado por los hechos, al menos actualmente, como vimos al analizar la paulatina impronta de la prestación social por entes del tercer sector desde su propia forma de ser y bajo parámetros de servicio público indirecto.

---

pp. 31-102; y "Nostalgia de las Cajas (Reflexiones y lecciones sobre su desaparición)", cit., pp. 18-26.

Vamos a examinar, con mayor detalle, el caso de Alemania e Inglaterra. En ambos países, se produjo durante las últimas décadas del siglo XX una ósmosis de procesos públicos desde las Administraciones públicas supervisoras hacia los entes del tercer sector, principalmente fundaciones, que prestaban servicios sociales en régimen concesional y bajo parámetros típicos del sector público y por los cuales recibían fondos públicos. Esto generó un contagio a los entes privados (no lucrativos) como efecto indeseado de las formas de control y supervisión que son propias del sector público, generando problemas identitarios y funcionales en las fundaciones.

Esto fue especialmente palmario en el sistema fundacional alemán durante el periodo que va desde finales del siglo XIX hasta los años 90 del siglo XX, momento en el cual se produjo cierta evolución determinada por la madurez de su Estado de bienestar y por la unificación[105]. La existencia de un tejido civil tan amplio e imbricado con el "interés general" condujo, durante los años 60-90, a que el Estado depositara en el sector fundacional funciones de "servicio público", mediante la descentralización de servicios públicos de todo tipo, especialmente en el ámbito local y con la creación de consorcios público-privados con forma fundacional[106]. Tanto el sector lucrativo como, especialmente, el no lucrativo y, en especial las fundaciones, se convirtieron así en "entes subsidiados", dependientes de los fondos públicos, y así corporativizados, funcionarizados y generando lo que se ha denominado "transferencia de burocracia"[107]. Esto motivó una crisis identitaria y de autonomía de la que han tardado bastantes años de desprenderse[108].

En Inglaterra se produjo una excesiva dependencia de algunas *charities* de los fondos públicos por su gran vinculación a los servicios públicos —así como la falta de independencia de formas fundacionales de ámbito local, la gran dependencia de fondos del presupuesto público y la

---

105 Recordemos que en el ámbito de lo social un sexto de la acción de la prestación social estaba en manos de estructuras privadas no lucrativas durante el periodo 1980-2000: S. Engel, "Germany's Government-Civil Society Development Cooperation Strategy: the dangers of the middle of the road", cit., p. 43.

106 A. Zimmer & S. Toepler, "Government Policy and Future Issues", en *MIMEO*, 24 de VIII de 1994, pp. 22-23.

107 H. K. Anheier & S. Toepler & W. Sokolowski, *Exploring the State-Dependency Thesis: NPO in Germany*, Working Paper nº 10, John Hopkins University & CCSS, 1996, pp. 2-20.

108 Por todo ello Zimmer señala que se convirtieron en una suerte de "tercer partido del gobierno", perdiendo su primigenia y natural autonomía A. Zimmer, *The Third Sector in Germany*, cit., p. 16.

transferencia de burocracia entre el sector público y el no lucrativo. Este fenómeno fue conocido como *isomorfismo* entre las formas y actuaciones públicas y las no lucrativas, cuando estas actúa *concesionalmente*, etc.[109]. Esto también generó una crisis de identidad tanto de las entidades del sector como del propio rol de la propia *Charity Commission*. En este último caso puesto que esta compartió su papel regulador sobre la institución *charity* con el que realizaban las autoridades social sobre la actividad de servicio público (social) que estas realizaban, generando disfunciones en cuanto a su actuación. La revisión del criterio de la "independencia" y del propio papel de la ChC. han sido elementos cruciales para determinar qué es una *charity* y distinguirla, así, de cualquier forma de "servicio público" estatal[110].

Esta suerte de captura (inversa) del "regulado" por parte del "regulador" entronca con el sentido inadecuado que he pretendido mostrar en cuanto a la hiper-administrativización del control. En tal sentido durante mucho tiempo puso en alerta al sector fundacional así *capturado*. Pues aunque le dota de medios económicos como prestador indirecto de servicios públicos, también limita su acción filantrópica natural y crea culturas de subvención que acaba arrastrando a tales instituciones lugares sin fácil salida; máxime si, cuando como ha ocurrido cuando ha venido una crisis económica, el dinero público deja de fluir[111].

Esta situación refuerza lo indicado en el final del anterior epígrafe, desde varios ángulos: primero, genera dudas en cuanto al uso de técnicas típicamente jurídico-administrativas como fórmula única para el funcionamiento interno de entes privados. Segundo, y concurrentemente, obliga a matizar el uso de tales mecanismos específi-

---

109 K. O'Halloran et aliq., *Charity Law & Social Policy. National and International Perspectives on the Functions of the Law Relating to Charities*, Springer, London, 2008, pp. 520 y ss.

110 Sobre ello, K. Atkinson, "Charities biting the hand that feeds: relationships with their founders", en D. Morris & J. Warburton (eds.), *Charities, Governance and the Law: The Way Forward*, Key Haven, London, 2003, pp. 195 y ss.

111 En cifras que, en los años 90 del siglo XX, suponían que el 47% de los ingresos de los entes del tercer sector provenían de fondos públicos (siendo el otro 43% por tasas y precios y solo el 10% de filantropía por donativos y legados individuales): H. K. Anheier & L. M. Salamon, *The emerging of the Nonprofit Sector*, cit., pp. 100 y ss. Todo ello está resumidamente expuesto en: L. M. Salamon, *The resilient Sector Revisited…*, cti, pp. 34-40.

camente cuando tales entes privados funcionan en el rol que corresponde a entes públicos. Tercero, genera también dudas sobre el uso de esas formas privadas por entes públicos. Y cuarto, conecta con el debate sobre la autonomía privada en pro del interés general que veremos a continuación.

Frente a esta experiencia europea, en USA, en cambio, se habla más bien de tal 'contagio' de formas de gobierno, responsabilidad y control, propias del *managment* de las empresas comerciales basadas en acciones bursátiles (*shareholding*), hacia el que sería propio de las entidades no-lucrativas (o con formas tipo *stakeholding*)... e incluso al sector público[112]. De modo que se pervierte la naturaleza 'social', participativo-asociativa, voluntarista que estas representan; o al menos condiciona bajo criterios economicistas de máximo beneficio al menor coste, frente vector altruista que las debería caracterizar[113].

Como hemos visto, en el actual debate sobre las diversas y más o menos novedosas fórmulas de prestación de servicios sociales por parte de entidades del tercer sector que ha venido como consecuencia de las sucesivas crisis presupuestarias públicas (recortes) y la ausencia del tejido asistencial promovido, durante décadas, por la obra social de las Cajas de Ahorro, esta situación podría reproducirse y exige estar alerta, por ambas partes, para que no se reproduzcan tales paralelismos y dependencias[114].

3.2.2. El interés general no es monopolio de la autoridad pública: el caso del sistema filantrópico americano

Ese pretendido marco de mayor colaboración público-privada y mejor aceptación del papel "público" que la fundación realiza con su forma de ser y actuación "privada" o, dicho en otros términos, de

---

112 Frumkin, P. & Galaskiewicz, J., "Institutional Isomorphism and Public Sector Organizations", *Journal of Public Administration Research and Theory* 14.3 (July 2004), 283-307

113 S. Elstub & L. Poole, "Democratising the non-profit sector: reconfiguring the state-non-profit sector relationship in the UK", *Policy & Politics*, nº *42* (3) (2014), 385-401.

114 L. M. Salamon, "The nonprofitzation of the Welfare State", cit., in toto; y H. K. Anheier et aliq., "Civil society in times of change...", cit, in toto.

una mayor imbricación de la sociedad civil en la prestación de bienes de interés público, ha sido algo que se ha evaluado en USA y que, de un modo u otro, está en la raíz de sus bases conceptuales sobre las fundaciones.

Desde muy temprano, toda una corriente —que pudiera haber triunfado, como lo hizo en Francia; aunque sin los motivos de lucha contra las manos muertas que se había producido en este país (como en España, Italia e incluso Inglaterra, en su momento)— pensó que prestación de un bien de interés público equivalía a "autoridad pública" o, al menos, exigía una intervención de esta en el mismo corazón de cada institución privada que así lo hiciera. Pero esta situación se ventiló y, en cierto modo cerró, muy tempranamente, a través de la doctrina sentada en el Darmouth Case *(Trustees of Dartmouth Coll. v. Woodward, 17 U.S. 518 (1819).* Es este el *leading case* para entender el modelo filantrópico americano y, así, el papel social de sus fundaciones y, con ello, la intervención pública sobre ellas[115].

En este caso se dilucidó si la autoridad pública del Estado de New Hampshire podía intervenir, mediante la remoción y reposición de los *trustees* del *Board* que dirigía el *Darmouth College*, haciéndose cargo de tal Universidad. Lo pretendió, en el entendimiento de que el incumplimiento de los deberes fiduciaros por parte de aquellos —puesta de relieve por donantes y excolegiales— obligaba no solo a su remoción, sino a que el Estado, dirigiera directamente —y no solo *tutelara*— dicha institución. Máxime cuando esta institución cumplía un fin de interés general y prestaba un bien público: pues la educación es una de *four heads of charity* del Pemsel Case.

La primera sentencia amparó tal demanda, de acuerdo con el parámetro "publificatorio" bajo un principio de autonomía reguladora de las autoridades estatales y la tendencia hacia un modelo afrancesado de monopolio del interés general por parte las autoridades públicas y de abolición de "cuerpos intermedios"; en una traza que resultaba coherente con la traza jeffersoniana del gobernado del Estado de New Hampshire[116]. Tal decisión fue recurrida, llegando al

---

115 https://supreme.justia.com/cases/federal/us/17/518/ (enero 2022).

116 De manera muy sencilla puede decirse que esta tenía una visión más afrancesada: no a los cuerpos intermedios, sí a la presencia pública prestadora de más

Tribunal supremo, entonces con una visión federalista (hamiltoniana) de las relaciones Estados-Federación que ha marcado la tendencia desde entonces y, además, de bajo una visión más liberal (anglosajona) en las relaciones sociedad-Estado. La combinación de ambas trazas, llevaron su ponente, el Juez Marshall a señalar en su fallo, muy resumidamente que la intervención de las autoridades no se justifica por muchos motivos de técnica-legal y de status de tal *charitable corporation*[117]:

1) Estamos ante una *corporation*, forma legal protegida por el régimen de responsabilidad limitada que le otorga su naturaleza como "*artificial person*", bajo un régimen jurídico que caso de producirse, debía ser federal, no estatal[118].

---

servicios; a la par que era más confederal, en el sentido de huir del poder del gobierno central (o federal), siendo, también, menos liberal en términos económicos.

117 La regulación de los contratos corporativos —cuestión sobre la que estrictamente versaba el asunto— la federación guarda una competencia propia que en este caso, según ellos, habían invadido las autoridades del Estado, dicho sea en nuestros términos (que es la cuestión que, en particular, constituía el objeto de la *litis*). Para el estudio completo del caso: M. D. McGarvie, "The *Dartmouth College* Case and the Legal Design of Civil Society", cit., pp. 105-10).

118 Lo cual le sirvió al Juez Marshall para sentar, *obiter dictum*, un cuerpo de doctrina fundamental precisamente sobre la naturaleza jurídica de la "corporación": *"An intellectual body, created by law, composed of individuals united under a common name, the members of which succeed each other, so that the body continue always the same, notwithstanding the change of the individuals who compose it, and which, for certain purposes, is considered as a natural person"*. Más adelante, refiriéndose en concreto a este tipo de corporación de fin caritativo, añade: *"A corporation is an artificial being, invisible, intangible and existing only in contemplation of law. Being the mere creature of law, it possesses only those properties which the charter of its creation confers upon it, either expressly or as incidental to its very existence. These are such as are supposed best calculated to effect the object for which it was created. Among the most important are immortality, and, if the expression may be allowed, individuality; properties by which a perpetual succession of many persons are considered as the same, and may act as a single individual. They enable a corporation to manage its own affairs, and to hold property without the perplexing intricacies, the hazarous and endless necessity, of perpetual conveyances for the purpose of transmitting it from hand to hand. It is chiefly for the purpose of clothing bodies of men, in succession, with these qualities, and capacities, that corporations were invented, and are in use. By these means, a perpetual succession of individuals are capable of acting for the promotion of the particular object, like one immortal being"*. *Trustees of Dartmouth College v. Woodward*, 17 U.S. (4 Wheat.) 518, 636 (1819).

2) Además, y en particular, el estatuto de las corporaciones caritativas es algo totalmente “privado”; abundando con que en caso de regulación , esta debe quedar amparada bajo el principio de igualdad general, lo cual también lo lleva al ámbito federal[119].

3) Finalmente y sobre todo, porque esta actuación supone una injustificada inmisión del poder público en instituciones privadas; pues las instituciones filantrópicas y caritativas son un claro esfuerzo privado en pro del bien común (*“private effort for public good”)*[120]*:*

> *"Under its charter, Dartmouth College was a private, and not a public, corporation. That a corporation is established for purposes of general charity, or for education generally does not, per se, make it a public corporation, liable to the control of the legislature".*

Así, el sistema jurídico-político y social de los EE. UU. carece de una distinción cerrada entre lo público y lo privado. Al menos como la que pudiéramos tener aquí[121]. En el apartado dedicado Francia se aprecia cómo su *foundation* surge, en gran medida, como una excepción —más o menos tolerada según periodos históricos— al monopolio estatal en la búsqueda y prosecución del “interés general”. Nuestra tendencia ha sido similar. En cambio, en EE. UU., aún con otros problemas, no puede decirse que esa disyuntiva ontológica haya existido de una manera tan radical. Público y privado se han entrecruzado de un modo muy distinto desde sus orígenes como país independiente. Esto decía Miller en 1961 estudiando la historia de las fundaciones en EE. UU.:

---

[119] De modo que incidió, como liberal hamiltoniano en el descrédito de las visiones jeffersonianas-jacobinas (H. S. Miller, *The Legal Foundations of American Philanthropy 1776-1844,* cit., pp. 21 y ss.).

[120] Esta es la doctrina más de fondo que subyace en todo el caso y permite sostener que estamos ante uno de los más importantes casos en la jurisprudencia americana; pues se señala que la voluntad popular tiene otros muchos medios para manifestarse diferentes a los puramente electorales y que el interés público está en manos, también, de los sujetos privados: P. D. Hall, *A History of Nonprofit Boards in the United States of America,* Board Source e-book series, 2003: https://search.issuelab.org/resource/a-history-of-nonprofit-boards-in-the-united-states.html (enero 2024), p. 12.

[121] L. Parejo Alfonso, “Público y privado en la Administración pública”, en *Derecho mercantil de la CEE. Estudios en homenaje al profesor José Girón Tena,* tomo IV, Civitas, Madrid, 1991, pp. 4669-4716.

"[The colonist] did not debate the question of public versus private responsibility (...). Public and private philanthropy were so completely interwined as to become almost indistinguishable. The law itself reflected a pragmatic approach to the solving of social problems through philanthropy (...)"[122].

En EE. UU., al contrario de lo que ocurre entre nosotros, lo que se dirime es la necesidad de poner siempre en cuestión los intentos políticos y sociales de constreñir la vinculación entre iniciativa privada e interés público[123]. Hay una casi connatural desconfianza hacia el intervencionismo público (*distrust of government*), que J. STUART MILL recogió —reforzándolo en la sociedad— con mucha fuerza en su texto *On Liberty* (1859). Es decir, la iniciativa privada, tanto lucrativa como, en mayor medida incluso, la no-lucrativa, se presume que tienen un naturalmente inevitable carácter "público". Más aún, el propio carácter lucrativo no existiría, se dice, si la primera no estuviese, a la vez, muy construida: el capitalismo salva la filantropía (y viceversa)[124].

Lo expuesto consolida la visión según la cual todas las fundaciones son "públicas" y "privadas" a un tiempo, con independencia de que reciban el nombre de *public charities* y *private foundations*[125]. Según señala FRUMKIN "su status como instituciones privadas hechas en la confianza pública de que actúan por y para el interés general"[126].

---

122 H. S. MILLER, *The Legal Foundations of American Philanthropy 1776-1844*, cit., p. xi.

123 D. PALLOTA, *Uncharitable. How Restraints on Nonprofits Undermine their Potencial*, Tufts University Press, Massachusetts, 2008, especialmente en sus páginas 116 a 128. Algunas cuestiones, desde una perspectiva menos moderna, habían sido puesta de relieve por B. R. HOPKINS, en uno de sus primeros libros, *Charity Under Siege...*, cit., in toto.

124 M. BISHOP & M. GREEN, *Philanthrocapitalism. How Rich Can Save the World and Why We Should Let Them*, A & C. Black, London, 2008.

125 Eso, precisamente, las hace doblemente interesantes; paradójicamente, además, las fundaciones privadas son denominadas "fundaciones", en tanto que las públicas, son *charities*. C. GAUDIANI, *The Greater Good. How Philanthropy Drives the American Economy and Can Save Capitalism*, Owl books, New York, 2004, *in toto*; y J. L. FLEISHMAN, *The Foundation...*, cit., in toto; entre otros.

126 P. FRUMKIN, "Private Foundations as Public Institutions. Regulation, Professionalization, and the Redefinition of Organized Philanthropy", en E. C. LAGEMANN (ed.), *Philanthropic Foundations*, Indiana University Press, Indianapolis, 1999, p. 93. Esta doctrina, afirma HALL que lejos de quedar circunscrita al

Nadie, en su doctrina, realmente pone en duda que las fundaciones privadas sean *"for the public good"*[127], aunque tengan un régimen diferente en el sistema fiscal.

Las fundaciones (privadas) en EEUU no están tributariamente exentas y, en cierto modo, *consentidas* por el poder público *porque* coadyuven en la búsqueda del interés general. O porque lo hagan bajo unos métodos diferentes, pero similares —y por eso tolerables— a las *public charities*; las cuales ostentarían el beneficio completo de reconocimiento pleno por ser operativas (no donantes). No. El "interés general" —o *public benefit*— pertenece primaria y primigeniamente a la sociedad. Cualquier iniciativa privada en la prestación común tiene una presunción de validez precisamente en cuanto tal; pues entienden que es la forma primaria, genuina y previa a la prestación pública de tal bien común. Por tanto, es la propuesta de una intervención-supervisión pública la que debe demostrar su necesidad y razonabilidad. Por lo que actúa como una presunción negativa. Así lo expresó la Corte federal de apelaciones en el asunto *Green v. Cononnally* (1971),

> *"As to private philanthropy, the promotion of a healthy pluralism is often viewed as a prime social benefit of general significance. In other words, society can be seen as benefiting not only from the application of private wealth to specific purposes in the public interest but also from the variety of choices made by individual philanthropists as to which activities to subsidize. This decentralized choice-making is arguably more efficient and responsive to public needs than the cumbersome and less flexible allocation process of government administration"*[128].

* * *

Existe, pues, en USA un equilibrio en la presunción de lo que es público y es privado inversa a la que tenemos nosotros o existe

---

problema concreto de qué hacer con las fundaciones (patrimoniales) de tipo familiar y donante —cuya solución fue, además, muy limitada— ha servido, a futuro, como toda una declaración de principios acerca de la propia naturaleza del conjunto de las instituciones no lucrativas en EE. UU. (P. D. HALL, *A History of the Nonprofit Boards*, cit., pp. 11-14.).

127 P. D. HALL, *A History of Nonprofit Boards,* cit, p. 10 y ss.

128 *Green v. Connally,* 330 F. Supp. 1150, 1162 (1971), *aff'd sub nom. Coit v. Green,* 404 U.S. 997 (1971).

en Francia (e incluso Italia y Alemania). Entre nosotros existe una presunción positiva a favor de la actuación pública y, en su caso, de su poder regulador. De tal manera que cualquier forma privada de perseguir tal interés público *debe ser* aceptado y reconocido por los poderes públicos; de un modo más o menos intenso según las distintas tradiciones de estos lugares y, en ocasión, cada materia. Como hemos visto, en USA ocurre lo contrario.

Son bastantes, pues, las razones que militan en USA contra una visión *administratizada* de las fundaciones, tanto en su ser cuanto en de la propia burocratización de su supervisión orgánica. Como señalan Brody & Tyler, el Estado debe proteger el fin de "interés general" que realizan las fundaciones; pero esto no exige implicarse de modo directo en la forma de acometerlo[129]. Este puede ser el parámetro fundamental para evitar un entendimiento espurio por parte de las autoridades públicas en cuanto a la "administrativización" de la supervisión de las fundaciones.

3.3. Recapitulación: la necesidad de una supervisión adecuada y proporcionada

Crear una sociedad (civil) más fuerte y capaz es, tal y como lo destaca la mayor parte de la doctrina, un pilar fundamental para tener una democracia fuerte y saludable[130]. En una sociedad cambiante, en la que lo prestatorio-público se retrae, también es necesario impulsar una mejor supervisión de lo privado cuando actúa en pro del bien común, prestando servicios de tal naturaleza de modo libre o servicios públicos propiamente dichos; máxime cuando recibe incentivos por la vía de la exención de impuestos[131]. Por eso se propugna un sistema robusto de prestación pública —o compartida— de servicios públi-

---

129 E. Brody & J. Tyler, *How Public is Private Philanthropy?...*, cit., pp. 585-586.

130 Por todos: B. R. Sievers, *Civil Society, Philanthropy and the Fate of Commons*, cit., *in toto*; y H. Hansmann, "The Role of Nonprofit Enterprise", cit., in toto.

131 S. D. Phillips & S. R. Smith, "Public Policy for Philanthropy: Catching the Wave or Creating a Backwater?", *The Routledge Companion to Philanthropy* (Edited by Tobias Jung, Susan D. Phillips and Jenny Harrow), 2016, pp. 213-228.

cos, pues solo la universalidad y (relativa) gratuidad de estos garantiza los principios de igualdad y, también, de libertad conseguidos[132].

Aunque continúe reiterando algunas ideas que ya han aparecido en numerosas páginas de este estudio, este sector —denominado el "sector de la confianza"[133]— exige una autoridad "neutra" e "independiente" —pero no débil; más bien lo contrario— que vele precisamente para que tal factor que genera y sobre la que se asienta, la confianza, no se quiebre. Un solo caso nocivo produce un daño que va más allá de los efectos concretos y directos de tal supuesto, damnificando a todo el sector, precisamente por estar basado en ese intangible que es la confianza[134]. Por ese motivo, además de por las exenciones fiscales y por la propia garantía institucional de la figura (el patrimonio, el fin y los objetivos estatutarios).

La realidad de todos los países estudiados confirma la validez de la hipótesis de que no existen más fundaciones porque el sistema carezca de regulación. Sino que, al contrario, el modelo prospera —y es más sólido— precisamente en un clima de equilibrio entre libertad y responsabilidad, pero siempre dentro de un régimen de supervisión.

> Tanto el modelo británico como, en diferente medida el canadiense y el norteamericano, prueban cómo una intensa regulación —si es buena en términos de claridad, fiabilidad, ecuanimidad y margen operativo—, ni empece ni coarta a un sector fuerte y poderoso. Son sectores históricamente consolidados y socialmente aceptados que están y han estado muy regulados y, a la par, gozan de gran autonomía; no se puede entender un factor sin el otro. Más bien al contrario; lo ordena y fomenta porque le da garantías y solidez[135].

---

132 Tal y como muestra, recientemente: PIKETTY, T., *Una breve historia de la igualdad*, Deusto, 2021, in toto. En un sentido más ensayístico, también, JUDT, T., *Algo va mal*, Taurus, 2010.

133 F. FUKUYAMA, *Trust…*, cit.; y K. E. BOULDING, *La economía del amor y del temor*, cit., ambos en su totalidad.

134 L. H. MAYER & B. M. WILSON, "Regulating Charities in the Twenty-First Century: An Institutional Choice Analysis", *Chicago-Kent Law Revivew* nº 479 (2010), 85 y ss.

135 Incluso, a decir de muchos autores, precisamente el sector se hizo fuerte gracias a que tal regulación le dotó de garantía y legitimidad. Así, por lo tanto, los beneficios fiscales son una consecuencia de la fortaleza del sector; pero no son

De todo lo expuesto derivan varias ideas que, de un modo u otro, recogen englobándolas y abstrayéndolas, todas las propuestas que han ido siendo expuestas tanto el capítulo anterior como en los epígrafes precedentes de este.

1.– En casi todos los países estudiados, el control *autorizatorio* del fin como elemento determinante para ser constituido como fundación es fuerte y poderoso; este es realizado por una autoridad unívoca y ad hoc. Inglaterra y Francia —aunque sus autoridades sean tan distintas, debido a sus distintas tradiciones— son un claro ejemplo al respecto. En ambos, la autoridad realiza una evaluación "a fondo" del fin sobre el que se pretende constituir la fundación y su patrimonialización. No se acepta cualquier idea o intención, ni cualquier dotación patrimonial debe o puede constituirse en una fundación.

Tal autoridad debe poder discriminar, sobre unas bases objetivas y unos fines concretos, establecidos normativamente, qué —y cómo— es un fin "de interés general" de las pretendidas fundaciones frente a otros entes sin tan clara identidad, o sin garantía patrimonial, o sobre todo con fines *particularistas* o *peregrinos* quizá adecuados para una asociación u otras instituciones equivalentes (u organizaciones, también con un fin general pero con una patrimonialización o forma de ser propio de otras *universitas personarum* o *rerum*).

> Tanto en Alemania como en Italia —y entre nosotros—, y debido a razones históricas derivadas de los regímenes autoritarios y el Estado-corporativo que han existido en el siglo XIX y XX, existe un gran miedo de la autoridad a normativizar y ordenar administrativa los fines que son posibles y aceptables y, así, realizar una evaluación administrativa severa; dejando, paradójicamente, mucho margen discrecional a la autoridad que queda, así, al albur de las circunstancias y presiones sociales de cada momento[136].

La opción por una autoridad fiscal —no sustantiva— de supervisión parece una aproximación "indirecta", aparentemente más sua-

---

su causa (y por eso vinieron más tarde que el sector en sí mismo, tanto en UK y Canadá como en USA). Por todos, P. Frumkin, *Strategic Giving*..., cit., pp. 30 y ss.

136 Para entenderlo debidamente, está el caso de Alemania descrito en las notas 53 y 58 del capítulo II.

ve en términos de intervención. Pero resultan igual o incluso más fuertes en términos absolutos, como demuestran los casos de EE. UU y Canadá. Todo ello porque combina: fines posibles (listado o consideraciones generales); finalidad en cuanto al público-objetivo (concreción de su población; accesibilidad, etc.); características del gobierno fundacional (gratuidad, no lucratividad-subjetiva, etc.); y condiciones de prestación del servicio (no discriminación, concreción del grado de universalidad; accesibilidad; competencia; coste de la prestación, etc.). De tal manera que somete a las fundaciones a un criterio existencial severo.

No obstante, con la experiencia de nuestro modelo, nos parece más razonable la opción por una autoridad *sustantiva* y a ser posible unívoca. Esto evita la *disonancia* existencial, conceptual y por tanto cognitiva que se produce cuando se permite la presencia legal de distintos tipos de fundaciones *civiles*. Unas de claro fin público que gozarían de un control tributario para ser tales y tener exención fiscal; y otras de fin puramente privado que carecen de tales controles. Además, como también señalé, *prima facie*, la autoridad sustantiva puede tener un criterio más homogéneo y centrado en la naturaleza propia de la institución "fundacional" que la que tiene, al respecto, la tributaria. Por cuanto la autoridad sustantiva se manifiesta, como vimos, como uno de los sujetos del negocio bilateral constitutivo de la fundación como ese ente bifronte que es. Una autorización-registro que vincule, definitivamente, al resto de órganos administrativos.

2.– Resulta exigible, derivadamente de lo anterior, unos criterios muy claros ex lege para determinar si estamos ante una institución *pro bono commune*. Tales criterios no están del todo claros en nuestro país donde, una vez más, la dispersión de autoridades públicas supervisoras se combina con su propia variedad identitaria, objetiva y tamaño, así como la diversa lectura que hace la Agencia tributaria. A lo que podemos unir los distintos criterios autonómicos. En nuestro caso el único sistema concreto es el establecido por la legislación de mecenazgo, cuyo artículo 2 es mucho más estricto, en este ámbito, que los artículos 1 a 3 de la LF; lo cual traslada el peso de esta determinación a la Agencia tributaria, creando una posible disonancia con lo que establece el Protectorado.

Esta idea abunda, en realidad, en lo expuesto anteriormente: concreción de fines, discriminación de fines-medios; combinación con los criterios de voluntariedad, generalidad en la prestación (no discriminación), gratuidad-no lucratividad subjetiva y vinculación en su determinación entre todas las autoridades concurrentes[137].

> En tal sentido, los precisos criterios utilizados para la determinación del *public benefit* que aplica la *Charity Commission* británica o los utilizados por el CRS y el IRC para la concreción de la *public utility for the common good* no son menores que los estrictos parámetros de *utilité publique* que utilizar el modelo monopólico sobre "interés general" propio del *Conseil d'Etat* francés.

3.– También resulta preciso, como hemos visto, una patrimonialización mucho más flexible de la fundación[138]. Del mismo modo parece preferible que la autoridad de supervisión realice controles operativos *ex post facto* de las actividades, conforme a los resultados obtenidos y actuaciones del patronato y el patrimonio. Para ello la realización de monitorizaciones de su gestión conforme a "informes integrados", privados o públicos, de actividad/finanzas/gobierno y operatividad resultan instrumentos idóneos que permitirían la práctica eliminación de las autorizaciones previas, sustituida por comunicaciones responsables, salvo en los casos más importantes (enajenaciones de patrimonio, realización de actividades comerciales a partir de cierto nivel).

4.– Igualmente resulta necesario que se deje a la fundación ser como quiera ser en cuanto a su forma de gobierno y fórmulas de gestión, sin poner el peso en cómo deba constituirse su gobierno. Además, los señalados avances en la transparencia, la elaboración de códigos propios de buen gobierno y gestión, auto-regulación, informes integrados de actividad-finanzas, son ya urgentes y necesarios como primer valladar ante los problemas que puedan surgir; pero

---

137 Lo cual ocurre en España y es un despropósito que o bien es fruto de que no se controla, o bien de la impericia; en ambos casos, algo grave: C. BARRERO, «Algunas consideraciones sobre los fines de las fundaciones...», cit., pp. 81-82.

138 Así, se manifiesta de manera muy palmaria: M. PÉREZ ESCOLAR, "La necesaria renovación del Derecho de Fundaciones...", cit., pp. 1440 y ss.

este debe ser coordinado y pactado con la autoridad reguladora, de manera que sea un refuerzo mutuo, no un sustituto[139].

* * *

España cuenta actualmente con un sector fundacional fuerte, consolidado, y protegido jurídicamente con una regulación básica que ha estado razonablemente construida. La propia identidad de la institución y, a la par, la flexibilidad que le otorga contar una forma única con márgenes amplios, han sido una de los principales factores de fortaleza de nuestro modelo de fundación. Lo ha sido también la existencia de mecanismos adecuados de control administrativo y fiscal de las autoridades que existían; por más que los del protectorado han devenido ya casi anacrónicos.

Tras casi treinta años de vigencia de las leyes actuales, urge un nuevo modelo legal y reglamentariamente más claro, unificado y sistémico. Con una autoridad —sin perjuicio de la posibilidad de que existan autoridades autonómicas; que también deberían serlo así— *sustantiva* específica y unificada, con todo lo que ello conlleva derivadamente. De tal autoridad y los criterios que aplique debería depender, vicariamente, la fiscal-tributaria y el régimen de exenciones fiscales; y no al revés. La aproximación de la autoridad supervisoria debería ser colaborativa, formativa, asesora y simplificadora. Tal y como expuse mi apuesta es por fortalecer la auto-responsabilidad por diversas vías, mejor que por la imposición de un amenazante código sancionador-administrativo.

Medidas tendentes a crear un ambiente ordenado pero simplificado, sencillo, más bien incentivador, abierto y muy operativo; elementos generales que se aprecian en los sistemas mejor construidos de entre todos los expuestos. Medidas, además, que la fundación como ente abstracto y las fundaciones —tanto como conjunto social como cada una en particular— exigen y merecen.

---

139 Tal y como se ha visto que funciona en los casos estudiados en O. B. Breen & A. Dunn & M. Sidel, *Regulatory Waves…*, cit., pp. 221-243.

CONCLUSIÓN

Las fundaciones son unos entes jurídicos que se han formado, como ocurre tipo de rocas denominado "conglomerado", mediante la acumulación, en capas, de un sinfín de factores históricos: las primeras perpetuidades y el fin trascendente de Roma; la pia causa cristiana y su supervisión por las autoridades eclesiásticas; las vinculaciones medievales a favor de la nobleza (mayorazgo); las amortizaciones relacionadas con el abadengo y realengo y los bienes comunales; el mecenazgo renacentista en favor del arte y la cultura; la creciente beneficencia "privada" por parte de todas estas instituciones; el nacimiento del concepto de "personalidad jurídica" a través de la *persona ficta*; las corporaciones y otros entes pre-estatales como "cuerpos intermedios"; la secularización ilustrada y revolucionaria y la lucha contra las "manos muertas", la nobleza y la Iglesia; la imposibilidad del naciente Estado por proveer la educación y las prestaciones sociales que hacían tales instituciones y, por tanto, su vuelta a acudir a manos privadas; el renacimiento de la caridad, esta vez ya secularizada en manos de instituciones modernas; la reaparición de las instituciones de tipo fundacional ya decantadas; la consolidación del concepto de "interés público" y su posible concurrencia con entes privados, etc.

Tales factores, combinados a través de diversas épocas y variaciones según cada país, dieron lugar en el siglo XX a la aparición de la forma jurídica "fundación", como persona jurídica singularmente identificada. Es, así, una institución que se convierte en un testimonio vivo de la Historia, en el que el elemento público y el privado no se presentan como una disyuntiva sino que, como señalaba recientemente VELASCO con respecto al ordenamiento jurídico en su conjunto, se unen internamente mediante un *más*. Por todo ello, la formación y actual formulación de la institución fundacional tal y como quedó consolidado en la Constitución de 1978, no puede entenderse sin tal concurrencia de ambas voluntades —la privada y la pública— tanto en el fin de la institución como en su propio negocio; en su transcurrir vital y, por lo tanto, en la necesidad de que sea regulada y ordenada bajo tal doble y compenetrado prisma.

De esta manera, la supervisión pública cobra un nuevo sentido. Se convierte en un elemento esencial en la propia esencia y existencia de la fundación, y no como un factor externo, *entrometido,* en una prístina identidad privada.

Esa participación interventiva, por tanto, no está justificada solo por razones de ordenación y policía social general, ni siquiera en la conservación de un patrimonio —en cuanto que esté se acepta como vinculado al destino general de la fundación—, ni tampoco a la protección de la voluntad de un fundador (pues, a tales efectos, valdría con la acción ante los tribunales cuando así lo estableciera la ley). No. La acción y voluntad pública debe entenderse como una voluntad síncrona y concurrente, que convierte el negocio fundacional en algo bilateral y, en tal sentido, se recibe precisamente por el fin de interés general que cumple. De tal concurrencia, precisamente, surge la posibilidad de una patrimonialización duradera, del cuidado de la *voluntas fundatoris,* del control de los Estatutos y resto de aspectos supervisados. Solo desde ese lugar, por tanto, se puede entender el resto de actividad "regulatoria": desde las autorizaciones, hasta la fiscalidad protectora, pasando por el control operativo, el laboral, etc.

Visto de este modo, el régimen ordenador y supervisor tiene, en el fondo, un sustento histórico-jurídico mucho más profundo que el ya de por sí importante de policía-general que es propio de cualquier un sector económico regulado, o incluso del derivado de la *ordenatio* o de *publicatio* de un "servicio público" sea este del tipo que sea (especialmente cuando una o varias fundaciones —u otros entes del tercer sector—, prestan un servicio público bajo algún régimen concesional). Un régimen, por lo tanto, que traslada su eje de la regulación de la actividad al ente institucional en sí mismo considerado, como hemos visto, a través de su ser y de su fin público innato. Lo que, en todo caso, no convierte a las fundaciones —y todo su contenido— en sujetos públicos, ni tampoco "administrativiza" su régimen en el sentido de convertirlo en un servicio público en cualquiera de sus modelizaciones.

En todo caso, esta transformación de la identidad profunda de la supervisión permite caminar por vías alternativas al mero control de los sectores regulados; debiendo estar orientada, a la vez, en incentivar un clima de confianza y seguridad que permite a la propia sociedad actuar en tal sentido. De ahí, también, lo delicado de la misión pública. Mucho más delicado que en otros ámbitos: supervisar sin coartar; ordenar sin restringir; salvaguardar, sin sustituir.

* * *

En todos los sistemas comparados de supervisión de fundaciones que hemos analizado se produce esa intervención pública mediante mecanismos que controlan tanto la inserción de las instituciones en el sector cuanto todos los requerimientos necesarios a tal fin. Algunos de ellos realizan una supervisión de "acompañamiento" que ayuda en el cumplimiento de su propósito, aunque dejando mucho margen de maniobra a su gobierno autónomo, siempre bajo unos parámetros de auto-responsabilidad (de los patronos) muy exigentes, pero respetuosos con su libertad. Donde, como hemos visto, prima cierta labor de educación y concertación, aún contando con ciertas potestades sancionadoras directas.

En cambio, entre nosotros, la dispersión de propósitos y de esfuerzos que existe debido a la diversidad supervisoria (territorial y orgánica), la disonancia que se produce por el hecho de que dos (grandes) autoridades —la sustantiva y tributaria— realizan la supervisión; los sistemas administrativos arcaicos basados en controles estáticos de patrimonio y actividades y en autorizaciones "tradicionales", resultan poco adecuados para las necesidades operativas de las actuales fundaciones. Además de ser inapropiadamente homogéneos frente a instituciones concretas que, como hemos visto, tienen fines, formas de alcanzarlos, estructuras y orígenes; tamaño, patrimonio dotacional y operatividad, así como en los componentes fundacionales y miembros de su patronato, demasiado diversos y multifaciales para ser tratados con ese homogeneidad tan plana, que reduce la iniciativa y coarta la libertad responsable.

La existencia de una tipología muy diversa de fundaciones y su variedad interna y externa, abundan en la necesidad de crear un nuevo marco normativo, mucho más adaptable a esas realidades. Un modelo dotado de mecanismos en cuatro grandes líneas de trabajo: Primero un modelo diversificado conceptual-institucional en sus regímenes jurídicos, con una mejor coordinación entre la regulación sustantiva y la tributaria. Segundo, unos mecanismos de apoyo y responsabilidad a su gobierno y supervisión también adaptados. Tercero, un mejor régimen de patrimonialización, más flexible y adaptativo. Y cuarto, un sistema de co-regulación y auto-regulación que permita que el propio sector se sienta responsable de su mejor-hacer. La transparencia, mejora de los sistemas de gobernanza y participación del sector en la sociedad, serían factores asociados al segundo y el cuarto de los factores indicados.

No menos necesario es una reconfiguración de qué es básico y qué es supletorio en el régimen nacional de las fundaciones y la regulación autonómica. La exigencia de obligaciones contables, financieras, tributarias, patrimoniales que fueran idénticas u homologables. También una mayor coordinación y homogeneización entre los órganos reguladores, según distintas aproximaciones, pero para evitar la actual dispersión de autoridades y falta de medios mediante una "economía de escala" en pro del propio fin público que realizan las fundaciones.

Todo lo cual conduce, como inicio y objetivo, a la necesidad de una remodelación completa de la estructura supervisora, dando un paso más allá de la mera unificación orgánico-funcional del Registro y Protectorado. No se trata solo de darles más medios humanos y materiales; sin siquiera de darles más competencias y poderes. Es precisa una reconfiguración completa y profunda de nuestro órgano supervisor, al amparo del art. 35. 1 de la Constitución cuyo marco exige una reconsideración profunda del rol bilateral que presta el factor público en la naturaleza íntima de la fundación.

He propugnado en este estudio, así, la creación de una Agencia Nacional Protectora de fundaciones, dotada de suficiente autonomía institucional orgánica, funcional y presupuestaria para realizar la función de supervisión *de* y *con* las fundaciones, según los parámetros expuestos anteriormente y con la vista puesta en la experiencia comparada que ha quedado detallada en este estudio. Del mismo modo que debe instituirse el Consejo (Nacional) Superior de Fundaciones que integre los esfuerzos estratégicos de coordinación orgánica, territorial y de co-participación en la gobernanza del sector por parte de los entes del propio sector. Todo ello con un adecuado sistema de garantías jurídico-administrativas que ciña bien los poderes de cada ente.

No se trata tanto de importar un sistema comparado completo —como el inglés, por ejemplo—, por cuanto cada modelo de fundación, tal y como he tratado de ilustrar, nace en un ambiente histórico, social y jurídico que es propiamente suyo. Pero sí de aprender algunas de las lecciones e importar unas cuantas de las soluciones posibles que en diversos ordenamientos se han establecido, adaptándolas a nuestro contexto. Pues, como también he tratado de poner de relieve, la fundación tiene, entre todos los países, un alma común; lo cual permite compartir mecanismos foráneos sin, con ello, ultrajar o alterar el sistema propio.

RESUMEN (CONDENSADO) DE PROPUESTAS DE REGULACIÓN Y SUPERVISIÓN

I. PROPUESTAS RELATIVAS A LA INSTITUCIÓN FUNDACIÓN EN SU CONFIGURACIÓN LEGAL

1. Bajo una institución formal y básicamente identificable, la regulación clasificatoria descriptiva y abierta de diversos tipos de fundaciones según la naturaleza específica de su origen-funcionamiento.
   a. Algunos ya existentes: universitarias, bancarias, en mano, histórico-patrimoniales y artísticas.
   b. Otros determinados por su origen constitutivo: fundaciones comunitarias, fundaciones de origen asociativo, hospitalarias, de investigación científica específica (en determinados casos).
   c. Y la estructuración de una graduación de tipología de fundaciones de diversos tamaños, con determinación de las características que definen dichos tales arcos.
2. La creación de tales tipos exigiría una determinación clara de las estructuras de estructura mínima exigible a cada caso; también según arcos.
3. La configuración de disposiciones que permitan una patrimonialización flexible y sus condiciones; dando lugar a fundaciones de patrimonio consumible/de flujo.
4. Una configuración legal clara, completa y exigente del status y deberes de responsabilidad de los patronos; acompañada de elementos suficientes para garantizar su autonomía de dirección y gestión.

5. Una mejor y más completa regulación de la actividad comercial, con parámetros claros y completos y reglas específicas de prudencia inversoria.
6. Un marco legal más completo y específico para la determinación de la cooperación público-privada de las fundaciones en el marco del tercer sector en la acción social; específicamente cuando actúan como servicio público bajo régimen concesional.
7. Establecer mecanismos de cooperación público-privado (no lucrativo) que garanticen la autonomía institucional y eviten la transferencia-de-burocracia y la dependencia presupuestaria pública, sin perjudicar el posible servicio público.

II. PROPUESTAS RELATIVAS AL PROTECTORADO, ESTRUCTURA Y FUNCIONES

1. Creación de una Agencia nacional protectora de fundaciones con un régimen jurídico-administrativo orgánico y funcional específico; y la dotación de medios adecuados.
2. Posible integración del Registro en la Agencia. En su caso —y según la relación entre las funciones del punto 1 y el 4 en relación a este— la creación de un órgano interno, de composición específica, para realizar dicho registro.
3. Considerar la viabilidad de un Tribunal administrativo revisor específico de los actos de dicha Agencia; el cual estaría relacionado, en su status, con el rol de la Agencia y del Registro.
4. Establecimiento del Consejo General de Fundaciones; con un específico refuerzo de la presencia del sector y su capacidad orientadora y estratégica de la acción pública de supervisión y en pro del sector
5. Posibilidad de establecer cierta potestad sancionadora de la Agencia, apoyada con mecanismos de inspección sólidos y bien formados; en cuyo caso, la creación de un marco legal idóneo que venga acompañado de un sistema de garantías sólido que permita la autonomía de gestión fundacional y su gobierno voluntario, altruista y prudente.

6. Establecimiento de protocolos de actuación general y temporal, incluso con planes temporales específicos, para, entre otras, las siguientes instituciones:
   a. Agencia tributaria: para intercambio de información para el registro, viabilidad, patrimonialización y operatividad de la fundación.
   b. Protectorados de las CCAA para el fin de registro de aquellas que operan en el ámbito nacional y estén ubicadas en cada lugar, así como otras funciones de cooperación.
   c. Banco de España y Ministerio de Economía y Hacienda para cuestiones de patrimonio y, particularmente, fundaciones bancarias.
   d. CNMC para el ejercicio de actividades financieras por parte de las fundaciones a partir de determinados umbrales que deben ser establecidos legal o reglamentariamente.
7. Transparencia máxima de todos esos programas de acción, protocolos, sistemas y mecanismos, con sus resultados, actos específicos (con las cautelas correspondientes a las leyes de datos y los procesos de inspección y sanción) que realizara dicha Agencia y el resto de órganos públicos.

III. PROPUESTAS REFERENTES A LA OPERATIVA Y DINÁMICA DE LA SUPERVISIÓN

1. Establecimiento legal claro de un severo control de entrada, según criterios finales, materiales y procesales para la determinación de qué y cómo se cumpla el "interés general"; estos deberían participarse con el sector y, en particular, vendrían valorados por el Consejo General de fundaciones.
2. Trabajo coordinado entre las autoridades y el sector para promover códigos (pactados) de buen gobierno, prudencia inversoria y ética.
3. Establecimiento de mecanismos para garantizar la auto-regulación de las fundaciones; convenios con auditoras y empresas de rating específicas para la calificación de umbrales de autoregulación y establecimientos de mecanismos para la monitori-

zación tanto de tales entidades, como de las fundaciones que, en su caso y acogiéndose a tales sistemas, salieran de la supervisión pública de primer grado.

4. Creación de formas cooperativas por parte de la Agencia nacional para el establecimiento de fundaciones, de asesoría y prestación de apoyo para la gestión (específicamente de fundaciones pequeñas y medianas); en su caso, sistemas de cooperación con las empresas citadas en el punto anterior, que actuarían como concesionarios privados a tal fin.
5. Establecimiento de un marco específico, sencillo y completo de obligaciones de información a las autoridades en todos los ámbitos.
6. Obligaciones muy severas de transparencia de todo ello por parte de las fundaciones en la web y por otras vías, con un marco homogéneo y claro; con una correlativa transparencia de las acciones de la Agencia nacional, como se ha señalado.
7. Conversión de muchos procedimientos de autorización de operaciones y acciones en declaraciones y comunicaciones responsables; bajo parámetros de umbrales y sistemas de alerta. Determinación más clara de los procesos y los pasos de cada proceso de autorización y/o comunicación; todos, también, enmarcados en una reglamentación relacionada con los arcos señalados en el punto 1 y 2 del primer grupo de propuestas.

FUENTES Y BIBLIOGRAFÍA

Bibliografía (general por autores)

ACEMOGLU, D. & J. ROBINSON, *Why Nations Fail: The Origins of Power, Prosperity, and Poverty*, Crown Business, 2012.

ADAMS, C., "In the public interest: *charitable* association, the State, and the status of *utilité publique* in Nineteth-Century France", en *Law and History Review (University of Illinois)* Vol. 25, nº 2 (summer 2007).

ADLOFF, F., P. SCHWERTMANN, R. SPLENGLER & R. G. STRACHWITZ, *Visions and Roles of Foundations in Europe: The German Report,* Issue 15, Maecenata Verlag, Berlin, 2004.

AGEA, S. & E. DEL RÍO, "Situación de las fundaciones en España", en *Ehquidad Internationational Welfare Policies and Social Work Journal* nº 1 (January 2014).

ALBI, F., *Tratado de los modos de gestión de las Corporaciones locales,* Aguilar, 1960.

ALFANDARI, E. & F. TOURETTE, *Action et aide sociales,* Dalloz, 5ª ed., 2011.

ALLI ARANGUREN, *Derecho administrativo y globalización,* Civitas, 2004.

- *La construcción del concepto de Derecho administrativo,* Civitas, 2012.

ALLI TURRILLAS, J. C., "El protectorado ausente de fundaciones", www.HayDerecho, publicado en enero 2023.

- con Mª. A. SALVADOR ARMENDÁRIZ, "The transformation of (old) Spanish Saving Banks into (new) Corporate Banks and Charitable foundations. A comparative case for Philanthropication thru Privatization", en proceso de publicar (2024).
- "Filantropía a través de la privatización o "privatización filantrópica". Un modelo, un caso (las Cajas de Ahorro) y una solución", *Anuario de Derecho de fundaciones 2019-2020,* Iustel, 2023.
- "Nostalgia de las Cajas (Reflexiones y lecciones sobre su desaparición)", en *El Cronista del Estado Social y Democrático de Derecho* nº 50 (mayo 2021).
- con L. M. SALAMON, "Spain's 'la Caixa' Banking Foundation: A Global PtP Model," *A Philanthropication thru Privatization Case Study,* Baltimore, Johns Hopkins Center for Civil Society Studies, 2020.
- con I. COMBES, "Renacer y sobrevivir de la *fondation* en Francia (2000-2016)", en el *Anuario de Derecho de Fundaciones 2016* (dirs. S. MUÑOZ MACHADO & J. L. PIÑAR MAÑAS), Iustel, 2017.
- "La *Charity* inglesa: desarrollo y actualidad (2006-2015), en J. L. PIÑAR & S. MUÑOZ MACHADO, *Anuario de Derecho de fundaciones 2014,* Iustel, 2015.
- "Las conexiones —y desconexiones— de las fundaciones privadas con el Derecho público", en *Ius Canonicum* Vol 55, nº 109 (2015), 115-154.
- "Charities and Foundations in the U.S.A., England, Germany, France and Spain (differences and similarities in the governance, accountability and

public control)", en *Revista General de Derecho Público Comparado* nº 12 (julio 2014).
- con M. Montero Simó, "Las *private foundations* en Estados Unidos: una categoría fiscal, en J. L. Piñar & S. Muñoz Machado, *Anuario de Derecho de Fundaciones 2013*, Iustel & AEF, 2013.
- "Origen, crisis jurídica y cambios en ciernes en la regulación del sector no lucrativo de tipo "fundacional" en los EE. UU", en *Revista Española del Tercer Sector (RETS)* nº 21 (mayo-agosto 2012).
- *La fundación ¿Una casa sin dueño? (Gobierno, control público y responsabilidad de fundaciones en Inglaterra, Estados Unidos, Alemania y Francia)*, Iustel, Madrid, 2012.
- *Fundaciones y Derecho administrativo*, Marcial Pons, 2010.

Alonso Ledesma, C., "Particularidades del bueno gobierno de las fundaciones frente al gobierno corporativo de las sociedades", en Martínez Garrido, S., (coord.) et aliq, *Buen gobierno de las fundaciones*, Iberdrola & La Ley, 2015.

Alonso Seco J. C. & Alemán Bracho, C. *El sistema de Servicios sociales: nuevas tendencias en España*, Tirant lo Blach, 2020.

Anheier, H. K., "Foundations in Europe: a Comparative Perspective", en VV. AA. (Eds. A. Schlüter, V. Then & P. Walkenhorst) *Foundations in Europe*, Bertelsmann Foundation & CAF-Directory of Social Change, London 2001.
- con S. Toepler & W. Sokolowski, *Exploring the State-Dependency Thesis: NPO in Germany*, Working Paper nº 10, John Hopkins University & CCSS, 1996.
- con J. Kendall, Third Sector Politics at the Crossroads. An International Non Profit Analysis, Routledge, London, 2001.
- con L. M. Salamon, *The emerging of the Nonprofit Sector*, John Hopkins University series nº 1, Manchester University Press, 1996.
- con W. Seibel, "Germany", en L. M. Salamon & H. K. Anheier et aliq., *Defining the Nonprofit Sector. A Cross National Analysis*, publicado en el *Nonprofit Sector Series* nº 1, John Hopkins University, 1993.
- con H. Lang, M. & S. Toepler, "Civil society in times of change: Shrinking, changing and expanding spaces and the need for new regulatory approaches", *Economics E-Journal* nº 13 (2019), 1-27.

Archambault, E., "The recent evolution of foundations in France", en (Hoelser M., List R., Ruser A., Toepler S. editors) *Charting Global Challenges: Civil Society, the Nonprofit Sector, and Culture Essays in Honor of Helmut K. Anheier*, Springer, 2019.
- "France" en: *2020 Report on the State of Civil Society in EU and Russia*, CSF, 2021: https://eu-russia-csf.org/project/report-2020/ (enero 2022).
- con E. Priller & A. Zimmer, "Associations et fondations en France et en Allemagne: traditions et convergence", Université Paris Panthéon-Sorbonne (Post-Print and Working Papers): https://ideas.repec.org/p/hal/cesptp/halshs-00831017.html (diciembre 2021).

- "The evolution of public service provision by the third sector in France" en *Political Quarterly*, 88 (3), 2017.
- "Puorqoui les fondations sont-elles si rares en France?", en D. Girard (ed.), *Solidarités collectives: famille et solidarités*, L'Hartmann, Paris, 2004 (disponible en http://matisse.univ-paris1.fr/doc2/archamb04.pdf).
- "France: from jacobin tradition to descentralisation", en L. M. Salamon, & H. K. Anheier et aliq., *Global Civil Society: Dimensions of the Nonprofit Sector*, John Hopkins University Non profit sector series nº 12, Manchester University press, New York, 1999.

Ariño, G., *Empresa pública, Empresa privada, Empresa de interés general*, Aranzadi, 2007.

- et aliq., *Principios de Derecho público económico. Modelo de Estado, gestión pública, regulación económica*, 2ª edición, Fundación de Estudios de regulación & editorial Comares, Granada, 2001.
- *Economía y Estado. Crisis y reforma del sector público*, Marcial Pons, 1993.

Atkinson, K., "Charities biting the hand that feeds: relationships with their founders", en D. Morris & J. Warburton (eds.), *Charities, Governance and the Law: The Way Forward*, Key Haven, London, 2003.

Atkinson, R., "Rediscovering the Duty of Obedience: Toward a Trinitarian Theory of Fiduciary Duties", en K. J. Hopt & T. V. Hippel (dirs.), *Comparative Corporate Governance of Non-profit Orgatizations*, Cambridge University Press, Cambridge, 2010.

Aznar López, M., "En torno a la beneficencia y su régimen jurídico", en *REDA* 92 (octubre-diciembre 1992).

Badenes Gasset, R., *Las fundaciones de Derecho privado*, Eds. Acervo, 1977.

Baño León, J. Mª., "El recurso administrativo como ejemplo de la inercia autoritaria del Derecho público español", ponencia en XI Congreso AEPDA, Zaragoza, 2016. http://www.aepda.es/AEPDAEntrada-1181-XI-CONGRESO-DE-LA-AEPDA.aspx

Barbetta, G. P., *The Nonprofit Sector in Italy*, John Hopkins NPSS nº 6, Manchester University Press, 1997.

Barnes, J., "La transposición de valores públicos a los agentes privados por medio de elementos de organización y procedimiento", en *Estrategias del Derecho ante la incertidumbre y la globalización*, en M. Mercè Darnaculleta i Gardella, J. Esteve Pardo & I. Spiecker gen. Döhmann (eds.), *Estrategias del Derecho ante la incertidumbre y la globalización*, Marcial Pons, 2016.

- *Transformaciones científicas del Derecho administrativo. Historia y retos del Derecho administrativo contemporáneo*, Global Law Press, 2008.

Barr Ames, J., "The Origin of Uses and Trusts", *Harvard Law Review* Vol, 21, n. 4 (feb 1908), 261-274.

Barrero Rodríguez, C., «Algunas consideraciones sobre los fines de las Fundaciones y su garantía por la Administración», en *Revista de Administración Pública* nº 183 (septiembre-diciembre 2010), 73-97.

Baron, E. & X. Delsol, *Les fondations reconnues d'utilité publique et d'enterprise. Régimen juridique et fiscal*, 2ª ed., Juris Service & AGEC, 2004.

Bassols Coma, "Servicio público y empresa pública: reflexiones sobre las llamadas sociedades estatales", en *RAP* 84 (septiembre-diciembre 1977).

– "Convenios de colaboración de la Administración con los particulares", en *RAP* 82 (enero-abril 1977).

Bauman, Z., *Vida líquida*, Austral, 2001.

Bengoechea Bartolomé, A. & López García, J. M. "El Protectorado" en *Tratado de Fundaciones*, Vol I. Bosch, Barcelona, 2007.

Billias, G. A., *Law and Authority in Colonial America*, Barre publishers, New York, 1965.

Bishop, M. & M. Green, *Philanthrocapitalism. How Rich Can Save the World and Why We Should Let Them*, A & C. Black, London, 2008.

Blanc, Y., "Les fondations françaises et la tutelle de l'État», en *Légitimité et fonctions des fondations en Europe et aux Etats-Unis*, Colloque organisé par la Fondation Mattei Dogan (Paris) et le Social Science Research Council (New-York), 27-29 mai 2004.

Blanch nougués, J. Mª., *Régimen jurídico de las fundaciones en Derecho romano*, Dykinson & UIAM, 2007.

Blanco de Tella, L., «El mito de la función coordinadora», en la obra conjunta (con F. González Navarro), *Organización y procedimiento administrativo*, ed. Montecorvo, Madrid 1975.

Blázquez Lidoy, A., "Los incentivos fiscales al mecenazgo en Estados Unidos. ¿Qué podemos aprender con vistas a la reforma de la Ley 49/2002?", en *Anuario de Derecho de fundaciones 2012*, AEF & Iustel, 2013.

Burleigh, *Poder terrenal. I. Religión y política en Europa: de la Revolucuión francesa a la primera guerra mundial*, Taurus, 2005.

Boulding, K. E., *La economía del amor y del temor*, Alianza Universidad, 1973.

Brakman Reiser, D. "For-Profit Philanthropy", en *Fordham Law Review* nº 77 (April 2009).

– & S. A. Dean, *For-Profit Philanthropy. Elite Power & the Threat of Limited Liability Companies, Donor-Advise Funds & Strategic Corporate Giving*, Oxford University Press, 2023.

– & S. A. Dean, "Trust and For-profit Philanthropy: from Surrey's Private Foundation to Zuckerberg's Limited LiabilityCompany", *The Routledge Handbook of Taxation and Philanthropy*, (edited by Henry Peter and Giedre Lideikyte Huber), Routledge, 2021.

Breen, O. B., A. Dunn & M. Sidel (eds), *Regulatory Waves. Comparative Perspectives on State Regulation and Self-Regulation Policies in the Nonprofit Sector*, Cambridge University Press, 2017.

Broder, P., "The legal definition of Charity and CCRA *charitable* registration process", en: http://sectorsource.ca/sites/default/files/definition.pdf (noviembre 2021).

BRODY, E., "The Legal Framework for Nonprofit Organizations", en *The Nonprofit Sector. A Research Handbook* (eds. W. W. Powell & R. Steinberg), 2ª ed., Yale University Press, New Haven, 2006.

- "The Limits of Charity Fiduciary Law", en *Maryland Law Review* Vol. 57, nº 4 (1998).
- con J. TYLER, *How Public is Private Philanthropy? Separating Reality from Myth*, 2ª Edition, The Philanthropy Roundtable, 2012.
- con D. B. REISER et aliq., "Who Guards the Guardians?: Monitoring and Enforcement of Charity Governance", in: *Chicago-Kent Law Review* 80 (2005).
- con J. CORDES, "Tax Treatment of NPO: A Two Edged Sword", en E. T. BORIS y C. E. STEUERLE, *Non Profit Organizations and Government. Collaboration and Conflict*, Urban Institute, 1999.
- con M. OWENS, "Exile to Main Street: the IRS's Diminished Role in Overseeing Tax-Exempt Organizations", *Chicago-Kent Law Review* nº 859 (2016).

BROOKS, A. C., *Who Really Cares: The Surprising Truth About Compassionate Conservatism-America's Charity Divide, Who Gives, Who Doesn't, and Why It Matters*, Basic Books, Washington, 2006.

BRUNI, L. & S. ZAMAGNI, S., *Economia civile, efficienza, equità, felicità pubblica*, Il Mulino, 2004.

BRUSCA, I, BLASCO, P. & LABRADOR, M., "Accountability in nonprofit organisations: the value of integrated reporting for the case of Spain", *CIRIEC-España, Revista de Economía Pública, Social y Cooperativa,* 106 (2022), 123-147.

BURGER, P. DEKKER & V. VELDHEER, "Foundations in The Netherlands", en: SCHÜTLER A, THEN V, WALKENHORST P. (editors), *Foundations in Europe: Society, management en law*, Directory of Social Change, 2001.

CABRA DE LUNA, M. A., "Perspectivas de futuro", en *Tratado de fundaciones*, tomo II, Bosch, Barcelona, 2007.

CAFFARENA LAPORTA, J., "Comentario al artículo 29", en VV. AA., *Comentarios a la ley de fundaciones y de incentivos fiscales,* Marcial Pons & ELE, Madrid, 1995.

- *El régimen jurídico de las fundaciones*, Ministerio de Asuntos Sociales, Madrid, 1991.

CAMPO ARBULO, J. A. DEL, "Las fundaciones a fe y conciencia en el ordenamiento jurídico español", en *La Ley* de 6 de junio de 1995.

- "Comentario al art. 22", en *Comentarios a la Ley de fundaciones 30/1994*, Mapfre & Centro de Fundaciones, 1996.

CAMPOS SAAVEDRA L. F. & RODRÍGUEZ MORILLA, C., "Los «Bienes Democráticos» en la Economía del Bien Común: cuatro vías para su delimitación conceptual", *CIRIEC-España, Revista de Economía Pública, Social y Cooperativa*, 90 (2017), 223-252.

CAPILLA RONCERO, F., *La persona jurídica: funciones y disfunciones*, Tecnos, Madrid, 1993.

Carchano, M., Carrasco, M. & F. Soler, "La contribución de las cooperativas de crédito para aliviar la exclusión financiera geográfica en los espacios menos poblados. El caso de España", *CIRIEC-España, Revista de Economía Pública, Social y Cooperativa,* 103 (2021), 197-224.

Carolei, D., *Non Governamental Organizations and the Law (self regulation and accountability,* Routdlege, 2023.

Carpintero Benítez, F., *La crisis del Estado en la Edad postmoderna,* Aranzadi, 2012.

Carrancho Herrero, Mª. T., *La fundación,* Reus, 2022.

Carro Fernández-Valmayor, J. L.: "Reflexiones sobre las transformaciones actuales del Derecho público, en especial del Derecho administrativo", en *RAP* 193 (2014), 11-44.

Casares Marco, A., "Crónica de una muerte anunciada: la restructuración y ocaso de las Cajas de Ahorros españolas", en *Revista Jurídica de Castilla y León* nº 25 (septiembre 2011).

Casey, J., *The Nonprofit World. Civil Society and the Rise of the Nonprofit Sector,* Kumarian Press, 2016.

Castro y Bravo, F. de, *La persona jurídica,* 2ª edición, Civitas, Madrid, 1991.

Cerrato Allende, J., "Aspectos sociológicos de la fundaciones; el interés general entre la estructura jurídico-formal y la actitud psicosocial", tomo II del *Tratado de fundaciones* (2007).

Chesterman, M., *Charities, Trusts and Social Welfare,* Weindelfeld and Nicholson, London, 1979.

Chiti, M. P., "La presenza degli enti pubblici nelle fondazioni di partecipazione tra diritto nazionale e diritto comunitari", en: https://elibrary.fondazionenotariato.it/articolo.asp?art=06/0604&mn=3 (enero 2022).

Clark, C., *El Reino de Hierro. Auge y caída de Prusia 1600-1947,* Esfera de los libros, 2016.

Coltoff, P., *The Challenge of Change. Non-for-Profit Leadership Strategies for Executives and Boards,* John Wiley & Sons, 2010.

Combes, I. & F. Charhon (dirs.), *Fondations. Fonds de dotation. Constitution, gestion, evolution,* 2ª edition, Juris Editions, 2016.

D'Ors, A., *Derecho privado romano,* 6ª edición, eunsa, Pamplona, 1986.

Dahrendorf, R., *En busca de un nuevo orden. Una política de la libertad para el siglo XXI,* Paidós, Barcelona, 2005.

Darnaculleta i Gardella, Mª. M., *Autorregulación y Derecho público. La autorregulación regulada,* Marcial Pons, 2005.

– "La colaboración de entidades sin ánimo de lucro en la prestación de servicios sociales", en *Anuario de Derecho de fundaciones 2019-2020,* Iustel 2023, 103-152.

Deneault, A., *Mediocracia. Cuando los mediocres toman el poder,* Turner, 2019.

Díez-Picazo, L. Mª., "La idea de servicio de interés económico general", en *Estudios de Derecho público económico. Libro homenaje al Prof. Dr. D. Sebastián Martín-Retortillo* (coord. L. Cosculluela Montaner), Civitas, 2003.

Díez-Picazo, L. y A. Gullón Ballesteros, *Sistema de Derecho civil,* I, Tecnos, 2002.

DiRusso, A. A., "American Law in Comparative Perspective", en *Washington University Global Law Review* 39 (2011).

Dopico Gómez-Aller, J., "Las fundaciones ante el régimen de responsabilidad penal de las personas jurídicas", en *Anuario de Derecho de fundaciones 2012,* AEF & La Caixa & Iustel, 2013.

Dowie, M., *American Foundations. An Investigative History,* MIT Press, Cambridge, 2001.

Dunn, A., "Eddies and Tides: Statutory Regulation, Co-Regulation, and Self-Regulation in Charity Law in Britain", en O. B. Breen, A. Dunn & M. Sidel (eds), *Regulatory Waves. Comparative Perspectives on State Regulation and Self-Regulation Policies in the Nonprofit Sector,* Cambridge University Press, 2017.

Durán Rivacoba, R., "La voluntad del fundador" en VV. AA., *Fundaciones. Problemas actuales y reforma legal,* Aranzadi, 2011.

– *El negocio jurídico fundacional,* Aranzadi, Pamplona, 1996.

Duvoux, M. "Philanthropy, class and tax in France", *The Routledge Handbook of Taxation and Philanthropy* (edited by Henry Peter and Giedre Lideikyte Huber), Routledge, 2021.

Ehrenberg, J., *Civil society. The Critical History of an Idea,* NYU Press, 1999.

Embid Irujo, J. M., "Aproximación a la figura de la fundación empresaria", en *Lex Mercatoria* nº 10 (2018).

– "La fundación como modelo para la colaboración público-privada", en J. M. Embid Irujo & A. Emparanza Sobejano (dirs.), *El gobierno y la gestión de las entidades no lucrativas público-privadas,* Marcial Pons, 2012.

– "Fundación, Empresa, Patronato", en A. Emparanza Sobejano (dir.), *Nuevas orientaciones en la organización y estructuración jurídica de las fundaciones,* Marcial Pons, 2014.

– "Empresa y fundación en el ordenamiento jurídico español (la fundación empresaria)", en *Anuario de Derecho de fundaciones* 2010, AEF & Iustel, 2011.

– "Obligaciones y responsabilidad de los patronos", en J. L. Piñar & S. Muñoz Machado, *Anuario de Derecho de fundaciones 2009,* AEF & Iustel, 2010.

Emerson Andrews, E., *Philanthropic Foundations,* Rusell Sage Foundation, New York, 1956.

Emparanza Sobejano, A., "La influencia del Derecho de sociedades en el gobierno corporativo de las fundaciones", en *Comentarios a la Ley de Cajas de Ahorro y fundaciones bancarias,* Thomson-Reuters, 2015.

Engel, S., "Germany's Government-Civil Society Development Cooperation Strategy: the dangers of the middle of the road", *Cosmopolitan Civil Societies: an Interdisciplinary Journal*, Vol. 9, No. 1 (2017), 42-59.

Enjolras, B., Salamon, L. M., Sivesind, K. H & Zimmer, *The Third Sector as a Renewable Resource for Europe*, Palgrave Macmillan, 1998, in toto.

Ennecerus, L., *Tratado de Derecho civil*, tomo I, 1943.

Esteve Pardo, J., *El pensamiento antiparlamentario y la formación del Derecho público europeo*, Marcial Pons, 2019.

- "Decidir y regular en la incertidumbre. Respuestas y estrategias del Derecho público", en M. Mercè Darnaculleta i Gardella, J. Esteve Pardo & I. Spiecker gen. Döhmann (eds.), *Estrategias del Derecho ante la incertidumbre y la globalización*, Marcial Pons, 2016.
- *La nueva relación entre Estado y Sociedad: aproximación al trasfondo de la crisis*, Marcial Pons, 2016.

Etzioni, A., *La tercera vía hacia una buena sociedad. Propuestas desde el comunitarismo*, Trotta, Madrid, 2001.

- "The Untapped Potential of the Third Sector", en *Business and Society Rewiew* 1 (1972).

Fernández Farreres, G., "El principio de subsidiariedad y la Administración económica", en VV. AA. (dir. L. Cosculluela Montaner), *Estudios de Derecho público económico. Libro homenaje al Prof. Dr. D. Sebastián Martín-Retortillo*, Civitas, 2003.

Fernández García, Mª. Y., "El concepto jurídico indeterminado de *servicio esencial* en al Constitución española", en *RAP* 170 (mayo-agosto 2006).

Fernández Olit, B. & Gross, D. (coords), *Las fundaciones filantrópicas personales y familiares en España*, Comias & AEF, 2018.

Fernández Rodríguez, T. R., *Derecho administrativo, sindicatos y autoadministración*, Civitas, Madrid, 1972.

Ferrara, F., *Teoría de las personas jurídicas*, (1915), reed. por Comares, Colección Crítica del Derecho, Granada, 2006.

Fici, A., "Identità e funzione degli enti del Terzo settore nella giurisprudenza della Corte costituzionale", en *Il Terzo Settore Tra Pubblico e Privato nel prisma della comparazione*, Genova University Press, 2020: https://terzjus.it/articoli/saggi/identita-e-funzione-degli-enti-del-terzo-settore-nella-giurisprudenza-della-corte-costituzionale/ (marzo 2022).

- "La empresa social italiana después de la reforma del tercer sector", *CIRIEC-España, Revista Jurídica de Economía Social y Cooperativa*, nº 36 (2020), 177-193.

Fishman, J. J. & S. Schwarz, *Nonprofit Organizations. Cases and Materials*, 5ª ed., Foundation Press & Thomson-West, Washington, 2016.

Fishman, J. J., "The federalization of Non Profit Regulation and its Discontents", *Kentucky Law Journal*, 99 (2010/2011).

– "Nonprofit Organizations in the United States", en K. J. Hopt & T. V. Hippel (dirs.), *Comparative Corporate Governance of Non-profit Orgatizations*, Cambridge University Press, Cambridge, 2010.
– "Wrong Way Corrigan and Recent Developments in the Nonprofit Landscape: A Need for New Legal Approaches", 76 *Fordham L. Rev.* 567 (2007).
– *The Faithless Fiduciary and the Elusive Quest for Nonprofit Accountability 1200-2005*, Carolina Academic Press, 2007.
– "The Nonprofit Sector: Myths and Realities", en *Pace Law Faculty Publications*, paper 493 (2006).
– "Charitable Accountability and Reform in Nineteenth-Century England: The Case of the Charity Commission", en *Chicago-Kent Law Review* vol. 80, nº 101 (2005).

Fleishman, J. L., *The Foundation. A Great American Secret (How Private Wealth is Changing the World)*, Public Affairs, 2007.

Font i Mas, M., "Coexistencia de protectorados en la normativa sobre fundaciones en Derecho interterritorial español", A. Emparanza Sobejano (dir.), *Nuevas orientaciones en la organización y estructuración jurídica de las fundaciones*, Marcial Pons, 2014.

Franzius, C., "Autorregulación regulada como estrategia de coordinación", en Darnaculleta i Gardella, Mª. M. & J. Esteve Pardo, J. & I. Spiecker gen. Döhmann (eds.), *Estrategias del Derecho ante la incertidumbre y la globalización*, Marcial Pons, 2016.

Fremont-Smith, M. R., *Governing Nonprofit Organizations. Federal and State Law and Regulation*, The Belknap Press of Harvard University Press, Cambridge, 2004.

Friedman, L. M., *A History of American Law*, Touchstone Books, Simon & Schuster, 2ª ed., 1985.

Frumkin, P., *Strategic Giving. The Art and Science of Philanthropy*, University of Chicago Press, 2006.
– *On Being Nonprofit. A Conceptual al Policy Premier*, Harvard University Press, 2002.
– "Private Foundations as Public Institutions. Regulation, Professionalization, and the Redefinition of Organized Philanthropy", en E. C. Lagemann (ed.), *Philanthropic Foundations*, Indiana University Press, Indianapolis, 1999.
– con Galaskiewicz, J., "Institutional Isomorphism and Public Sector Organizations", *Journal of Public Administration Research and Theory* 14.3 (July 2004).

Fukuyama, F., *Trust: The Social Virtues and the Creation of Prosperity*, Free Press, New York, 1995.

Galle, B., "Keep Charity Charitable", en: *Texas Law Review* 88, (2010), 1213-1233.

GAMERO, E., *Desafíos del Derecho administrativo ante un mundo en Disrupción*, Comares, 2015.

– *La potestad administrativa. Concepto y alcance práctico de un criterio clave para la aplicación del Derecho administrativo*, Tirant lo Blanch, 2023.

GARCÍA, M. S., MARCO, J. N. & COMECHE, R. C., "Incorporación de valor social a la contratación pública en España: Situación y perspectivas", *Revista de Estudios de La Administración Local y Autonómica* nº 4 (2015), 41-50.

GARCÍA ÁLVAREZ, B., "Aproximación a la propuesta de Estatuto de la fundación europea", en A. EMPARANZA SOBEJANO (dir.), *Nuevas orientaciones en la organización y estructuración jurídica de las fundaciones*, Marcial Pons, 2014.

GARCÍA DE ENTERRÍA, E., "Constitución, Fundaciones y sociedad civil", en *RAP* 122 (mayo-agosto 1990).

– "La actividad industrial y mercantil de los municipios", en *RAP* 17 (1955).

– "Una nota sobre el interés general como concepto jurídico indeterminado", en *REDA* 89 (enero-marzo 1996).

GARCÍA MENGUAL, F., *El derecho de fundación: perfiles constitucionales*, Tesis doctoral (Universidad de Valencia), 2015.

GARCÍA-ANDRADE GÓMEZ, J., "Repensando el Derecho de fundaciones. ¿Hacia un Derecho del altruismo?", en *Anuario de Derecho de fundaciones 2019-2020*, Iustel, 2023, 3-29.

– "El 'sector público' como referente actual del Derecho administrativo", en *RAP* nº 209 (2019), 175-208.

– "La restructuración del sector público fundacional", en *Anuario de Fundaciones 2012*, AEF & Iustel, 2013.

– "Algunas acotaciones al concepto formal de fundación en la Constitución española", en *RAP* 155 (mayo-agosto 2001).

– *La fundación: Un estudio jurídico*, Escuela Libre Editorial, Madrid, 1997.

GARCÍA-TREVIJANO FOS, J. A., *Tratado de Derecho administrativo*, II, volumen 1, 2ª edición, Edersa, 1971.

– *Principios jurídicos de la organización administrativa*, IEP, 1957.

GARRIDO FALLA, F., "La acción administrativa sobre la beneficencia privada y en especial sobre las fundaciones de ese carácter", en *Centenario de la Ley del Notariado*, Sección 3ª, volumen IV, DGRN, Madrid, 1963.

GARRIDO JUNCAL, A., "La reserva de contratos del sector público a favor de determinados sujetos: una excepción admisible a la libertad de competencia", en *La prestación de servicios socio-sanitarios: nuevo marco de la contratación pública*, (dirs. L. Tolivar Alas & M. Cueto Pérez), Tirant lo Blanch, 2020.

– *Los servicios sociales en el siglo XXI. Nuevas tipologías y formas de prestación*, Thomson-Reuters Aranzadi, 2020.

GAUDIANI, C., *The Greater Good. How Philanthropy Drives the American Economy and Can Save Capitalism*, Owl books, New York, 2004.

GIMENO FELIU, J. Mª., "El nuevo ámbito subjetivo de aplicación de la Ley de Contratos del Sector Público: luces y sombras", *Revista de Administración Pública*, 176 (2008), 9-54.

GIRÓN Y TENA, J., *Derecho de sociedades*, I, tomo I, GT, Madrid, 1976.

GOMÁ LANZÓN, J., *Carta a la fundaciones españolas*, Real Maestranza de Caballería de Ronda & Pre-textos, Valencia, 2014.

– «La realidad del ideal fundacional», *Cuadernos de la Asociación Española de Fundaciones*, nº. 6 (2005).

GÓMEZ, V. & GÓMEZ-ÁLVAREZ, R., "La economía del bien común y la economía social y solidaria, ¿son teorías complementarias?", *CIRIEC-España, Revista de Economía Pública, Social y Cooperativa*, 87 (2016), 257-294.

GÓMEZ-FERRER MORANT, R., "Aspectos de la nueva regulación de las fundaciones culturales privadas", en *RAP* 70 (1973), 377-403.

GONZÁLEZ CUETO, T., "Concepto de fundación" en GONZÁLEZ CUETO, T. (dir.), *Comentarios a la Ley de fundaciones*, Aranzadi, Pamplona, 2003.

GONZÁLEZ GIL, D., "El interés general, presupuesto de atribución y ejercicio de la potestad administrativa", en E. GAMERO (dir.), *La potestad administrativa. Concepto y alcance práctico de un criterio clave para la aplicación del Derecho administrativo*, Tirant lo Blanch, 2023.

GONZÁLEZ NAVARRO, F., *Derecho administrativo español*** (El procedimiento y el acto administrativo)*, EUNSA, 1999.

GRÖNLUND, H., & A. B. PESSI, "The influence of religion on philanthropy across nations", F. HANDY & P. WIEPKING (Eds.), *The Palgrave Handbook of Global Philanthropy*, Palgrave Macmillan, London, 2015.

GUAYO CASTIELLA, I. del, *Regulación*, Marcial Pons, 2017.

GUILLUY, C., *No Society. El fin de la clase media occidental*, Taurus, 2019.

GUTIÉRREZ FERNÁNDEZ, M., FERNÁNDEZ TORRES, Y. & G. FERNÁNDEZ BARBERÍS, "Cajas de Ahorros españolas: ¿una pretendida reordenación bajo criterios de racionalidad económica y social", *Cuadernos de Economía y Dirección de Empresas* Vol. 16 Núm. 4. (octubre-diciembre 2013).

HÄBERLE, P., *La garantía del contenido esencial de los derechos fundamentales*, Dykinson, 2003.

HABERMAS, J., *Facticidad y validez. Sobre el Derecho y el Estado democrático de Derecho en términos de teoría del discurso*, Trotta, 1998.

HAFER, J. A., "Public Administration's Identity Crisis and the Emerging Approach that May Alleviate It", *Hatfield Graduate Journal of Public Affairs*, Vol. 1 (1) (2016).

HALL, P. D., "A Historical Overview of Philanthropy, Voluntary Associations, and Nonprofit Organizations in the United States 1600-2000", en *The Nonprofit Sector. A Research Handbook* (eds. W. W. POWELL & R. STEINBERG), 2ª ed., Yale University Press, New Haven, 2006.

– *A History of Nonprofit Boards in the United States of America,* Board Source e-book series, 2003: https://www.issuelab.org/resources/16056/16056.pdf (junio 2023).
– "Resolving Dilemmas of Democratic Governance. The Historical Development of Trusteeship in America 1636-1996", en E. C. LAGEMANN, *Philanthropic Foundations,* Indiana University Press, Indiannapolis, 1999.
– *Inventing the Nonprofit sector,* John Hopkins University Press, Baltimore, 1992.

HAMMACK, D. C., "American Debates on the Legitimacy of Foundations", en VV. AA., *The Legitimacy of Philanthropic Foundations: United States and European Perspectives,* Rusell Sage Foundation, New York, 2006.

HAN, B.-C., *Infocracia. La digitalización y la crisis de la democracia,* Taurus, 2022.

HANDY, H. & WIEPKING, P. (Eds.), *The Palgrave Handbook of Global Philanthropy,* Palgrave Macmillan, London, 2015.

HANSMANN, H. "The Role of Nonprofit Enterprise", en *The Yale Law Journal* Vol. 80, nº 5 (1980), 835-901.

HARDING, M., ANN O'CONNELL, A., M. MIRANDA STEWART & CHIA, J., "Defining Charity", en *Non-for-Profit Project,* Melbourne Law School, 2011.

HAYHOE, R. B., "Private and Public Benefit in Canadian Charity Law", *NCPL, New York University School of Law,* nº 15 (2011).

HEIMANN, F. F. (ed.), *The Future of Foundations,* Columbia University press, New York, 1973.

HELGE, T. L., "Policing the Good Guys: Regulation of the Charitable Sector Through a Federal Charity Oversight Board", en *Cornell Journal of Law & Public Policy,* 19 (2009).

HELMHOLZ, R. & R. ZIMMERMANN (eds.), *Itinera Fiduciae. Trust and Treuhand in Historical Perspective,* Duncker & Humblot, Berlin, 1998.
– "Trusts in the English Ecclesiastical Courts 1300-1640" en *Itinera Fiduciae. Trust and Treuhand in Historical Perspective,* Duncker & Humblot, Berlin, 1998.

HERNÁNDEZ IGLESIAS, F., *La beneficencia en España,* tomo II, Imprenta de Manuel Minuesa, 1876.

HIRTE, H. & S. KUCHMANN, *The two-tier system in Germany and Italy Seminar, Seminar für Handels—, Schifffahrtsund Wirtschaftsrecht, Geschäftsführender,* Heidelberg Universität, 2007 (governance of for-profit corporations):https://www.ub.uni-heidelberg.de/helios/kataloge/notation/SSTO/lsaJur.pdf (enero 2024).

HOELSER M., LIST R., RUSER A., TOEPLER S. (editors), *Charting Global Challenges: Civil Society, the Nonprofit Sector, and Culture Essays in Honor of Helmut K. Anheier,* Springer, 2019.

HOLCOME, R. G., *Writing off Ideas on Taxation, Foundations & Philanthropy in America,* Transaction Pubs, 2000.

HOOGLAND DE HOOG, R. & L. M. SALOMON, "Purchase-of-Service Contracting", en *The Tools of Government. A Guide to the New Governance* (L. M. SALOMON, editor), Oxford University Press, 2002.

HOPKINS, B. R., *The Tax Law of Charitable Giving*, 3ª ed., Wiley & Sons, New York, 2005.

- *The law of tax-exempt organizations*, J. Wiley & Sons, New York, 8ª ed., 2003.
- *Charity Under Siege: Government Regulation of Fund Raising*, Ronald Press, Wiley & Sons, New York, 1980.

HOPT, K. J., "The Board of Nonprofit Organizations: Some Corporate Governance Thoughts From Europe", en K. J. HOPT & T. V. HIPPEL (dirs.), *Comparative Corporate Governance of Non-profit Orgatizations*, Cambridge University Press, Cambridge, 2010.

- & T. V. HIPPEL (dirs.), *Comparative Corporate Governance of Non-profit Orgatizations*, Cambridge University Press, 2010.
- & R. WALZ et aliq., *The European Foundation. A New Legal Approach*, Bertelsmann Stiftung, Güterslohl, 2003.

HOVEL, C., "Sentido, posibilidades y riesgos de la sociedad civil", *Revista Valores en la Sociedad Industrial*. 2005, 23 (62), 34-50.

HÜTTEMANN, R., *Gemeinnützigkeits-und Spendenrecht*, Otto Schmid Verlag, Kölh, 2008.

IBÁÑEZ-CARPENTA, N. & BENITO, B., "El plan de actuación en las fundaciones: apoyo público para su elaboración y medidas de impacto", *CIRIEC-España, Revista de Economía Pública, Social y Cooperativa*, nº 96 (2019), 189-213.

INNERARITY, D., *Una teoría de la democracia compleja. Gobernar el siglo XXI*, Galaxia Gutemberg, 2020.

- *La sociedad invisible*, Planeta, 2005.

JONES, G., *History of the Law of Charity 1535-1827* (escrito en 1969), Cambridge University Press, Cambridge, 2008.

JONES, N., "Trusts in England after the Statute of Uses: A View from the 16th Century", en *I Itinera Fiduciae. Trust and Treuhand in Historical Perspective*, Duncker & Humblot, Berlin, 1998.

JORDAN, W. K., *Philanthropy in England, 1480-1660: A Study of the Changing Pattern of English Social Aspirations*, G. Allen & Unwin, London, 1959.

JUDT, T., *Algo va mal*, Taurus, 2010.

JUNG, T., PHILLIPS, S. D. & HARROW, J., *The Routledge Companion to Philanthropy*, Routledge, 2016.

KATZENSTEIN, P. J., *Policy and Politics in West Germany. The Growth of a Semisovereign State*, Temple Press, 1987.

KEARNS, K. P., "Accountability Concepts and Controversies", en J. STEVEN OTT (ed.), *Understanding Nonprofit Organizations*, Westview Publishers, Boulding (Co.), 2001.

KEATINGE, R. R., "LLC and Nonprofit Organizations-For-profits, Nonprofit, and Hybrids", en *Suffolk University Law Review* nº 42 (2009).

Kelley, T., "Law and Choice of Entity on the Social Enterprise Frontier", en *Tulane Law Review* nº 84 (December 2009).

King, M. & A. Phillips, *Charities Act 2006*, The Law Society, London, 2007.

Knop, L. E., "¿Existe un discurso sobre la autorregulación? Sobre la semántica del concepto", en M. Mercè Darnaculleta i Gardella, J. Esteve Pardo y I. Spiecker gen. Döhmann (eds.), *Estrategias del Derecho ante la incertidumbre y la globalización*, Marcial Pons, 2016.

Kurtz, D. L., *Board Liability. Guide to Nonprofit Directors, Board Liability. Guide to Nonprofit Directors*, Moyer Bell Limited, 1988.

Lacruz Berdejo, J. L. "Las fundaciones en la Constitución española de 1978", en *Anuario de Derecho Civil* tomo XXXVI (1984), volumen II.

- con F. de Asís Sancho Rebullida, *Elementos de Derecho civil*, I-2, Bosch, 1990.

Lalande, L. & J. Cave, J., *Charting a Path Forward. Strengthening and Enabling the Charitable Sector in Canada*, Mowat MFP & Enabling Environment, University of Toronto, 2017.

Landauer, C., "German Literature on Gemeinwirtschaft", *Social Research*, Vol. 43, No. 2 (1976), 295-321.

Lang, R. & E. C. Minnigh, "The L3C, History, Basic Construct, and Legal Framework", en "Symposium: Corporate Creativity: The Vermont L3C & Other Developments in Social Entrepreneurship", en *Vermont Law Review* nº 35 (Fall 2010).

Lapradelle, G. de, *Théorie et practique des fondations perpetuelles*, París, 1895.

Limardi, G., "Le fondazioni: disciplina e inquadramiento generale", en: https://www.filodiritto.com/ (enero 2023).

Linares Andrés, L., *Las fundaciones. Patrimonio, funcionamiento y actividades*, Tirant lo Blanch, 1998.

Lipovestky, G., *La era del vacío*, (1986), Anagrama, 2006.

Lloveras Ferrer, M.-R., "El protectorado de fundaciones en el Código civil de Cataluña. La regulación del Libro III y algunos posibles desarrollos anunciados en el Anteproyecto de Ley del Protectorado", en *InDret* 1/2010.

Locke, J., *Segundo ensayo sobre el gobierno civil*, (traducción y prólogo de C. Mellizo), Alianza, 1998.

López-Peña, E. L., *El interés público como concepto jurídico. Teoría de la determinación en sentido general*, Tesis doctoral inédita, UDC, 2016.

López Serrano, A., *El gobierno de las fundaciones: Patronato y Protectorado*, tesis doctoral, Universidad de Córdoba, 2018.

López-Jacoiste, J. J., "La fundación y su estructura a la luz de sus nuevas funciones" en *Revista de Derecho Privado* 49 (1965), 567-609.

Lorenzo, R. de, *El nuevo derecho de fundaciones*, Marcial Pons, Madrid, 1993.

Lorenzo, R. de, J. L. Piñar Mañas, T. Sanjurjo, "Reflexiones en torno a las fundaciones y propuestas de futuro", en J. L. Piñar Mañas & S. Muñoz Machado (dirs.), *Anuario de Derecho de Fundaciones 2011*, Iustel, 2012.

Malaret García, E. & M. Marsal Ferret, *Las fundaciones de iniciativa pública: un régimen jurídico en construcción*, Estudis nº 20, Fundación Carles PI i Sunyer, Barcelona, 2005.

Maluquer de Motes, C., *La fundación como persona jurídica en la Codificación civil: de vinculación a persona (estudio de un proceso),* Publicaciones de la Universidad de Barcelona, 1983.

Marbán Gallego, V., "La importancia de la actividad del tercer sector" tomo II del *Tratado de fundaciones* (2007).

- con Rodríguez-Cabrero, G., "El Tercer Sector de Acción Social en las Comunidades Autónomas: ¿modelos de Tercer Sector o singularidades territoriales?", *CIRIEC-España, Revista de Econo-mía Pública, Social y Cooperativa,* 103 (2016).

Marker, R., "Filantropía de impacto: sus significados, sus promesas y sus escollos", en *Anuario de Derecho de fundaciones 2013,* AEF & Iustel, 2014.

Martín Cavanna, J., "Fundaciones bancarias: un proyecto inconcluso e incontrolado", en *XXI Encuentro internacional de Política de Empresa,* Instituto Internacional San Telmo, 11-12 noviembre 2019.

Martín Dégano, I., "Los tres tipos de actividades económicas exentas de las fundaciones y su conexión con los fines de interés general", en *Anuario de Derecho de Fundaciones 2014,* Iustel, 2015.

Martín Santiesteban, S., *El instituto del "trust" en los sistemas legales continentales y su compatibilidad con los principios del "civil law"*, Thomson Aranzadi, 2005.

Martín, Mª. del M., *Las fundaciones religiosas en el Derecho español,* Universidad de Almería, 1995.

Martín-Retortillo Baquer, L., *Derecho administrativo económico,* I, La Ley, 1988.

- "El inequívoco sentido de permanencia de las fundaciones" en *RAP* 89 (1979).

Martínez Garrido, S., (coord.) et aliq, *Buen gobierno de las fundaciones,* Iberdrola & La Ley, 2015.

Mato Pacín, M. N., "La autocontratación en el ámbito de las fundaciones. Supuestos y sistema de control", en *Anuario de Derecho de fundaciones 2012,* Iustel & AEF, 2013.

Mayer, L. H., "Fragmented Oversight of Nonprofits in the United States: Does it Work? Can It Work?", en el *Seminario de la Chicago Kent University Law School,* 21 de noviembre de 2015.

- "The 'independent' Sector: Fee-for-Service Charity and the Limits of Autonomy" en *Vanderbilt Law Review* 65 nº 51 (2012).
- "Regulations Charities in the Twenty-First Century. An Institutional Choice Analysis", en: *Chicago-Kent Law Review* nº 85 (2010).

– con Wilson, B. M., "Regulating Charities in the Twenty-First Century: An Institutional Choice Analysis ", *Chicago-Kent Law Review* n° 479 (2010).

Mayorga Toledano, M. C., "La reordenación del sector financiero de las *Cajas* de Ahorro a las fundaciones bancarias. Análisis de la experiencia española e italiana", *RDBB*, no. 135 (2014).

Mazzucatto, M., *The Value of Everything: Makings and Talking in the Global Economy*, Penguin Random House, 2019.

McCarthy, K. D., *American Creed. Philanthropy and the Rise of American Civil Society*, Univiersity of Chicago Press, 2003.

McGarvie, M. D., "The *Dartmouth College* Case and the Legal Design of Civil Society", en L. J. Friedman & M. D. McGarvie, *Charity, Philanthropy and Civility in American History*, Cambridge University Press, 2003.

McKeever, B. S., *The Non Profit Sector in brief 2015. Public charities, giving and voluntaring*, Urban institute, 2015.

Mcmillan, R., "The third sector as innovative force: an attempt at a definition of its function", *Third Sector Research Centre Working Paper* n° 89 (2014).

McMullen, K. & G. Schellenberg, *Mapping the Nonprofit Sector in Canada*, CPRN, 2002.

Mendel, S. C. & Brudney, G. L., "Doing Good, Public Good, and Public Value. Why the differences matter", en *Nonprofit Management & Leadership*, vol. 25, no. 1, Fall 2014, pp. 23-40.

Méndez Guerrero, S., *La obra social de las Cajas de Ahorro (2000-2013)*, Tesis Doctoral (Universidad de Sevilla), 2017.

Miguez Macho, L., "Las formas de colaboración público-privada en el Derecho español", en *RAP* 175 (enero-abril 2008).

Millán Pereira, J. J., "Regulación económica, competencia e incentivos", en A. Ruiz Ojeda (dir), *Fundamentos de Regulación y Competencia. El diálogo entre Derecho y Economía para el análisis de las políticas públicas*, Iustel, 2013.

Miller, H. S., *The Legal Foundations of American Philanthropy 1776-1844,* The State Historical Society of Wisconsin, Madison, escrito en 1961, reeditado por the Hauser Center, Harvard University, 2006.

Mises, L., *Die Gemeinwirtschaft: Untersuchungen Über Den Sozialismus* (1932), De gruyter Oldenbourg, Rempresión de 2016.

Montero Pascual, J. J., "Regulación económica y Derecho de la competencia. Dos instrumentos complementarios de intervención pública para los mercados de interés general", en A. Ruiz Ojeda (dir), *Fundamentos de Regulación y Competencia. El diálogo entre Derecho y Economía para el análisis de las políticas públicas*, Iustel, 2013.

Morell Ocaña, L., "La objetividad de la Administración y otros componentes de la ética de la institución", en *REDA* 111 (julio-septiembre 2001).

– "La organización y las formas de gestión de los servicios en los últimos cincuenta años", en *RAP* 150 (septiembre-diciembre 1999).

– «Notas sobre el arcaísmo del Derecho de las Fundaciones Benéficas», en *Revista española de Derecho Administrativo,* núm. 17/1978.
– "El principio de objetividad en la actuación de la Administración pública", en VV. AA., *La protección jurídica del ciudadano. Estudios en Homenaje al Profesor Jesús González Pérez,* Civitas, 1993.
– & A. RUIZ OJEDA, "La técnica fundacional como instrumento de gestión administrativa en el Derecho público", en *Manual de Fundaciones. Régimen jurídico, fiscal y contable,* Civitas & Forum Galicia, 1999.

MORENA Y DE LA MORENA, L. DE, "Derecho administrativo e interés público: correlaciones básicas", en *RAP* 100-102 (enero-diciembre 1983), vol. I, 847-880.

MORENO PIÑERO, J. C., *El tiempo de las fundaciones. Análisis jurídico presente y futuro,* Tesis doctoral (Universidad de Extremadura), 2016.

MORRIS, S., "Defining the Non Profit Sector: Some Lesson from History", *Voluntas: International Journal of Voluntary and Nonprofit Organizations,* 11:1, (March, 2000).
– "An Examination on Charity Accountability: To Whom and can we make it better?", en R. TEELE LANGFORD, *Governance and Regulation of Charities. International and Comparative Perspectives,* Edwar Elgar publishing, 2023, 18-24

MUÑOZ MACHADO, S., "Hacia un nuevo Derecho administrativo", en *El Derecho público de la crisis económica. Transparencia y Sector público. Hacia un nuevo Derecho administrativo, Actas VI Congreso AEPDA,* INAP, 2012.

MUÑOZ PUIGGRÒS, X., "Potestades administrativas del Protectorado de fundaciones con especial referencia a la regulación de un posible régimen sancionador", en *Boletín La Ley 39219/2008.*

NAÍM, M., *El fin del poder,* Debate, 2013.

NART, I., "La fundación", en *Revista de Derecho Privado,* tomo XXXV, nº 411 (junio 1951).

NASON, J. W., *Foundation Trusteeship. Service in the Public Interest,* The Foundation Centre, NY, 1989.

NEUHOFF, K., "Legal and fiscal treatment of German non government organizations", en VV. AA. (eds. P. BATER & F. HONDIUS & P. KESSLER LIEBER), *The Tax Treatment of Non Government Organizations,* Kluwer Law Int., The Hague, 2004.

NIETO, A., "La Administración sirve con objetividad a los objetivos generales", en *Estudios sobre la Constitución española. Homenaje al profesor Eduardo García de Enterría,* tomo III, Civitas, 1991.
– *La "nueva" organización del desgobierno,* Ariel, 1996.

O'NEILL, M., *Non Profit Nation. A New Look at the Third America,* Jossey-Bass, 2002.

O'HALLORAN, K. et aliq., *Charity Law & Social Policy. National and International Perspectives on the Functions of the Law Relating to Charities,* Springer, London, 2008.

ONYX, J. & B. DALTON, "Accountability and Advocacy", *Third Sector Review* 12(1) (2006), 7-24.

OWENS, M. & E. BRODY, "Exile to Main Street: the IRS's Diminished Role in Overseeing Tax-Exempt Organizations" *Seminario de la Chicago Kent University Law School*, 21 de noviembre de 2015.

PALLOTA, D., *Uncharitable. How Restraints on Nonprofits Undermine their Potencial*, Tufts University Press, Massachusetts, 2008.

PALMITER, A. R., "Duty of obedience: the forgotten duty", *New York Law School Law Review* nº 55 (457), (2010-2011), 491-512.

PAOLI-GAGIN, V. & VUILLEMIN-SEGARRA, A., Fondations et Recherche. Fondations reconnues d'utilité publique, Fondations de recherche, Fondations de coopération scientifique, Actua Entreprise, Gualino éditeur, Paris, 2007.

PARACHIN, A., "How and Why to Legislate the Charity-Politics Distinction Under the Income Tax Act", en *Canadian Tax Journal/Revue Fiscale Canadienne*, Vol. 65, No. 2, 2107: https://ssrn.com/abstract=3075972 (enero 2022).

PARADA VÁZQUEZ, R., "Las fundaciones desde el Derecho público", en *Boletín de la Facultad de Derecho de la UNED*, segunda época 4 (verano-otoño 1993).

– *Derecho administrativo*, tomos I y II, Marcial Pons, sucesivas ediciones.

PAREJO ALFONSO, A., "Público y privado en la Administración pública", en *Derecho mercantil de la CEE. Estudios en homenaje al profesor José Girón Tena*, tomo IV, Civitas, Madrid, 1991.

PARDO ALÉS, G. & LÓPEZ MILLA, J., "Las fundaciones de origen bancario italianas: un espejo donde mirarnos", *Estudios de Economía Aplicada* no 2(vol. 32) (2014).

PAZ-ARES, C., "Ánimo de lucro y concepto de sociedad (breves consideraciones acerca del artículo 2.2. LAIE)", en *Derecho mercantil de la CEE. Estudios en homenaje al profesor José Girón Tena*, tomo III, Civitas, Madrid, 1991.

PEÑALOSA ESTEBAN, I., "La fiscalidad de las fundaciones: evolución, situación actual y perspectivas de futuro", *La dimensión social de la fiscalidad: discapacidad, tercer sector y mecenzgo. Estudios en homenaje a Miguel Cruz Amorós* (coord., M. A. Cabra de Luna), Cinca, 2017.

– "Transparencia y buen gobierno en el caso de las fundaciones españolas", *Revista Española del Tercer Sector* nº 26 (2014).

– con BLÁZQUEZ LIDOY, A., "El régimen fiscal del mecenazgo en el derecho comparado: Alemania, Reino Unido, Francia y Estados Unidos" en *ICE, Revista De Economía*, nº *1* (872) (2013).

– *El régimen fiscal de las entidades sin fines de lucro: requisitos de acceso al régimen especial. Su aplicación a las fundaciones*, Tesis doctoral inédita, URJC, 2012.

PÉREZ CASTAÑO, H., "La personalidad jurídica de las fundaciones", en *Tratado de Fundaciones*, tomo I, Bosch, 2007.

PÉREZ DÍAZ, V., *El retorno de la sociedad civil. Respuestas sociales a la transición política, la crisis económica y los cambios culturales de España 1975-1985*, IEE, Madrid, 1987.

PÉREZ ESCOLAR, M., "La necesaria renovación del Derecho de Fundaciones, ¿reforma o derogación de la Ley 50/2002, de 26 de diciembre?", en *ADC* LXX (2017), 1424-1482.

- "El protectorado de las fundaciones: hacia una renovación de sus facultades de actuación", en *Boletín del Ministerio de Justicia*, nº 2140 (2012), 1-28.

PÉREZ REAL, A., "Las fundaciones en proceso de formación", en *Derecho Privado y Constitución* 8 (1996).

PÉREZ SEMPERE, V., *La nueva filantropía: hacia la era de la sociedad mecenas. Análisis del crownfunding en España*, Tesis doctoral inédita, (Universidad de Valencia), 2017.

PÉREZ, J., *Los comuneros*, La esfera de los libros, 2006.

PETER, H & LIDEIKYTE HUBER, G., *The Routleldge Handbook of Taxation and Philanthropy*, Routledge, 2021.

PIKETTY, T., *Una breve historia de la igualdad*, Deusto, 2021.

PIÑAR MAÑAS, J. L., "Tercer sector, sector público y fundaciones", en *Revista Española del Tercer Sector* nº 1 (octubre-diciembre 2006).

- "¿Qué fundaciones. La constante adaptación de una institución camaleónica", en VV. AA., *Tendencias legislativas y Tercer sector* (eds. Mª. PAZ GARCÍA RUBIO Y B. TRIGO GARCÍA), Universidad de Santiago de Compostela, 2005.
- "Tercer sector, sector público y fundaciones", *La enseñanza del Derecho administrativo. Tercer sector y fundaciones, XIII Congreso Italo-Español de profesores de Derecho administrativo (Salamanca, 2000)*, Cedecs, Barcelona, 2002.
- "El Protectorado de Fundaciones: situación actual y propuestas de reformas", en *Manual de Fundaciones*, Civitas, Madrid, 1999.
- "El derecho de fundación como derecho constitucional", en *Derecho privado y Constitución* nº 9 (1996).
- *Régimen jurídico de las fundaciones. Jurisprudencia del Tribunal Constitucional y del Tribunal Supremo*, Ministerio de Asuntos Sociales, Madrid, 1992.
- «Las fundaciones. Jurisprudencia y pautas de futuro», en: R. DE LORENZO GARCÍA & M. A. CABRA DE LUNA (eds.), *Las Fundaciones y la sociedad civil*, Civitas-Fundación ONCE, 1992.
- "Las fundaciones y la Constitución española", en *Estudios sobre la Constitución española. Homenaje al profesor Eduardo García de Enterría*, tomo II, Civitas, Madrid, 1991.
- «Las Fundaciones y el Protectorado: la autorización administrativa para litigar y su dudosa constitucionalidad (comentario a la Sentencia del Tribunal Supremo, de 23 de marzo de 1988)», en *Poder Judicial*, núm. 13, 1989.
- & A. REAL PÉREZ, *Derecho de fundaciones y voluntad del fundador*, Banco de Santander & Marcial Pons, Madrid, 2001.

PINCUS, S., *1688. The First Modern Revolution*, Yale University Press, 2011.

Phillips, S. D. & Smith, S. R., "Public Policy for Philanthropy: Catching the Wave or Creating a Backwater?", *The Routledge Companion to Philanthropy* (Edited by Tobias Jung, Susan D. Phillips and Jenny Harrow), Routledge, 2016.

Pomey, M., *Traité des fondations d'utilité publique*, Presses Universitaires de France (PUF), Paris, 1980.

Posner, A. & Malani, E., "The Case for For-Profit Charities", en *Virginia Law Review* nº 93 (2007), 2018-2067.

Prentice, C. R. & Brudney, J. L., "Nonprofit Lobbying Strategy: Challenging or Championing the Conventional Wisdom?, *Voluntas: International Journal of Voluntary and Nonprofit Organizations*, vol. 28, no. 3 (2017), 935-957.

Prewitt, K., "American Foundations: What Justifies Their Unique Privileges and Powers" en VV. AA., *The Legitimacy of Philanthropic Foundations: United States and European Perspectives*, Russell Sage Foundation, New York, 2006.

Priego fernández, V. de, *El negocio fundacional y la adquisición de personalidad jurídica de las fundaciones*, Universidad Rey Juan Carlos & Dykinson, 2004.

Priller, E. & A. Zimmer & H. K. Anheier & S. Toepler, "Global civil society. Dynamics of the non profit sector", en *The Third Sector in Germany*, CCSS, Baltimore, 1999.

Putnam, P. D., *Bowling Alone. The Collapse and Removal of American Community*, Simon & Schuster, New York, 2000.

Radbruch, G., *El espíritu del Derecho inglés*, Marcial Pons, 2001.

Ramelli, G., *Le fondazioni in Italia e all'estero: un fenomeno in crescita*, Tesi de Laurea, Università C'Foscari Venezia, 2012: http://dspace.unive.it/ (octubre 2015).

Rawert, P., "Der Stiftungsbegriff und seine Merkmale —Stiftungszweck, Stiftungsvermögen, Stiftungsorganisation", en K. J. Hopt & D. Reuter (Hrsg.), *Stiftungsrecht in Europa; Schnfitereibe des Institus fur Stiftungsrechte*, Heymanss & Bucerius Law School, Köln, 2001.

Reichenbach, I. T., "Endowment funds 'a la fraçaise' from an American perspective", en *Fonds de dotation*, especial de *La documentacion française*, Paris, 2010.

Rey García, M., "Foundations in Spain: An International Comparison of a Dynamic Nonprofit Subsector", *American Behavioral Scientist* No. 62 (12) (November 2018), 1869-1888.

– "La gestión de las fundaciones en el siglo XXI: retos, tendencias y hoja de ruta", en *Revista Española del Tercer Sector (RETS)* nº 6 (mayo-agosto 2007), 37-54.

Rodrigues, U., "Entity & Identity", en *Emory Law Journal* nº 60 (2011), 1257-1323.

Rodríguez de Santiago, J. Mª, *La administración del Estado social*, Marcial Pons, 2007.

– *La ponderación de bienes e intereses en el Derecho administrativo*, Marcial Pons, 2000.

ROJO ÁLVAREZ-MANZANEDA, R., *Las fundaciones bancarias: de Cajas a Sociedades de capital. La experiencia italiana,* Universidad de Granada, 2003.

ROMANELLI, V. Mª., *Il negozio di fondazione nel Diritto privato e nel Diritto publico,* Nápoles, 1935.

ROMANO, S., *El ordenamiento jurídico,* Instituto de Estudios Políticos, 1963.

ROMERO FERNÁNDEZ, J. A., *El proceso de restructuación y saneamiento de las Cajas de Ahorro,* Marcial Pons, 2013.

ROMERO-MERINO, E., V. AZOFRA-PALENZUELA, V. y ANDRÉS-ALONSO, P. DE, "El gobierno de las fundaciones en España: patronatos sin patrones", en *Universia Bussiness Review,* nº 18 (2008), 83-10.

ROSANVALLON, P., *Le modèle politique français. La société civile contre le jacobinisme de 1789 à nos jours,* Seuil, 2007.

– *Legitimidad democrática. Imparcialidad, parcialidad y proximidad,* Paidós Estado y sociedad 176, 2010.

RÚA ALONSO DE CORRALES, E., *Las fundaciones como canalizadoras del interés general y del bien común,* Ediciones CEU, 2022.

RUBIO GUERRERO, J. J. (coord.), *El Sector fundacional en España. Atributos fundamentales 2008-2019 (Cuarto estudio),* AEF & IAEF, 2020.

– *El Sector fundacional en España. Atributos fundamentales 2008-2012,* AEF & IAEF, 2014.

RUIZ LOZANO, M., DE LOS RÍOS, A. & S. MILLÁN, "Características de los códigos éticos y de su gestión. Un estudio exploratorio en Andalucía", *CIRIEC-España, Revista de Economía Pública, Social y Cooperativa,* 96 (2019), 215-251.

RUIZ OJEDA, A., "Sentido y funcionalidad de la regulación pro-competitiva: una aproximación histórico-crítica", A. RUIZ OJEDA (dir), *Fundamentos de Regulación y Competencia. El diálogo entre Derecho y Economía para el análisis de las políticas públicas,* Iustel, 2013.

– "Las fundaciones privadas como colaboradores de la Administración y el régimen jurídico del patrimonio fundacional: un comentario con ocasión de la nueva Ley de Fundaciones", *Revista Española de Derecho Administrativo* nº 93 (enero-marzo 1997).

– *La ejecución de créditos pecuniarios contra entes públicos. La responsabilidad contractual de la Administración y el embargo de dinero público,* Universidad de Málaga, 1993.

SABINE, G. H., *Historia de la teoría política,* FCE, 1970.

SÁEZ DE MIERA, A., *La sociedad necesaria,* Centro de Estudios Ramón Areces, 1992.

SAINZ-MORENO, F., "Fundaciones benéficas: algunas consideraciones sobre la intervención del protectorado y la voluntad del fundador", en *REDA* 23 (1979), 651-660.

SAJARDO MORENO, A., *El sector no lucrativo en el ámbito de los servicios sociales (Valencia),* CIRIEC-España, 1998.

Sala Arquer, J. M., "El nuevo derecho público de las fundaciones privadas", en *Fundaciones. Problemas actuales y reforma legal*, Thomson Reuters-Aranzadi, 2011.

Salamon, L M., *The resilient Sector Revisited. The New Challenges to Nonprofit America*, 2ª edition, Brookings Institution, Washington, 2015.

- "Introduction: The nonprofitization of the welfare state", *Voluntas: International Journal of Voluntary and Nonprofit Organizations* nº 26 (2015).
- *Philanthropication thru Privatization. Building Permanent Endowments for the Common Good*, John Hopkins CCSS, Baltimore, 2014.
- *The Tools of Government. A Guide to the New Governance* (L. M. Salomon, editor), Oxford University Press, 2002.
- con S Wojciech Sokolowski & M. A. Haddock et aliq., *Explaining Civil Society Develpment. A social origins approach*, John Hopkins University, 2017.
- con J. C. Alli Turrillas, "Spain's 'la Caixa' Banking Foundation: A Global PtP Model," *A Philanthropication thru Privatization Case Study*, Baltimore, Johns Hopkins Center for Civil Society Studies, 2020.
- con S. Toepler, "Government-nonprofit cooperation: Anomaly or necessity?", *International Journal of Voluntary and Nonprofit Organizations*, 26(6) (2015), 2155-2177.
- con Sokolowski, S. W., "Beyond nonprofits: Re-conceptualizing the third sector. *International Journal of Voluntary and Nonprofit Organizations*, 27(4) (2016), 1515-1545.

Salomon, J., *Rambam's Ladder. A meditation on generosity and Why it is necessary to give*, Workman Pub, NY, 2003.

Salvador Armendáriz. Mª. A., "Los servicios sociales como servicios a las personas en el Derecho de la UE", *La colaboración público-privada en la gestión de servicios sociales*, Marcial Pons, 2022, 25-70.

- "Novedades en el régimen de control de la conductas individuales de los gestores y administradores de las entidades de crédito: análisis del contenido del RD 256/2013, de 12 de abril", *Crisis y reforma del sistema financiero* (eds. A. B. Perdices Huetos et Al.), Thomson Reuters Aranzadi, 2014, 307-327.
- "La reforma de las *Cajas*: contexto, causas y remedios", *Noticias de la Unión Europea*, no. 325 (2012), 131-149.

Sandel, M. J., *Public Philosophy. Essays on morality in politics*, Harvard University Press, 2007.

Sánchez Morón, L., *La participación del ciudadano en la Administración pública*, Tesis doctoral, UCM, 1980.

Santacruz Cano, J., "Fiscalidad en las inversiones de impacto social: análisis y propuestas", en *Anuario de Derecho de fundaciones 2019-2020*, Iustel, 2023.

Santamaría Pastor, J. A., *Principios de Derecho administrativo*, tomos I y II, 2ª edición, Ceura, 2000 y 2001.

Schmidt-Assmann, E., *La teoría general del Derecho admnistrativo como sistema*, INAP & Marcial Pons, 1998.

SCHNEIDER, A., *Unternehmensstiftungen*: Formen, Rechnungslegung, steuerliche Gestaltungsmöglichkeiten, Tenea Verlag, 2004.

SCOTT, A. W., "The Fiduciary Principle", en *California Law Review* nº 37 (1949).

SEBASTIÁN LÓPEZ, J. L., *De la "Utilitas pública" al interés público del artículo 35 del Código Civil español*, Tesis doctoral inédita, UCM, 1985.

SERRANO CHAMORRO, Mª. E., *El ejercicio del cargo de patrono en las fundaciones*, Thomson-Reuters Aranzadi, 2019.

– *Las fundaciones: dotación y patrimonio*, Civitas, 2003.

SIDEL, M., "The 'federalization' problem and Non Profit Self-regulation" *Kentucky Law Journal*, 99 (2010/2011).

SIEVERS, B. R., *Civil Society, Philanthropy and the Fate of Commons*, Tufts University Press, 2010.

SIMÓN, J. & H. P. DALE & L. CHISOLM, "The Federal Tax Treatment of Charitable Organizations", en *The Nonprofit Sector Research Handbook*, 2ª ed., Yale University Press, New Haven, 2006.

SOSA WAGNER, F., *La gestión de los servicios públicos locales*, 7ª ed., Civitas, 2008.

SOUVIRÓN, J. Mª., *La actividad de la Administración y el servicio público*, Comares, Granada, 1998.

STERN, K., *With Charity for All: Why Charities are failing and a better way to give*, Doubleday, 2013.

STEVE OTT, J., *The nature of the nonprofit sector*, Westview Publishers, Boulding (Co.), 2001.

STRACHWITZ, R. G. & F. MERCKER (Eds.), *Stiftungen in Theorie, Recht und Praxis. Handbuch für ein Modernes Stiftungswesen*, Duncker & Humboldt, Berlin, 2005.

SUGIN, L., "Resisting the Corporatization of Nonprofit Governance: Transforming Obedience into Fidelity", en *Fordham Law Review* 76 (2007).

– "Strengthening Charity Law: Replacing Media Oversight with Advance Rulings for Nonprofit Fiduciaries", *Tulane Law Review* nº 89 (2015).

SUNSTEIN, C., *(Más) simple*, Marcial Pons, 2014.

SYNGE, M., *The 'New' Public Benefit Requirement. Making Sense of Charity Law*, Blomsbury, 2015.

TEELE LANGFORD, R., *Governance and Regulation of Charities. International and Comparative Perspectives*, Edwar Elgar publishing, 2023.

TEJEDOR BIELSA, J., "Contratos 'in house' y entidades sin ánimo de lucro": https://www.administracionpublica.com/contratos-in-house/ (mayo 2023).

TENFELDE, K., "Civil Society and the Middle Classes in Nineteenth-Century Germany", en N. BERMEO & P. NORD, *Civil Society Before Democracy. Lessons frome XIXth Century Europe*, Rowman & Littlefield Pub. Inc., Boston, 2000.

THIEL, S., "The politics of quangocracy", *The British Journal of Politics and International Relations* nº 21 (2019), 522-529.

TOCQUEVILLE, A. de, *El Antiguo régimen y la Revolución*, Istmo, 2004.

Tomás y Valiente, F., "Estudio previo" a VV. AA., *Comentarios a la Ley de fundaciones y de incentivos fiscales*, ELE & Marcial Pons, Madrid, 1995.

Touraine, A., *Crítica de la modernidad*, FCE, 1993.

Trattner, W. I., *From Poor Law to Welfare State. A History of Welfare State in America*, The Free Press, 1979.

Trevor-Roper, H., *The crisis of the Seventeenth Century. Religion, the Reformation & social change*, Liberty Fund, 1967.

Turgot, «Fondation», en Diderot y D'Alembert, *Encyclopédie ou Dictionnaire Raisoneé des Sciences, des Arts et des Métiers*, tomo VII (FO-GY), Paris, 1757.

Umbach, M. (dir), *German federalism. Past, Present and Future*, Pallgave McMillan, 2002.

Usher, N. & M. D. Layser, "The Quest to Save Journalism: A Legal Analysis of New Models for Newspapers From Nonprofit Tax Exempt Organizations to L3Cs", en *Utah Law Journal* 2010.

Valero Agúndez, U., *La fundación como forma de empresa*, Universidad de Valladolid, 1969.

Vaquer Caballería, M., *La acción social (Un estudio sobre la actualidad del Estado social de Derecho)*, IDP & Tirant lo Blanch, Valencia, 2001.

Velasco Caballero, F., *Derecho público* más *Derecho privado*, Marcial Pons, 2014.

Vives Ruiz, A., "Responsabilidad de los patronos frente a la fundación y acción en interés fundacional", en Martínez Garrido, S., (coord.) et aliq, *Buen gobierno de las fundaciones*, Iberdrola & La Ley, 2015.

Vivekanandan, B. "Welfare state system in Canada: Emerging challenges", en *International Studies* nº 39-1 (2002), 45-63.

Villar Ezcurra, J. L., *Servicio público y técnicas de conexión*, Centro de Estudios Constitucionales (CEC), 1987.

Weitemeyer, B., "*Governance and Regulation of NPO in Germany: insights and suggested reforms*", en R. Teele Langford, *Governance and Regulation of Charities. International and Comparative Perspectives*, Edwar Elgar publishing, 2023.

VV. AA. (coord. F. J. Villar Rojas), *Introducción a los servicios locales. Tipos de prestación y modalidades de gestión*, MAP, 1991.

VV. AA. (Eds. A. Schlüter, V. Then & P. Walkenhorst), *Foundations in Europe*, Bertelsmann Foundation & CAF-Directory of Social Change, London 2001.

VV. AA. (K. Prewitt. M. Dogan, S. Heydemann & S. Toepler), *The Legitimacy of Philanthropic Foundations: United States and European Perspectives*, Rusell Sage Foundation, New York, 2006.

VV. AA., *Tratado de Fundaciones*, tomo I, Bosch, 2007.

VV. AA., *Comparative Highlights of European Foundation Laws. The Operating Environment for Foundations in Europe*, AEF & DAFNE, 2021.

VV. AA., (dir. J. C. Alli Turrillas), *Encrucijadas y Retos europeos en la regulación jurídica de la fundación en España*, Tirant lo Blanch, 2017.

WADE & C. F. FORSYTH, H. W. R., *Administrative Law*, 8ª ed., Oxford University Press, 2000.

WARBURTON, J., *Tudor on Charities*, 9ª ed., Sweet & Maxwell, London, 2003.

WARE, A., *Between Nonprofit and State: Intermediate Organizations in Britain and the United States*, Politi Press, 1989.

WATTS, R. L., *Sistemas federales comparados*, Marcial Pons, 2006.

WOLPERT, J., "Redistributional Effects of America's Private Foundations", en VV. AA., *The Legitimacy of Philanthropic Foundations: United States and European Perspectives*, Russell Sage Foundation, New York, 2006.

WOODARD, *American Nations. A History of the Eleven Rival Regional Cultures of North America*, Penguin Books, 2011.

WOODS, E., *Cómo la Iglesia construyó la civilización occidental*, Ciudadela, 2007.

WYNEGARDEN, W., *The 50 State Index of Charity Regulations*, The Philanthropy Roundtable, 2023: https://www.philanthropyroundtable.org/wp-content/uploads/2023/01/50-State-Index-of-Charity-Regulations.pdf (2023).

ZIMMER, A. & S. TOEPLER, "Government Policy and Future Issues", en *MIMEO*, 24 de VIII de 1994.

ZIMMERMANN, R., "Characteristic Aspects of German Legal Culture", en J. ZEKOLL & M. RIMANN (eds.), *Introduction to German Law*, Kluwer Law International, 2ª ed., 2005.

ZUNZ, O., *Philanthropy in America. A History*, Princenton University Press, 2012.

Fuentes documentales y digitales

Anteproyecto De LF en España (2012): http://intranet.fundaciones.org/EPORTAL_DOCS/GENERAL/AEF/DOC-cw54229ffcc0a07/ResumenyvaloraciOnAPLF.pdf (noviembre 2021).

Buenas prácticas fundaciones AEF: https://www.fundaciones.org/EPORTAL_DOCS/GENERAL/AEF/DOC-cw57697e9f07c87/BuenGobiernoyBuenasPrActicasdeGestiOnparalasFundaciones.pdf (diciembre 2021).

Buenas prácticas fundaciones Compromiso y Transparencia: https://www.hazfundacion.org/wp-content/uploads/2018/03/C%C3%B3digo-Buen-Gobierno-FCyT-2017.pdf (diciembre 2021).

Buenas prácticas fundaciones Fundación Lealtad: https://www.fundacionlealtad.org/si-eres-ong-transparencia-y-buenas-practicas/conoce-los-9-principios/ (diciembre 2021).

Casos sobre fundaciones en USA: https://supreme.justia.com/cases/federal/us/17/518/ (enero 2022).

Categorización del CRS para fundaciones en Canadá: https://thephilanthropist.ca/2009/12/overview-from-canada-modernising-charity-law/ (diciembre 2022).

CECA, *Memoria de la Obra social 2018:* https://www.ceca.es/Flip_ObraSocial2018/files/assets/basic-html/page-17.html (2017), pp. 14 y ss. https://

www.funcas.es/wp-content/uploads/Migracion/NotasPrensa/15.pdf (enero 2021).

Conseil D'État, *Rendré plus attractif le droit des fondations*, Étude adoptée par la Section de l'Intérieur et la Section du rapport et des études du Consil d'État siégeant en section réunies les 27-28 novembre 1996, en *La documentation française*, Paris, 1997

Dictamen del Comité Económico y Social Europeo sobre «Filantropía europea: un potencial sin explotar», (2019/C 240/06), Ponente: P. Sorin Dandea, sobre el art. 304 del TFUE, emplazado por Carta d 20 de agosto de 2018 y emitido en 2019.

Donativos en Francia: https://www.francegenerosites.org/ressources/etude-fonds-de-dotation-fondations-france-observatoire-de-philanthropie/.

Economía social en Francia: https://www.ey.com/fr_fr/economie-sociale-et-solidaire/evolution-et-profil-des-fondations-et-fonds-de-dotation-en-france (2022).

El buen gobierno en el Sector fundacional, AEF & PwC, 2018: https://www.pwc.es/es/fundacion/assets/informe-gobierno-fundacional.pdf (octubre 2021).

El tercer sector en UK: https://www.thirdsector.co.uk/analysis-charity-tribunal-success/governance/article/1219319 (2021).

European Foundation Centre Task Force, *Foundations in the European Union*, Brussels, 2008 (www.efc.eu). *The Feasibility full report for the EU Commission on a European Foundation Statute*, CSI-Heildeberg Universität-Max Planck Institute, 2009.

Fondation de France, *A flourishing European philanthropy sector*, 2014 y *An Overview of Philanthropy in Europe*, 2015, ambos en http://www.fdnweb.org/ffdf/files/2014/09/philanthropy-in-europe-overview-2015-report.pdf (2017).

Forrest, L. and Surmatz, H., B*oosting Cross-Border Philanthropy in Europe: Towards a Tax-Effective Environment*. The European Foundation Centre and Transnational Giving Europe, 2017. https://efc.issuelab.org/resource/boostingcross-border-philanthropy-in-europe-towards-a-tax-effective-environment.html

Forrest, L. and Surmatz, H., *Taxation of cross-border philanthropy in Europe after Persche and Stauffer. From landlock to free movement?* The European Foundation Centre and Transnational Giving Europe, 2014. https://efc.issuelab.org/resources/18545/18545.pdf

Fundaciones en Francia: https://www.centre-francais-fondations.org/fondations-fonds-de-dotation/le-secteur/les-derniers-chiffres-sur-les-fonds-et-fondations-en-france (enero 2022).

Información fiscal fundaciones Italia: https://www.informazionefiscale.it/Cos-e-il-terzo-settore-definizione-significato (enero 2022).

IRS: https://www.irs.gov/statistics/irs-budget-and-workforce

Leyes estatales USA: https://ballotpedia.org/Nonprofit_regulation_in_the_states (diciembre 2021).

- Leyes Estatales USA: https://independentsector.org/resource/state-laws/ (diciembre 2021).

Datos estructura supervisoria estatal en USA: https://www.urban.org/sites/default/files/publication/84161/2000925-State-Regulation-and-Enforcement-in-the-Charitable-Sector.pdf (diciembre 2021).

MacGill, L. T., "Number of registered Public Benefit foundations in Europe", *Foundation Centre*, 1 october 2016: https://dafne-online.eu/wp-content/uploads/2019/08/pbf-report-2016-9-30-16.pdf (marzo 2021).

McKeever, B. S., *The NPS in brief 2018. Public charities, giving and voluntaring*, Urban institute (https://nccs.urban.org/publication/nonprofit-sector-brief-2019).

NCCSS USA (2019): https://nccs.urban.org/publication/nonprofit-sector-brief-2019 (enero 2022).

Número de Charities en UK. Recent charity register statistics: Charity Commission - GOV.UK (www.gov.uk) (enero 2022).

Número de fundaciones en USA: https://independentsector.org/about/the-*charitable*-sector/, enero 2022

- Número de fundaciones en USA: https://www.issuelab.org/resources/36381/36381.pdf (enero 2022).

Proyecto Nonprofit Studies Series: http://www.ccss.jhu.edu/index.php?section=content&view=9&sub=3.

Revisión charities en UK: http://www.civilsociety.co.uk/governance/news/content/15267/new_cio_applies_to_revert_to_*charity*_status.

- Revisión de charities en UK: https://www.civilsociety.co.uk/voices/there-are-more-than-twice-as-many-charities-in-the-uk-as-you-ve-been-told.html

Sistema fundacional en Italia: https://italianonprofit.it/risorse/definizioni/organismo-controllo-onc/ (noviembre 2021).

- Sistema fundacional en Italia: https://www.laleggepertutti.it/484112_requisiti-per-ottenere-riconoscimento-di-una-fondazione (enero 2022).

Registro Único Nacional del Tercer Sector (RUNTS) en Italia: https://servizi.lavoro.gov.it/runts/it-it/ (noviembre 2021).

Tipología de fundaciones en Italia: https://www.filodiritto.com/le-fondazioni-di-partecipazione (enero 2022).

VVAA, *Comparative Highlights of European Foundation Laws. The Operating Environment for Foundations in Europe*, DAFNE & EFC & EuroPhilLab, 2021: https://philea.issuelab.org/resource/comparative-highlights-of-foundation-laws-the-operating-environment-for-foundations-in-europe-2021.html (2023).